AN INTRODUCTION TO BROADCASTING

广播电视概论

21世纪新闻传播学基础教材

■ 吴玉玲　主编

中国传媒大学出版社
·北京·

图书在版编目(CIP)数据

广播电视概论/吴玉玲主编. --北京:中国传媒大学出版社,2007.7(2024.5重印)
ISBN 978-7-81085-986-8

Ⅰ. 广…　Ⅱ. 吴…　Ⅲ. 广播电视—概论　Ⅳ. G220

中国版本图书馆CIP数据核字(2007)第084248号

广播电视概论
GUANGBO DIANSHI GAILUN

主　　编	吴玉玲		
责任编辑	董媛婷		
封面制作	李　莹		
责任印制	李志鹏		
出版发行	中国传媒大学出版社		
社　　址	北京市朝阳区定福庄东街1号	**邮　　编**	100024
电　　话	86-10-65450528　65450532	**传　　真**	65779405
网　　址	http://cucp.cuc.edu.cn		
经　　销	全国新华书店		
印　　刷	北京中科印刷有限公司		
开　　本	730mm×988mm　1/16		
印　　张	19.75		
字　　数	323千字		
版　　次	2007年10月第1版		
印　　次	2024年5月第17次印刷		
书　　号	ISBN 978-7-81085-986-8/G・986	**定　　价**	36.00元

本社法律顾问:北京嘉润律师事务所　郭建平

目　录

引 言

广播电视的发明和运用是20世纪人类最伟大的科学技术成就之一,也是信息传播媒介最伟大的变革。作为现代电子技术发展成果和社会需要的共同产物,广播电视一经出现,便迅速成为大众传播媒介的后起之秀。之后,广播电视的发展如日中天。尤其是电视,在很长时间内,都扮演着强势媒体的角色。时至今日,虽然计算机和网络技术的发明和运用给我们的政治、经济、文化和社会生活模式以及传播格局带来了深刻的变化,但到目前为止,广播电视仍然是影响当代人类社会的重要媒介。

按照我国《中国新闻实用大词典》的解释,"广播电视是指通过无线电波或导线,向广大地区或特定范围播送声音、图像节目的大众传播媒介的统称"。因此,从纯粹技术和物理性能上讲,广播电视实质上是一种通过电磁波传导方式传送声音和图像符号的技术性工具,是适应生产力和科技发展水平的更为高级的通讯手段,它们最基本的功能就是传送以声音和图像为符号的信息。随着广播电视技术的日趋稳定和成熟,在政治、经济、文化等社会条件的作用下,广播电视越来越多地参与到人类的社会实践活动当中,被有意识地建设成为新兴的综合性的大众传播媒介。

作为大众传播媒介,广播电视以其独有的音像传播、视听接收的媒介特性,将人类信息传播活动提高到一个新的发展阶段——视听阶段。广播电视不仅大大扩展了人类的感觉器官对信息的接受渠道,改变了人们的时空观念,使原有的信息传播方式发生了巨大的变化,其直观性和现场感的传播魅力,也很快俘获了人们的心。同样的新闻事件,报纸需要经过采写、编辑、排版、印刷等多个环节,广播电视(尤其是电视)只需现场采录音像就能将生动精彩的声音和画面通过无线电波传送到千家万户。随着广播电视技术的突飞猛进,自然界地形地貌的阻隔已不再是障碍，以往人们“瞬息亿万里，无涯咫尺间”的梦想也变成了现实。无论你身在何处，无论新闻事件的发生地是多么的遥远，只要你守在电视机前，你就能与这个世界同悲同喜。依赖如临其境的传播效果和强大的技术优势，广播电视在为人们记录下肯尼迪遇刺、人类首次登月、挑战者号爆炸、戴安娜世纪婚礼、港澳回归、“9·11”恐怖袭击等无数难以忘怀的历史瞬间的同时，也把广播电视的神奇力量发挥得淋漓尽致，奠定了其作为主流大众传播媒介的重要地位。

今天，广播电视早已深刻地融入到人们的社会生活当中，听广播、看电视，已成为最普通的日常生活的一部分。在日积月累的视听活动中，广播电视潜移默化地进入人们生活的各个层面。当我们站在社会文化的背景上来审视广播电视，就会发现，广播电视不仅是一种单纯的信息传播媒介，也不仅是供人消遣、愉悦的“视听玩具”，而且已成为一种生活情状、文化景观和思维框架。广播电视在为人们提供大量信息和娱乐节目的同时，以特有的传播魅力、水滴石穿的传播效果，影响着受众的感情、知识、情趣、道德观念，塑造着人们的文化生活模式乃至深层的心理文化结构，并在人们的心理上建立了一种与主流意识形态保持高度一致的平衡机制，使他们的价值观念不会偏离主流社会所铺设的思想轨道。在这一点上，广播电视是一种进行社会控制的有力工具。

广播电视作为一种文化资源，也是文化产业的重要组成部分，广播电视产业创造着巨大的经济效益。包括广播电视业在内的传媒产业不仅是21世纪持续高速增长的行业之一，而且在国民经济发展中也居于越来越重要的地位。作为高附加值产业，广播电视业还具有较强的产业牵动性。当今世界，无论是发达国家还是发展中国家，都将发展文化产业提升到提高国家竞争力的战略高度，全面理解广播电视，对于其产业的经营发展状况及趋势，是不容忽视的。

随着科学技术的日新月异，先进的计算技术、电子集成技术、通讯技术迅速向广播电视领域渗透，广播电视业正迎来一场革命性的变化——数字化。数字化的革命意义在于，它不仅仅是一场技术变革，而是对整个行业的重大变革，它将对整个社会都产生深刻的影响。对于广播电视业而言，数字技术不仅打破了广播电视业原有的产业布局，颠覆了原来的媒介运作形态，也为以前基于技术、立法和利益分配等原因互相独立、泾渭分明的广播电视与电信、互联网提供了融合的技术基础，从而促进了广电、通讯等产业从不同的角度突进，启动了一个又一个新兴消费市场，引发了一浪高过一浪的新兴产业关联运动，带来了播客、网络电视（IP电视）、手机电视、移动电视等数字新媒体的出现。

应该说，从广播电视诞生以来，广播电视自身一直经历着从传播技术、手段到行业结构、传播理念等方面的一系列的变化和调整。要全面深刻地理解广播电视，必须进行纵向及横向的多方联系和全方位观照，深入地认识其中的规律，并前瞻地把握其发展的方向。

第一章

广播电视技术的发明与革新

[学习要点]

广播电视技术的发明经历了从设想到实验再到应用的长期过程,其中凝聚了多国科学家们和工程师们的心血。广播技术的发展历经调幅广播、调频广播、数字音频广播三个阶段。电视技术的发展比较复杂,它涵盖了电视接收系统、摄录方式和传送技术等多方面的技术革新。

第一节　广播技术的发明与发展

一、工业革命与近代通讯技术的发明

18世纪中期，英国已成为最大的资本主义殖民国家。国外市场的不断扩大，使以手工劳动为主的工场手工业远不能满足国内外的市场需要。为了扩大再生产并获取更多的利润，技术的革命已势在必行。

1769年，徒工出身的英国机械师詹姆斯·瓦特发明了第一台蒸汽机，这标志着第一次工业革命的开始。随后，蒸汽机被其他工业部门广泛采用，使得纺纱、矿山和冶炼业以及钢铁的生产都有了革命性的变化，大批量生产的时代开始了。

机器工业的大发展推动了交通运输业的革新。为使大批量的原料和堆积如山的产品尽快送到所需要的地方，改善运输条件已成为突出的问题。1819年，第一艘汽轮横渡大西洋，1825年第一条铁路在英国试行，以蒸汽为动力的新的大型交通工具，使陆上交通和海上运输面目一新。随后，以电力应用为代表的第二次工业革命，使电动机和内燃机取代了蒸汽机成为新能源，交通运输又迎来了革命性变化。新的交通运输工具迅速把整个欧洲和北美联结成为一个世界工业地区，以适应狂热的生产速度、巨大的生产规模和大量原料和产品的转移需要。这也使在遥远的两地间实现“瞬间”传播、共时性反馈以及维持远距离控制成为至关重要的要求，从而激发了一系列信息加工和传播技术方面的革新。

1. 有线传送——莫尔斯电码与有线电话

1832年，一位物理学家关于电力用于通讯的谈话启发了美国人莫尔斯(S. F. B. Morse)的灵感。经过潜心研究，莫尔斯于1835年获得了在实验室内架设有线电报机的成功。1837年，莫尔斯在纽约大学的会议室里架了518米长的导线，获得实验成功。1844年3月24日，在启用仪式上，莫尔斯在国会议事厅里发出了世界上第一封电报，电报的内容是《圣经》中的一句话：What hath God Wrought?(主啊，你创造了什么?)电报的发明标志着电信传播的开始，它使人类第一次借助科技的翅膀实现了远距离通信。随后，大大小小的电报公司纷纷建立。随着电报线路纵贯大陆，横跨大洋，欧美国家的大电报公司迅速形成了遍布全球的电报网。尽管当时的海底电缆每分钟只能传递6个词，但这种速度足以让当时的快马邮递和新闻船显得过时，有效地促进了商业等信息的传递和交流。

电报虽然解决了远距离传送文字信息的问题，但它速度慢，易出故障，而且必须由专业报务员操作，对个人来说，使用起来并不方便。同时电报只能使用简短文字，不能即时反馈与交流，也使这种信息传播方式有不少缺憾。

1876年，从苏格兰移居美国的贝尔(A. G. Ball)研制成功电话机，并于当年2

月 14 日在费城举办的纪念建国一百周年的博览会上做了公开演示。这种不使用电码文字、不需要话务员作为信息中介、不耽搁时间就直接传送声音的装置被称为“远听器”，并很快受到人们的欢迎。1880 年，贝尔电报公司成立，它就是今天美国电话电报公司(AT&T)的前身。

电报和电话突破了限制人们交往的时空障碍，大大提高了人们在异地保持联系、支配行动的能力，也启发了后来一系列电子传播技术的发明。

2. 无线电报——电磁波传递文字信息

早期的电报和电话是通过电线和电缆的有线传送，不仅故障难以避免，维修也不太方便。电磁波的发现与无线电技术的发明为信息的传播又提供了新的途径，并产生了革命性影响。

1819 年丹麦基尔大学的汉斯·克里斯蒂·奥斯特博士在实验室做实验时不小心把连接电池的导线落到了磁盘上，盘上静止的指针立刻剧烈地震动起来，奥斯特由此意外发现了电与磁有着某种关联。1831 年，在奥斯特的启发下，英国科学家法拉第发现电流可以产生磁场，由此确定了电磁感应规律。1865 年，英国物理学家克拉克·麦克斯威提出了电磁波存在的构想。他在 1873 年出版的《电磁论》一书中预言，由于电磁波的存在，特别是电磁波传播的速度与光速一样(以每秒 30 万公里的速度传播)，人们可以在相距遥远的两地之间建立起瞬间可达的通讯网络。电磁波理论引起了许多科学家的极大兴趣。1887 年，德国物理学家海因里奇·鲁道夫·赫兹(Hertz, H. R.，1857～1894)利用静电的火花放电实验论证了电磁波的存在。他在《电磁波及其反应》的研究报告中，阐述了无线电波的特性及其产生、发射和接收的方法，并且还发明了测量电磁波波长的科学方法。人们为了纪念他，把无线电波称为“赫兹波”，并以赫兹作为频率单位。

赫兹发现电磁波的消息远远地传到俄国，俄国水雷军官学校教员亚历山大·斯捷潘诺维奇·波波夫(Попов, A. C. 1859～1906)开始进行实验研究。1894 年，波波夫研制出世界最早的无线电发报机“雷电指示器”，他通过增加天线，使无线电接收机的灵敏度大大提高。1896 年，波波夫成功地用无线电进行莫尔斯电码的传送，距离为 250 米，电文内容为“海因里斯·赫兹”。1900 年，他研制的无线电发报机发射与接收的距离已达到 148 公里，但波波夫的发明没有引起俄国的重视，更谈不上推广与运用。

在无线电技术应用方面最重要的发明家和推广者是意大利的发明家卡格列谟·马可尼，他被称为“无线电之父”。20 岁的马可尼也是被偶然读到的赫兹关于电磁波实验的文章而被深深触动。他想，如果使用电磁波传递莫尔斯电码，信息的传递不就可以不再被电缆束缚了吗？马可尼开始在父亲的庄园利用电磁波进行通讯的实验。他说：“当我利用赫兹波开始做第一批实验时，我简直不能想象，一些著名科学家竟忽略了应用这些理论。”起初，他的实验通讯距离只有 140 米。后来，他又用接地天线的方法来加强电磁波的发射能力。1895年，马可尼在父亲的庄园与1.7公里远处的山丘之间，成功地实现了无线电报通讯。

但马可尼的发明创造没有得到意大利当局的理解。1896年，22岁的马可尼到达英国。英国邮电局很重视他的发明，认为无线电通讯技术一旦成功，英国海军舰只之间便可以连成一体。在普利斯大臣和英国邮电部的支持与赞助下，马可尼继续进行扩大无线电通讯距离的实验。1897年，马可尼成立无线电报通讯公司，在英国相距34公里的两个城市成功地进行了电波信号的发射与接收的实验。1899年，马可尼又成功地把一份无线电报从英国发到了法国。由于有线电报在陆地已有数十年的历史，马可尼把发展的重点放在有线电报势力薄弱的航海领域。1901年，他第一次实现了横跨大西洋的远距离通讯。随后，马可尼的通讯技术被大量用于轮船与岸上、轮船之间的联系。到1903年，马可尼已协助欧洲一些国家建立了近50座海岸电台。在1909年、1912年的"共和号"和"泰坦尼克号"海难事件中，无线电通讯充分表现了自己的优势。当时，无线电报的价格已经比电缆电报便宜。1909年，年仅35岁的马可尼获得诺贝尔物理学奖。

近代通讯技术的发明及近代电讯事业的发展，为快速传递信息提供了方便。从此世界各地的经济、政治和文化联系进一步加强，而无线电技术的发明也成为19世纪末最为重要的技术成就之一。

二、广播技术的发明

无线电技术的巨大魅力，引起了一大批专业人员和业余无线电爱好者的浓厚兴趣。由于有线电报引出了有线电话，无线电报自然也引发了人们对无线电话的向往。为此，无线电专业人员和业余无线电爱好者以极大的热情投入到用无线电传递声音的实验当中。

1. 费森登的空中传音试验

雷金纳德·奥布里·费森登(Fessenden Reginald Aubrey，1866～1932)，美国物理学家，一生共获得500项专利，仅次于爱迪生而居世界第二位。他首先利用无线电成功地进行了传声实验。

1890～1891年，费森登在西屋电气公司任首席电气技师。1892年以后，费森登先后在几所大学任教，开始研究无线电通信问题，希望实现用无线电波传送声音的理想。1902年，费森登突破了马可尼火花塞式发射机只能发射断续电波的技术，利用研制出的一种高频无线电发射机，通过声音信号对高频无线电连续波的振幅进行调制(调幅)，然后将携带声音信号的调幅波发射出去，在收信端进行解调，从而实现无线电通话。费森登的发明对于在无线电波上传送人的声音是个极大的突破。同时，相比于以前的金属屑检波器，费森登用液体传导的检波器降低了噪音。1906年12月25日，费森登在马萨诸塞州的布兰特罗克镇的国家电器公司

128米高的无线电塔上进行了一次广播。广播的节目最主要的是读《圣经》有关主耶稣基督降生的故事。另外还配有小提琴演奏曲，播送德国音乐家韩德尔所做的《舒缓曲》等。演播前，他在报纸上进行了预告，并发出无线电报，通告报界和太平洋上的来往船只。那天晚上，太平洋船只的无线电发报员听到了小提琴和一位男子朗读圣经的声音。一般认为，这是世界上第一次成功的传声实验，并被公认为无线电声音广播诞生的标志。

2. 早期收音机的发明

费森登的无线电广播通信实验，在当时，只有附近的无线电通信电台能够接收，普通公众是不可能都拥有无线电台的。因此，要真正实现无线电广播，就要有一种普通公众都能拥有的、专门用于收听声音信号的无线电接收机——收音机。

最早的收音机雏形是矿石机，它是由美国科学家邓伍迪和皮卡尔德于1910年发明。邓伍迪和皮卡尔德利用某些矿石晶体进行试验，发现方铅矿石具有检波作用，如果将其与几种简单的元件相连接，就可以接收到无线电台放送的广播节目。矿石收音机靠天线接收电波，机内装有简单的调谐电路，可将接收到的电波按所需的波长选择出来，输送给矿石检波器从电波中分检出记载音频信号的电流，然后通过耳机将电流转换成声音。矿石收音机无需电池，结构非常简单，几乎所有的无线电爱好者都可自己装配制作。但矿石收音机语音信号非常微弱，只能供一人收听，而且接收性能也比较差。

3. 德福雷斯特的真空三极管发明

李·德福雷斯特(Lee de Forest，1873～1961)在广播方面最重要的贡献是三极管。当英国电气工程师弗莱明发明具有检波作用的真空二极管的消息传来，德福雷斯特发现，把一根Z型导线装入真空管内后，只要把一个微弱的变化电压加在它的身上，就能在金属屏板上接收到更大的变化电流。德福雷斯特发现的正是电子管的“放大”作用，它能使微弱的声音放大到可以听见。后来，他又把导线改用像栅栏形式的金属网，于是，他的电子管就有了三个“极”——丝极、屏极和栅极，这样又可以将信号放大数倍。1907年，34岁的德福雷斯特向美国专利局申报了真空三极管的发明专利。三极管的发明使声音传送质量上了一个新台阶，而德福雷斯特也意识到，他的发明所具有的重大意义。他在纽约进行了音乐和语言的实验广播之后，在日记中写到：“我已经发现了一个看不见的空中帝国。”

1908年，德福雷斯特从高达320米的艾菲尔铁塔上做了传音实验。此后，他开始进行定期广播。除了播放留声机和请歌唱家唱歌外，他请过他的丈母娘发表广播演讲，呼吁妇女的选举权。1916年，福雷斯特利用实验广播播送了当时总统选举的得票数，被称为美国也是世界历史上第一次新闻广播。

三、广播技术的发展

1. 收音机:从电子管到晶体管

从矿石收音机到电子管收音机(也叫真空管收音机),收音机的质量已经有了一定的提高。但这种收音机普遍使用五六个电子管,输出功率只有1瓦左右,而耗电却要四五十瓦,功能也很有限,打开电源开关,要等1分多钟才会慢慢地响起来,使用起来并不方便。1947年12月23日,37岁的美国物理学家肖克莱和他的合作者沃尔特·布雷泰恩(Walter Brattain)和约翰·巴丁(John Bardeen),在著名的贝尔实验室向人们展示了第一个半导体电子增幅器,即最初的晶体管。同工作中能产生巨大热量的真空管相反,晶体管能在冷却状态下工作,因为它采用的半导体是一种处于绝缘体(如玻璃)与良导体(如铁和金)之间的固态导体。同真空管相同的是,晶体管能放大微弱的电子信号;不同的是,它廉价、耐久、耗能小,并且几乎能够被制成无限小。1948年,贝尔实验室正式宣布晶体管研制成功。

晶体管的发明,终于使玻璃封装的、易碎的真空管有了替代物。晶体管的发明成为人类微电子革命的先声,对电子工业产生了革命性的影响。晶体管代替电子管,收音机发展到半导体阶段,广播才真正得到普及。这项影响深远的发明,让肖克莱和他的同事共同获得了1956年度的诺贝尔物理学奖。

2. 从调幅广播到调频广播

无线电频道是一种有限的自然资源,电磁波信号以同样或相近的频率发出,会相互干扰,而无线电波中的中波和短波在技术上最容易实现,它们载送的方式也是比较简单的调幅方式(Amplitude Modulation,AM),所以,在无线电广播诞生之后,直到第二次世界大战前,各国广播电台使用的都是调幅广播。中波调幅广播技术简单、传播信号稳定、接收效果良好,传送范围能覆盖半径为100多公里的地区。短波调幅广播消耗功率小,传播距离远,最远能覆盖几千公里以外。许多国家都采用它作为对边远地区广播覆盖、远距离节目传送和对国外广播的主要手段。

随着广播事业的不断发展,电台数量急剧增加,发射功率不断加大,致使频率拥挤,各电台之间互相干扰。为解决这些问题,美国科学家阿姆斯特朗于1923年开始研究调频广播(Frequency Modulation,FM),并于1934年6月年获得成功。调频广播是发射频率在超短波波段、载波频率被调制的无线电广播。与中波调幅广播比,调频广播的优点是传送节目音质好、抗干扰能力强、容量大,可播出多套节目,也比较容易实现立体声广播;缺点是只能直线视距传播,传送距离近、范围小。1941年,新的广播形态米波调频广播电台首先在美国创办。二次大战后,欧洲国家也开始发展调频广播。此后,欧美发达国家逐步减少和取消中波广播,而把调频广播作为对国内广播的主要收听覆盖手段。到20世纪80年代,调频广播已成为世界各国普遍采用的广播方式。

第二节 图像技术与电视的发明

电视技术是现代电子技术高度发展的产物。国际著名传播学者威尔伯·施拉姆曾说,电视是20世纪最伟大的发明。的确,电视通过光电转换系统使远距离的景物快速、连续地在荧光屏上重现,成功地圆了人类“千里眼”、“顺风耳”之梦,在视听文化领域引起了深刻的变革,对人们的生活方式、思想意识等产生了巨大的影响。

应该说,人类发明电视的起步时间并不晚于广播的发明。在电视发明和运用的过程中同样凝聚了众多科学家的心血。除了人们希望远距离也能看到影像的客观要求之外,电报和摄影技术的融合最终促成了电视的诞生。

一、史前期:预言、原理与摄影技术

1. 漫画的预言:电话望远镜

远距离传送图像是人类长期的愿望。当贝尔把电话描述为一种可以远程传送声音的“远听器”时,人们就理所当然地开始想象,如果可以通过一种仪器听到“来自远方”的声音,也就能通过一种仪器看到“来自远方”的形象,这也就是电视“Television”的含义(Television一词的词根来自希腊语,“tele”有“远”和“远处”的意思,而“vision”有“视”和“看”之意)。

1878年,英国的《笨拙》杂志刊登了一幅漫画,通过一面宽阔的银幕和一套隐蔽式电镜头和电话,在伦敦的父母正与在锡来的女儿对话。《笨拙》杂志把这种仪器称做“电话望远镜”(telephonoscope)。1879年,法国的艺术家也用漫画准确地预告了电视的前景:一对夫妇坐在壁炉前,一边观看壁炉上方屏幕中正在进行的体育比赛,一边手拿话筒与运动员交流。漫画中的预言在今天看来,都极为先知先觉。艺术家们的灵感和想象,经过来自不同历史时期和不同国家的科学家、工程师的潜心研究和企业家的共同努力,逐步变成了现实的电视。

2. “视觉暂留”原理与格式塔心理学

电视的原理和人们的“视觉暂留”特点分不开。长期的生活经验,使人们认识到挥动着的火球可以形成一条红色的带子,落下的雨点看上去像一条细长的线条。

1829年,比利时的普拉托对“视觉暂留”原理进行了系统论证。他认为,人们感官的意象并不是随着外界物体停止刺激就马上消失,人们闭上眼睛后,视觉的物体印象仍然会在眼中短暂停留(后人测算大约为0.1～0.4秒)。他说:“假如几个在位置上和形状上逐渐变得不同的物体在极短的时间和相当近的距离内连续在眼前出现,那么,视网膜上所得到的印象将是彼此衔接的,而不是互相混淆的,它会使

人以为看到了一个单独的物体在逐渐地改变着形状和位置。”[①]1832 年至 1850 年，利用“视觉暂留”原理，制作转动画面表现活动影像的玩具在欧洲就出现了数百种之多，如普拉托 1832 年发明的“诡盘”和乔治·霍尔纳在 1834 年发明的“活动连环画转盘”(又叫“走马盘”或者“旋盘”)。

除了“视觉暂留”原理外，格式塔心理学也对这一现象进行了研究。格式塔心理学认为，影像的运动感和深度感不仅产生于观众的生理机制(视觉暂留)，而且依赖于特殊的内心体验，即把各个画面组成更高层次的动作整体的心理过程。格式塔心理学认为，人的视知觉有想象补充的功能(即“完形需要”)，就是说，当一个图形出现缺口的时候，会引起视觉中一种强烈追求完整、对称、和谐的倾向。换而言之，会激起一种将它“补充”或恢复到应有的“完整”状态的冲动力。“视觉暂留”原理与格式塔心理学分别从人的生理学和心理学的角度，为以后电影和电视的诞生奠定了理论基础。

3. 照相术与电影

照相技术是摄影艺术之母。1824 年，法国人尼埃浦斯用一种沥青拍出了第一张照片《餐桌》。从此，人们可以十分神奇地通过照相技术把人和景物留在金属版上。

第一次把照相术用于活动摄影的是英国冒险家麦布里奇。他受嗜马如命的加利福尼亚州长之托，拍摄马在奔腾过程中的分解动作，以印证马在奔腾的一瞬间四蹄是全部离地的。穆布里奇沿着跑道摆了 12 台照相机，并拉了许多绳子系在每台照相机的快门上，马沿着跑道奔驰而过，马蹄踢动一根绳子就会拉动一个快门。这样，马奔跑的每一个阶段都印在相纸上。这次拍摄，让麦布里奇意外地认识到把这些照片放在一个旋转的轮子上并用幻灯片加以投影，就可以重新组合展现马原来的奔跑运动。但是，麦布里奇拍摄和放映的“运动的画片”不能成为真正的活动影像，因为这些照片是有多台照相机，而不是一台照相机来完成的。

1882 年法国人马雷发明了摄影枪，第一次用一台机器拍成了电影，只是这种早期摄影枪只能拍几秒钟的动作。1889 年，美国人伊斯曼研究发明了新型活卷感光胶片，为电影的诞生创造了十分有利的条件。1894 年，爱迪生发明了供单人观看的“电影视镜”。很快，法国的卢米埃尔兄弟就在 1895 年发明了手提式的活动电影放映机。这台机器很好地解决了牵引片带来的问题，摄影机的速度放慢到每秒 16 个画格，放映起来比较平稳流畅。同时，一台机器可以同时完成拍摄、放映和洗印多重复杂工作，最终促成了电影的诞生。1920 年，当广播事业正式诞生时，无声电影已成为欧美各国时髦的娱乐。20 世纪 30 年代，有声电影代替了无声电影。

照相技术和电影技术的发明和发展，为电视的发明提供了技术基础。电视与

---

① 转引自周星主编:《电影概论》,高等教育出版社 2004 年版,第 105 页。

电影一样，都需要采用透镜和光学技术，在摄制方位和镜头的组接方面，电视的技巧也来源于电影的实践。但是，电视的发明还不仅仅在于活动影像的再现，如何将影像进行远距离的传播是电视技术必须解决的关键问题。

二、电视的发明：从机械电视到电子电视

从首次提出制造电视的设想，到英、美实验室中得到的第一幅忽隐忽现的电视图像，电视发明研制的过程经历了约50年的时间，并凝聚了多国科学家们的心血。

1."光电效应"与影像传播的可能

1817年，瑞典科学家布尔兹列斯首先发现自然界存在一种化学元素硒。1865年，英国科学家约瑟夫·梅在测定海底电缆性能时，发现测量的结果经常发生变化。经过大量的分析和探索，约瑟夫·梅终于寻找到是其中的硒元素在作怪：光线照射到含有硒的物体上，硒会产生电子流。照射的光线越强、电流就越强，反之就越弱，这种现象被称为"光电效应"。1873年，约瑟夫·梅正式发表了关于硒元素光电效应的报告。由于光的变化能够变成电信号传送出去，从而在理论上揭示出，任何物体的影像都可以通过电子信号予以传播。

1842年，英国科学家佩恩研究出了将图像转换成电信号的传真技术。1877年，法国人萨雷克受其启发提出利用佩恩的传真技术可进行电视广播的设想，但由于当时还不具备技术上的条件，而只能是一种无法实现的梦想。

2.机械电视：从尼普科到贝尔德

1884年，德国工程师保罗·尼普科发明了一种可将图像转换成电流的机械式光电扫描圆盘并获得专利。他利用一块钻有螺旋状排列小孔的圆盘，把图像分解成许多个像素，置于图像前旋转，使图像的像素转换成连续的明暗变化，再根据每个像素光线的变化产生不同的电信号，通过电传把图像从甲地传播到乙地，另一端的接收机把信号重组成与原来图像相同但粗糙的影像。这种用机械式光电扫描圆盘进行的图像传送，是电视发明的雏形。

电视发明史上最著名的人物是英国科学家约翰·洛吉·贝尔德。他采用尼普科的机械式光电扫描圆盘，制作出了第一台真正使用的电视传播和接收设备，从而使电视得以真正诞生。由此，他也被称为"电视之父"。

约翰·洛吉·贝尔德是英国电器工程师，他出生在苏格兰海伦斯堡一个牧师的家里，从小就表现出一个发明家的天才。贝尔德曾就读于格拉斯哥大学及皇家技术学院，毕业后贝尔德在十分艰苦的条件下研究电视，贝尔德用收集到的旧收音器材、霓虹灯管、扫描盘、电热棒和可以间断发电的磁波灯和光电管等，根据尼普科机械式光电扫描圆盘原理，做了一连串试验来传送图像。经过上百次的试验后，1925年10月2日清晨，当贝尔德再一次发动起房间里的机器时，随着马达转速的增加，他终于从另一个房间的映像接收机里，清晰地收到了比尔——一个表演用的

玩偶的脸。

1926 年，贝尔德在伦敦进行公开演示，引起巨大轰动。1928 年，贝尔德又把图像从伦敦传送到美国纽约，《纽约时报》对此进行了特别连续报道，举世惊叹。人们对能在一个不起眼的黑盒子中看到栩栩如生的图像，产生了极大的兴趣。刚问世的电视被称为“神奇魔盒”，贝尔德的实验证明图像也能通过无线电远距离传送。

虽然机械电视的研制取得了明显的成果。但它的缺点也是十分突出的。第一，贝尔德的画面只有 30 条宽谱，这使得画面非常模糊；第二，机械转盘小孔扫描速度不够快，通过小孔投射的光斑太大，产生电视信号的转盘和再现电视图像的转盘在机械上不容易同步，图像闪烁不停，需经精细调节才能观看稳定的画面；第三，机械电视装置庞大，设备笨重，噪音太大，不仅不适宜在室外播送电视节目，对演播节目也有影响。机械电视的种种弊端导致了机械电视向电动电视的转向。

3. 电动电视的发明：佐里金与法恩斯沃斯

电动电视以及电视发射机和接收机的出现，主要有赖于阴极射线管的发明。

1878 年，英国科学家克鲁克斯(William Crookes)发明了阴极射线管。1897 年，德国科学家布劳恩在此基础上发明了阴极射线示波器，一种简易的电子显像管。这种电子显像管能使阴极射线电子束投射到荧光屏上，把电流的强弱变化转换成了光的明暗变化，使接收的图像显示在荧光屏上。因此，这种阴极射线管又被称为“布劳恩管”。

1904 年，俄国物理学家博里斯 · 罗辛(Boris Rosing)对“布劳恩管”进行了改进，并申请了阴极射线管接收装置的专利。他把两面镜鼓作为发射端，旋转时推动控制电子束扫描顺序的磁力偏转线圈，扫描并分解图像。这样，当电视机从尼普科圆盘那里获取到由光信号转换成的电信号后，再通过在布劳恩管中的荧光屏上顺序扫描，即可迅速地还原成图像。罗辛的发明奠定了现代电视机模型，运用一个阴极射线管的两端——一端做摄像机，另一端做显示器的设想也随之提出，

1923 年，罗辛的学生弗拉基米尔 · 佐里金(Vladimir Kosma Zworykin)发明了光电摄像管。不到一年他又发明了电视显像管，从而结束了电视的机械扫描方法。佐里金发明的光电摄像管和显像管，电子可以聚成很细的束，在电场和磁场控制下以极快的扫描速度传送和再现影像，从而产生清晰、稳定的画面。而且，他首次采用全面性的“电子电视”发收系统，成为现代电视技术的先驱。

但是，受雇于西屋公司的佐里金的发明并未受到重视，佐里金只好向美国无线电公司总经理戴维 · 萨尔诺夫讨论研制全电动电视的计划。佐里金最初的经费预算是 10 万美元，但最后总投资额达到了 1300 多万美元，以不断改善佐里金发明的全电动电视系统。

对电动电视发明作出突出贡献、与佐里金共同分享电动电视发明成果的是美国发明家菲洛 · 法恩斯沃斯(Philo Farnsworth)。菲洛 · 法恩斯沃斯被称为少年

发明家。14 岁时，法恩斯沃思就产生了用电传输图像和声音的想法。不久后，他就画出一个传输器草图，并拿给老师贾斯廷·托尔曼看。这张简单草图，不仅是现代电视机和电视传输技术的雏形，若干年后在法恩斯沃斯争夺电视专利的问题上，还起了重要作用。因家庭变故，法恩斯沃斯不得不从大学退学。后来法恩斯沃思来到加州旧金山，创立了属于自己的简陋实验室，继续他的研究。1927 年 9 月 7 日，年仅 21 岁的法恩斯沃斯展示了他的图像分解仪——一种每秒 30 帧、扫描线为 100 行的电动电视。以后，他不断推出新的发明：把图像转成电信号的放大管、阴极射线管、电子扫描管、电子倍增器、光电材料及和同声系统等。1929 年 7 月，他研制出第一个全电动电视，同年 9 月，他终于成功传送了静止图像——一幅黑色三角形的图案。鉴于法恩斯沃斯对电子电视系统的贡献，美国把他的肖像和贝尔、爱迪生等著名发明家的肖像放在一起。

1946 年，美国第一次播出全电子扫描电视，从此，电视由机械扫描时代进入到电子扫描时代。电视广播也作为一个技术上比较成熟的新型传播媒介，开始进入社会，进入人们的生活。

第三节　电视技术的发展与革新

自从电视诞生之后，各国科学家和工程师们一直没有停止对电视技术的发展与革新。从彩色电视的发明到高清晰度电视的研发，从记录媒介的问世到非线性编辑的应用，从无线电波的传送到有线电视、卫星电视的开播，半个多世纪以来，电视传播技术的发展日新月异，不断推动电视事业的发展，给我们的社会和生活带来了深远的影响。

一、电视接收机技术的发展

1. 彩色电视的发明

黑白电视是电子电视的第一代，尽管它的出现，已经让人们兴奋不已，但是，能看到一个真实的多彩世界是公众多年的愿望，而还原一个多彩的世界更是科学家的追求。

其实，几乎是在发明黑白电视的同时，科学家就已开始进行彩色电视的传播实验。只是由于彩色电视的每个像素不仅仅包含亮度信号，还包含色度信号，像素间既存在亮度差，又存在色度差，而这些都必须在彩色影像的摄取、传输和接收过程中同时解决。彩色电视技术的复杂性带来了开发的难度。

1902 年，澳大利亚物理学家芬·伯兰克提出了彩色图像传送的原理——三基色原理，即自然界的一切色彩都可以通过红、绿、蓝三种基色光混合而模拟出来，因此，电视技术也只要传送和重现红、绿、蓝三种基色光信号，即可获得彩色图像。

1930年，贝尔德就开始研究机械式彩色电视，1941年12月，贝尔德的研究获得成功。但几天以后，他的实验设备遭到德国轰炸，全部毁坏。之后，贝尔德从头开始，并于1946年6月终于再一次研究成功彩色电视，但在演示时，贝尔德因病体不支未能到场。6天后，贝尔德去世，年仅58岁。

从20世纪30年代开始，美国一些大公司相继投资百万美元研究全电动彩色电视，20世纪40年代初，美国的哥伦比亚广播公司(CBS)和全国广播公司(NBC)分别完成了彩色电视的研制。但是，由于在发明过程中对三基色信号和由其组成的亮度信号的处理方式的差异，两大公司具有了不同的彩色电视制式。为此，围绕确立彩色电视制式标准问题，两大公司展开了激烈的竞争。

全国广播公司及其母公司美国无线电公司将其1946研制成功的彩色电视宣布为"点描法彩色电视技术标准"。这种彩色电视制式最大的优点是可以和黑白电视兼容，只是图像效果稍差。而哥伦比亚公司研制的"场描法彩色电视技术标准"，其优点是在彩色的传真上比点描法更为逼真，缺点是在一般的黑白电视上无法显像。如果采用哥伦比亚公司的电视制式，就要对全电视业发射、接收系统进行更新。经过再三斟酌，1953年，美国联邦通信委员会最终批准了美国无线电公司可与黑白电视兼容的NTSC制式(正交平衡调幅制，又称恩制)为美国的彩色电视制式。1954年，美国全国广播公司正式开播彩色电视。但由于当时成本较高，彩色电视到1964年才开始畅销，并迅速普及到家庭。

继美国之后，西方其他国家也先后研制成功彩色电视，各国研发出来的彩色电视制式多达20多种，其中以法、德两国成绩显著。1958年，法国在美国NTSC的基础上开发出SECAM制(顺序传送和彩色存储制，又称塞康制)，它在防止高山和建筑物对图像色彩的影响方面有所改进，但对黑白电视的兼容性能方面有所下降。1963年，德国也在NTSC制的基础上研制成PAL制(相位逐行交变制，又称帕尔制)，其优点是传送范围广、传真度高。

为了方便节目的转播和交换，国际无线电传播咨询委员会曾多次组织各国讨论统一彩色电视制式问题，但始终未能达成协议。而彩色电视的广阔市场，也使各国在电视制式标准的竞争中互不相让。经过一番激烈的较量，世界上只剩下美国NTSC、法国的SECAM制和联邦德国的PAL制这3种制式，在全球范围内展开了最后的竞争。1966年在国际无线电传播咨询委员会奥斯陆会议的投票表决中，法国得票37票，德国16票、美国8票。最后，3种制式三分天下。目前，西欧、北欧和亚洲的大部分国家采用PAL制，前苏联、法国、非洲与东欧国家、少数亚洲国家和地区采用SECAM制，北美和绝大部分拉美国家及少数亚洲国家采用NTSC制。

继美国开办彩色电视以后，日本于1960年，加拿大于1966年，法国、原联邦德国、前苏联、英国于1967年都各自开办了彩色电视。

2. 高清晰度电视的研制

现代电视技术主要是采用模拟式的电子扫描的方法。这种扫描方式是从上到下、从左到右一行一行地进行扫描，每一行都包括数以千计的扫描点。如果行多、点多，就能将图像分解的颗粒更细，并进行精确控制，从而使图像更加清晰、稳定。但无论NTSC电视制式的525行扫描和还是PAL电视制式的625行扫描技术，电视画面的像素都较少，图像细节表现能力差，图像清晰度远逊于电影，让人不太满意。于是，开发继黑白电视和彩色电视之后的第三代电视——高清晰度电视（High Definition Television，简称HDTV）的在彩色电视刚刚普及不久就开始了。

日本是西方国家中较早开始研制高清晰度电视的国家，20世纪70年代初，日本广播协会（NHK）联合索尼（SONY）公司等研制成功了1125行线的高清晰度电视系统，被称为Muse系统。其组成每帧电视画面的横线比原有的电视增加了一倍多，达到了1125行，从而使画面的清晰度得到了大大的提高，屏幕上所出现的人物的睫毛发丝都清晰可辨。同时，为了更符合视觉习惯和接近电影画面，电视屏幕的纵横比例由原来的3∶4改为9∶16。20世纪80年代以来，日本广播公司的全国电视网多次实验性地播出高清晰度电视节目。1988年9～10月的汉城24届奥运会期间，日本在全国50个公共场所设置的就是这种高清晰度电视机。当时，日本准备在20世纪90年代初，将这种高清晰度电视机大量投放市场。

日本HDTV开发成功后，欲把自己的HDTV系统推广为世界标准。日本索尼公司通过美国CBS广播公司游说了美国政府，并取得了美国政府对日本HDTV国际标准计划的支持（美国之所以同意，是希望通过电视标准在世界的统一来实现其节目软件畅销全球的目的）。但是，日本的HDTV世界标准计划在国际无线电协商委员会（CCIR）1986年会议上遭到了西欧各国政府强有力的反对。对于欧洲共同体来说，如果HDTV的世界标准被日本取得，那么整个下一代消费类电子产品市场也就有可能为日本企业所垄断。欧共体拒绝接受日本HDTV计划的表层理由是指责日本HDTV系统将会使所有的普通彩色电视过时，因为日本的HDTV传播制式（MUSE）与任何普通彩色电视的传播制式（包括NTSC、PAL、SECAM）都不兼容。欧洲人坚持认为这是广大消费者在经济上所不愿接受的。于是CCIR决定把HDTV世界标准问题的讨论推迟到4年之后的下一届年会，并责成欧洲共同体于下届年会即1990年之前拿出自己的计划来。1986年欧洲推出了“尤里卡95计划”，并于1989年研制出HD—MAC的模拟高清晰度电视系统。这种制式能与欧洲现行的模拟开路电视系统兼容，比日本MUSE制式更具优势。

1992年，在计算机行业飞速发展的带动下，美国的技术专家成功地找到了通过计算机数字编码来传送高清晰度电视画面的方法，并逐步加以改进。由于数字式HDTV在技术上高出一筹，并且与未来通信及传播技术方向一致，使得其他各国的研制方向不得不向数字式HDTV方向调整。1993年2月，欧洲宣布放弃其HDTV研制项目。1994年春，日本邮政省也宣布放弃他们苦心经营多年的MUSE系统，全面转向全数字式电视广播系统开发。在模拟系统中进行的高清晰度电视的开发完全被数字电视的研制所取代。美国在这场技术战中后来居上，成了赢家。①

二、采录及制作技术的发展

1. 早期磁带录像技术的发明与发展

电视诞生后的很长一段时间里并没有自己的记录手段和存储介质。因此，初期电视节目的制作方式只有两种：一种就是即拍即播，通过摄像机，直接把信号播出去；另一种是用电影胶片拍下来，经过冲印后再剪辑播出。即拍即播的制作方式是早期电视技术不发达的产物，与现在的直播有着很大的不同。当时的直播只能在演播室进行，不能记录和重放，技艺手段也比较单调，而采用电影制作技术的方式，胶片的洗印和编制过程非常复杂，电视新闻节目难以即时播出，大大影响了新闻的时效。胶片不能重复使用的特点也使电视生产成本居高不下。这使得电视业界对当时电视技术的现状很不满意，探索开发一种能够替代这种录制过程，而且符合电视自身特点和要求的新的记录手段和技术，成为当时电视业迫切的要求。

1956 年 4 月，美国安培克斯公司（AMPEX）在芝加哥举办的一次贸易展示会上推出了自己研制的新式磁带录像机——第一代的 AMPEX VR—1000 型录像机，这种用 2 英寸（51 毫米）磁带的四磁头横向扫描录像机，每秒带速 15 英寸，画面效果与直播电视几可乱真。较之电视影片，这种磁带录像机无须冲印，从而大大简化了电视节目的制作程序，提高了电视节目的制作效率。同时，磁带录像机的图像还可以即时倒放，反复使用，使得电视节目的制作更为简单方便。磁带录像机的发明在当时立刻引起了轰动。尽管体积大约有 3 台洗衣机那么大，重达一吨，操作麻烦，而且售价高达 5 万美元，但是在芝加哥展销会上，他们在 4 天的时间里就接到了近 100 部的订单，并很快就在电视业被广泛采用。

20 世纪 60 年代初，日本研制成功 1 英寸（25.4 毫米）磁带的单磁头螺旋扫描录像机，逐步代替了四磁头横向扫描录像机。70 年代先后出现了 0.75 英寸磁带的双磁头螺旋扫描录像机（简称 U 规格机）和 0.5 英寸双磁头彩色盒式录像机。新的录像机结构简单、操作简便、成本低廉、实用性强，使用盒式磁带，很快得到发展。为了满足家用视频设备需要，1972 年，荷兰飞力浦公司推出可录制 1 小时节目的卡式录像带。1976 年，日本的家用录像机把录制时间延长到 2 小时，家用录像机可以随时录制电视机中正在播出的节目，从而敲开了家庭市场的大门，成为一种新的文化娱乐方式。

磁带录像机的发明与普及，改变了整个电视广播的传播形态，电视成为以录制节目为主的媒介，电视节目的制作方式发生了根本性的变化。

---

① 陆晔、赵月枝：《美国数字电视：在权力结构与商业利益之间的曲折发展》，《新闻与传播研究》，1998 年。

2. 电子新闻采集系统——从 ENG 到 SNG

早期的电视录像设备庞大、复杂，不适于移动和外景作业，一般只能在演播室使用。以后，企业界不断改进电视摄录设备，降低重量、减小尺寸，使之更加轻巧方便。

20 世纪 70 年代初期，一种小型轻便，易于携带的电子新闻采集系统 ENG(Electronic News Gathering)研发成功并在美国投入使用。它将便携式录像机和摄像机组合起来(摄录一体)，使前期采访实现了摄像机、录像机由分体向摄录一体机工作模式的转变。ENG 系统的运用，使电视新闻的制作播出速度大为提高。ENG 和与之配套使用的录像带一旦拍摄完毕，就可以立刻编辑，新闻的采集和制作环节大大缩短了时间。甚至，在对一些重大事件和突发事件的报道时，ENG 可将前期拍摄、后期编辑和播出同步进行，从而使现场直播成为可能。ENG 机动灵活的特点，使之不仅被用于在现场进行新闻采访，也被其他节目采集素材时大量采用，成为电视节目制作的一种基本方式。

随着电子技术及电视事业的发展，新一代的电子新闻采集系统——卫星新闻采集系统(Satellite News Gathering，简称 SNG 系统)在 20 世纪 80 年末和 90 年代初开始得到应用。由于应用了卫星通信技术和设备，SNG 突破了 ENG 系统传统单一的微波传送方式，而以卫星通信系统作为传输平台，把在新闻现场所采集到的视频及音频信号上行发射到同步通信卫星，再转送回电视台或新闻机构总部直接转播，或经过编辑后播出，是电视采拍、编辑、播出同步合一的新型工作方式。

西方发达国家各新闻传媒机构为保持其竞争优势，对新闻采集的时效性要求越来越高，日常运作开始大量使用 SNG 系统，新闻报道的直播化和现场感得到大为强化。在美国，SNG 已成为标准设备的一部分。SNG 系统在我国也开始得到应用，中央电视台、浙江电视台、大连电视台、江苏电视台等购买了 SNG 设备，并使用亚洲卫星进行新闻实时转播和采集工作。1997 年 7 月 1 日的香港回归祖国庆典、黑龙江漠河地区的日全蚀观测、三峡大坝合龙庆典、1998 年海湾危机以及全国甲级足球联赛等重大新闻的转播均使用了 SNG 系统。

3. 电视节目制作方式——EFP 与 ESP

EFP，即电子现场制作(Electronic Field Production)。它是以一整套设备联结为一个拍摄和编辑系统——一般包括两台以上的摄像机，一台以上的视频信号(图像)切换台，一个音响操作台及其他辅助设备(灯光、话筒、录像机运载工具等)——进行现场拍摄和现场编辑的节目生产方式，因此，EFP 也可称“即时制作方式”。

EFP 是电视技术迅速发展的产物，它适用于“台外”作业。利用 EFP 方式，可以在事件发生的现场或演出、竞赛现场制作电视节目，进行现场直播或录播。不论是现场直播还是现场录像，摄录过程与事件发生发展同步进行，因此，强烈的现场感是 EFP 方式最突出的优点。同时，由于 EFP 须多台摄像机拍摄，所以也同“多机摄录、即时编辑”的概念相通。EFP 是最具有电视特点、最能发挥电视独特优势的制作方式，它被广泛应用于文艺、专题、体育等类节目的制作，每一个成熟的电视台都将 EFP 制作视为必须具备的能力。

ESP，即“电子演播室制作”(Electronic studio Production)，设备精良完备是它最突出的优势。演播室一般都有高保真的音响效果、完备的灯光照明系统和自动化调光系统、高清晰度的摄像系统以及质量最好的录制设备和控制设备等。演播室使用的固定式摄像系统，摄像机的体积和重量也不受某些条件的限制，并可架设于有移动轮的液压支撑设备上，使摄像机的操作移动平稳可靠，同时演播室还有应用特技功能较多的高级多功能型特技切换系统等。ESP 方式既可以先拍摄录制，后编辑配音，也可以多机同时拍摄，在导演切换台上即时切换播出。可以说，ESP 方式综合了 ENG 和 EFP 方式两者的优点，堪称是电视节目制作中技术质量最高、特技手段最为丰富和理想的制作方式。ESP 方式现已成为电视台大、中、小型各类自办节目的主要制作手段。

三、电视传送技术的发展

1. 最早的电视传送方式——地面无线电波传送

电视最早的传送方式就是运用无线电波来传送节目信号，即无线电波经地面上空的介质层，由发射台直接传到接收机。由于微波的频率极高，波长又很短，共在空中的传播特性与光波相近，也就是直线前进，遇到阻挡就被反射或被阻断，因此微波传送的主要方式是视距传送，既在可视范围内进行的直接传播，也叫空间传播。以空间传播方式传播，在无阻挡的情况下，即使发射功率再高，传播距离也只能达到六七十公里。为扩大调频广播和电视的传播范围，人们通过尽量加高发射天线，来克服地球弧形地面对传送距离的限制。天线越高，传播距离越远。为此，电视台都把天线安装在几十米乃至几百米高的电视铁塔上。目前世界上最高的电视塔建筑在加拿大多伦多，塔身净高 553 米；俄罗斯第二，536 米；我国上海东方明珠电视塔居世界第三，450 米。但是单靠加高高度来增加传播距离是有限的，因此，比较通行的做法就是，在地面上每隔 50 公里左右建设一个微波中继站，通过微波接力方式一站站传送，来解决电视广播范围小和收看地区辽阔的矛盾。我国长距离微波通信干线就可以经过几十次中继而传至数千公里仍可保持很高的通信质量。

微波传送具有良好的抗灾性能，对水灾、风灾以及地震等自然灾害，微波传送一般都不受影响。但微波经空中传送，易受干扰，在同一微波电路上不能使用相同频率于同一方向，因此微波电路必须在无线电管理部门的严格管理之下进行建设。此外由于微波直线传播的特性，在电波波束方向上，不能有高楼阻挡，因此，微波信号在有高大建筑的城市接收效果不太理想。

2. 有线传送

电视在诞生之后，很长时间都是采用无线电波来运载节目。但是，山区和边远地区一般都难以接收信号，高楼林立的城市也因建筑物的阻挡，接收质量不良。为此，美国在1948年开始发展有线电视（Cable Television，CATV）。有线电视是用优良的共用天线先接收无线电信号，再通过与电视机相连的电缆组成传输分配线路，将电视节目直接传送给用户接收机的一种区域性电视传播方式，因线路形成闭路传输系统，又成为闭路电视。

有线电视与无线电视的主要区别就是，它用电缆连接的传输分配网络代替了无线电波的发射装置。与无线电视相比，有线电视有如下特点：一是传输节目的容量大。一般可播几十套节目甚至上百套节目。二是有线电视不受外界天线干扰、工业干扰和其他无线电信号干扰，节目传送质量较高。三是容易对传输范围实行控制，并利于采用加密措施，对电视用户实行有偿服务。四是有线电视网可以和计算机网络及各种数据信息库相连接，能够把业务范围扩展到人们生活需要的各个方面。

有线电视传送现在已从电缆传送发展到光缆传送。光缆电视是20世纪70年代后期在激光通信手段发展的基础上产生的电视节目传输新技术。光缆电视系统和电缆电视系统的基本构成相近，不同的只是连接网络的缆线的构造：电缆内是普通的导电金属，光缆内是光导玻璃纤维；电缆内传输的是普通的电磁波，光缆内传输的是可载送电视信号的激光，电视信号调制的激光束的传播速度是每秒30万公里。由于光缆传输具有频带宽、节目容量大（一根光导纤维可传送上千路电视信号）以及损耗低、没有普通电磁波干扰的特点，能满足高质量图像和多节目的双向传输，比电缆电视有更广泛的应用前景。

随着电视事业的发展，有线电视传送已超出原来的范围，它不仅有通过性能优良的共用天线接收到的电视节目，还有通过微波通信线路、卫星地面接收站传送的和自己制作的电视节目，并逐步建立包括节目制作、播出、控制、传输、分配等各个环节的一套独立的、完整的有线电视广播体系。

3. 卫星传送

1945年，英国科幻作家阿·克拉克在《无线电世界》杂志上发表了题为《世界传播的未来》的文章。他建议，将人造卫星发射至赤道上空22300英里（约35860公里）处的太空，与地球保持同步运行，这样卫星上的电子装置就可以接收地面传送的信号，并将信号转发到覆盖范围内的广大地区。在同步轨道上每隔120度设一颗通信卫星，只需有三颗就能实现全球通信和电视广播。

1957年，前苏联发射了第一颗人造地球卫星。1962年7月10日，世界上第一颗正式的有源通信卫星“电星一号”由美国发射升空，进行了跨越大西洋的电视节目传送实验。1962年12月，美国发射了“中继通信卫星”，1963年7月，美国成功发射了世界上第一颗同步通信卫星“同步二号”，并于1963年11月23日用卫星在美国和日本之间进行传播试验。在试验开始前美国总统肯尼迪在达拉斯遇刺身亡,卫星及时传播了这一重大新闻,23 个国家超过 5 亿人通过最新发射的通讯卫星与美国人一起“亲历”了事件的始末。

1965 年 4 月,国际通信卫星组织的第一颗商用通信卫星“国际通信卫星一号”(又称“晨鸟”)启用。世界正式进人了卫星通信时代,电视节目的国际传送和转播成为现实。1969 年 7 月 19 日,卫星转播了人类第一次登上月球的电视实况,全世界约有 47 个国家的 7 亿多人通过电视观看了这次实况转播,占世界人口的 1/5 还多。1972 年美国总统尼克松访华,成为当时轰动全球的新闻。美国三大广播公司组成了联合报道团,租用一架波音 707 客机,将其改造为移动转播中心,并携带一座卫星上行地球站,通过国际通讯卫星传送实况报道和电视新闻。这次报道,美方共传送节目 52 小时,进行了 9 次实况卫星直播。这次事件使我国传媒业界人士不仅亲眼目睹了国外同行利用现代化手段报道新闻的方式和争抢时效的工作风格,同时也认识到中国与世界发达国家在电视技术方面存在的差距,并为此后不久邮电部建立我国首座卫星地球站,起了决定性促进作用。1978 年,中央电视台开始利用国际通讯卫星向国内观众转播世界杯足球赛决赛、第 8 届亚运会的实况和新闻,并于同年开始随团报道并传送国家领导人出访的新闻。1984 年 10 月 1 日,我国中央电视台首次通过卫星向全世界传送了建国 35 周年游行活动、邓小平同志检阅三军激动人心的画面和焰火晚会的盛况。

卫星传播有许多优点:卫星传播不受地形和建筑物的阻挡,特别适合面积较大、地形复杂特别是多山的国家和地区采用,可方便、迅速地解决国土覆盖问题;由于网络结构大大简化,环节少,建设卫星传播系统投资比地面传播系统少得多;卫星广播信号传送质量好,信息容量大,可以同时传送多达几十套、上百套的电视节目和数以百计、千计的广播节目,远非地面系统可比。卫星传送在传送数量、传送质量、传送速度、传送范围上,都堪称人类传播史上的一次革命。通讯卫星的使用,犹如给电视事业的腾飞插上了翅膀,极大地扩展了人类的传播能力,使国家之间、地区之间、洲际之间的节目的交换和传播可以随时进行,有了卫星电视,世界真正成为了一个“地球村”。

思考题:

1. 简述近代通讯技术发明的社会背景及意义。
2. 简要谈谈费森登、德福雷斯特、贝尔实验室对世界广播业的主要贡献。
3. 与调幅广播相比,调频广播有哪些技术优势?
4. 简述尼普科、贝尔德和法恩斯沃斯对电视业的主要贡献。
5. 世界彩色电视制式主要有哪几种?
6. 采录及制作技术的发明及发展对电视节目制作有何影响?
7. 电视传送方式有哪几种? 它们分别有什么特点?

第二章

广播电视业的诞生与发展

［学习要点］

尽管电子技术的发明提供了重要的物质条件，但广播电视业的诞生，最根本的动因是社会的需要。20 世纪 30 年代至 50 年代是广播业的黄金时期。之后西方发达国家的电视业开始蓬勃发展。进入 80 年代后，广播电视业大规模的购并使市场重构及全球化发展成为广播电视业发展的主旋律。

第一节　世界广播业的诞生与发展

电子技术的发明，是大工业和信息技术发展的结果，它为广播业的诞生与发展提供了重要的物质条件。但是，广播业的诞生并不是一个单纯的自然科学发达的现象，也不仅仅由于无线电爱好者们的作用①。在美国，"促进美国无线电广播业发展的最重要的因素是那些从事通讯业务的大公司和电器制造工业，比如美国无线电公司、西屋电器公司和通用电气公司。广播电台的成立和发展，意味着它们的产品和服务有了更加广阔的出路"。②

一、广播业的诞生(1920～1930)

美国第一座广播电台是由美国西屋电器公司创办的。美国西屋电器公司的工程师弗兰克·康拉德是是一个业余的无线电爱好者。他在匹兹堡附近设立了一座呼号为8XK的电台，经常同其他无线电爱好者通过电台对话，并播放音乐，请艺人表演，在无线电爱好者当中有较大的影响。数以百计的无线电爱好者给他寄来信件表示尊敬，也有一些听众写信要求点播某张唱片。为满足听众要求，弗兰克·康拉德开始定期播出节目。1920年9月29日，一家百货店在报纸上刊登了一则广告，以收听康拉德定期播出的无线电音乐会来推销它经销的10美元1台的矿石收音机。百货店这则旨在推销收音机的广告引起了康拉德所在的西屋电器公司总经理戴维斯的注意。他意识到，完全可以通过建一座广播电台，定期播出节目，把收音机从无线电爱好者以及军队推向大众化的消费市场。戴维斯找到康拉德制造了一台功率更强的新发射机，并新建了一座广播电台。1920年10月27日，电台获得了美国商务部颁发的正式营业执照。

1920年11月2日，美国匹兹堡西屋电气公司开办的商业广播电台在总统大选日正式开播，呼号为KDKA，广播从晚上8点持续播出到午夜大选结果揭晓，在当时引起了很大的轰动。KDKA虽不是最早的广播电台，但却是世界上第一家正式进行商业经营的广播电台，也被公认为世界上第一家正式的广播电台。KDKA的成立和开播，不仅标志着美国广播业的诞生，同时也是世界广播业的开端。1922年底，紧随KDKA之后，美国的私办商业电台很快就达到了500多家。

其实，不只是西屋电器公司总经理戴维斯意识到了广播作为未来大众传播媒介的可能，早在1916年，美国马可尼公司的无线电发报员戴维·萨尔诺夫就向公司总经理提交了一份著名的《无线电音乐盒备忘录》。在备忘录中，萨尔诺夫提出

---

① 〔美〕罗杰·菲德勒著，明安香译：《媒介形态变化：认识新媒介》，华夏出版社2000年版，第74页。

② 埃德温·埃默里、迈克尔·埃默里著：《美国新闻史》，新华出版社1982年版，第526页。

把现有的笨重的无线电接受设备改制成一个有几个波长可供选择的无线电音乐盒，向家庭传送信息和娱乐，从而使无线电成为像钢琴和留声机那样的家庭用品。萨尔诺夫说："除了从这种产品中所能获得的利润外，为公司做广告的可能性也十分巨大，因为公司的名字能最终进入家庭，而无线电将受到全国和全世界的关注。"[①]可惜，美国马可尼公司没有接受萨尔诺夫的天才想象和对收音机商业价值及广播业前景先知先觉般的预测。随着 KDKA 电台的开办，1920 年，已成为美国无线电公司总经理的萨尔诺夫增强了批量制造收音机的决心。1922 年，美国无线电公司开始批量出售收音机，产品大受欢迎。20 世纪 20 年代末，已有半数的美国家庭拥有了收音机，无线电广播很快就在家庭普及开来。

继美国之后，世界其他国家也陆续开办了广播电台。1922 年 10 月 8 日，英国第一家广播电台英国广播公司（British Broadcasting Company，BBC）由马可尼公司等 6 家无线电器材公司合资创办，目的也是为了促销收音机。1927 年，私营的英国广播公司被英国政府改组为公营的 BBC（British Broadcasting Corporation）。1921 年 6 月 21 日，法国第一座广播电台由一家广播设备制造公司（CSF）建立。1922 年 2 月，法国国家广播电台建立，通过巴黎埃菲尔铁塔（312 米）进行定时传播。

1922 年夏，前苏联在莫斯科建立了当时世界上功率最强的广播电台，并于 11 月 7 日正式开始播音。前苏联广播事业的创建，是以列宁为首的布尔什维克党和苏维埃政权领导下直接推动的。列宁十分重视广播的作用，在早期苏联无线电广播的创建过程中，列宁就先后通过书信和电报对广播实验、广播宣传和广播事业的创建作出许多重要指示。从 1923 年至 1924 年，比利时、德国、加拿大、新西兰、中国、印度、加拿大、澳大利亚等国的无线电广播也相继问世。1925 年日本私营东京广播电台开始试验广播，后合并其他台成立日本广播协会 NHK。20 世纪 30 年代，无线电广播几乎遍及世界，从此，广播作为一种新兴行业，引起了人们的普遍关注并在社会生活中产生着巨大的影响。

从各国广播业的诞生来看，广播业是社会的产物，也是时代发展的产物，是社会生产力水平发展的标志。广播业的诞生，最根本的动因是社会的需要，政治的力量和经济的要求直接推动了广播业的诞生与发展。

二、广播业的发展与成熟（1930～1960）

从 20 世纪 30 年代开始，世界范围内的广播业开始全面兴盛，在这一阶段，除了上一章我们已提到的收音机技术从电子管发展到晶体管，为广播普及和广播业的发展成熟提供了基本条件外，广播业在网台规模、节目制作、经济实力、媒介地位

---

① 饶立华等：《电子新闻媒介教程——广播与电视》，中国人民大学出版社 2000 年版，第 9 页。

及影响力等方面全面提升，进入了发展的黄金时期。

1. 广播业及网台规模的不断扩大

据不完全统计，20 世纪 20 年代美国的无线电广播为 500 多座，到 50 年代后期，美国广播电台已发展到 3380 多座。1927 年，英国已有广播电台 21 座，收音机达 270 万台，1959 年，BBC 对国内广播已有 78 座电台，能覆盖全英 99%的人口。1928 年，前苏联有广播电台 65 座，收音机 33 万台。到 50 年代中期，全苏广播电台发展到 130 多座，70 年代初则发展到 430 座，收音机数量也发展到了 4300 万台。20 世纪 50 年代，日本全国收音机数量超过 1000 万台，法国的广播已能覆盖全国人口的 98%。广播规模的不断扩大，使之日益成为人们生活中不可或缺的大众传播媒介。在电视大规模普及之前，广播作为最先出现的电子传媒，风靡了整个世界，成为现代社会大众传播的主要媒介。

在美国，广播网台规模也不断扩大。1926 年 6 月，美国无线电公司、通用电气公司和西屋公司合资建成全国广播公司 NBC，NBC 主持两个广播网，即红网与蓝网。1927 年，一些没有加入 NBC 的独立广播商在哥伦比亚留声机唱片公司的帮助下，建立另一个广播网，即哥伦比亚广播公司 CBS。1928 年，NBC 和 CBS 已经使广播的声音传送到全国 800 万台收音机听众那里。随着广播网影响力的不断扩大，地方台蜂拥入网，1933 年，NBC 已发展了 88 家附属台，CBS 则有了 91 家，基本垄断了全美大半部分的广播事业。

广播网的建立，不仅实现了节目资源共享，减少成本，更是广播业实力和发展规模的体现。广播网一方面为广告主提供大规模的全国性听众，并为广告商品创造出一个全国性的大众市场，另一方面也使自己超越报刊具有了全国性的重要影响。1943 年，联邦通讯委员会为防止垄断，不允许一个公司有两个网，NBC 只好把蓝网售出，蓝网独立成为美国广播公司 ABC，从而美国的广播业形成了三大广播网三分天下的局面。三大广播网为争取听众和广告客户，展开了激烈的斗争，进一步推动了美国广播业的发展。

2. 广播新闻报道的独立与成熟

广播刚刚问世时，更多地是被人们视做提供娱乐的无线电音乐盒，音乐节目在广播节目中占据着主导地位。以美国为例，纽约的三家电台、芝加哥的一家电台和堪萨斯城的一家电台在 1925 年 2 月播出的节目中，音乐占 71.5%，新闻占 0.7%。[①] 当时，报纸和广播还更多地表现为一种合作共享的关系。“报纸刊登广播节目单作为对读者的一个服务项目，还宣传电台的进展和电台明星，而广播在简单播报纸的新闻外，还会在之后提醒听众购买提供新闻来源的报纸以了解详细情况。美国报纸发行人协会电台委员会于 1927 年发表的报告表明，48 家报纸拥有

---

① 饶立华等：《电子新闻媒介教程——广播与电视》，中国人民大学出版社 2000 年版，第 16 页。

自己的电台,69 家报纸在别的电台出钱主办节目,97 家报纸提供无线电新闻节目。一半以上的高级电台同报纸建有联系”。①

但是,报纸很快就意识到来自广播电台的压力。广播电台的规模不断扩大,听众也越来越多,更令报纸不安的是,广播的广告收入不断增加,而报纸的广告收入却不断下降。广播发展的上升势头使报纸与广播合作共享的关系打破,报纸不得不把广播作为竞争对手来加以防范和遏制。当 1932 年美联社抢先把总统选举结果提供给一个个电台网以击败合众社后,美国报纸发行人协会建议在报纸刊登有关新闻之前,各通讯社不得出售或透露新闻。但是这种削弱广播影响,阻止历史发展脚步的努力没能获得成功。两年后通讯社不仅重新向广播电台提供新闻,而且还分别建立用于广播的专线报道,来争夺广播用户。而广播在被迫断奶之后,逐渐发展了自身独立的新闻采编能力。美国哥伦比亚广播公司和全国广播公司分别建立了自己的新闻社,并不断发展自己的新闻采编队伍和新闻分析员及新闻评论员。到 20 世纪 30 年代末,广播新闻已成为独立的力量。

广播新闻不仅在直接和快速报道新闻方面,展示出独特的优势,同时,面对经济萧条、罗斯福新政和欧洲危机所形成的复杂的社会政治和经济问题,广播评论员很快作出了反应。他们对新闻背景的分析和评论,成功地吸引了听众。1938 年的慕尼黑危机,美国听众听到了来自欧洲 14 个城市的实况转播,美国的广播网把希特勒、张伯伦、戈培尔和墨索里尼的声音直接传送到美国人的家中,对其讲话进行翻译,并预测事态的发展和各主要国家的外交措施。在这次历时 18 天的危机中,仅哥伦比亚广播公司就进行了 151 次短波实况转播,85 次无讲稿的评论,改变了广播电台广播新闻评论默默无闻的状况,使得这一年成为广播史上最重要也最令人瞩目的新闻年。

描述当年第二次世界大战的爆发,广播电台更是极大地发展了自己的新闻业务能力,电台利用技术条件,以最快的速度和独有的现场报道的方式,将战况及时报道给听众。爱德华·默罗《这里是伦敦》的战事现场报道,以平静而富有感染力的声音把他在战争现场的所见所闻生动地描述给美国的听众,成为国际广播界现场报道的典范。除了广播新闻节目形式的开拓,广播新闻节目的数量也不断增加。1937 年,全国广播公司全部的播音时间中,用于播出新闻的时间只有 2.8%,而到 1944 年是 26.4%,广播新闻已完全成熟。

3. 广播经济实力及媒介地位的不断提升

1929 的经济危机使绝大多数行业都遭受了沉重的打击。股市崩溃,银行倒闭,大量工商企业的正常运转由于失去了资金支持也相继宣告破产。工人因此大量失业,人民生活水平大幅下降,美国的经济进入了大萧条时期。

---

① 埃德温·埃默里、迈克尔·埃默里著:《美国新闻史》,新华出版社 1982 年版,第 531 页。

但是，经济危机不但没有抑制广播，反而从各个方面促进了这个行业的发展。娱乐行业的衰退，使得大批表演者涌入广播业。而生活的困窘，使广播成为当时人们获得信息和娱乐的主要工具，甚至是人们在精神空虚、彷徨失落时的伴侣，收听广播成为20世纪30年代美国人日常生活中不可缺少的一部分。美国学者德弗勒描述当年美国人如何喜爱广播时说："经济来源窘迫的家庭，收音机坏了后也要省吃俭用攒钱修好。他们也许把家具还给贷款公司或拖欠房租，但他们死抱住收音机不放。"

美国广播业的广告收入也不断提升。据当时美国报纸发行人协会广告局估算，1929年，美国的广播广告收入达到4000万美元，广告所占比例为4%（当时报纸的广告为8亿美元）。到1935年，受到经济危机的影响，报纸的广告比1929年下降了45%，而广播却提高到14.5%，到1939年则提高到27%。不断增长的广告收入不仅是美国广播业的重要经济基础，也成为美国广播业发展的强劲动力。

30年代一系列的重大事件更成就了广播电台在社会生活中的影响力。罗斯福总统的"炉边谈话"，不仅使广播展示了自身的魅力，拉近了和听众的距离，也强化了广播在人们心目中的良好印象。之后，总统候选人提名大会和竞选运动、用短波向全世界广播的英王爱德华八世的逊位讲话等，在当时吸引了无数的美国听众。1938年的慕尼黑危机和1939年的第二次世界大战的爆发，广播电台的新闻报道不仅深入人心，爱德华·默罗的战事现场报道，罗斯福、丘吉尔等政治领袖战争期间发表的激动人心的广播演说等，更使广播的社会影响力达到了前所未有的高峰。广播的社会影响使白宫记者中电台人员的地位日益提高，电台记者所乘车辆被允许紧随总统乘车。对此，当时的总统新闻秘书史蒂夫·厄尔利对报社记者解释说："这并不是我们偏心，广播的时代已经到来。"①

4. 对外广播：广播功能的拓展

1927年，荷兰为维护殖民统治，开始向海外殖民地广播，成为世界上最早开办对外广播的国家。早期的对外广播，大多数都只是用于加强本国和海外侨民的联系，为本国在海外领地的代理人、军人和商人服务。但是，广播的独特优势，很快使各国政府意识到对外广播可以成为宣传本国政治与外交政策、树立本国形象的有力工具。为此，德国于1927年、前苏联于1929年、法国于1931年、英国于1932年、日本于1934年相继开办了对外广播。到1939年二次大战前，又有7个国家开办了对外广播。对外广播的出现，不仅是广播技术日趋成熟的标志，也是广播由商业服务向为政治服务的进一步延伸。

第二次世界大战的爆发，将对外广播推上了发展的高峰。广播的远距离传送和生动有力的宣传效果，使之成为当时为战争服务的最好工具。作为主战国的德

---

① 展江、杨鲁江：《新闻与战争》，上海人民出版社1991年版，第173页。

国，为实现其政治目的，用广播向全球宣传纳粹主义，1941 年德国共有 88 个短波电台对欧洲广播。日本的广播电台“东京玫瑰”也成为军部的重要工具。作为反击，英国 BBC 也用 6 种语言对欧洲广播。1942 年美国创办美国之音广播电台(VOA)、美军电台和伦敦美国广播电台。二战期间的“空中电波战”使各国都看到对外广播在国际政治、军事斗争中的重要性，1945 年，第二次世界大战结束时，已有 55 个国家开办了对外广播。随后，一些社会主义国家和第三世界国家也相继开办了对外广播。

三、电视时代广播业的适位调整(1960～1990)

1936 年 11 月 2 日，英国广播公司在伦敦以北的亚历山大宫建成的英国第一座电视台正式播出节目，从而标志着世界电视业的诞生。虽然二次世界大战的爆发，使电视在初创之后就基本停滞了，但二战之后，各国又重新开始了电视的研发和建设，美国的广播网也纷纷转入电视业发展。从 20 世纪 50 年代开始，电视开始大举走进美国人的家庭。1960 年，美国 87%的家庭拥有了电视。1964 年，原先价格昂贵的彩色电视在美国逐渐普及开来。电视的诞生与普及，使广播受到了极大的冲击。大批功成名就的广播明星转到电视圈去了，广播最受欢迎的节目也被电视借鉴过去。随着人们兴趣的转变，支撑广播发展的广告市场逐步被电视蚕食。电视声画并茂、生动形象的传播特点使广播不可避免地被冷落了。面对电视的冲击，广播不得不调整自己，寻找新的生存发展之路。

1. 专业化、地方化——广播电台的调整策略

从 20 世纪 60 年代开始，广播开始重新定位，不再以综合节目吸引广大的听众，而是摸索出一家电台就以一种专业化节目类型取胜的发展道路，转向为特定的听众提供专业化服务。60 年代至今，广播业通过对市场的细分，产生了谈话节目台、全天候新闻台、宗教台、音乐台等专业化电台，虽然新闻制作需要投入较大的人力物力，但全新闻频率的较高收听率却带来了可观的广告收入。以目前非常成功的位于纽约的纯新闻台 1010WINS 为例，它实现了 24 小时新闻滚动播出，而且虽然只立足于纽约，只有 60 位员工(包括 9 位播音员、3 位行政人员，其余为记者和编辑)，但是它一年的广告收入大约 7000 万美元。同时，不少广播电台推出成本较低的全谈话频率，以讨论、访谈、热线互动等形式，也取到了很好的收听效果。对于音乐节目，广播电台则进一步细分为老式摇滚音乐台、途中音乐台、专辑摇滚台、流行金曲台、美国黑人音乐台、爵士音乐台、西班牙音乐台、古典音乐台、乡村音乐台等，从而使每一个电台都拥有一群相对固定和忠实的听众。

同时，节目地方化也成为广播发展的又一个方向。由于美国人对本地信息，尤其是自己所在社区的信息最为关注，美国的广播电台为迎合听众的兴趣，并发挥自身作为区域化、本地化或社区化的传播机构的特点，开始减少广播网播出规模，尽

量将自己报道的视野局限在本地区、本社区，节目构成也基本以本地新闻、时事、社区活动、娱乐为主，受到当地听众的欢迎。

2. 开发移动空间——广播从低谷中逐步复苏

广播业对自身定位的调整，为广播电台的发展又开拓出新的发展空间，广播又重新赢回了一部分听众。与此同时，美国汽车工业的发展为广播的复苏起到了推波助澜的作用。

20 世纪 50 年代起，美国的汽车制造商将广播作为汽车的标准附件。受到电视极大冲击的广播，在汽车业的带动下又获得了一片既狭小又广阔的发展空间，坐在小小车厢内的移动人群成为“上帝”赐予广播业的极好的礼物。从此，美国广播业的复苏、繁荣与美国汽车业的发展一路同行。如今，美国拥有汽车 2.4 亿辆，也就是说，在全美 6 亿台收音机里，有 2.4 亿台是安在车上的，广播成了美国人路上的朋友。据美国一家权威机构的数据显示：美国 18 岁以上的听众中，在汽车内听收音机的比例达 83.8%；在广告客户格外青睐的高端听众——那些年收入超过 5 万美元的成年人、专业人士、企业高级管理人员、大学以上学历者中，在汽车内收听广播的比例更是高达 90%以上。据美国广播收听率检测公司所做的调查，从周一至周五，美国广播的收听高峰出现在早晨 7 点至 8 点以及下午 3 点至 6 点，这正是美国人开车上下班的主要时段。该调查还显示，在美国人的广播收听地点中，家里和汽车是头两名，占到了所有收听地点中的 80%。可见，汽车文化对广播业的复苏立下了汗马功劳。

广播虽然经受了来自电视、有线电视以及网络等其他媒体的强大冲击，但经过自身的不断调整，如今又已走出低谷，逐步开始了新的发展。广播的勃勃生机主要归功于广播作为弹性媒介这一明显的优势。虽然广播的生动性不如电视，深刻性不如报纸，信息量不如网络，但广播能更周到全面地满足人们的的音乐需求；广播的多语言服务，电视也相对难以竞争；广播的参与性不逊于电视；广播的制作成本较低；最根本的是，广播携带方便，播放空间灵活。作为适应性很强的媒体，广播的移动性以及服从于人们的日常生活安排的特性，是其他媒体目前所不具备的，而这就是广播的发展空间。

第二节　世界电视业的蓬勃发展

一、世界电视业的初创(1936～1945)

1929，英国广播公司 BBC 开始采用贝尔德的机械电视系统进行电视试播。1936 年 11 月 2 日，BBC 在伦敦以北的亚历山大宫的电视演播室以一场大型歌舞开始了电视节目的正式播出，从而宣告世界电视业的正式诞生。

早期BBC的电视节目每日播出2小时(星期日除外),节目主要有戏剧、音乐、体育比赛和游戏等。1936年,BBC转播了英国国王乔治六世的加冕典礼,1938年9月30日,BBC播出了英国首相张伯伦从慕尼黑谈判归来的实况,这是世界上第一次实况转播的新闻事件。

1935年3月22日,格外重视宣传的德国纳粹政府开始在柏林正式播出电视节目。1936年8月,德国集中力量对在柏林举办的奥运会进行了电视报道,并设立了28个收看点供集体收看。虽然德国正式播出节目的时间比英国早7个月,但是没有人把纳粹政府的电视诞生日作为世界电视的纪念日。

1932年,法国建立第一座实验电台,并于1938年开始每天定期播出电视节目。次年,苏联莫斯科电台也开始定期播出节目。

美国的电视播出要稍晚一些。1939年4月1日,美国无线电公司总经理戴维·萨尔诺夫领导子公司NBC成功完成全电动电视系统的研制,并于4月30日对美国纽约博览会实况进行实验播出。NBC在距离主席台大约50英尺远的平台上,架起一台最原始的电视摄像机。美国总统富兰克林·罗斯福(Franklin D. Roosevelt)致开幕词,成为历史上第一个在电视上出现的总统。1941年6月,美国第一家商业电视台——全国广播公司的WNBT成立,并于7月1日开播,每天播出2~3小时的黑白节目,采用525行扫描标准,美国的电视业正式诞生了。至1941年12月,全美国有32家商业电视台获得执照。

早期的电视节目内容主要是体育竞赛——转播棒球、橄榄球、摔跤、赛马以及拳击等各种比赛。各大电视网的全部播出时间中,60%是体育转播,其他的节目内容还有老电影、肥皂剧、烹饪讲座、旅游风光片、游戏节目等。早期电视新闻的发展则囿于技术原因而裹足不前。当时仍没有专供电视使用的摄录设备,电视新闻短片是用电影摄像机和电影胶片拍成的。由于设备笨重、成本昂贵,所以电视新闻片实效性不强,数目很少,很快就播完了。电视新闻的强劲对手——报纸和无线电广播新闻凭着在二战期间及时、准确的新闻报道,树立起权威的形象,仍然是大多数人获取新闻的主要来源。

二、二战后世界电视事业的恢复与发展(1945~1960)

第二次世界大战的爆发,使世界范围内绝大多数国家不得不中断了电视的实验和播出,英国的BBC电台被征为战用,只有美国还有6家商业电视台在勉强维持,但不仅播出时间短,内容也不过是一些防卫信息。二战期间,刚刚诞生的电视事业基本停滞了。

二战后,前苏联于1945年5月7日,第一个恢复和重新开办电视广播,但每周只播两次。1945年10月,法国国营广播电视公司(RTF)开始从艾非尔铁塔播出电视节目;1946年7月7日,英国重新开始播出电视节目。

随后，从20世纪50年代开始至60年代，其他国家也陆续开办电视广播。

欧洲国家中，除挪威于1960年、土耳其于1968年才开办电视外，其他西欧、北欧、南欧和东欧各国纷纷在50年代开办了电视广播。大洋州的澳大利亚、新西兰分别于1956年和1960年开办了电视。亚洲国家中，日本广播协会的东京电视台于1953年正式开播，菲律宾于1953年、中国于1958年、印度于1959年先后建立电视台，其他国家如印度尼西亚、马来西亚、新加坡、巴基斯坦则在60年代陆续开办了电视。在第三世界国家中，拉丁美洲的墨西哥、古巴和伊斯兰国家中的伊拉克、阿尔及利亚、埃及和叙利亚以及非洲的摩洛哥、尼日利亚于50年代开办了电视，其他国家则在60年代以后才陆续设立了电视台。

原来在电视实验播出就领先的国家，电视的恢复与发展较为迅速，1957年底，英国在各主要城市共建成23座发射塔，全英电视网初步形成，覆盖区人口达到90%以上。1958年，全苏联有67座电视台，居民拥有电视机由刚恢复时的420台发展到300万台。美国电视台的发展最为迅速。1946年，美国的电视台由6家猛增至108家，电视台的迅猛发展，使得缺乏经验的FCC不得不于1948年9月采取"冻结"政策，停止审批新的电视台的设立申请，这项政策直至1952年4月才宣告解除。1955年，美国拥有电视机的家庭达到78%，10年间，电视已从奢侈品变成了美国人现代生活的必需品，电视的影响逐渐超过了广播。此后，美国的电视业进入了蓬勃发展的时期，并在各个方面成为世界电视业的先行者。

三、美国电视业的蓬勃发展(1960～1990)

从20世纪50年代后期开始，随着世界范围内电视业的广泛兴起，各国电视业陆续进入电视发展的全盛时期。但由于经济实力等各种原因，各国电视业的发展节奏并不一致，电视业的发达程度也很不均衡。当亚洲、非洲的大部分国家的电视业才刚刚开始的时候，美国电视业已进入了成熟的发展期。1952年，随着美国"冻结"政策的解禁，美国新建电视台如雨后春笋般涌现出来。1960年，美国电视台的数量达到617个，1970年达到872个，1980年为1013个，到1993年为1505个。美国黑白电视的普及率也由1950年的9%猛增到1959年的88%。1964年，美国的彩色电视开始普及，至1975年，美国已有85%的家庭拥有了彩色电视机。80年代初，美国的电视机拥有量已达到1.5亿台，美国99.5%的家庭至少拥有一台电视机，超过90%的家庭拥有彩色电视机，超过50%的家庭拥有2台或以上的电视机。

作为世界上电视业最为发达的国家，美国的商业电视不仅浓缩了电视媒体发展演变的历史，同时也代表了电视业的最高标准。在此，我们以美国为例，来全面考察处于鼎盛时期的电视业的发展。

1. 电视网的黄金时代

随着电视规模的不断扩大，美国的大中城市很快发展成一市数台的格局。

1952年，出于规模经营和竞争的需要，已有广播联网经验的NBC和CBS在主要的大城市之间建立了电视联播网。作为电视领域最大的垄断组织，电视联播网都有直接经营的电视台（直属台）和相当数量合作经营的附属台。1954年，NBC和CBS直属的12家电视台的利润已占美国全电视行业的一半以上。ABC通过和杜芒特集团的竞争，终于在1960年成功跻身为第三大电视网。当时，美国三大电视联播网已经拥有200多家地方附属台。1960年美国电视广播的毛收入超过12.68亿美元，税前利润为2.44亿美元，平均利润率为19.2％。

随着广告和电视节目制作费用的高涨，广告商联合赞助节目的方式取代了以前单一的广告赞助方式，节目审查的权力也从广告商的手中转移到了电视网，这极大地增强了本来拥有电视播出平台的电视网的权力，致使独立制片人为换取播出时间，不得不将节目的版权和发行权部分地出让，电视网的利润也大幅度增加。1960年，电视网的节目时间占据了整个电视节目时间的60％。虽然在1975～1983年间，大约70家独立电视台（指不附属于三大电视网的地方性电视台）在播出节目，但各独立电视台之间松散的组织方式，对NBC、CBS、ABC三分天下的局面没有任何冲击。整个六七十年代的晚间电视黄金时段中，90％的美国家庭都在收看三大电视网的节目，地方独立电视台基本上没有与电视网竞争的可能。美国无线电视联播网由此进入发展的黄金时期。80年代期间，全国范围内三大电视网已大约拥有近600家附属地方电视台。

2. 电视产业市场体系的成熟：独立制作公司与辛迪加的发展

美国无线电视联播网发展到黄金时期，其内部的收视率竞争却十分激烈。尤其是黄金时段的节目竞争更是到了白热化程度，收视率相差一个百分点，广告收入就能差出2000～3000万美元。收视率的高压，使得电视网失去节目试验与冒险的勇气。而电视网也越来越贪婪，它向附属台要求更多的播出时间，地方台和电影公司都不敢得罪它们。此外，电视网还控制着节目的销售和发行公司，无可争议地成为当时电视业的霸主。

从70年代开始，美国电视联播网的霸主地位遭到了来自政府的干预。为增强市场的竞争力，FCC出台了一系列的法案，重新规范电视市场，遏制电视网的权力。FCC制定的《黄金时间进入规则》规定：在每天晚间7∶00～11∶00的黄金时间里，电视网只能使用3个小时；只有在周日，另一个小时才可用于电视网，而且只能播出儿童节目、新闻节目、时事节目。同时，《财政利益和节目发行公司规则》规定：联播网购买的节目除了播映权以外不得再获得任何利益，不得参与辛迪加出售节目等；除了新闻、时事节目外，禁止电视网全部或部分拥有节目版权，取而代之的是，制作公司获得节目的所有权和辛迪加版权；同时，FCC强迫地方附属台每晚必须播出不少于3小时的联播网之外的娱乐节目，以给地方节目制作力量增加新的市场机会。

美国电视政策的调整，使电视市场迅速地转变成了“买方市场”。尽管联播网还有决定节目是否播出的大权，但“制播分离”使独立制作公司和辛迪加快速发展起来。美国的电视台自己主要制作新闻类的节目，音乐、娱乐、戏剧等其他类型的节目多从各种节目辛迪加公司购买。在长年的节目制作中，独立制作公司的专业水准大幅度提高。美国许多有名的电视节目都是由节目公司制作的，如电视剧《急诊室故事》(*E. R.*)、《杰里・塞恩费尔德》(*Jerry Seinfeld*)、《X档案》(*The XFiles*)、谈话节目《奥帕拉・温弗瑞谈话节目》(*Oprah Winfrey Show*)、《杰里・斯普林格谈话节目》(*Jerry Springer Show*)、《拉里・金谈话节目》(*Larry King Live*)等。每个联播网每年从独立制作社购买的节目数量已经从60年代后期的800个左右发展到80年代初的2000个，美国的节目生产与制作已经发展为一个相当规模的产业。

成熟和完善的广播产品运作体系不仅仅包括播出机构，节目的制作和发行机构，还包括为广播服务的调查机构。美国的调查产业的主体是市场营销调查公司，调查业所提供的信息是各种决策必不可少的依据和基础。美国的广播电台、电视台就是从这些调查公司手中购买他们的产品——调查研究报告，或签合同形成客户关系，委托调查公司为自己的电台、电视台进行受众市场、广告等方面的调查、研究与分析。比如美国专门调查电视受众的公司是尼尔森媒介调查公司(Nielsen Media Research Inc.)，它成立于1936年，它是美国最大的专门研究北美电视观众及市场的公司。

到80年代，美国电视业已形成了高度专业化、细分化的媒介产品运行机制。美国也因此成为世界上最大的电视节目、音像产品出口国，其影视产品出口创汇已排在所有产品出口创汇的第二位。

3. 卫星传送与有线电视的发展

电视刚刚诞生时，只有无线电视一种电视形态，随着电视技术和电视业的不断发展，美国电视媒介的形态呈现出多元化的发展态势。

美国在1948年开始建设的有线电视，从70年代后期卫星电视技术出现后得到了长足的发展。1972年，美国通过了所谓的“天空开放政策”——《关于建立国内卫星通讯网络的第二次报告和命令》，从此，美国进入了卫星传送节目的新时代。无线上星、有线入户的传播形式使得美国的有线电视得以迅猛发展。1972年，美国开办了最早且影响很大的有线电视台“家庭影院”(Home Box Office，简称HBO)，它主要提供付费的电影和体育节目。HBO建立伊始，主要通过地面微波传送，1975年起改为通过卫星传送。80年代，HBO的用户达到了1000万户，1991年为1760万户。

1980年，美国特纳广播公司(TBS)建立了有线电视新闻网(Cable News Network，简称CNN)，24小时不间断播出新闻节目。1981年里根总统被刺、1986年挑战者号爆炸、1989年东欧巨变,CNN都成功进行了现场即时报道。1991年海湾战争,CNN作为第一个,也是唯一一个直播战争的新闻机构,在全世界声名大震。全天候的国际国内新闻追踪,使CNN很快成为影响最大的有线电视新闻网。

除了HBO、CNN外,80年代的美国还创办了一批专门的有线电视节目公司,通过卫星向全国各地的有线电视系统传送节目。其中著名的有线电视网还有娱乐体育频道(ESPN,1979年)、表演时代(Showtime,1980)、音乐电视台(MTV,1981)、探索频道(Discovery,1985)、家庭购物网(HSN,1985)等。美国有线电视的专业化发展,对综合性的传统三大电视网带来了很大冲击。70年代,三大电视网的观众逐渐减少,到90年代,三大电视网的观众已从90%的占有率下降至60%左右,而美国9690万家庭用户中,60%以上接入了有线电视。

美国的有线电视节目基本上可以分为三类:基础有线电视服务(basic cable services)、付费电缆电视服务(pay cable services)和特别服务(specialty services)。基础有线电视服务是有线电视系统中最主要的一种形式,也是收费最低的形式——大约每月收费5～15美元。基础有线电视提供地方广播电视信号和广告商赞助的有线电视节目。付费电缆电视始于1976年,付费电缆电视要求订户在基础有线收费外,另外交付一笔费用。由于订户额外付费,付费电缆电视一般不插播广告。它的特点就是观众可以看到在无线电视广播中看不到的电视节目,并且不受广告的打扰。比如美国目前最大的付费电缆电视机构是HBO,它的节目大约在7000家有线公司播出,有约20%的美国家庭(约1600万个家庭)接收它的节目。处于第二位的是表演时间(Show time),HBO的母公司时代—华纳公司拥有的Cinemax居第三位。其他重要的付费电缆电视还包括电影频道、迪斯尼频道等。许多美国家庭都喜欢这种在家看电影、看戏剧、看主要体育赛事以及娱乐特别节目的方式。特别服务节目是有线电视公司提供给订户的特色节目,如美联社的美联社有线新闻(AP News Cable)、美联社经济新闻(AP Business Plus)和有线体育追踪(Cable Sports Tracker)以及路透社的新闻观点(News View)等。

由于美国可供选择的电视频道很多,一般用户不需要自行安装卫星天线接收外来电视,所以卫星直播电视在当时的美国并不普遍。

4. 电视节目形态的多元化

二战后,最初的电视节目大多都是从广播移植而来的,但不甘寂寞的技术人员和富有创意的编辑、导演不断试验新的视觉表现形式,电视节目类型很快超过了广播。到1951年,美国的电视节目体系已初具雏形。

根据1951年1月美国全国教育广播联合会(NAEB)对纽约7个电视台一周的节目调查,发现在电视播出的564小时的节目中,25%是戏剧节目,其中包括10%的警匪剧和6%的西部剧;14%是综艺节目、杂耍表演;13%是儿童娱乐;新闻、体育、家政及采访各占10%。①

从1951年开始热播至70年代的情景喜剧《我爱露茜》，为以后的电视喜剧奠定了基础。1961年，NBC开办《星期六晚间影院》栏目，在黄金时间播放一部新影片，大受观众欢迎，其他电视网随即也照搬经验。1966年，为解决电影片源不足的问题，NBC创办《世界首映式》，专门播放"为电视制作的影片"——电视电影。70年代上半叶，美国的电视电影开始通过电视和电影两种渠道发行到国外，迅速占领了世界电视节目市场。70年代后期至80年代初，精心制作的大型电视连续剧《根》及《荆棘鸟》等大获成功，同时和以《达拉斯》为代表的肥皂剧开始分别占据着白天和晚上的黄金时间。竞争的压力，也使成本较低的谈话节目在美国大为流行。《夜线》和CNN的《拉里·金谈话节目》、乔伊·雷诺的《今晚》和大卫·莱特曼的《夜晚》都是知名的谈话节目。

5. 电视新闻节目的发展与成熟

最早的电视新闻从模仿广播新闻开始。二战结束后，NBC开始雇佣报社摄影记者拍摄图像新闻，CBS则请来新闻电影纪录片的摄影师指导电视新闻的拍摄。

1948年8月15日，CBS开办了第一个电视新闻节目，次年，NBC的新闻节目也开播了。两大广播网的电视新闻节目每日播出15分钟的电视新闻。但是，由于电视技术的制约，许多电视新闻节目的制作人和主持人也还没有完全从广播新闻的模式中走出来。

从60年代开始，电视新闻逐渐显示出它独有的现场报道的魅力。1960年，至少有8300万人通过电视"目睹"了肯尼迪和尼克松之间竞选总统的辩论。1962年，约翰·格伦的第一次环绕地球轨道飞行的电视报道吸引了13500万观众。而1963年11月22日约翰·肯尼迪总统遇刺事件，则使电视新闻彻底摆脱了报纸新闻和广播新闻的竞争压力，第一次牢牢抓住了公众的注意力。当总统遇刺并受重伤的消息通过合众社的电讯传出时，10分钟之内，三大电视网全部中止了日常节目，全力以赴投入到对这一重大事件的连续报道当中。接下来的4天内，所有的电视网连续报道了事件的进展。从肯尼迪的遗孀杰奎琳陪伴总统的灵柩回到华盛顿到约翰逊总统的继任；从谋杀嫌疑犯李·哈维·奥斯瓦尔德在电视镜头前被枪杀到肯尼迪总统的葬礼，电视新闻使人们目睹了一连串惊心动魄的事件，并给人们带来了巨大的情感冲击和深刻反思。从肯尼迪的葬礼仪式直播开始，美国人开始主要通过电视，而不是其他大众传播媒介来获取丰富的新闻信息。此后，一系列重大新闻事件：1968年马丁·路德·金被刺后黑人区的骚乱、罗伯特·肯尼迪的遇刺身亡、1969年人类第一次在月球行走、历史漫长的越南战争、1974年尼克松总统辞职等，各家电视网都给观众提供了难以忘怀的新闻现场报道。尤其是越南战争，当

① 郭镇之：《电视传播史》，北京师范大学出版社2000年版，第201页。

电视用真实连贯的画面表现了这场战争的血腥、残酷和磨难时，引发了许多美国人对战争的深层思考，并促成了国内反战舆论的形成，最终以美军撤离越南而宣告了战争的结束。

1963年开始，三大电视网先后把晚间新闻从15分钟增加至30分钟，并确立了主持人制度。CBS的沃尔特·克朗凯特和NBC的一对搭档切特·亨特利、戴维·布林克利均成为美国家喻户晓的人物。那时，电视台还只在工作日播出新闻。70年代，电视网每天提供30分钟的新闻节目，星期日还提供15分钟的新闻综述节目。80年代，电视网全天的新闻节目以早间软新闻、滚动播出的简明新闻、作为主力的晚间新闻以及夜晚的访谈节目所构成。

除了在时长及时段上拓展，美国电视也开始创造新闻节目的其他形态。1968年9月24日，CBS开创电视新闻杂志《60分钟》，每周日晚7点播出，节目长度1小时，由三个独立调查性短片组合而成，无栏目主持人，只在每个短片前由该片的出境特派记者在演播室做一简短述评。《60分钟》以符合大众文化接受心理的故事性表现手法，通过情节、冲突、悬念，吸引观众和记者一起追踪事件的原委。精彩的故事、犀利的提问、亲历的现场、调查式报道，“硬新闻”的主题，公众的立场及严肃的态度，使《60分钟》长达30多年居于收视榜前位，被新闻业界视做一个高高在上的职业理想范式。《60分钟》的成功，使国内外电视同行也相继效仿。经过各自的精心打造，CBS的《48小时》（*48 Hours*），NBC的《日界线》（*Date line*），ABC的《20/20》、《夜线》（*Night line*）等栏目，以相同的电视新闻杂志的样式和各自不同的风格特色，成为各电视网的王牌栏目。

1980年6月1日，泰德·特纳在亚特兰大开创了一个全天24小时提供新闻节目的有线电视网——CNN(Cable News Network)。这是美国第一家通过卫星向电缆电视网和卫星电视用户专门提供全天新闻节目的电视公司，也是世界上第一家开办24小时全新闻频道的电视公司。作为全天候的新闻频道使得CNN可以随时打断正在播出的节目或广告而插入对突发性新闻事件的现场报道，这个优势是传统的三大商业电视网不能做到的。传统电视网如果要插播重要新闻，就不得不打断正在播出的电视剧或其他节目，造成节目的不连贯性。CNN的建立，使新闻成为对正在发生的事实的报道。同时，直播新闻也改变了人们的生活，把世界直接推倒了我们的面前。

从模仿广播新闻到发挥电视新闻图像优势，从简明新闻到深度报道，从录制播出到现场直播，从定时新闻播出到24小时不间断报道，电视新闻的传播速度越来越快，传播范围越来越广，报道内容越来越丰富，电视新闻形态也越来越成熟，并对社会生活产生了深远的影响。

第三节　广播电视业的市场重构与全球化

进入 20 世纪 80 年代后,包括卫星技术、数字化技术和网络化技术在内的新媒介技术,促进了以美国为代表的发达国家的广电产业的市场重构,美国广播电视产业的资本迅速集中到少数媒介巨头手中。这种集中带来的雄厚经济和技术实力赋予了美国媒介产业在全球化竞争中无可比拟的优势。

一、购并:广播电视业的市场重构

在新媒介技术的渗透和美国联邦政策逐步放宽的背景下,从 20 世纪 80 年代开始,包括广播电视在内的美国媒介市场发生了一系列的结构性变化。这种结构性变化是通过广播电台、电视台的购并来完成的。

1986 年,美国无线电公司(包括属下的全国广播公司)被通用电气公司以 63 亿美元的价格收购。其结果,无线电公司及全国广播公司的营业额上升到数百亿美元,并且发展成为对电子、电器、发电、核能、汽车、铁路、航空、化纤、保险金融等各个行业直接投资和间接参股的全球性企业。

1985 年哥伦比亚广播公司被劳伦斯公司和劳斯公司(经营旅馆、电影业、金融业)收购,1995 年 8 月 1 日又被出售给西屋公司,结果在电器、核能、卫星、电信、防卫等领域拥有多家产业的西屋公司,又拥有了 14 家电视台和 39 家广播电台。

1986 年美国广播公司先是以 35 亿美元被大都市公司收购,1995 年 7 月 31 日大都市公司又被美国沃尔特·迪斯尼公司以 190 亿美元收购,从此,一个具有 570 亿美元资产的大型媒介公司诞生了。迪斯尼公司的资产包括电视网、电视台、广播电台以及电影制作公司、电视和动画演播室、有线电视网、出版公司、零售商店等。1997 年其营业额近 225 亿美元,广播电视方面的营业额为 63 亿美元,约占总营业额的 30%,成为与艺术制作、娱乐旅游并驾齐驱的迪斯尼支柱产业之一。同时,美国广播公司在美国媒介激烈的竞争也有了强有力的后盾,成为美国,也是世界上第二大媒介和娱乐业产业集团。

80 年代后期,当时美国最大的影视制片公司“华纳传播公司”和实力雄厚的有线电视“时代公司”合并为“时代—华纳公司”。1995 年 8 月 22 日,时代—华纳公司以 75 亿美元合并了特纳广播公司,从而成为美国,也是世界上最大的媒介产业集团。

美国新增的独立电视台、电视网也呈现出与媒介巨头连为一体的趋势。其中最引人注目的是 1984 年至 1985 年连续收购 20 世纪福克斯公司和米高梅电影公司后创建福克斯电视网的鲁帕特·默多克。福克斯电视网因此成为默多克的世界媒体帝国新闻集团在美国的广播电视部门。新闻集团在 90 年代中期就已发展到世界各地，在澳大利亚、北美、英国、欧洲、中南美、印度以及中国等亚洲各地经营报业、电影制作和供应、广播电视台和网络、卫星电视服务等多项产业。

1996年2月，美国政府通过新的电信法，又一次掀起合并、购并、买断产权、合作经营和合资经营的高潮。1996年6月，西屋全国广播公司以49亿美元买下了无线广播公司，成为拥有77座电台的广播巨头，同时获得全国10个最大广播市场的控制权。1996年6月，默多克新闻集团下属的福克斯公司与全美最大的有线电视经营者电信公司TCI合办24小时有线电视新闻节目。1997年1月，新闻集团又以30亿美元购买了新世纪通信集团公司的全部股权；3月，以13亿美元购买赫里帝奇媒介公司，出资10亿美元购买国际家庭娱乐公司；9月，接管拥有3000部电视连续剧和50多部电影的MIM公司；11月，和美国微波通信公司MCI合资开办了美国空中广播公司，开通200个频道。到1998年底，美国已有几十家传媒公司合并，合并总值达16790亿美元。

美国广播电视产业重构，也带动了欧洲大陆的合并风潮。

德国：1997年1月14日，卢森堡广播公司和德国贝塔斯曼的子公司乌发公司正式合并，成为欧洲最大的私营电视集团，拥有19个电视台和23个广播电台，分布在10个欧洲国家。

英国：尼奈克斯公司、贝尔有线媒介公司和视频电子公司合并，成为英国最大的有线电视经营者——有线和无线通信公司。

法国：新频道电视台先后购并UGC的电影发行公司和荷兰电视网，形成了新频道电视集团，成为欧洲第一大收费电视公司。

日本：1998年5月，日本两家卫星直播电视台完美电视台和日本空中广播公司合并成为日本最大的卫星直播电视台——空中完美电视台。

从20世纪80年代开始的以美国为首的世界广电产业的重构，使得在不长的时间内，全球的媒介市场已经成为9至10个最大的跨国媒介公司的天下。发达国家掀起的广播电视媒介大合并、大购并的浪潮，有着鲜明的特点：从广播电视本行业的合并扩展到跨行业的合并；从国内的媒介合并扩展到跨国媒介的合并；合并的结果是产生了一批超级媒介集团，形成了群雄争霸的局面；合并的目的是筹集资金、研制和采用高新技术、增加抗衡实力和提高竞争力，控制国内广播电视市场，进而向世界扩张，占领国际电视市场。环球电视公司的总经理说："合并后的大公司为世界市场提供了更多的节目，利用他们的规模和影响来扩大市场占有率。"迪斯尼公司总裁迈克尔·埃斯涅尔说，迪斯尼公司与美国广播公司合并后的最大收获是收看娱乐与体育频道（ESPN）的不仅有美国国内的67%家庭，而且还有分布在世界许多国家的9500万个家庭。娱乐与体育频道将成为该公司大规模进军世界市场的跳板。

二、广播电视业的全球化发展

1962年7月10日，美国太空总署成功地发射了“电星一号”，运用通信卫星开始传输电视节目，成为电视传播手段的一大革命，它使电视传播的国际化和全球化成为可能。

1983年，美国开办世界电视网，1990年，世界电视网覆盖了128个国家的190个城市，用英语、法语、西班牙语、阿拉伯语、华语等语言播出。

1991年3月，英国广播公司BBC首先开办对欧洲地区的电视新闻广播，半年后开办对全球电视广播，首先是亚洲和中东，一年后对非洲广播。1994年BBC与皮尔逊公司合作开办两个通过有线和卫星传送的频道——世界新闻频道和娱乐频道，1995年进入美国，专门为美国观众编排每天6小时的电视节目。现在BBC的世界电视台BBC WORLD全天24小时向141个国家播出。

法国1992年创办国际电视台CFI，向全世界72家有线电视网传送节目，覆盖非洲33个国家和中欧、东欧、拉丁美洲地区，用法语、英语、西班牙语、阿拉伯语进行电视广播。

1992年4月1日，德国之声电台开办德国之声电视台DW-TV，用德语、英语播出6小时节目。1995年，该台向亚太地区每天播出24小时的电视节目，其中包括12小时的德语节目、10小时的英语节目和2小时的西班牙语节目。

1995年4月，日本广播协会NHK开办国际电视广播，到1998年它的节目已传送到世界各个地区，它每天对亚太地区播出18个小时，对欧洲、北美每天播出3小时和5小时节目；10月份开始对中南美、中东、非洲等地区广播，用日语、英语广播。据不完全统计，有26个国家已开办了官方、半官方的国际电视台。

除了官方创办的国际广播电视近年来保持强劲发展势头之外，商业性的国际电视在国际传播领域也开始占有重要地位。一些已在本土获得成功的有线电视网也借助卫星电视等技术，开始由国内转向国外发展。

1980年特德·特纳创办美国有线电视新闻传播公司CNN后，1985年就通过卫星向欧洲广播并于1991年海湾战争时一举成名。至今，CNN已向137个国家几百家电视台网提供新闻，覆盖200多个国家和地区，直接观众已超过2亿户。探索频道(Discovery)于1989年开始全球性发行。如今，它已拥有15个娱乐品牌，并以33种语言通过77家独立播出机构覆盖155个国家逾4亿的家庭用户，成为全球发展最迅速的有线电视网络之一。

在20世纪的最后20年，世界广播电视业规模、结构快速发展所形成的大型媒介集团，其最重要的趋向就是全球化。除了本土媒介市场的竞争日益激烈外，大媒介集团已经越来越依赖于国际市场的开发。美国迪斯尼/ABC的海外业务已经十分可观，1998年，其总盈利中有38亿美元即17%来自美国本土以外的国际市场，主要来自于创意内容、广播电视节目、主题公园与商业零售业。其中 ESPN 由于广泛开发国际市场，1998 年的赢利增长了 20%，达到约 17 亿美元，现金流动则增加 17%，达 7 亿美元。迪斯尼的全部广播电视产业（ABC、ESPN、Disney Channel 等）的盈利 1998 年增加了 10%，达 71 亿美元，其中营业额提高了 3%，为 13 亿美元。NBC 除了拥有和运作十余个分布在美国本土主要大市场的无线电视台以外，还进入了有线电视、国际电视和新媒介等传播领域。它的两个有线电视服务，一是有关商业和经济信息等的 CNBC，不仅在美国受到欢迎，还进入了欧洲和亚洲市场；另一是 MSNBC，这是 NBC 与微软合作的有线新闻网和因特网新闻站点，在世界范围内也越来越有影响。为进一步进入国际市场，NBC1993 年开播了面向欧洲的 Super Channel，1994 年则把相应的一套节目拓展到亚洲。在欧洲，家用录像带销售的市场份额，迪斯尼占 17.4%，紧随其后的是时代华纳，占 13.8%。①

思考题：

1. 广播电视业诞生与发展的根本动因是什么？如何理解？
2. 请简要说明广播业的黄金时期的表现。
3. 电视普及后，广播是如何进行调整的？
4. 20 世纪 70 年代，美国政府为何要干预电视联播网的霸权？
5. 请谈谈广播电视业的市场重构的背景。

① 陆晔：《世界电视业：全球化背后的无限商机》，传媒学术网。

第三章

我国广播电视业的发展概况

[学习要点]

学习中国广播电视业概况，应重点把握20世纪80年代以来我国广播电视的改革与发展。其中广东珠江经济电台、上海东方广播电台和北京交通广播电台是我国广播业不同时期的典范。把握我国电视业的发展历程，必须注意政治、经济、文化等因素在其中的作用和密切关系。

第一节　我国广播业的发展历程

一、新中国成立前的广播业

1. 北洋政府时期的广播事业

我国境内的第一批广播电台出现于20世纪20年代初，与早期的近代报刊、通讯社一样，是由外国人创办的。1922年12月，美国工程师、商人E. G. 奥斯邦在上海创办中国无线电公司，并与英文《大陆报》报馆合作，由一位旅日华侨曾某出资，开办了"《大陆报》——中国无线电公司广播电台"，呼号XRO，发射功率50瓦，于1923年1月23日晚首次播音。这是我国境内开设的第一座广播电台。

早期外国人在上海开办的电台中影响较大、时间较长的是1924年5月开始播音的美商开洛电话材料公司所办的电台。开洛公司广播电台与《申报》合作，在报馆安装播音室以报告新闻，播音持续了4年之久(1929年10月停播)，原因一是当时北洋政府改变了严厉取缔无线电广播的法令，二是该台的节目深受听众喜爱。外国人在上海接二连三地办电台，人们对收听广播的兴趣与日俱增，当时广播被称为"空中佳音"。

中国人自办的第一座广播电台是由哈尔滨人刘瀚在奉系军阀当局的支持下，于1926年10月所创办的哈尔滨广播无线电台，呼号XOH，发射功率100瓦，后扩大为1000瓦。广播内容有新闻、音乐、演讲、物价报告等，每天播出2小时。次年5月2日开播的交通部天津广播无线电台是我国第一座政府电台，由北洋政府主办。

早期国人自办的广播电台除官办以外，在20年代后期还出现了民办电台。1927年3月，上海新新公司为推销自造的矿石收音机，开办了一座设备相当简陋的电台，发射功率仅为50瓦，主要播送唱片，并转播游艺场的南方戏曲。这是我国第一家私营广播电台。

北洋军阀统治时期的中国广播业，已经形成了基本雏形，共有十来座广播电台，发射功率一般较小，收听范围只限于广播电台所在城市及其周围地区。当时没有一个全国性的广播电台，全国大约有收音机一万台。

2. 国民党统治时期的广播业

1928年8月1日，"中国国民党中央执行委员会广播无线电台"，简称"中央广播电台"，在南京开始播音，呼号为XKM(后改为XGZ)，发射功率500瓦。这是国民党当局继中央通讯社、中央日报社之后创办的第三个中央宣传机构。该台所有的新闻稿均由中央通讯社提供，内容包括演讲和新闻，并统一播发所有中央重要决议、宣传大纲、通令通告等。然而由于发射功率较小，收听效果欠佳，许多地方很难听到。1932年11月12日，国民党政府在南京新建的中央广播电台正式开播，发射功率高达75千瓦，呼号改为XGOA。它是当时亚洲发射电力最强的广播电台。继

"中央台"之后，国民党在全国一些主要城市和地方建立起一批地方广播电台，截至1937年6月，国民党的广播电台共有23座，全国收音机总数约有20万台。

1937年"七七事变"后，抗日战争全面爆发。国民党的广播事业在抗战初期遭受严重挫折，各地广播电台部分落入日寇手中，部分则离开城市迁往边远地区。到1938年底，国民党的广播电台仅存六七座。

抗战相持阶段，在英美的援助下，国民党的广播事业有所恢复。1939年2月6日在重庆建成"中央短波广播电台"，1940年1月5日更名为"中国国际广播电台"，英文名称定为"Voice of China"（中国之声，VOC）。该台使用英、德、法、西班牙、俄、日、泰等多种外语以及汉语普通话、粤语等，向欧洲、北美、东南亚、苏联、日本和我国东北、华南等地区播音，每日播音时间长达10小时。

除官办电台外，这一时期还出现了一批教育性、商业性、宗教性民办私营电台，播音内容主要包括文化教育、戏曲娱乐以及宣扬宗教教义。

国民党在大陆统治末期的广播事业受到政治、经济危机的严重影响，1949年4月23日，人民解放军攻占南京，中央广播电台停止播音。

3. 中国共产党领导下的广播事业

中国共产党领导下的人民广播事业创始于延安。1940年12月30日，第一座人民广播电台"延安新华广播电台"建成开播，呼号XNCR。由于设备简陋，早期的广播断断续续，播出效果极不稳定，收听范围也很有限，试播两年之后就停播了。抗日战争胜利以后，延安新华广播电台恢复播出。然而在接下来的国共内战中，电台又经历了数次转移，后更名为"陕北新华广播电台"。1949年3月，它随解放军进入北平，又更名为"北平新华广播电台"。同年12月5日，北平新华广播电台第一台正式定名为"中央人民广播电台"，第二台改名为"北京市人民广播电台"。

1941年12月3日，延安新华广播电台开办日语广播，这是我国人民对外广播事业的开端。1947年9月11日，陕北新华广播电台开始英语播音。

二、新中国成立后的广播事业

1. 新中国成立后的对内广播事业

我国人民广播事业对国内的无线广播系统是由中央人民广播电台和各级地方广播电台共同组成的。1949～1956年是广播事业的大发展时期，完成了对旧中国遗留下来的34座私营广播电台的社会主义改造，在全国各省、自治区、直辖市和一部分省辖市（指直接接受省政府领导和管理的市，在改革开放之后改称为"地级市"——作者注）继续建设广播电台，并集中力量建设中央人民广播电台，逐步增加发射功率、改进收听效果，发展农村有线广播，培养了一大批广播技术人才。到1960年底，全国无线广播发射总功率达17462千瓦，广播电台恢复到78座。

"文革"十年，广播宣传事业遭受严重摧残，林彪、江青反革命集团为了控制舆论，责令地方电台全部转播中央电台节目，颠倒黑白、混淆是非，严重损害了广播在群众中的声誉。这段时期的对内广播事业发展极不平衡，中央广播有一定发展，地方无线广播完全陷入停滞状态，有线广播得到较大发展。

20世纪80年代以来，我国广播电视积极投入改革运动，从内容到形式都发生了许多可喜的变化。一是“新、快、短、活”成为广播新闻报道的重要原则，能够发挥广播特点的自采性录音报道大量增多。二是新闻评论节目迅速崛起。1979年4月，中央人民广播电台恢复了广播新闻评论，此后，地方电台和国际电台都相继组建了评论队伍。三是广播电视主持人开始以个人身份和个性风格出现于广播节目中，与听众亲切交谈、平等交流。当时广播界崭露头角的著名主播是“北徐南李”，即中央人民广播电台《空中之友》栏目主持人徐曼和广东人民广播电台《大众信箱》的主持人李一萍。

1983年，第十一次全国广播电视工作会议在北京召开，确定了“四级办广播，四级办电视，四级混合覆盖”的对内广播网发展方针。广播电台建设在中央、省、地、县四级迅速展开，电台数量大幅增加。1980年，全国有广播电台106座。1985年底发展到213座，增加了一倍。一个遍布全国、从中央到地方、无线与有线相结合的广播传播网基本形成。①

1985年中央电台新办的《午间半小时》、《今晚八点半》两个节目带动了一批集新闻性、服务性、知识性于一体的综合板块节目的开播，使电台专题节目焕然一新，一批名牌栏目脱颖而出。1986年12月15日，珠江经济广播电台正式开播，并迅速以广播内容综合化、节目设置板块化、栏目主持固定化、栏目播出直播化、开通社会热线、鼓励社会参与等特点赢得了大量听众。这是我国第一个专业经济广播电台，它改变了中国广播长期以来只在四级纵向发展的局面，开拓了横向发展的新空间，同时拓展了广播媒介的功能。“珠江模式”的诞生推动了广播的结构性改革，为我国广播业注入了新的活力，树立了改革榜样，使广播改革从节目单项改革进入板块式整体改革阶段。

1992年10月28日，秉承以信息性适应时代、以服务性争取市场、以参与性赢得听众、以明星主持为标志的节目宗旨，上海东方广播电台开始播音。上海东方广播电台大胆进行体制改革，率先施行并行运转的双台体制，引入竞争机制；经济上，独立核算、自负盈亏，以广告作为收入来源；采用公开招聘、双向选择的用人机制；开创新的节目形式，着力开拓直播节目，并大力开展社会活动。上海“东广”的运作模式在当时成为典范，上海东方广播电台开播后不久立即形成一股强大的电台“冲击波”，商店里的便携式收音机销售量扶摇直上，一种全新的都市文化现象悄然兴起。在上海“东广”的带动下，各地纷纷建立专业台、系列台，形成全国范围的第二

① 徐光春主编：《中华人民共和国广播电视简史(1949～2000)》，中国广播电视出版社2003年版。

次"广播热"。

从2000年开始，伴随着我国汽车时代的来临，北京交通台异军突起，掀起了新世纪我国广播发展的新高潮。北京交通台隶属于北京人民广播电台，成立于1993年12月18日，与北京市公安交通管理局合办，是北京人民广播电台7个系列台之一。北京交通台的节目设置以交通新闻和路况信息为龙头，辅以服务性和娱乐欣赏性节目，及时、全面地宣传交通政策、法规；报道交通新闻，传播交通信息，服务疏导交通；提供交通专业知识和服务。北京交通广播电台在北京交通管理局交通指挥中心大厅设立了直播间，随时在节目中插播重要路况信息、突发事故和处理进展情况，疏导交通。同时电台率先在节目中开通手机短信互动，听众可以利用短信报告路况，讲述出行见闻，也可以通过短信问路、修车，甚至找加油站等，为听众提供贴身及娱乐服务。经过多年探索实践，北京交通台打造出许多名牌栏目，如《一路畅通》、《欢乐正前方》等，也推出了一批品牌主持人，赢得了广大听众，特别是司机和"有车族"朋友们的喜爱。在流动群体中，北京交通台以84.7%的高收听率占绝对优势，被群众誉为"出门离不开的伴侣"。巨大的市场份额使电台的广告收入连创历史新高。从2000年起，北京交通台连续三年创下全国广播电台单频率广告收入第一的骄人业绩，尤其是2002年，其广告收入突破1亿元，撑起北京电台全台广告收入的半壁江山，成为目前全国收听率最高、经济效益最好的城市广播电台之一。

2003年是广电总局确定的"广播发展年"。这一年，全国新增34个专业性广播频率，广播覆盖率达93.56%，广播听众12亿，广播广告额达25.57亿元。

2. 新中国成立后的对外广播事业

中华人民共和国成立以后，为促进对外广播的发展，1950年4月10日，中央广播事业局成立国际广播编辑部，同一天用"北京电台"(Radio Peking，后改为Radio Beijing)的新呼号开始播音。到1965年底，对外广播语言达27种，每天累计播音100多个小时，覆盖面包括亚洲、欧洲、非洲、拉丁美洲、北美洲、大洋洲的大部分地区。当时，中国对外广播的规模、语种和播音时数，仅次于前苏联和美国，位居第三。

1978年5月，中国对外广播机构改名为"中华人民共和国国际广播电台"(China Radio International，简称CRI)。到1984年底，国际广播电台已经使用38种外语、汉语普通话和4种方言，共43种语言对世界各地广播，每天播音总时数为144小时30分。之后，国际台又陆续开办了面向在华外国人的英语、法语、日语、西班牙语、德语节目。为加强国际时事的报道，中国国际广播电台还在世界各地和香港、澳门地区建立了27个记者站。

20世纪90年代中期，中国人民对外广播事业又有了新的发展。1997年5月，采用世界最新数字广播技术的中国国际广播电台新楼正式投入使用，节目传送实现数字化，节目制作也于1998年全部实现数字化。此外，国际电台各语种节目也被送上卫星，连同与国外电台开展的互转、租机、传送、寄送节目等合作，我国对外广播基本实现全球覆盖。

第二节　我国电视业发展概况

一、诞生与初步发展：我国电视业的初创期(1958～1965)

我国第一座电视台是1958年5月1日开始试播的北京电视台，它是中央电视台的前身，于9月2日正式开播。初创期的北京电视台自办节目能力较低，需要依靠其他新闻、文艺单位的支援。由于设备简陋，当时的覆盖面只限北京，但它仍被视为中央级的电视台，担负着整个国家的宣传任务。

同年10月1日，我国第二座电视台——上海电视台成立。此后几年中，天津、黑龙江、吉林、广东、陕西、辽宁、江苏、山东、湖北、四川、云南等地先后建立电视台或实验电视台。当时大多数电视台的新闻节目只有口播新闻和图片报道，部分能拍摄少量新闻片，不少还要送到北京洗印。地方电视台向北京电视台寄洗印好或未洗印好的新闻片，北京电视台也向地方电视台寄送播出片的拷贝，以此建立起最初的新闻网。

1958年5月北京电视台开播不久，就开办电视新闻节目《图片报道》。随后，中央新闻纪录电影制片厂摄制的《新闻简报》成为早期电视台新闻节目的主要来源。1960年元旦，北京电视台设置固定专栏节目《电视新闻》，专门播放新闻纪录片。由于新闻纪录片是早期北京电视台新闻节目采用最多并始终坚持的报道方式，这一时期被人称为“新闻纪录片时代”。

此外，电影和戏剧转播在当时的电视节目中占极大比重。开办初期，北京电视台播放电影时间占总节目时间的75%，戏剧转播占15%。到1959年底，故事影片占时50%，戏剧转播占30%，余下20%是纪录片、科教片、《新闻简报》和小型演播室节目。[①] 因此，早期电视又被称为“微型影剧院”。

1960年3月，北京电视台与北京市教育局联合开办北京电视大学。到1965年，北京电视大学已设有数学、物理、化学、中文、英语5个专业，先后开设30多门大专课程，注册学生23000多人。其他地方电视台也相继开办了电视大学。

二、“文革”时期，遭受重创：我国电视业的挫折期(1966～1976)

我国电视业在“文化大革命”期间遭遇灾难性的破坏。

第一，各地电视台短暂停播。“文革”初期，电视台实行军管，除上海台外，大多

---

① 郭镇之：《中外广播电视史》，复旦大学出版社2005年版，第240页。

数地方电视台基本停播。直到1968至1971年,各地才恢复和新建一批电视台。

第二,电视台沦为“江青集团”的舆论工具。1966年12月,我国广播电视宣传的领导权落入江青一伙手中。他们对电视台严密控制,并利用其为“文革”推波助澜,进行了大量错误宣传。

第三,审查制度严厉,电视文艺节目一片萧条。“文革”期间,观众喜欢的知识性、娱乐性节目以及古今中外优秀艺术作品,几乎统统被扣上“封、资、修”,“帝王将相、才子佳人戏”,“大毒草”等大帽子,打入冷宫,不允许在电视中出现。

第四,对外宣传受到干扰和破坏。十年“文革”期间,我国的对外出国片不看对象、不问国情,解说词里充满空洞的政治口号,内容也离不开宣传“文化大革命”,外国电视机构往往不播放。有的把原片退回,有的根本不去海关领取,甚至向中方提出抗议。1970年毛泽东对这种极左的做法进行批评后,出国片的状况才有了较大改善。美国乒乓球队应邀来华、美国总统尼克松访华、日本首相田中角荣访华,我国电视台都在宣传报道中发挥了自己的作用。

第五,电视队伍遭到严重冲击。主要领导干部受到批判和迫害,主要业务骨干先后被调离工作岗位,而新进入成员文化素质较低,电视队伍的知识和年龄结构被打乱。北京广播学院被迫撤消,中断人才培养长达8年,在职人员的集中培训不能正常进行。

在这段非常时期,我国电视业的技术水平却得到了发展。1966年1月,北京电视台首次使用电视录像设备,尽管当时的使用范围还极为有限。1973年5月1日,北京电视台彩色电视节目的试播。1977年5月,北京电视台的第一套节目全部改为彩色播出,从而完成了我国电视由黑白向彩色的过渡。此外,全国性电视节目传送网(微波线路传送网)也是在这段时期内初步形成的。1970年,全国15个省、市、自治区能够通过微波干线收转北京电视台的节目,1975年扩大到26个,同时很多省、市可以通过微波线路向北京回传部分节目。

三、复苏与改革:我国电视业的发展期(1977～1990)

1977～1978年间,电视部门同全国总体形势一样,是在徘徊中前进的两年,各项工作虽有变化,但进展缓慢。电视台恢复了一大批观众喜爱的电视节目,同时又创办了一些新栏目。1978年元旦,《全国电视台新闻联播》(简称《新闻联播》)正式创立。1978年5月1日,北京电视台改称“中央电视台”(简称央视,英文缩写CCTV),确立了国家电视中心的地位。1979年北京市开办电视台,其他省级电视台相继成立。1980年10月,全国第十次广播电视工作会议总结了广播电视工作的经验,对广播电视宣传工作进行拨乱反正,明确了新时期的宣传方针、任务和奋斗目标,提出要“扬独家之优势,汇天下之精华”,坚持“自己走路”的方针,我国电视事业开始进入全面时期发展。

1. 电视节目全面起步

在“自己走路”方针的指引下，我国电视节目开始全面起步。

1979年8月，中央电视台开办《为您服务》，率先设立固定栏目主持人沈力，它突破了电视节目的固有模式，使观众耳目一新，主持人沈力也一跃成为当时知名度颇高的新闻人物。

我国电视新闻改革开始起步。由于卫星传送技术的运用，我国从国外新闻社获得的国际新闻时效大大提高。一些国际突发新闻事件如印度总理甘地遇刺、美国“挑战者”号航天飞机失事，电视都先于报纸为观众提供了如临其境般的现场报道。受国际新闻栏目的影响，中央电视台《新闻联播》节目焕然一新。1981年7月1日起，《新闻联播》取消新闻配乐，开始突破“新闻纪录片”的窠臼。《新闻联播》不仅国内新闻变得短小精悍，播出条数逐年增加，新闻报道面也逐渐拓宽。1980年7月，中央电视台新闻评论栏目《观察与思考》开办，它讲求深度，是央视第一个新闻评论性专栏节目。

我国自制电视剧数量不断增长。1979年，中央电视台共播放各地制作的电视剧18部。1981年，全国电视剧生产150部，播出117部。① 这一时期，根据古典文学名著《西游记》、《红楼梦》等改编的长篇电视连续剧更是掀起了阵阵收视热潮。1983年我国诞生了中国电视剧的权威奖项——全国优秀电视剧优秀奖“飞天奖”。《大众电视》杂志还设立了由观众投票选出的优秀电视剧、优秀演员奖——“大众电视金鹰奖”。与此同时，国内电视剧制作体制率先改为社会化的制播分离制度。1982年，北京电视艺术中心（原北京电视制片厂）从北京电视台分离。80年代后期，经批准的社会企业可以制作、发行电视剧。1986年实行电视剧“制作许可证”制度。随着社会各界的积极参与，中国电视剧的质量迅速提高，形式日趋多样。

与此同时，综艺、体育类节目也开始如火如荼的发展，春节联欢晚会是其典型代表。中央电视台1983年正式开办“春晚”，每年都要花费长达半年的准备时间，耗资巨大，使年三十全家人齐坐观看“春晚”渐渐成为我国老百姓的新民俗。此外，综艺竞赛类节目《正大综艺》、《综艺大观》也风靡一时。中央电视台通过国际通信卫星转播世界体育的各项赛事，同样吸引了许多体育爱好者的目光。1981年3月香港举办的世界杯排球赛亚洲区预选赛，4月的第36届世界乒乓球锦标赛，10月的世界杯足球赛亚太区预选赛，还有1984年第23届美国洛杉矶奥运会、1986年汉城亚运会等，中央电视台都对比赛进行了实况转播。

1983年8月7日，中央电视台推出了25集大型电视文化专题系列片《话说长江》，设立固定节目主持人，采用章回小说体的结构方式，固定、连续播出，同年再次推出《话说运河》，掀起了当时的文化热潮。20世纪80年代，我国开始大量引进海

① 赵玉明主编：《中国广播电视通史》，中国传媒大学出版社2006年版，第358页。

外电视节目，1980 年的法国译制片《红与黑》、美国科学幻想系列电视片《大西洋底来的人》、1981 年底开播的《动物世界》等，都迷住了封闭已久的中国人。

2. 电视业规模不断扩大

为了更好地把党中央的声音传到千家万户，调动地方和社会各方面办广播电视的积极性，1983 年 3 月召开的第十一次全国广播电视工作会议提出“四级办广播、四级办电视、四级混合覆盖”的方针政策。从 1983 至 1987 这 5 年是我国广播电视有史以来发展最快的时期。1987 年同 1982 年相比，全国电视台从 47 座增加到 366 座，增加近 6.8 倍；电视发射台、转播台从 5635 座增加到 17570 座，增加 2.1 倍；电视人口覆盖率从 57.3％提高到 73％。同时，我国卫星广播电视技术也有了明显进步。1984 年 4 月，我国自行研制的第一颗试验通信卫星发射成功，中央电视台的节目开始通过卫星进行传送，不但拓宽了节目传送的范围，还明显改善了传送质量。从此，一个以卫星传送为主，微波、地面收转和差转相结合的广播电视节目传输覆盖网络逐渐形成。然而，在执行“四级办”方针过程中也有不少后显问题凸现出来，比如：电视台重复建设，机构臃肿；地方电视台播出秩序混乱，缺乏有效的法律监督和管理办法；不发达地区盲目上马，骑虎难下；制作能力欠缺，节目质量良莠不齐，一些地方出现偷录和滥放现象等。

3. 电视台运作机制有所变化

出于财政压力，这一时期开始，政府对电视台的投入逐步减少。1979 年，中央电视台改全额预算为差额补助，开始播放广告，接受赞助。1984 年，央视的财务体制又从差额补助改为预算大包干，由国家按播出总时数核定事业费定额，在完成承包定额的前提下，超收部分按比例提成。运作机制的不断变化促使电视由事业管理向企业经营转化。广告为电视节目提供了经费，注入了活力，促进了电视的繁荣。1984 年 12 月，中共中央书记处应一些企事业单位提出的开办商业电视的请求，决定开办经济电视台。1987 年 2 月 1 日，中央电视台第二套节目“经济信息频道”面向全国播出。在中央电视台的带动下，1987 年 5 月，上海电视台的体制也进行了重大改革，建立了上海电视台一台(8 频道)，负责新闻、文艺节目；上海电视台二台(20 频道)负责经济、体育、社教节目。这种倡导竞争的分台体制，从组织结构到人员安排，从节目采编到审查播出，都形成了相对独立、自成体系的商业化竞争格局。1987 年上半年，上海电视台原 20 频道广告收入 20 万元，改为二台后，5 个月收入 177 万元。此后，各地电视台迅速跟进，商业性收入成为电视台盈利日渐突出的部分。

四、全面发展——我国电视业发展的繁荣期(1991～1999)

1. 电视技术的新发展

20 世纪 90 年代，有线电视、卫星电视、高清晰度电视、多声道立体声伴音电视、有线和无线的图文电视等先后进入人们的生活。1992年,CCTV-4上卫星播出,这是我国第一个国际卫星频道。90年代中后期,省级电视台节目陆续上星,卫星电视的发展推动了有线电视的发展。到2000年底,全国有线电视光缆和光缆干线传播网已达30多万公里,宽带有线电视用户分配网络达300多万公里,有线电视用户将近9000万户,数量位列世界第一。卫星上天、有线落地已经成为我国电视传播与接收的主要方式,这使电视节目在传送数量和质量上都大大提高。到90年代末,我国大城市居民家庭能接收到40套左右电视节目,较发达地区的农村居民也能通过当地有线电视接收到10套左右的电视节目。

2. 电视节目的全面繁荣

(1)新闻节目的大发展

为了适应受众需求,我国广播电视新闻改革加快步伐。从1993年起,我国相继涌现出一批名牌电视新闻栏目。1993年5月1日,新闻性晨间板块栏目《东方时空》开播,这是我国电视进入栏目化的一个标志。1994年4月1日,新闻评论类栏目《焦点访谈》开播,迅速进入"舆论监督"的领域。1995年4月3日,午间新闻栏目《新闻30分》推出。1996年5月17日,中央电视台《新闻调查》栏目问世,这是当时国内最长的调查性深度报道和栏目。

随着新节目的陆续开办,我国电视新闻播出时段不断增加,新闻节目逐步实现了多次整点播出、重点新闻滚动播出,并初步形成了早、中、晚结构性框架。此外,现场直播也大量运用于电视新闻报道当中,最具代表性的是1997年央视对香港回归进行的72小时直播报道,以至于这一年被称为"中国电视新闻直播年"。

(2)纪录片的崛起与探索

1991年,中日合拍的大型电视系列片《望长城》播出。《望长城》打破了以往专题片"声画分离"的制作传统,大胆启用拍摄时的同期声和现场效果声,以"现在时态"展现长城沿线人们的真实生活状态。作为纪录片与专题片的分水岭,《望长城》不仅为中国的电视纪录片带来了一股清风,而且引领了中国电视纪录片的纪实主义潮流,中国新纪录运动的开端便从这里开始。1993年,上海《纪录片编辑室》问世,这是我国第一个以纪录片来命名的电视栏目,同年,央视《生活空间》开播,以"讲述老百姓自己的故事"为宗旨。随后几年,类似的栏目在全国各地纷纷出现,它们都以平民化的视角、充满人文关怀的纪实精神,展现了普通人的生存状态、命运变化和他们的情感世界。新纪录片运动自80年代末期到1996年左右达到高潮,期间出现了《摩梭人》、《德兴坊》、《毛毛告状》、《沙与海》、《藏北人家》、《最后的山神》、《寻找楼兰王国》、《八廓南街16号》、《流年》、《神鹿啊,我们的神鹿》和《阴阳》等一批富有思想力度和美学高度的作品,验证了中国纪录片的实力。

栏目化格局使纪录片有了堂堂正正的生存土地,但栏目化也意味着纪录片必须与所有电视节目同处一个起点,共同经历观众、市场的选择与淘汰。由于电视台运作机制的改变，受收视率等因素的制约，这场新纪录片运动在90年代中后期后逐渐衰退。各级电视台中收视和收益都不景气的纪录片栏目纷纷“关停并转”，纪录片的发展逐渐陷入困境。

(3)谈话节目的兴起

1992年上海东方电视台开办了我国第一个电视谈话节目《东方直播室》，电视谈话节目作为一种新的节目形态在我国悄然兴起。1996年3月16日央视正式推出的《实话实说》栏目，节目新颖的样式、平等的对话、睿智的语言、朴实的情怀，很快引发了电视人和观众的热情参与，机智幽默的主持人“小崔”也成为家喻户晓的公众人物。可以说，崔永元时期的《实话实说》是中国谈话节目的一面旗帜，它在一个很高的起点上，创立了中国谈话节目的典型模式，以至于后来的节目都很难达到它的高度。此外，《实话实说》的意义还在于它为人们提供了一个相互沟通的场所，并由此建立了一个全国性的谈话系统，通过让人们在其间自由讨论某些问题而引起全社会对这些问题的关注。在《实话实说》之后，各地电视谈话节目如雨后春笋般地出现。据统计，至2001年5月，我国电视谈话类节目已有179个。除了《实话实说》之外，著名的谈话节目还有央视的《对话》、《五环夜话》，湖南卫视的《新青年》，上海电视台的《有话大家说》，凤凰卫视的《锵锵三人行》，北京电视台的《国际双行线》，重庆电视台的《龙门阵》等。

(4)综艺娱乐节目掀起新高潮

90年代中后期，我国综艺娱乐节目在全国掀起一股娱乐浪潮。1997年7月湖南卫视推出的《快乐大本营》，以轻松活泼、能让观众有所参与的游戏形态让人耳目一新，迅速走红全国。1999年1月20日北京有线电视台开播的《欢乐总动员》被全国近40个城市的电视台引进播出。此后，以“快乐“为宗旨、以”游戏”为内容的电视娱乐节目风行于全国，截至1999年6月，全国有33家省级电视台、42家地市级电视台开办了娱乐节目。[①] 同期，寓教于乐的益智博彩类电视娱乐节目也横空出世。1998年11月《幸运52》开播，2000年11月，《开心词典》推出。这些节目不仅在当时赢得了观众的喝彩，也带动电视娱乐节目进入了益智博彩期。

3. 电视剧市场的商业化运作

20世纪90年代的中国电视剧开始转为商业化运作。1990年12月，热播电视剧《渴望》就是采用社会赞助、基地制作、室内搭景、同期录音、现场剪辑的工业化制作模式，成为当时电视剧制作的范本。1991年，《编辑部的故事》由企业赞助融资，首次将广告随电视剧捆绑播出，用剧情为赞助企业做隐性广告，为电视剧的商业化运作开辟了新途径。1992年，央视以350万买下电视剧《爱你没商量》的播映权，后用黄金时段的广告时间换取了《北京人在纽约》的播映权。历史题材电视剧《武

---

① 刘宏：《透视中国电视的娱乐节目热》，《新闻战线》，2000年第6期。

则天》播出时，国际电视节目公司以1000万购买其国内版权，并随剧征集广告，此举也成为我国电视剧市场化的又一重要途径。在1996年举办的首届“全国国产电视节目展示交易会”上，电视剧成为最主要的交易品种。这一时期，随着具有鲜明中国特色的电视剧佳作不断增多，我国电视剧开始开拓海外市场，逐步走向世界。《红楼梦》、《西游记》、《济公》、《末代皇帝》、《三国演义》、《水浒传》等相继在美国、日本、欧洲以及东南亚国家播映。

4. 电视广告收入迅猛增长

20世纪90年代，我国电视业政府拨款逐步减少，电视广告收入则大幅增长，以广告为主的商业性收入成为我国广播电视媒体的主要经济来源。1991年底，我国广播电视政府拨款21.32亿，各种预算外收入为16.39亿元，占总经费37.71亿的43.46%。[1] 到2002年全国广电系统总收入已达514亿元，其中广告收入超过280亿元，占总收入的54.47%。财政拨款75.84亿元，仅占总收入的14.75%。1990年至2003年，我国电视广告收入具体如下：

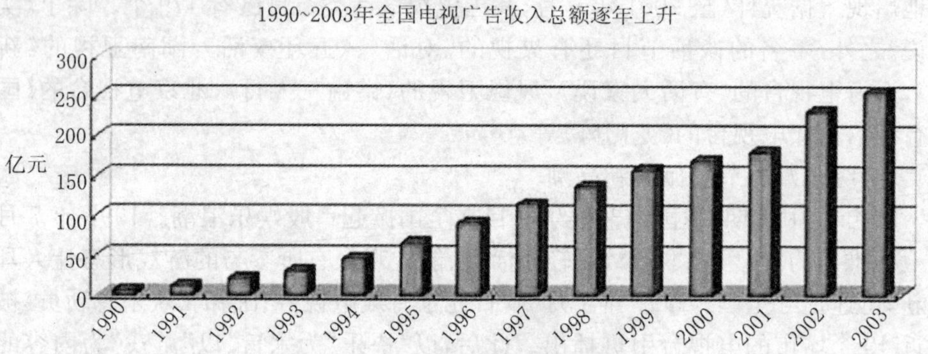

1990～2003年我国电视广告增幅[2]

5. 民营电视机构的诞生与发展

90年代初期，我国的民营电视开始萌芽。1994年11月，中国第一家民营电视企业——嘉实广告文化发展有限公司诞生。同年，派格环球影视文化公司宣告成立。尽管1995年广播电影电视部发布第16号令，明确规定“个人、私营企业原则上不设立影视制作经营机构”，但打着各种旗号的民营电视机构在政策禁令下侥幸生存。1997年，国家颁布实施的《广播电视管理条例》没有提及第16号令的内容，只是强调制作机构要经过批准，并获得“影视节目制作许可证”。政策上的默许，使大批地下电视节目制作公司浮出水面。从1998年开始，制作《娱乐现场》(原《中国

① 徐光春主编：《中华人民共和国广播电视简史(1949～2000)》，中国广播电视出版社2003年版，第514页。

② 陈刚：《突破——中国电视媒体广告经营成功模式个案研究之一》，央视国际，2004年7月1日。

娱乐报道》)的光线传媒、推出《欢乐总动员》的欢乐传媒、承包北京电视台生活频道的银汉传播以及从事节目发行的唐龙国际等民营电视机构相继宣布成立。它们独立制作节目,分别卖给各个电视台,或者承包栏目、频道的节目制作。中央电视台的一些知名节目,如《幸运52》、《开心辞典》、《夕阳红》等均是由其欣然等民营制作公司制作完成的。然而,缺乏相关政策的支持,这股热潮很快就冷却下来。由于民营媒体一般规模较小,投融资的渠道不畅,再加上民营电视机构与国营电视台的地位不平等,渠道的瓶颈使它们一直处于弱势状态,不得不承担巨大的资金压力。资料统计,2002年,全国电视台共拖欠民营电视企业资金至少6000万元人民币。[1]一些电视节目制作公司因为资金压力而纷纷倒闭。

6. 境外媒体悄然进入

中国的电视市场具有世界最大的受众群,发达国家几大跨国媒体从20世纪90年代开始就尝试通过各种渠道进入我国市场。

继80年代迪斯尼公司动画系列片《米老鼠和唐老鸭》在中国播出后,迪斯尼公司与我国电视台合作的《小神龙俱乐部》在中国30多个省市40多个电视频道播出,成为最具影响力的少儿节目之一。

为了能进入中国,默多克从20世纪80年代起就开始表现出主动的姿态,除了按照中国政府的要求交换节目外,还曾多次来华,并面晤中国领导人,致力于与中国政府建立良好关系。1993年,默多克以10亿美元收购李泽楷的星空卫星电视(StarTV)。StarTV通过7种语言和30多个频道向53个亚洲国家播出节目,中国是其主要市场。1994年默多克与天津广播电视局合资成立天津金大陆公司,从事电视节目、广告的制作和包装业务。1994年,默多克砍掉StarTV中的主要内容——BBC的节目,并撤消其对中国内地的电视频道,转而控股能在内地落地的凤凰卫视,曲线进入中国市场。

同样从80年代开始,时代华纳集团就已经开始了与央视的合作,但当时只是一些协议节目和卡通片,并不能为其带来利润增长。为了一张进入中国内地电视领域的入场券,一直在寻觅中国市场传播渠道的时代华纳相中了新加坡人的华娱卫视在珠三角地区的"默许播出权"。双方一拍即合,时代华纳收购了华娱卫视。

1995年,维亚康姆MTV音乐电视网进入我国市场。1999年5月,与中央电视台联合推出"CCTV—MTV音乐盛典"颁奖晚会,获得巨大成功。

五、市场化与全球化:我国电视业的竞争与合作期(2000～)

从2000年开始,在全球化以及电视行业竞争日趋激烈的情况下,我国电视业在很多方面都出现了一些新变化。

---

① 陆地:《解析中国民营电视》,复旦大学出版社2005年版,第4页。

1. 广播电视集团的建立

在国外媒体集团化发展的影响下，中国广播电视行业的整合与集团化也在行政力量的推动下得以实现。2000 年 7 月，国家广电总局在甘肃召开的全国广电厅局长会议中明确提出了中国电视体制集团化的要求。2000 年 11 月 17 日，广电总局下发了《关于广播电视电视集团化发展试行工作的原则意见》，规定了广电集团化的具体内容："广播、电视、电影三位一体，有线、无线、教育三台合并，省、市（地）、县三级贯通。"同时，该文件也确定了电子媒体在以新闻宣传为中心，以繁荣创作为重点的前提下，"可兼营其他相关产业，逐步发展成为多媒体、多渠道 、多品种、多层次、多功能的综合性传媒集团"。

2000 年底，全国第一家省级广播影视集团"湖南电广传媒集团"诞生。2001 年 12 月 6 日，中国广播电影电视集团在广播电影电视部及其所管理的全部媒介和产业的基础上成立。

我国现有几家省级广播电视集团的构成：

名称	成立时间	构成	总资产（亿）
湖南广播影视集团	2000 年 12 月 21 日	湖南电台、湖南电视台、节目报 、电影制片厂、网络中心、节目中心、音像中心、湖南电广集团公司等	30
山东省广播电视总台	2001 年 1 月 19 日	山东电台、电视台、影视剧制作中心、广电信息网络公司、广视网站、视网联网站、音像出版社等	—
上海文化广播影视集团	2001 年 4 月 20 日	上海电视台(包括上海卫视)、东方电视台、上海人民广播电台、上海东方广播电台、上海每周广播电视报社、东方网络有限公司、东上海国际影视公司、广电影视制作有限公司、上海东方明珠股份有限公司、上海国际会议中心、上海电影电视(集团)公司、上海永乐电影电视(集团)公司、上海影城、上视大楼、国际会议中心、上海大剧院等	142
北京广播影视集团	2001 年 5 月	北京电视台、紫禁城影业公司、北京人民广播电台、北京歌华文化集团、北京歌华有线网络股份有限公司等	50

资料来源：陆晔、夏宁：《WTO 背景下中国广播电视业的市场重组：特征与矛盾——以省级广电集团为例》，传媒学术网。

2. 跨国传媒加快进入步伐

2001年10月与12月，中国政府先后批准3家境外电视频道在广东落地，它们分别是AOL—时代华纳、凤凰卫视和新闻集团的中文节目。中国政府不久还将允许包括CNN在内的30多家境外电视媒体在珠江三角部分落地。“获批”的事实证明，在全球化背景下，中国电视传媒的有关管理政策正在发生变化。这一变化，不仅对广东省广电发展是一次重大挑战，对全国的电视媒体也是一次严峻的考验。

2001年10月，时代华纳公司的中国普通话频道(CEIY)协议落地广东，内容包括新闻外的的娱乐、卡通、电影和体育等节目。同时，央视CCTV—9获准在华纳有线电视系统播出。2002年1月，时代华纳斥资1亿美元收购香港华娱电视台90%的股份。2001年，国家广电总局决定正式批准凤凰卫视中文台进入珠江三角洲地区有线网，凤凰卫视电影台也允许在广东有线电视网许可的范围内传送。2002年3月，默多克新闻集团全资子公司星空卫视通过有线网在广东正式开播。2004年3月，维亚康姆宣布将与上海文广新闻传媒集团(SMG)探讨成立合资公司，在内容制作上进行全面合作。它是首家被获准在中国进行实质性投资并与中国传媒企业成立合资公司的国外媒体。同年11月下旬，经国家广电总局正式批准，维亚康姆旗下尼克儿童频道与上海文广集团合作建立制作本土化儿童电视节目的上海东方尼克电视制作有限公司。2004年3月5日，迪斯尼互联网集团与海虹控股签定协议，由后者独家经营迪斯尼中国网站及BLAST网上收费频道，并合作开发网络英语教学活动。

2003年1月，广电总局批准24小时播出中文新闻的凤凰资讯台、彭博财经，3月批准星空卫视、欧亚体育，4月批准华娱电视、新知电视在三星以上涉外宾馆和涉外小区落地。5月初，作为全球最大的传媒娱乐集团之一的美国维亚康姆公司旗下先头部队MTV音乐电视频道正式落地广东。

境外电视频道在广东落地，只是其进入中国市场的第一步。有媒体报道，在2001年新闻集团举行的庆祝频道落地中国的酒会上，新闻集团负责在中国的政府事务和公共关系常务副总裁说，这是“一个历史性的协议”，并强调“这个协议具有深远的影响”。星空传媒的中国区总裁戴杰明在接受媒体访问时也表示，星空的目标将是整个中国内地，而不仅仅是一个广东地区。而时代华纳、华娱的高层已经放风要进入北京、上海这样的大城市，海外传媒已经着手开始其在中国市场的布局。

3. 民营电视迎来发展空间

2003年12月31日，国家广电总局发布“105号文件”，其中第10条规定“鼓励、支持、引导社会资本以股份制、民营等形式，兴办影视制作、放映、演艺、娱乐、发行、会展、中介服务等文化企业，并享受同等文化企业同等待遇”。2004年，国家广电总局颁布新的《广播电视节目制作经营管理规定》，原来不合时宜的政策法令被取消，规定还大幅度放宽了申请甲种证的条件。在政策的推动下，2004年，各民营电视制作企业开始了一系列的经营活动:上海开麦拉传媒公司以每年6000千万的价格正式获得内蒙古卫视频道15年的经营权;北京派格太合环球文化公司和中国教育电视台签署了CETV—1整频道广告经营合作协议;国家广电总局继2003年8月向8家民营企业颁发《电视剧制作许可证(甲种)》后,2004年6月又颁发给16家民营企业甲种证;2004年11月,中国最大的民营电视节目制作公司之一的欢乐传媒完成了在新加坡借壳上市的准备工作。在政策的鼓励下,中国民营电视企业的未来拥有了良好的发展空间。

4. 电视媒体竞争进一步升级

20世纪90年代随着省级电视台纷纷上星,"央视为主,一家独大"的旧电视单极格局被打破,逐渐形成央视、省级卫视、省级非卫视频道、城市台和境外电视媒体五足鼎立、多元发展的新格局。进入21世纪,我国电视媒体的竞争进一步升级,不同层级电视媒体的激烈博弈成为新世纪中国的一大景观。根据中国广告协会电视委员会统计,2004年全国电视广告收入291.5亿元,其中,中央电视台广告收入80.03亿,占有27.4%的份额;上海文广新闻集团广告收入24.45亿元,占有8.38%的份额;北京电视台广告收入15.4亿元,占有5.28%的份额,广东南方广播影视传媒集团广告收入12亿元,占有4.11%的份额。2005年省级电视台之间的争斗更加激烈。除了上海文广集团(电视部分)28亿元、北京电视台16亿元、南方传媒集团(本部电视部分)14亿元外,又有四家省级电视台加入广告收入10亿元以上"俱乐部"。它们是湖南电视台11亿元,山东电视台10亿元,浙江电视台10亿元,深圳电视台10亿元(包括参考台插播广告)。安徽电视台、江苏电视台分别以8亿元的广告收入接近"俱乐部"的门槛。而央视广告营业额在全国电视广告营业额中的比例出现逐年下降的趋势,但基本维持在1/3与1/4之间。

省级电视台广告收入的连续跃升,很大程度上得益于各台追求的差异化战略取得了明显的成效。2001年安徽卫视率先在省级卫视中确立了以电视剧为主的节目战略并获得成功。2003年9月,CSM全国测量仪网数据表明,安徽卫视八大剧场全国收视同时段排名出现6个第一。另据AC尼尔森的《2003年广告商调查》显示:有超过一半以上的客户认为安徽卫视的电视剧竞争力非常强,位列所有卫星频道首位。安徽卫视成了中国电视频道播放电视剧的最大受益人。2003年10月23日,一直固步自封的上海卫视更名为东方卫视全新亮相。东方卫视一方面在新闻领域以《看东方》、《东方新闻》、《东方夜新闻》、《东方快报》、《深度105》,构建了从现场连线直播到深度挖掘的全部新闻节目形态;在娱乐节目方面,东方卫视通过《我型我秀》、《加油!好男儿》、《舞林大会》、《创智赢家》,四大真人秀节目在同一平台联手上演,使收视率一再突破。

此外,省级电视台在节目竞购和广告竞争中也开始重拳出击。2003年9月12日,文广集团以1.5亿元高价拿下三年中超转播权。2004年10月18日,一直生活在央视阴影下的28家省级卫视齐聚河南郑州，将28家电视台的固定广告时段整体推出，以优惠价格进行销售。据悉，仅在推广会当天各厂商与电视台的签约金额就高达近2亿元。虽然这个广告数额对央视来说只是九牛一毛，但充分表现出省级电视台试图形成广告同盟以抵抗央视强大的广告压力的决心。

5. 新闻节目的新发展

2003年3月，中国电视新闻经历了多次巨大的“洗礼”，迎来了又一次的大发展。

第一，重大事件的直播报道。2003年3月20日上午，北京时间10点35分，美国开始对伊拉克进行军事打击，在10点41分40秒，CCTV—4《中国新闻》“飞”出“伊拉克战争打响，巴格达发出爆炸声”的字幕，同时切出美国轰炸伊拉克的战争画面和同期声，播报时间早于凤凰卫视，几乎跟世界各大媒体同步。CCTV—1也中断正常节目，播出“伊拉克战争直播报道”，一直持续到下午3点30分(10点50分，央视九套也及时加入，跟进直播战争)，连一向准时在中午12点播出的《新闻30分》节目也被取消，为直播让路。以后，央视一、四、九三套节目大段引用外台外电，以独家的观点和方式报道伊战。在开战的头4天，CCTV—1采用了滚动直播的方式，一天直播的时间总长度达到十二三个小时。特别是3月下旬，几名中国记者曾进入巴格达现场报道，使观众在重大国际事件中看到中央电视台记者的报道。央视此次的伊战直播报道几乎与事件和国际传媒同步，成为我国电视新闻报道史上的重大突破。

第二，电视新闻报道话语空间的适度扩大。媒体初期面对“非典”疫情的“集体失语”遭到民众强烈谴责，社会各界围绕“信息公开”展开讨论。媒体在这场没有硝烟的战争中，获得了在突发事件报道中即时、充分披露基本信息的话语权。之后，央视栏目全程关注“非典”，除了央视新闻频道适时直播“非典”疫情发展外，《东方时空》、《面对面》等栏目特别制作了“非典”专题报道，以真实的信息和感人故事展示出人民抗击“非典”的豪情和行动，共同呼吁全国人民万众一心，同舟共济赢得最后胜利。

第三，新闻频道的开播。2003年5月1日央视新闻频道正式开播，每天24小时播出24档整点新闻和四种分类新闻、多种新闻专题及新闻现场直播节目。新闻频道的开播，这使中国成为世界上少数几个拥有24小时连续播出电视新闻的国家之一。有业界人士评论说：这是央视的一大步，也是中国的一大步。

第四，本土化民生新闻的热播。2002年元旦，《南京零距离》在江苏电视台城市频道正式开播。节目以平民化的视角，着力打造当天发生的与百姓生活相关的政经新闻、事件新闻、百姓投诉、实用资讯等地方性民生新闻，节目时长达1小时。《南京零距离》的开播，不仅将原先特色不强的城市频道搞得有声有色，而且一举改变了地方台晚间电视节目19点档收视率不佳的状况，并使之变成了最具有收视价值的黄金时段。这个节目第 2 周就进入 AC 尼尔森南京地区电视榜；开播第 28 周进入 AC 尼尔森南京地区排行榜前 5 名；从第 36 周开始，名列 AC 尼尔森南京地区电视节目排行榜第一名，并保持记录至今。2004 年 7 月，《南京零距离》平均收视率为 8.3%，最高点收视率达到惊人的 17.7%，改变了新闻节目收视率比不过电视剧和综艺节目的历史。《南京零距离》的出现，带动了地方电视台民生新闻的大发展。

第三节　港澳台的广播电视发展

香港、澳门和台湾地区的广播电视事业是我国广播电视事业发展史上不可分割的部分，但由于政治历史原因，港澳台的广播电视长期以来各自发展。1997 年 7 月 1 日香港回归祖国，1999 年 12 月 20 日澳门回归祖国。“一国两制”的方针政策使得港澳台地区的广播电视事业一方面自行规划、独立发展，同时也加强了与内地广播电视界的合作交流。

一、香港的广播电视事业

香港的广播电视业历经几十年的发展，在 1997 年电视和电影节目出口量居全球第二位，广播业的发展在亚洲地区仅次于日本。自 1997 年回归祖国后，香港共拥有 3 家广播电台和 5 家电视台，即香港电台、商业电台和新城电台以及无线电视、亚洲电视、有线电视、华娱电视和卫星电视，其中除香港电台为政府官办外，其余均为商业电台、电视台，回归后的香港仍保持其原有的广播电视体制。

1. 广播事业的发展

1923 年，香港的一些业余无线电爱好者最早开展广播试验活动，播放新闻和音乐节目。随后 1928 年由港英政府接管经营，并于 6 月 30 日正式成立香港电台，这是香港历史上第一座广播电台。它开办初期只有英语频道，1934 年增设中文台（粤语播音）。1941 年 12 月，日军侵占香港后，电台曾以“香岛放送局”的名义播出节目。1945 年 9 月 15 日，英国重新管制香港，电台恢复广播。1948 年 8 月正式命名为“香港广播电台”。在此期间，香港地区只有一家官办广播电台，直至“丽的呼声”的开播。

1949 年 3 月 21 日，英商“丽的呼声（香港）有限公司”开办“丽的呼声”有线广播电台，设有“银色中文台”和“蓝色英文台”。1956 年 7 月，又开办第二个中文台——“金色中文台”，专以广州话、潮州话、上海话等方言播出节目。1957 年丽的呼声（香港）有限公司开办黑白电视，此后公司重点转向电视业务，广播电台于 1973 年停播。

应香港市民对广播节目多元化的需求，1959 年 8 月 26 日，香港商业广播有限公司创办香港商业电台，设中英文台，以广告收入作为经济来源，是一座民营广播电台。

香港的广播技术发展很快。1976 年 4 月，香港电台成为亚洲第一个采用调频立体声播出的电台。1981 年，商业电台的两个中文台也开始调频广播。

1990 年 5 月，港英政府招标开办第二家商业广播电台。最终，由香港三大财团(世贸集团、瑞安集团、和记黄埔集团)和美国广播集团组成的“高艺广播有限公司”获得经营权。1991 年 7 月，新城广播电台正式开播，推出“新闻台”、“劲歌台”和“金曲台”三大频道。至此，香港公商电台(香港电台、商业电台、新城电台)三足鼎立格局形成。

此外，早在 20 世纪 70 年代，香港还出现过一个英国军队的广播电台(英军电台)，但影响不大。由于新城电台长期亏损，多年来，香港广播业的竞争是在香港电台和商业电台之间展开的。

2. 电视事业的发展

与广播不同，港英政府从一开始就决定不设立官办电视台，因此香港的电视台都是纯私营性质，实行商业电视制度。

香港的电视事业始于 1957 年 5 月，“丽的呼声(香港)有限公司”经营的“丽的电视台”开播，以有线方式播出黑白电视节目，这是香港历史上第一家电视台。创办初期只有英语台，1963 年 9 月增设中文台。用户收看电视节目需按月交费，线路仅限于香港岛市区，最多时达 11 万用户。“丽的”一家垄断香港电视市场长达 10 年之久。

1967 年 11 月 19 日，另一家商营电视台诞生——“电视广播有限公司”(简称无线电视台，TVB)，它是香港首家无线发送的电视台。无线台不用交费，设翡翠中文台和明珠英文台。初期是黑白电视，1971 年开办彩色电视，赢得大量观众。1983 年 8 月，无线电视台改组，成立香港电视有限公司，故又称“港视”。

无线台的开播对丽的形成巨大挑战，逼迫其在 1973 年 12 月和 1974 年 4 月分别将华语台(本港台)和英语台(国际台)改为彩色播出。1982 年，丽的电视台更名“亚洲电视有限公司”(简称亚视，ATV)。

1975 年 9 月 7 日，香港第三家电视台“佳艺电视台”开播，仅设中文台，彩色播映，但收视率一直低靡，不到 3 年即宣告倒闭。

长期以来，香港的电视业由无线和亚视两家统领，为争夺观众，提高收视率，在节目和技术上展开激烈竞争。为迎合大众口味，两台均在夜间黄金时段播放娱乐节目。亚视制作的长篇电视连续剧《大侠霍元甲》、《陈真传》、《武则天》等大受欢迎。无线则以娱乐节目见长，1967 年开播的《欢乐今宵》连续播放多年，经久不衰。此外，“香港小姐竞选”、“劲歌金曲大奖赛”等大型歌舞综艺节目气势恢弘，成为无线台一年一度的盛事。在无线与亚视的竞争中，无线电视台实力雄厚，人才济济，一直保持绝对优势，被舆论称为“强台”；亚视则长期处于盈利不佳甚至亏损的状况，被称为“弱台”。在收视率方面，无线与亚视的收视比长年保持 8∶2；在经营状况方面，1973 至 1983 年亚视亏损 3.5 亿港币，到 1993 年仍亏损过亿，而无线在这一年则盈利 5 亿多港币。①

虽然香港没有官办电视台，但为了达到宣传教育的目的，政府规定由官办的香港广播电台制作公共事物电视片，免费提供给商业电视台播放。1989 年 9 月，港英政府对电视新闻节目插播广告取消禁令，规定每日可插播广告 3.5 分钟以下，但新闻节目接受赞助仍受到限制。

1989 年，香港行政局批准开办有线电视，将设立有线电视网络和开办电视频道的专利权授予香港有线传播有线公司。1993 年 10 月 31 日，香港九仓有线电视台(简称有线台)正式开播，开创了香港多频道收费电视的先河。其创办初期设新闻台、英语新闻台、体育台、儿童台、电影台、音乐台和动向台 8 个频道。1998 年，它更名为“香港有线电视公司”。截至 2003 年底，有线电视用户达 65.6 万户，有线台也一跃成为香港五大传媒之一，频道也由最初的 8 个发展到 2003 年的 79 个。

此外，以内地和亚太为主要对象的卫星电视也在香港掀起创办热潮。1990 年 12 月 22 日，香港卫星广播有限公司获准通过“亚洲一号”卫星经营泛亚洲卫星电视广播服务。1991 年 5 月 15 日，香港“卫星电视”(StarTV，星空卫视的前身)开播。1993 年 7 月，国际传媒大亨默多克新闻集团收购卫星电视 63.6%的股权，1995 年又购得余下 36.4%的股份，取得其全部股权。

华侨娱乐电视(简称华娱电视)由香港华侨娱乐电视广播公司创办，自 1995 年 3 月 11 日开播以来，24 小时用普通话向全球华人播放，自称“无色情、无暴力、无新闻”，节目内容包括娱乐及综艺性节目、纪录片、电视剧、电影及其他资讯类节目。

1996 年 3 月 31 日，由香港卫星电视有限公司、今日亚洲有限公司及香港华颖国际有限公司联合组建的“凤凰卫视中文台”正式开播，采用普通话播音，覆盖亚太 30 多个国家和地区，人口超过 20 亿，其中华语人口占 62%。2000 年 6 月，凤凰卫视在香港成功上市，融资 9.3 亿港元，随后增办资讯台和北美台，加上原有的中文台、电影台和欧洲台，共开设 5 个频道。凤凰卫视开创了人性化的新闻播报方式，一改传统电视新闻报道的刻板作风，推出《时事直通车》、《凤凰早班车》、《凤凰午间特快》、《小莉看时事》、《一点两岸三地谈》、《时事开讲》等一系列具有独特风格又贴近观众的新闻节目，并打造出一大批具有鲜明特色的名牌主持人。凤凰卫视始终保持着对世界重大突发事件的迅速反应，秉承“当大事发生时，我在场”的原则。它开播以来，对多起重大新闻事件都进行了直播采访报道。例如，“柯受良飞越黄河”、“1997 年香港回归世纪报道”、“黛安娜王妃葬礼”、“江泽民主席访美系列报

① 赵玉明主编：《中国广播电视通史》，中国传媒大学出版社 2006 年版，第 509 页。

道”、“人大政协两会报道”、“北京申奥特别报道”、“建国50周年大型报道”、“美国‘9·11’恐怖袭击事件报道”等。

香港回归后，与内地广播电视界的交流进一步密切。1998年，中央电视台与香港无线电视台合作在港成功举办“相约98”文艺晚会，节目播出后深受观众好评。1999年，香港无线、亚视、港台及凤凰卫视等派出18个电视摄制组赴内地录制节目，包括“1999年华裔小姐选举”，“中国人，中国心”，“千禧之旅——从奥林匹克到万里长城”等。2000年，中央电视台与亚视合作举办中秋文艺晚会。

二、澳门的广播电视事业

澳门的广播电视业起步较晚，总体发展相对缓慢。电视问世后很久，澳门都没有自己的电视台，居民只能收看香港或兼收广东的电视节目。首家本土电视台成立后，受香港电视的冲击，收视率较低，入不敷出。

1. 广播事业的发展

澳门最早的无线电广播始于1933年8月，一些专业人士作为业余爱好，在澳门葡萄牙政府邮电署的屋顶上建立了一座试验性广播电台，起初电台以葡萄牙语播送新闻和音乐。1948年，澳葡当局宣布该台由新闻旅游处管理。1962年，电台改由政府的邮电署经管。直至1980年1月27日，该台才有了“澳门广播电台”的正式名称，成为政府所有和经营的电台。1982年，澳门广播电视公司成立，澳门广播电台归入该公司，属电台部(称澳门电台)。1985年，澳门广播电台采取商业运作方式，开始播放少量广告。1988年1月，澳门广播电视公司将少量股权卖给私人财团，1988年2月，接受社会入股，成立有政府资金50.5%的有限公司，从此成为由澳葡当局间接管理的公营广播机构。

1950年，澳门出现了第二家广播电台。这个名为“绿邨”的商业广播电台起初只是一家业余电台，用葡萄牙语和粤语播放节目，后因播出赛马消息出名，在香港也有一些听众。1964年起，它改为全部粤语播音。1967年，内地“文革”波及港澳，在香港“反英抗暴”运动中，澳门绿邨广播电台被“造反派”接管两年，1969年归还后成为完全的商业广播电台，自称“不谈政治，主打娱乐”。电台收入主要来源于商业广告和教会赞助。1994年，电台被澳门赌王何鸿燊收购后停播，2000年3月恢复播出，以提供赛马和赛狗消息招揽听众，覆盖整个珠江三角洲。

2. 电视事业的发展

1984年5月13日，澳门广播电视公司经营的澳门电视台正式开播，这是澳门第一家电视台。采用葡萄牙语和粤语播出，主要播放葡萄牙语、英语和汉语进口影片、电视系列片和特别节目。开播以来，长期亏损，1989年1月开始接受私人股份，广告收入有所增加，但仍未改变亏损局面。7月，澳门电视台进行一系列改革，包括延长播出时间，增大发射功率，开始向香港以及广东部分地区播出；重视新闻报道,推出晨间节目、电视连续剧、纪录片精选、周末音乐特辑及许多大型综艺类节目等。1990 年 10 月,澳门电视台的中、葡文节目开始分台播出。

澳门卫星电视台是澳门宇宙卫星电视股份有限公司创办的一家在澳门注册的跨国跨地区的卫星电视机构,1999 年 12 月 18 日开始试播,最先开播的“澳门卫视旅游台”是全球最早开办的华语卫视旅游台。其后,五星、生活、亚澳等频道也相继开播。

国际投资的澳门有线电视于 2000 年 7 月启播,提供中央电视台、广东、福建、云南等卫星频道的节目,并提供收费打包的特种频道服务。这标志着澳门电视广播已从无线电视发展到卫星电视和有线电视,澳门广播电视的多元化格局已经形成。

三、台湾省的广播电视事业

台湾广播电视事业是在内地打下根基的。1949 年,蒋介石政府迁往台湾时,党政军官办广播电台随之前往,大部分民营及少量官办广播电台则留在了内地。

1. 广播事业的发展

台湾的广播事业始于 1925 年 6 月,日伪“总督府”在台北建立播音室,进行试验性广播。1928 年 11 月,日伪政府在台北成立“台湾广播电台”,使用日语播音。其后,台南、台中、嘉义、花莲先后建立广播电台,均受伪“台湾广播协会”管辖。日本投降后,1945 年 11 月,国民党政府派员接管了上述 5 座广播电台。

1949 年,国民党政府及其“中央广播电台”等官办电台迁往台湾,当时台湾共有 5 家 11 座广播电台,总发射功率不到 3000 瓦。同年 11 月 16 日,前身为“中央广播事业管理处”的“中国广播公司”(简称中广公司)在台湾成立。

台湾实行官、商并行的双重体制,民营电台大多是在本地开办的,并于 1954 年 7 月成立了民营广播电台联合会,于 1970 年 3 月分出电视学会。

1968 年 7 月 31 日,中广公司在台北的调频广播电台正式播音,标志着台湾广播进入调频时代。50 年代中期,台湾开始出现专业性广播电台。1955 年 8 月开播的台中农民广播电台是较早出现的专业性广播电台。1971 年 3 月 1 日,警察广播电台所属的台北交通专业电台开播,这是台湾第一座交通专业电台。1973 年 8 月 1 日,中广公司在台北设立新闻专业台,这是台湾第一座新闻专业电台。

1976 年 1 月,台湾颁布《广播电视法》,允许民营(私营商业)电台播出广告,其余广播电台不得播放广告。

台湾的广播电台主要包括“中央广播电台”、公营电台、民营电台和军用电台。截至 1989 年底,台湾共有 32 家广播电台,其中公营广播电台 12 家(8 家属国民党党政部门,4 家属军队),民营广播电台 20 家。

2. 电视事业的发展

(1)商业电视台的发展

1951 年，台湾国民党政府"行政院"决定，电视业原则上采用民营企业制度(即美国式的商营制度)，倡导自由竞争。此后的几年时间里，台湾从美国引进闭路电视设备，在台北、高雄、金门等地公开演示，为电视催生呐喊，引起内地极大关注。1957 和 1958 年，台北世界新闻专科学校和中国电视传习所先后开始培养电视人才。其后，台湾还与日本成立了"中日合作促进会"电视研究小组。1960 年在蒋介石继任"总统"的就职仪式上，该研究小组借助 NEC 等日本公司的技术和财力，与"中国广播公司"合作，在公共场所设立电视机 50 台，进行实况转播，轰动一时。① 1961 年 10 月，在台湾"立法院"通过的三项电视法规中，将台湾电视的扫描技术标准规定为 525 行的美国 NTSC 制式。

1962 年 2 月 14 日，"国立教育电视实验广播电台"问世，发射功率仅 100 瓦，这是台湾地区第一座电视台。试验一年后，1963 年 12 月 1 日正式播出，它更名为"教育电视广播电台"，发射功率增至 1000 瓦，覆盖整个大台北地区。由于资金问题，在改组扩建为"中华电视台"之前，"教育电视广播电台"一直播出黑白电视。

1962 年 4 月 28 日，"台湾电视事业股份有限公司"(简称台视，TTV)正式成立，10 月 3 日开始试播，一周后的 10 月 10 日"双十节"正式开播。台视是台湾地区第一家商业电视台，初期发射功率 5000 瓦。因其收视清晰、节目丰富，大大超过同时期的教育电视节目，顿时引起大众兴趣，带动电视机销量直线上升。

1969 年 9 月 7 日，台视发射了台湾第一个彩电信号，抢先播出彩色外国影片。台视利用首家商业电视台的机会，独家经营 7 年，生意蒸蒸日上。这种"一台独霸"的局面直到实力强大的"中国电视公司"成立方才结束。

目睹台视的丰厚盈余，许多有意创办电视的人跃跃欲试。当时，报名开办第二家商业电视台的申请者多达数十家，僧多粥少，最后由官办"中国广播公司"投资 50%、各民营电台共投资 28%、社会各界投资 22%，共筹资金新台币 1 亿元，于 1968 年 9 月 3 日成立"中国电视事业股份有限公司"(简称中视，CTV)。中视计划一次性建成覆盖全岛的电视广播网，播出彩色电视节目，并发展卫星转播。1969 年 10 月 31 日正式开播，发射功率 10 千瓦。

中视成立后，与台视平分秋色，既有竞争，又有合作。1970 年 3 月 6 日"中华民国电视学会"成立，负责学术研究及台际协调工作。

1968 年，教育电视台难以维持。于是，由"国防部"拨款投资，"教育部"以教育电视台设备投资，于 1971 年 2 月共同创立"中华电视台"(简称华视，CTS)，10 月 31 日正式开播。自此，台视、中视和华视三家渐呈三足鼎立之势。

---

① 郭镇之：《中外广播电视史》，复旦大学出版社 2005 年版，第 321 页。

1974 年，华视开始播放 350 集电视连续剧《包青天》，9 月又开播 256 集电视连续剧《保镖》，这两部古装武侠剧播放时间之长和收视率之高都是创记录的，因而导致“新闻局”下令，自 1978 年 5 月起，连续剧的长度不得超过 30 集。1972 年 1 月，华视扩大改组为“华视文化事业股份有限公司”，开展多种经营，“中华电视台”仍是其主要经营项目。

1994 年后，随着卫星电视、有线电视等新媒体的竞争，无线电视逐渐丧失了市场的垄断性和绝对优势。然而即便如此，台视、中视和华视仍是台湾收视率最高的电视媒体。

台湾电视业的重大变化是第四家新无线电视台的开业。“全民电视台”(FTV)于 1997 年 6 月 11 日采用甚高频(VHF)开始播出，打破了三家商业电视台垄断全台湾岛无线电视的局面。

(2)公共电视台的发展

长期以来，台视、中视、华视三分天下，岛内竞争激烈。虽称“民营”，但各有党政军靠山，被称为“商业化的‘政府’电视台”。[①]节目制作虽日趋精良，但内容趋于低俗，常受到大众及报纸的批评。为纠偏济困，台湾当局提出了“公共电视”的设想。

1983 年，台湾“新闻局”成立“公共电视节目制播小组”(简称“公视小组”)，负责节目制作。台湾“行政院”还责成华视增设超高频教育电视专用频道，专门播放空中教学节目及公共电视节目。1984 年 5 月 20 日，中视频道上出现了第一个公共电视节目——《大家来读〈三字经〉》。由于超高频电视机不普及，公共电视节目采用 3 家商业电视台轮流每日交叉播放一个小时的办法。

1998 年 7 月 1 日，台湾公共电视台(简称公视，PTS)正式开播，从而改变了原来台湾广播电视市场的生态结构，为台湾电视史翻开了新的一页。

3. 有线电视的发展

1965 年 2 月，台湾第一批加入国际通信卫星组织(1977 年被驱逐)，从此开始利用卫星传播电视节目。1969 年 12 月 28 日，设置于台湾阳明山的第一座地面卫星接收站正式启用。此后，3 家电视台竞相从事越洋电视传播，尤其是体育节目转播。1990 年首次直播了在北京举行的第十一届亚运会。

台湾的有线电视政策久拖不定，故岛内长期没有合法的有线电视台，但在某些收视情况不良的山区及一部分社区和大饭店，可以安装播放录像节目的共用天线或闭路电视系统，这种现象自 1969 年以后日趋普遍。这些有线电视系统大多播放武侠、警匪、爱情等内容的录像片，其中不乏色情的“成人影片”，且 90% 由海外传入。这些有线电视系统被习惯性地称为“第四频道”。台湾的录像事业很发达，在

---

① 李献文、何苏六：《港澳台电视概观》，北京广播学院出版社 2004 年版，第 64 页。

全球名列前茅。

1965年12月26日，台湾"立法院"通过了《广播电视法》，并陆续公布实施《广播电视法施行细则》、《广播电视从业人员管理规则》和《广播电视节目规范》。1965年，台湾设立广播节目"金钟奖"，1971年纳入电视评选。

随着海峡两岸文化交流的增加，内地和台湾之间的广播电视来往也日益频繁。1988年9月12日，"中华电视台"开播《锦绣山河》，这是台湾省的电视台正式播放的第一部内地风光片，此后内地风光片成为台湾观众最欢迎的电视节目之一。1989年，台湾影视界掀起"内地热"，6月，三家电视台同时播放反映内地风土人情的电视片《八千里路云和月》、《放眼看大陆》。1992年7月，福建电视台《海峡同乐》栏目成为内地第一家赴台拍片的摄制组。

1993年，台湾实行电波开放政策，至2003年12月，全台获得营业执照的广播电台有174家，已经在播的广播电台约150家，包括大中小三种类型——全岛的、地区的、社区的，多数电台为社区类型的中小功率电台。

1994年10月1日起，"新闻局"开始受理有线电视系统的申请，非法的"第四频道"从此合法化。1999年，《有线电视法》进行修订，开放对外籍人的投资限制、防止垄断经营、放宽部分跨媒体经营的限制等。同年，台湾电视节目全面实施分级制。

1999年11月15日，台湾首家直播卫星电视台(太平洋卫视，DTH)开播，2000年6月，台湾开播数字电视。目前，台湾主要的5家广播电视台均已开始向数字化转型。

思考题：

1. 新中国的广播事业是怎样发展起来的？
2. 试分析我国广播电视的"四级办"政策。
3. 简述我国电视新闻节目的发展变化。
4. 如何理解我国民营电视的发展？
5. 怎样看待中国电视的市场化(商业化)发展？
6. 中国台湾地区的广播电视与内地有何异同？

第四章

广播电视传播符号与传播特性

［学习要点］

不同的大众传播媒介拥有各自独特的符号系统，不同的传播符号又决定了各媒介不同的传播方式和传播特点。广播媒介是完全依靠声音进行信息传播的，电视媒介不仅包含了声音符号，还包含了文字、图表、图片符号和富于吸引力的影像符号。作为电子传播媒介，广播电视在传播特性上既有共同之处，也有差异，而深刻认识广播电视的传播符号和传播特性，是传播者充分发挥广播电视媒介优势的基本前提。

我们既生活在一个物质的世界，同时我们也生活在一个符号的世界。意大利符号学家翁贝托·艾柯曾指出，“每当一组人决定使用某物，并把它当做他物之载体时，就有符号存在”。大众传播的过程不可避免地要涉及符号，因为，信息的载体是符号，符号传播是媒介形式的本质。只是不同的大众传播媒介拥有各自独特的符号系统，不同的传播符号又决定了各媒介不同的传播方式和传播特点。

在大众传播媒体中，报纸、杂志和书籍等纸质媒介主要采用文字、图表和图片等静态符号系统来传播信息，文字符号不仅需要读者具有一定的文化水平，文字符号的抽象性表达和间接性传播，也决定了其传播效果缺少了面对面口语传播的现场感和生动性。广播电视作为电子传播媒介采用了不同于纸质媒介的传播符号，广播媒介是完全依靠声音进行信息传播的，电视媒介是依靠声音和图像进行信息传播的，由于电视媒介不仅包含了声音符号，电视媒介的图像还包含了文字、图表、图片符号和最富于魅力的影像符号。因此，在表述能力上，它既能够形象直观地描述对象，又能深入地抽象分析和概括；在传播性能上它既能超越空间局限，又能在相当程度上超越时间局限；在传播效果上，它也具有良好的亲在性和现场感，这使得电视的传播符号成为大众传播媒介中最具魅力的符号系统。

广播电视都传播声音，对视听媒介而言，各种声音及声音的不同组合方式，被分成三大主要类别——语言、音乐和音响。

第一节　人声语言：从广播到电视

传播学认为，人类使用的信息传播符号分为两大类，一类是语言符号，即运用概念作出判断推理的抽象符号，另一类是直接为人的感觉器官接受的表象符号——非语言符号。语言符号是人类进行信息传播与感情交流的主要工具，包括人声语言与文字语言两大部分。非语言符号是指在人声语言与文字语言以外的直接为人们的感觉器官接收的各类具象符号，如人的神态、姿势、服饰、色彩、音响和音乐等。下面我们首先来分析广播电视中的人声语言。

一、人声语言的特性

人声语言，是指以语音为物质外壳，以词语为建筑材料，以语法为结构规律而构成的体系。人声语言是人类最重要的交际工具，也是人类交流信息最明确的媒介之一。

人声语言是广播电视诉诸接受主体听觉系统的主要传播手段，与印刷文字相比，用人声语言作为传播符号显得更直接、更亲切，而且不受受众文化水平的限制。人声语言的特性有以下几点值得我们关注：

1. 直接性

人声语言不需通过其他的物质载体，可以直接经由人的发声器官发出，进行沟通交流。这一特性使得人声语言在沟通、交流方面显得自由、灵活，传播效率高，成为人类最基本、最重要、最经常的传播工具。

2. 现时性

人声语言的存在具有时间性，因此其传播交流只有在说话的当下才能够进行，具有现时性。现时性既是人声语言的优势，也是它的局限。优势在于，现时性使得人声语言在传播信息方面具有很高的时效性，应用人声语言作为传播符号的广播电视媒体可以做到记者的采访、报道和媒体传播同步进行，实现现场直播。局限在于现时性又使得人声语言存在的时间短，不能长久保留，一说出口就转瞬即逝在客观现实的世界里，而且是随灭随生，不能挽回或改变。虽然现在有了录音设备使得人声语言也可以像文字、图片那样保存下来，但是要完整、真实地记录人声语言，对录音设备要求较高，而且回放的时候还须借助放音设备的帮助。

3. 主观性

“言语交际是一条联结说话人头脑与听话人头脑的许多事件的链条”，[①]运用人声语言进行交际的过程有编码—发送—传递—接收—解码五个阶段，在编码和解码的过程中都会不可避免地受到传者和受者主观意志的影响。传者在编码过程中会通过人声语言来表达自己头脑中对客观世界的主观反映，受者在解码过程中会结合自己的经验、阅历、学识等来认识理解传者的语言。主观性使得人声语言在分析问题、表达观点、发表言论、抒发感情等传达人们主观意愿的时候得心应手，但是如果需要用人声语言来描述客观世界中的某个具体的形象时难免不够客观。例如，一位迷恋现代音乐的年轻歌迷和一位比较传统、保守的老年人，他们对于某位新潮时尚的摇滚歌星的外貌打扮的语言描述经常是不一样的，有时甚至会是大相径庭的，当然他们在收听同一段摇滚歌星的人物专访时，对这个专访的理解也经常会不一样。

4. 感知性

语言由于其中包含了人声的直接的、生动的表达，使其超越了语言实用性和理解性的层面，具有了感知性。人声语言表达中的声音物质基础——语音、音高、音色、共鸣、气息等对语调、语势、语流的影响是微妙而普遍的，在听感上有明显的差别，即使这种差别只可意会不能言传，在听众的心理上都会产生相应的感受和体验，听众可以通过这些来感知说话人的性格、特点以及说话时的情绪、状态，所处的氛围环境等。因此，对于新闻人物发表的某篇言论，报纸的读者只能了解其说话的内容，而广播电视的受众却能够同时感知对方在说这番话时的情绪。这种超越意义的感知性正是有声语言的魅力所在。

① 〔美〕P・B. 邓斯，E・N. 平森：《言语链——说和听的科学》，中国社会科学出版社 1983 年版，第 6 页。

二、广播中的人声语言

在广播节目中，传播符号全都音响化了，而人声语言在广播媒体传播符号系统中处于核心地位，具有左右全局的意义。人声语言在广播中发挥着无可替代的作用，总结起来有这样几条：

1. 传递信息

这是人声语言最主要的任务。广播中的新闻、教育、服务等节目，需要传递大量的信息，而这些信息不能靠模糊的音乐、音响来确切地表示，主要依靠人声语言来传递。

2. 提炼主题

主题节目所要表达的中心思想、中信观点，主题是一档节目的灵魂，集中体现了节目的价值所在。一档广播节目，或是要弘扬一种精神，或是要批评一种行为，或是要发表一番评论，或是要赞颂一位榜样人物，这些不同的主题都需要通过人声语言来提炼和传达。北京人民广播电台播出的广播新闻《关于门锁的前前后后》，说的是北京某小区的不少住户发现自家的钥匙和邻居的锁是能够互相打开的，后经记者调查，这个小区的单元房安装的都是廉价的假锁。在节目中，记者对假门锁的事情进行了调查取证，在节目的最后，主持人的一段话揭示了这期节目的主题：

> ……在采访中我们了解到了一个现象让我们大家都非常担心，那就是，现在有一些建设单位为了降低成本，知假买假，特别是在那些易损件、五金件上做文章。……门锁可以买假货，别的材料也一样可以买假货，这次假门锁是被发现了，但是别的什么假货可能现在还没有被发现，真有一天房屋倒塌，再说钢筋水泥是假的，那可就太晚了。房地产业是目前我国国民经济发展的支柱产业，有关资料表明，近六年来，我国房地产业的年增长率是国民经济增长的 2.1 倍。尽管目前总体发展迅速，但建筑市场的竞争却异常激烈。信誉是企业的立业之本，信誉体现在企业生产的每一个环节上。假锁不但给建设单位的名誉带来了损害，更给消费者的利益带来了潜在的危害。我们衷心地希望北京市长安修建公司查证门锁这件事情能够尽快澄清责任，给住户们一个明确的交代。

3. 营造过渡

某些节目的各个段落之间，或者不同的栏目、节目之间，可以用主持人或播音员的人声语言来进行连接、过渡。这样就不会因为内容的突然转变，造成听众理解上的断裂感，从而维护了广播节目的完整与和谐。例如在一些直播节目的开始，主持人会反复告知台名、频率和节目的标题，以此来提醒听众，把注意力从上一档节目转移到正在播出的节目中来。例如获得2003年北京新闻奖一等奖的广播新闻《北京奥运会会徽揭幕仪式》，两位主持人的开始语就是这样的：

梁言：北京人民广播电台中波927千赫体育广播，北京人民广播电台调频103.9兆赫交通广播。您现在收听到的是两台联合直播的北京2008年奥运会会徽发布仪式。

志梅：北京人民广播电台调频103.9兆赫交通广播，北京人民广播电台中波927千赫体育广播。魅力北京，激情奥运。

在节目直播的过程中，也是经由主持人的语言来接续地过渡到下一个环节，例如当会徽车队形式在长安街上时，演播室主持人这样过渡：

梁言：听众朋友，我们通过现场传送到直播机房的画面信号看到，长安街上火树银花、流光溢彩、分外妖娆，会徽车队正以平稳的速度，具体说是每小时25公里，徐徐前行。下面我们马上连线正在西单的记者李凯，听一听她在哪里都看到了什么？

4．表达情绪、渲染气氛

广播节目可以用特定的语气、语调来表达各种情绪、渲染特殊的气氛，让听众在其中产生恰如其分的联想。例如急切的呼救声可以表达人物紧张、害怕的情绪，而欢声笑语则可以渲染欢乐祥和的气氛。

接着上面的例子，演播室主持人连线到现场记者李凯后，李凯的语言里透着现场掩饰不住的兴奋和激动，最后的欢呼声，则很好地传达了现场热烈的气氛：

李凯：志梅你好。我现在的位置是西单文化广场的十字路口……看到了，我看到了一辆红色的彩车路过了西单的十字路口。听众朋友，非常的激动，现在我们在西单的十字路口看到了这辆彩车，周围的很多市民都已经站了起来，而且都停住了自己的脚步来观赏这部彩车慢慢地驶过来。……在这里，我代表周围的这些群众一起来祝福会徽能够一路平安，也祝北京奥运好运。来，我们一起喊——北京好运，奥运好运！

5．塑造空间

广播有声语言在客观物质世界中只体现为时间的向度，声音的符号是随生随灭的。但这不等于说，广播有声语言没有空间感，它的空间性存在于表达主体的言语表达和听众因此产生的联想和想象中。也就是说，声音在消逝的一霎那就在听众的头脑中留下映象或印象，听众在想象世界中对语言的“加工”使广播有声语言具有塑造空间的功能。有声语言表达主体的创造性和听众联想和想象的能力决定了有声语言的空间的大小和色彩。

来看《北京奥运会徽揭幕仪式》中，现场主持人的一段语言描述：

> 我现在正在中华世纪坛的北京奥运会会徽的现场，我面前是一个双层的大巴，上层是露天的被设计成了中央电视台的直播室，到时候，我们的主持人和嘉宾将在那里进行访谈。我将在下层的技术区为大家做现场的报道。等一会儿，北京时间 19 点 50 分，我们这辆双层彩车将要准时出发，将北京 2008 年奥运会会徽送到古老的天坛……

通过这段语言的描述，听众调动自己的联想和想象，创造声音意象和激发经验重建，构筑出一个意象的“现场”。

6. 张扬人物个性

人物的不同性别、年龄、体态、风貌、职业、经历等，会形成个人独特的语言表达习惯，也就是个人在语言表达时惯用的组织方式和特有的表达手段。因此不同声音的造型，是广播节目中区分不同人物的重要手段，对于突出人物鲜明的性格色彩、张扬人物个性特征是十分重要的。

一些很受听众欢迎的播音员、主持人正是利用富于个性的语言赢得了观众的喜爱。例如中央人民广播电台中，主持《中国之声》庄重大气的于芳，主持《音乐之声》开朗活泼的章莹莹，主持《都市之声》亲切自然的小莫……不同的语言特点就是观众识记这些主持人的标志，粗犷的、纤细的、柔和的、浑厚的、活泼的、稳重的，人声语言的不同特色在观众心目塑造了一个个具有鲜明个性的主持人形象。

三、电视中的人声语言

电视媒介出现之后，人声语言在大众传播中的使用又有了新的领域。电视对人声语言的要求和广播有很多共同之处，但是与广播完全依靠声音传播信息不同的是，电视节目中的人声语言与电视图像有机地结合在一起、密不可分，人声语言打破了电视图像只能表现形象化事物的局限性，很多时候是用来补充、解释、说明图像未能表达完整的一些内容，例如抽象的概念、观念、理论，人物的内心思想，还有已经发生的事情或对未来的规划、展望等。下面介绍一下电视中人声语言的类型与作用。

电视节目中的人声语言可以细分为解说、人物同期声、现场报道、导语和串联词、对白等。我国的电视工作者经过近 50 年孜孜不倦的探索，逐步总结出一套适用于电视媒体的人声语言规律。以下就电视新闻中几种主要的语言类型进行分析：

1. 解说

解说是指播音员或主持人播讲节目内容的有声符号。解说声音是在节目后期制作时加工配制的，一般是采编人员写出文字稿，由播音员、主持人或记者播讲出来。

在电视节目中，解说词一般用来传达图像和同期声没有或不能包含的其他信息内容，例如交待新闻的五要素，深化主题思想，加强叙述和表现事件或人物，强化视觉效果，有时还可以发挥语言转场的作用。电视解说词不要试图去描述可以用电视画面形象地再现的内容，例如现场环境、人物长相和穿着等，因为在表现形象化的内容方面，电视画面无疑更有优势。

由于电视节目解说词与电视画面之间具有密切的关系，因此要判断一篇解说词的质量，必须结合电视画面才行，一篇好的解说词单独读起来未必是篇完整通顺的好文章，同样的，一篇完整通顺的好文章也未必是一篇好的电视解说词。中央电视台《焦点访谈》栏目曾播出一期节目《违法收缴违民心》，说的是某地乡政府利用全国开展“严打”的机会，强行向农民收缴不合理费用的事情。当说到乡政府逼迫为人师表的老师来向农民收缴的时候，有这样一段解说词：

> 老师们每天凌晨到高堡乡政府集合，到了村里后就被分配到农户家中跟着农民，让农民交不该交的费用。懂政策、懂法律的老师们不愿意来却又不敢不来，只好用这样的方式来参加这样的“严打”。

如果只读这段解说词观众并不清楚，老师们到底在这次活动中到底如何表现？配合电视画面我们可以看到：有的教师无奈地蹲坐在墙根，还有的教师干脆在车里打起了扑克。这样声画双通道的传播不仅能让观众完整、清晰地明白了新闻想要

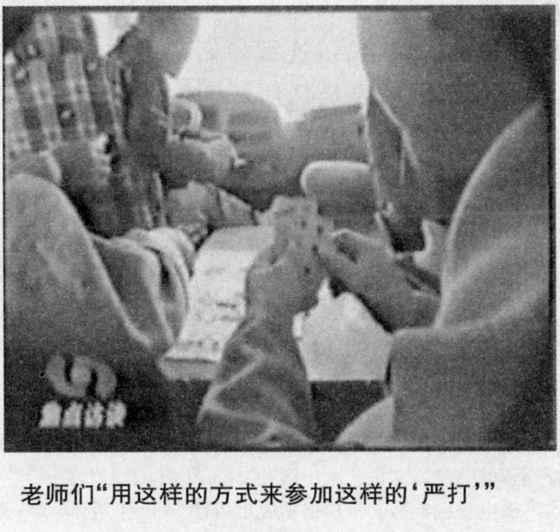

老师们“用这样的方式来参加这样的‘严打’”

表达的意思，而且增强了电视节目的现场感和可视性、可信性。

顺带说一下，广播节目中也会有解说词，由于广播完全凭借声音传播信息，所以广播节目的解说词要形象生动，对于现场的描述要栩栩如生，让听众听后有身临其境的感受，这一点与电视节目解说词的要求有很大的差别。

2. 人物同期声

同期声是指在记录图像信号的同时记录下的声音信号。同期声在重放时与图像保持同步，经常用来表现人物的采访和人物的语言交流。① 用来表现人物采访和人物语言交流的同期声又可以称为人物同期声，以区别用来表现现场背景声音的同期声（后者又称为效果声）。

和解说词一样，人物同期声也属于电视人声语言的范畴，不同之处在于，解说词是节目后期制作时加工配制的，人物同期声是在前期采访时摄录下来的，是当事人在事件现场所说的语言，因此不可避免地带有现场的气氛和情绪，不仅内容是对方有感而发的，而且对方的语音、语调、语气都是我们在其他时间和地点里无法再现或模仿的。因此现在大量的电视新闻节目都采用了现场采访的方式，让新闻当事人、目击者、知情人在事件发生、发展的过程中，在事件现场接受采访，亲口讲述自己的所见所闻所感，这样得来的人物同期声比用解说词加画面的表达方式要真实、感人得多。例如，曾于 1999 年荣获蒙特卡洛电视节纪录片类女神银质奖的中央电视台《新闻调查》栏目中播出的节目《大官村里选村官》，为了表现中国东北某地的农民第一次用"海选"的方式选举村委会主任的经过，在选举之前和选举的过程中记录了重点候选人和普通选民们大量鲜活的语言，真实再现了每个人的性格和个性特点。例如，节目中在第一次选举结束的时候，由于两位正式候选人的得票率都没能超出选民的半数而没能选出结果，事后村民们自己反思时在热烈地讨论："你要是有正义感，就能选出咱们的当家人来。别管他拉票，人家又没有摁着你的手写，又没有趴在旁边看……"，"这毕竟是有生以来第一次，再过三年，就好了"。这些在现场抓拍到的鲜活的农民语言，连编导们都不由得赞叹"既深刻又到位"，② 这样极富感染力的现场同期声语言是任何后期配制的解说词都不能比拟的。因此，人物同期声的大量运用可以看做是电视表现手法的一大进步，也是充分发挥电视优势的重要手段之一。

3. 现场报道

现场报道是电视记者在新闻事件发生的现场，以目击者或参与者身份面向电视观众所做的图像（含现场音响）报道。③ 在现场报道中，记者需要在现场随着事件的发生、发展，边观察边叙述，报道与新闻事件保持同步。由于现场报道较之影

---

① 赵玉明、王福顺主编：《广播电视词典》，北京广播学院出版社 1999 年版，第 251 页。
② 张洁、吴征编著：《调查〈新闻调查〉》，文化艺术出版社 2006 年版，第 170 页。
③ 赵玉明、王福顺主编：《广播电视词典》，北京广播学院出版社 1999 年版，第 105 页。

像新闻具有更强烈的现场感，观众更能感受到“身临其境”的参与，电视观众已经越来越喜欢这种记者亲自在现场来讲述发生的事情的形式。在西方电视新闻界有一条不成文的规定——凡是能够进行现场报道的新闻决不采用其他报道形式。

现场报道一般用于事件性新闻题材，尤其是突发性新闻事件，现场记者和观众一起探知事件的发生、发展过程。现场报道中记者采用的是大量的即兴口语，不仅要求记者用最简略的语言干净利落地叙述新闻事件，很多时候还需要对事件的原委给予充分的报道，分析预测事件的发展过程。由于事件现场的瞬息万变，因此要求现场记者语言叙述要简洁严谨、信息量大，分析评论要中肯、有见地。至于句式的工整、词语的优美等方面可以比解说词之类事后配制的人声语言要求略低一些。

4. 导语和串联词

导语是在新闻播报之前由播音员、主持人说的介绍语，它的重要作用是吸引观众收看新闻。串联词是指上下新闻之间承上启下的简短议论、介绍，上面已播出的新闻的简要回顾、评介和下面播出的新闻的主旨，或新闻中心的简要提示。串联词是使节目的各个组成部分联结成有机整体的语言形式，是节目的结构手段之一。它通过揭示节目要点、升华节目主题、揭示节目内容的含义、激发受众联想等，把节目的各个局部联系起来，以增强节目的系统性和整体感。串联词要从节目内容出发，力求简明扼要，既能承上启下，又富于吸引力和启发性。

现在消息的导语常和衔接前后消息的串联词结合在一起，这样导语引起关注的功能与串联词的整合功能也就结合在一起了，共同发挥起信息整合、背景分析、间接阐述等作用。我们来看中央电视台《新闻早8点》中的一个例子，一次节目的国际新闻中有这样两条消息相接，前条为“饥荒威胁南部非洲国家”，后条为“沃尔沃推出新款概念车”，中间的串联词是这样说的：

> 想到非洲还有这么多饥饿的人民，总觉得再讨论一些奢侈的事情是一种罪过，不过，科技的发展还是令人欣喜的。最近，瑞典沃尔沃公司推出了一款新型概念车，它提供的全方位的安全保护让你不得不刮目相看。

四、广播电视人声语言的要求

报刊杂志依靠文字和图片传递信息，读者可以随意选择阅读时间、阅读内容。比方说，读者对于自己不感兴趣的内容可以掠过不读，而对于自己感兴趣的内容可以反复阅读，对于难以理解的部分还可以停下来琢磨。但广播电视节目是线性传播，因此听众必须在媒体安排的节目播出时间里顺序收听、收看。为了得到最佳的传播效果，广播电视中的人声语言必须有种种限定，主要包括口语化、规范化和优美化。

1. 口语化

广播电视的人声语言需要播来上口，听来顺耳，易懂易记，这就是口语化的要求。因此,广播电视的人声语言在词语方面,多用口头词语,少用书面文字用语,多用双音节词,不用生僻成语、典故,少用或不用专门术语;在句式上,多用口语中常用的短句子,少用或不用倒装句、欧话句、长句;在语音安排上,要特别注意避免同音字的误听误解,并且选用的文字一般都音韵响亮、琅琅上口、平仄相间等。

很长一段时间以来,有关广播电视语言"口语化"的研究大多是针对广电传播中仍然存在的照搬书面语言的现象,它不便于人们接受和理解,不利于突出人声语言的传播特点,不能扬其所长、避其所短。但是最近几年,"口语化"进程中似乎又出现了另一种偏差,就是把"口语化"跟日常生活状态的口语划上了等号,认为口语化就是无限地贴近生活,贴近日常口语,似乎只要是把生活中说过的话照搬到电台节目里来就是"口语化"了。一部分广播电台的节目在直播之前甚至没有完整的文字稿,主持人只带着一页简单的提纲进直播间,结果导致了大量废话,甚至是粗话进入到广播节目中,这样也引起了听众的强烈不满。因此在这里需要强调指出,我们所追求的广播电视语言的"口语化"绝对不是降低对语言的要求,照搬生活中脱口而出的"大白话",广播节目中的语言仍然需要经过洗炼、推敲,可看做是汲取了书面语部分精华的精粹口语。

2. 规范化

广播电视作为受众广泛的大众传播工具,受众参与面广,容量大、功能全,接收方便,社会影响力大。人们在收听、收看广播电视节目时总会有意无意地学习节目当中的语言,因此,广播电视语言在全社会都具有示范性和引导性。对于语言本身的学习和运用,广播电视可说是无形的空中语言学校,而且其语言方面的示范、引导、提倡、熏陶作用,是在人们不知不觉当中潜移默化地发生的。归纳起来,广播电视人声语言的规范化包括这样几条具体的要求:

一是语音规范。由于汉语语言、文字丰富多样,为了保证传播的清晰性、准确性,广播电视人声语言必须采用规范的普通话语音,并且特别要避免语言中的方音痕迹,避免语音的错读与误读。

二是词汇规范。广播电台的传播对象是全社会,因此广播用语用词需要考虑共性,尽量使用大家都听得清、听得懂的规范性词汇,少用方言土语,少用只有内行人才懂的专业名词、行话,慎用不常用的简称,不用洋文,对于一些尚未被普遍接受的外来新词、网络用语,可以用汉语中对等的词来代替。目前很多广播节目,为了追求所谓的新潮、时尚或者亲切感,把社会上所有的新潮词汇包括网络用语一股脑搬到节目里来,例如"PK"、"粉丝"、"美眉"等,并且不加任何解释和说明,经常搞得很多听众一头雾水,这样非常不利于听众的接受理解,更不利于规范和纯洁祖国语言文字的工作。

三是语法规范。要运用人声语言准确地表情达意,必须使用合乎汉语语法规则的句子。大众口语中的一些不足,例如语言啰嗦,句子成分缺失,用词不够准确,词语搭配不恰当，句子表意不清等，在广播电视节目中是一定要避免的。

3. 优美化

人声语言本身，完全能够给听众以美的感受。广播电视在以人声语言为载体传达信息的同时，还要让听众在和谐悦耳的语音中感知和联想，从而获得丰富的审美感受。因此，广播电视的人声语言不仅要选用语音清楚响亮的字词，并且语音语调还要富于韵律和节奏，听起来优美和谐，用抑扬顿挫的声调、整齐匀称的音节、长短相间的句式，表现出人声语言的整齐美、抑扬美和回环美。

第二节　音乐与音响：广播电视的非语言符号

广播电视除了运用语言符号进行传播外，非语言符号也是其传播信息的非常重要的手段。在广播电视的声音符号中，音响和音乐作为直接为人们的感觉器官接收的具象符号，它们都属于听觉系统的非语言符号，也是广播电视媒介所共有的非语言符号。

与人声语言符号的抽象概括性相比，音响和音乐的表意形象而生动。音乐音响常常是画面和人声语言的补充，是语意的延伸、人物感情的深化，也是感染听/观众的力量所在。

音乐与音响比较，音乐指的是有旋律、节拍、节奏、调式、和声、速度、力度、音色、音域、音区、织体、曲式的，经作曲家依照一定规律创作出来，由演奏家、演唱家表演而完成的作品；音响则是只有速度、力度、音色，没有旋律、节拍、节奏、和声、调式和曲式，它包括自然界发出的风声、雨声、雷声、山呼、海啸、地震声等一切物体运动摩擦碰撞产生的声音。因此，音乐是写意的，音响是写实的。例如，音乐中所表现的景物都是利用旋律、节奏、和声描绘的场景、画卷，是在自然景象基础上充满想象的意境，有景有情，是对大自然的讴歌。而音响对于景色的表现则是写实的，音响的产生与存在首先是真实的、客观的，农村的鸡鸣狗叫、牛羊欢歌，城市里的车水马龙、熙熙攘攘，都是自然界和人类社会里原来就有的声音。对于广播电视媒介而言，音乐和音响都是其传播符号系统中非常重要的表意符号。

一、音乐的分类与作用

音乐是通过组织声音（主要是乐音）来表现感情的艺术。它与组织声音（主要是词语）表达思想的人声语言一起，构成了现代人类声音表达的主要方式。由于广播电视都具有优秀的声音传真性，因而都是胜任音乐传播的媒体。广播电视中不仅有专门的音乐节目来提供音乐审美信息供受众欣赏，另外还存在着大量的节目音乐和实况音乐。

1. 节目音乐

节目音乐是指在节目的后期制作时配制的音乐，节目音乐主要发挥如下作用：

(1)作为背景音乐,强化情感,烘托气氛

音乐是感情的语言,在节目中它可以作为背景音乐,通过营造音乐情感空间,配合画面、语言、音响来引导、强化受众对节目内容的理解和情感反应,以提高传播效果。特别是当需要一定的时间给受众体味、思考时,可以用音乐对受众的思绪进行暗示或引导。

特别值得一提的是,新闻节目以传播信息为目的,要求在形式上尽可能客观公正,因而在新闻节目中音乐的运用一般比较谨慎。消息类新闻节目中除实况音响中存在的实况音乐以外,一般不使用音乐来辅助信息传达,只是在广义的新闻类节目中,有时采用节目音乐来渲染气氛、抒发感情、提高传播效果。在文艺等其他类型的节目中,节目音乐的运用则是比较广泛的。

(2)作为编辑手段,整合节目,创造蒙太奇效果

从节目编辑的角度来看,节目配乐能够提高受众注意力,使用恰当的话,它还可以掩饰其他表达要素中存在的缺陷,例如可以用音乐的连贯性、呼应性来提高节目各要素间的整体性,掩盖画面编辑不流畅的缺陷。电视中一些欣赏性的节目,如服饰展、花展等,或者一些重大事件的精彩回顾节目,经常会用一段连贯的音乐把不同时空条件下拍摄的画面串联在一起。

节目配乐与节目的其他构成要素的组合,还可以构成各种蒙太奇,例如庄严的乐曲与萎缩的人物形象同时出现,会产生滑稽的对比效果。

(3)作为节目的声音标志

广播电视的传播,不是像电影那样的仪式性地收看,而是在受众个体分散的自由环境中进行的,受众经常处于非专注状态下,边做其他事情,边收听、收看节目。因此,大多数电台、电视台及其各固定节目都设定了自己的标识,以吸引受众的注意,在标识的声音部分,一般都选用音乐或音乐加人声语言。

充当广播电台和广播节目音乐标识的音乐,称做开始曲。当电台开始播音时,先播放标识音乐,呼报台名,再向听众介绍当天的节目安排,固定节目开始播出的时候也是首先播放自己的标识音乐。这样,听众听到哪个电台的标识音乐,就知道是哪个电台在播音;听到哪个节目的标识音乐,便知道是收到了哪个节目。

电视的音乐标识一般是与画面结合在一起的,称做片头,功能等同于广播的开始曲。还有一种是与固定的内容联系在一起的背景音乐,例如与节目的内容提要、内容回报和结尾时编播人员名单字幕同时出现的音乐,也具有标识的作用。

(4)作为节目的间隔或过渡

不同的广播节目之间或者一个单篇较长的节目中往往需要做一些分类归纳或段落分隔,音乐便常作为有效的间隔方法,有些节目中时间、地点、场合、事件发展过程等的转换过渡,也往往采用音乐。这些音乐在广播节目中被叫做"间隔音乐"、"桥梁音乐",起着划分段落、调控节奏、营造气氛等作用,也给听众舒缓情绪、转换

接收心态提供时间。

在电视节目中，与上述广播节目中“间隔音乐”起同样作用的音乐再加上与之配合的画面、语言，统称做“片花”。片花有的是单独制作的，有的就干脆借用片头或片头的一部分来实现片花的功能，出现在节目中需要隔断的位置。

(5)作为填充时间空档的元素

广播电视节目的传播是线性传播，要求受众在规定的时间里按顺序接收，因此节目也本身也应该准时、连贯，不能停顿、中断、颠倒。但是由于各种主、客观原因，例如播音员的播音速度把握不准、播出内容临时删减、出现播放技术故障、直播节目因事件发展的不可预料性而产生时间误差等，有时会在节目播出中产生空档。一般电台、电视台都会事先准备一些“垫片”，即一段音乐或者音乐风光片之类的节目来随时填充播出空当，以避免在播出时段中“开天窗”。

2. 实况音乐

在新闻类节目中，有时新闻现场本身也会存在一些音乐，称为实况音乐，例如音乐会、演唱会或重大场合的升国旗唱国歌的仪式等。这些现场意义很强的实况音乐，和现场的环境、氛围或事情的发展情况密切相关，是新闻事实的重要组成部分，新闻记者必须在现场及时摄录。实况音乐不仅可以作为事实性要素发挥传播作用，有时还可以将其作为节目音乐，用来强化内容的情感、情绪力度，烘托气氛，创造蒙太奇效果，往往也可以收到很好的综合效果。例如我国运动员在奥运会取得金牌的新闻节目中，画面上是登上领奖台的中国运动员和冉冉升起的五星红旗，而颁奖现场奏响的国歌声无疑强化了所有中国观众的民族自豪感。

二、音响的分类与作用

“音响”在不同的语境中有不同的含义，就一般意义而言，它可以作为“声音”的同义语。我们在与语言、音乐概念并举时所说的音响，是指除去语言和音乐以外的所有声音，更确切地说，音响是没有纳入语言逻辑表达序列和音乐逻辑表达序列的声音，它们当中也包括某些语言和音乐，但只能是那些处于具体表达系统之外的语言和音乐。例如，会场上的交头接耳声，虽然是语言，但语言内容是难以辨认的，并不能起到准确地传达信息的作用。又例如，市井声中夹杂的乐曲声，只是各种声音中的一个组成部分，附属于市井声，并无独立的音乐表达意义。

在广播电视传播中出现的音响，又可分为实况音响与音响效果两种。

1. 实况音响

实况音响是客观物质运动声波真实的再现，具有现实还原的特点。对实况音响而言，声音的客观存在是其真实感的来源。在广播节目中，实况音响可以用来营造现场场面和气氛，表现人物性格和情绪，听众根据听到的音响加以联想可以想象出现场的情景、人物的形象。在电视节目中，实况音响也就是前面提到过的用来表现现场背景声音的同期声(又称效果声),对画面起着补充和介绍环境、说明背景特点的辅助作用,可增强电视节目的现场感、空间感,提高真实性,给观众以身临其境的感受。例如在电视新闻节目《大官村里选村官》中,开篇的镜头是大屯镇清晨的景色,镜头中传来的鸟叫声、鸡鸣声还有村广播站播音的声音,传达着浓郁的农村气息。在稍后的村民正式投票选举村委会主任的段落里,三个屯子的村民聚集在一起等待选举村长,现场一片嘈杂的人声,体现出村民们按捺不住的激动心情。

为了更好地营造现场气氛,目前广播电视节目都十分注重对实况音响的运用。在需要配上解说词的部分,一般把实况音响压低后保留在二声道,解说的声音录制在一声道,两声道合成后播出,这样观众既可以听清楚解说词的内容,又可以听得到极富表现力的实况音响。

在广播电视节目中,实况音响主要发挥如下作用:

(1)再现事实的声音形态

听觉与视觉是人类接受外界信息的两个主要通道,实况音响就是为受众打开的通往客观事实的听觉通道。它为受众提供了真实的、具有现场感的听觉事实,使受众更直接、更具体地感受事实及其现场氛围,这对于提高新闻的真实性、可信性和传播效果,无疑具有重大价值,是文字、语言、音乐、图像都不可替代的。

在某些特殊情况下,由于声音具有全方位性,在视线(摄像机)看不到或看不清的地方,音响有可能是唯一的实况事实记录,此时的实况音响具有特殊的新闻价值。例如2001年美国"9·11"事件发生时,有一位跟随拍摄消防队员的摄像师在双子大楼里拍摄时被埋在坍塌的废墟里面。这时画面里一片漆黑,在这种伸手不见五指的环境里想要拍摄到任何画面已是不可能的,但是摄像师顽强地开着摄像机,记录下了大楼坍塌之后废墟里的音响,这段黑漆漆的画面由于有了现场音响而显得弥足珍贵,成为那个历史时刻特定场合的唯一见证。

(2)发挥一定的叙述作用

某些具有典型意义的实况音响,可以代替语言来叙事。声音是事物运动的伴生物,许多事物、运动都有自己的声音特征或者说声音形象,具有了一定的符号的特性,因而选择并组织典型实况音响,可以在受众的想象中再生成事物、事件的运动、变化过程,达到叙事的目的。例如,运动比赛过程的精彩瞬间人们爆发出的欢呼声、汽车启动离开时发动机的轰鸣声……当然,实况音响本身在传播时往往会有许多不确定性,因而在节目中经常只是部分地发挥叙述作用。

(3)提供节目起承转合的过渡

声音或声画叠加转换是广播电视节目常用的转场连接手段,通过声音叠加在前一个声音或画面上,引出下一段音响或音源画面,使受众注意力自然转移,而不对接续的声画感到突兀,使节目承转自然、流畅。例如上一个画面是在车水马龙的街道上,青年推开站在飞驰而来的汽车前面的孩子,自己却被汽车撞倒了,在青年昏迷的画面里叠加上了救护车的声音，那么接下来的段落就可以自然地过渡到青年在医院接受急救的情况。

(4)创造蒙太奇效果

实况音响可以作为一个独立的时空单元，可以与其他时空单元并立，同步传达信息，也可以与其他时空单元连接，并在相互映衬、补充、对照、冲突乃至否定中生成新的意义传达。例如，一个古老而落后的小村庄的图像和繁华都市街头喧嚣的音响同时出现，可以让人联想到现代文明对古老传统的冲击。

(5)突破视像的框限，拓展空间

电视画面受屏幕边框限制，容量毕竟是有限的。而音响则是全方位的，可以突破画框的限制，将信息的容量延展到画面之外，形成一个与人们的经验相同的视听信息空间，从而扩大画面的信息量。音响从出现方式来说可以分成画内音响和画外音响。画面内物体发出的声音成为画内音响，它完全依附于画内物体。画面上看不到的物体发出的声音叫做画外音响，它一方面并不完全依附于画面内容，而是有相对的独立性，这就为信息量的增加提供了空间；另一方面，由于声音的全方位性，画外音响可以起到扩展画面空间的作用，这既可补充画面的背景信息，也可为镜头的移动或切换提供根据。例如，当画面上出现一个孩子正在聚精会神地盯着某处看的场景，画外音响是《新闻联播》栏目大家熟悉的开始曲和播音员的问候声，观众可以推断这个孩子正在看电视，这时如果画外忽然响起一声巨响，孩子抬起头顺着声音看过去，那么下一个镜头就可以很自然地切换到发出巨响的物体的画面了。

2. 音响效果

音响效果是信息传播者制造出来的或转借来的声音，它与实况音响的区别在于，实况音响具有客观真实性，而音响效果仅具有真实感，不具有客观真实性。所以，音响效果不能用于再现事实，只能用于表现、表达或虚构。因此，新闻、纪录片等纪实类节目不可以使用音响效果，一般常在文艺节目、娱乐节目以及广播剧、电视剧等非客观再现节目中用来增强传播效果。

音响效果除了不具备事实音响客观再现的作用外，一般而言可以发挥与实况音响相同的上述其他作用。除此之外，它还主要有以下一些独特的作用：

(1)创造主观化音响。所谓主观化音响，就是从主观角度出发，将客观音响加以变形，或是制造出现实中不存在的声音形式，以传达作者或表现对象的主体音响感受。如较常见的是采用夸张、变形的方法，把本来听不见的声音放大到听得见，把小的声音放大到震耳欲聋，还可以加上混响、延时处理等。

(2)创造现实当中不存在的音响形式。这种手法经常使用在科幻、动画等类节目中，用以配合新奇、怪异、陌生等非日常经验性的情境。

(3)营造和渲染气氛。通过音响强弱、节奏等的变化，配合特定的情节与画面，往往可以创造出摄人心魄的氛围。例如用心脏跳动的音响来表现人物的紧张，用钟表的滴答声表现时间的紧迫等。

第三节　电视画面与镜头语言

电视与纸质媒介和广播媒体最大的不同就是，电视传播符号中出现了形象的活动画面。声画结合是电视区别于其他传统媒体的最重要的特色，画面是电视媒体非常重要的可视性的非语言表意符号。

一、电视画面与镜头的概念区分

对于电视画面，有时候又会称为电视镜头，那么画面和镜头是否有区别呢？很多情况下人们会把这两个概念混用，一般不会出现太大的问题。但是如果深入研究，两者还是有细微差别的。

根据《广播电视辞典》的解释，画面是指屏幕框架内所展示的能传达一定信息的可视形象。它是造型语言的基本视觉元素。电视画面由框架、影像、构图三个要素组成。[①] 由此可见，画面是一个静态的概念，它的意义表达主要是通过空间特性来实现的。影像是画面视觉形象的存在形态，它在两维空间中再现现实对象三维的立体形态。

《广播电视辞典》中对镜头的解释是，镜头是由若干静态画面组成的一段连续的动态影像流程。它是电视语言的基本表意单元和叙事单元。[②] 由此可见，镜头是一个动态的概念。它既有两维平面表现三维立体的空间特性，又有影像连续运动的时间特性，并且在现代电视观念中，声音是镜头的有机成分，一个完整的电视镜头应该包括图像和伴随图像的同期声两部分。电视镜头作为行为时空的影像记录，从本质意义讲，它展现的应该是形声一体化的形象。

“画面”与“镜头”的区别，实际上是根据对连续画面这种时空一体性影像的空间性和时间性的不同侧重来加以区分的。当我们强调其空间性时，一般使用“画面”这一概念，而当我们强调每拍摄一次的一段画面的连续性时，往往使用“镜头”这一概念。

二、电视画面的影像要素

从视觉角度来看，电视画面由画框和影像组成。“画框”是从绘画借用过来的词汇，在影视中指的是画面的边缘，具体在电视屏幕上就是一个长方形的边框。画

---

① 赵玉明、王福顺主编：《广播电视辞典》，北京广播学院出版社 1999 年版，第 239 页。

② 同上。

框对画面影像的空间范围起着限定作用，并具有凝聚观赏者注意力的作用。艺术创造的魅力就在于将媒介的限制加以利用，创作者可以利用画框造成的内外两个空间营造特殊的艺术效果。

影像是我们研究的重点，它是画面视觉形象的存在形态，在两维空间中再现现实对象三维的立体形态。电视画面包括这样一些影像要素：景别、构图、角度、镜头运动、光影、色彩、文字、示意图、图表、图片、动画等以及一些附属的影像要素，下面我们就来一一分析。

1. 景别

简单地说，景别是被拍摄的主体（可以是人、物或环境）在画框内呈现的范围。根据这种范围的比重和画面表现空间（一般是以画框内成年人身体部分多少为标准），可以进一步把景别划分为若干种，主要有远景、全景、中景、近景和特写五种。

远景：远景画面一般没有明确主体，多用于表现大范围的空间、环境、自然景色或众多群众活动的场面。

全景：全景画面主要是以主体的存在为前提，也就是说，全景的概念是相对画面中的主体而言的，全景是表现成年人的全身或场景全貌的画面景别。不管是一个人、一部车、一棵树、一座楼或是一个特定的场面，若用全景来表现，就要注意其外部轮廓线条的完整。

电视访谈节目中的中景画面

中景：中景是表现成年人膝盖以上或具有典型意义的局部场景的电视画面。中景主要用于交待人与人、人与物之间的交流及相互之间的关系，反映人物的动作、姿态、手势。在电视访谈、节目主持人现场采访等镜头中，景别的运用基本上都是以中景画面为主。

近景：近景是表现成年人胸部以上或物体局部的电视画面。近景画面的表现重点是人物的精神态势和物体的局部细节特征。

特写:特写是表现成年人肩部以上的头像或某些被摄对象细部的电视画面。它突出地强调人或物的局部细节,通过一"点"窥视人的内心或物的本质。特写是一种在视觉上具有强制性的镜头,具有较强的主观色彩和情绪色彩,展示出人眼无法模仿的视觉效果,容易给人以视觉上、心理上的强烈感染。特写镜头不一定都是人物头部,有时也用于表现手、脚、景物特写或物体局部。

2. 构图

构图一词原为绘画的概念,指画家对画面中各部分进行组织和安排,以求达到理想的画面效果。影视的构图更为复杂一些,因为影视中的画面是活动的,这就造成了被摄对象、环境、光线、色彩等各种视觉元素的流动变化,摄像师必须跟随这种变化来调整镜头,完成构图的任务。简单地说,构图就是结合被拍摄对象(动态和静态的)和摄影造型要素,按照时间顺序和空间位置有重点地分布、组织在一系列活动的电视画面中,形成统一的画面形式。好的构图能准确地传达作者的意念,表现情节(叙事),同时具有独立的欣赏价值,体现出创作者的美学素养。

构图的基本任务是把生活中一般的、个别的、局部的形象组成一个艺术整体,运用画面的形象来生动有力地表现某种思想、情感和美感效果。组成一幅画面一般有这样几个因素:主体、陪体、前景和背景、空白等,另外还需要考虑到画面构图的均衡以及表现运动对象时应有的动感等。

主体:主体是电视画面中的主要对象。它是一幅画面中主题思想的重要体现者,是画面中起主导作用的、控制全局的焦点,也是吸引摄影者进行艺术创作的主要因素。画面确立主体之后,整个画面就要以它为支点,其他诸因素都要围绕着它来配置。总之,让主体在画面上形成表达内容的中心、视觉与结构的中心,这就意味着画面空间上要给予主体明显的位置,充足的光线,显露其主要的轮廓线条,使之一目了然。

陪体:陪体是相对于主体而言的,是与主体有紧密联的,在画面中陪衬、渲染、突出主体的被摄对象。陪体能够帮助观众了解成像时的现场情况,更容易理解画面中主体的神情、动作的内在涵义。陪体处理有直接和间接之分:直接表现是指陪体出现在画面中,出现在主体周围,与主体"相伴而行";间接表现是指陪体不直接地出现在画面上,在观众欣赏画面时,自然而然地出现在观众的想象之中并为镜头转场提供方便。

前景:位于主体之前,靠镜头最近的景物为画面的前景。前景作为主体周围环境的一个组成部分,直接作用于人的眼帘,给人们以画面感觉的第一印象。它虽然出现于画面上下左右边框部位,但给观众视觉心理的影响不能低估。凡是有前景存在的画面,前景离观众最近,因此也是吸引观众注意画面情境的关键。前景还有一个非常重要的作用就是可以突破画平面二维空间的限制,表现出强烈的空间感和透视感，使电视画面有了更加鲜明的立体效果。

有前景的电视画面

背景：位于主体之后，渲染、衬托主体的景物为画面的背景。背景在画面中的地位是不容忽视与低估的，它可以点明主体事物所处的客观环境、地理位置及时代特点，可以利用色调和空间来衬托主体，使主体的形状及轮廓显著，还能造成各种画面气氛、情调，帮助解释画面内容。

空白：画面除了实体之外，有时还要有空白，也就是画面中除了实体对象以外起衬托实体作用的其他部分。画面的空白是由单一色调的背景组成的，失去了原有实体形态的天空、大地、水面、墙壁等一切景物，由于其色调的单一，都可以视之为空白。空白是一条无形的纽带，把画面中的各个实体元素联系为一个有意义的整体。如果一个画面中没有空白，填满了主体、陪体和环境的线条，必然会使人的视觉应接不暇，这样反而削弱了画面的表现力，因此所有画面都需要有恰到好处的空白。

均衡：画面均衡是指经过艺术处理的画面构图所具有的那种稳定、完整、和谐的感觉。画面的均衡既来自画面形象（不同的景物、影调、色块及动静状态）给人的视觉感受，也来自人的视线在画面各因素之间的运动，是包括客体刺激及主观感受的整体。达到画面的均衡，是人们审美的基本要求。如画面的某一边“过重”或“过轻”，就会影响到主题表达，也会影响和分散观众的注意力，有时还会破坏人们对于事物的某种欣赏习惯。

对一幅电视画面来说，以上诸因素并不是缺一不可的，往往要根据画面主题思想和拍摄时的具体情况来确定究竟应当包含哪些因素。对构图的一般要求是，选择简化、公整、清新的形式，并找视觉醒目、造型较好的对象做结构中心。

3. 角度

角度，就是画面拍摄时的“视点”，也可以说角度是由镜头与被摄对象在实际空间中的位置关系形成的。画面拍摄角度的变化是从人们的生活及习惯演变而来的，生活中人们用眼睛观察一切事物，都是有一定角度的，这些角度一般代表了人的某种习惯与心理要求。在电视画面中，拍摄角度总是千变万化、多种多样的，不同的拍摄角度可以形成画面不一样的表现力。

画面角度的变化一般是由拍摄的方向、高度、距离来决定的。根据方向不同可以分为正、侧、背，还有斜侧、倾斜等特殊用法。正面角度具有稳定、庄严的感觉，拍摄人物时，被摄对象与观众容易产生面对面的交流感。正侧角度适于表现画内人物之间的交流，背面角度则具有主观色彩的抒情意味。根据高度不同可以分为平、仰、俯，分别具有不同的叙事功能和情绪色彩。平视镜头表现的是正常的情绪，仰视镜头则有利于表现人或事物的高尚、宏伟，带有赞颂的色彩，经常用于表现国家领导人、英雄人物或高大宏伟的建筑物等，俯视镜头则会显得人或物比较渺小，常带有轻蔑、鄙视的情绪。

4. 运动

电视镜头的本质就是运动，把被摄主体的运动状态通过摄像机的运动镜头呈现出来，这是电视的魅力所在，同时也是影视艺术区别于其他造型艺术的一个重要标志。作为一种表现手段，电视的运动有其内在的独特性，这主要表现在：从各个不同的角度拍下几个动作片断，就能够让观众觉得这几个动作是连续的、不间隔的。通过若干片段将整个运动的典型部分拍下来，然后顺畅地连接在一起，就往往要比只用一个镜头拍下整个运动过程要更细致、更完整、更生动。那么镜头运动有哪些作用呢？

第一，通过镜头运动，电视可以最大限度地还原现实生活，同时也可以最大限度地让观众理解生活。电视不仅仅是充当人的眼睛，而且通过特定的运动形态拓展人眼所及的视野范畴。

第二，镜头运动可以体现电视的视点诉求。例如，客观地跟移人物，摄像机的运动方向就是观众的视点方向，即摄像机代替了观众的眼睛；主观地前移推进，摄像机的运动方向使得电视人物和观众的视点保持一致。

第三，镜头运动可以建立一种空间感觉。镜头运动使画面景别和角度不断变化，使画面表现的背景空间不断变化，在一个镜头中出现对空间表现的多平面、多层次画面，从而打破画面的单一结构，使电视画面在屏幕上展现出一个富有纵深感的三维立体空间。而且，镜头运动还可以用来建立观众的心理空间感觉，即通过简单运动，让观众在内心形成整个空间关系感。

第四，镜头运动可以渲染电视人物的特定情绪。电视运动镜头可以代表人的一种情绪，使人的情绪直观化、影像化。例如，镜头急速跟拍人物的运动，这个人物的内心状态可能就是焦急、容易爆发冲动；而如果运动镜头缓慢节制，凸现的则是人物情绪的平静。

第五，运动为电视节目整体造型风格的确立创立视觉基础。一个电视节目就是一个重要的有机的整体，应该有自身的一套特定的镜头运动体系。这一套体系需要符合影片整体的造型风格，也需要符合电视节目的主题体系。

运动形成了镜头的基本表达方式，电视镜头的每一种运动都有其特定的含义和明确的目的，不同的运动方式在传达着不一样的镜头含义。镜头的运动可以分为三种形式：镜头内部运动、镜头外部运动和镜头综合运动。

(1)镜头内部运动

即摄像机机位和镜头不动，主要靠画面中物象的运动来表现动感。这是一种运用得较为普遍的表现动感的方法，例如镜头中熙熙攘攘的人群、冉冉升起的太阳、呼啸而过的火车等。

(2)镜头外部运动

主要指镜头内部物象基本不动，而镜头外部摄像机产生运动。外部运动主要有推、拉、摇、移、跟、升降等运动方式，一般是通过摄像机焦距的变化或者摄像机本身位置的变化来实现的。

(3)镜头综合运动

即指前面讲过的镜头内部运动和镜头外部运动合二为一，不但画面内部被摄体运动，画面外部镜头也同时运动。这种综合运动动势效果极为强烈，拍摄方法很多，也十分灵活。

5. 光线

光线是人类产生视觉的一个客观必要条件，没有光线就没有视觉。而电视作为一门视觉艺术，传递的就是一组连续的活动影像信息，这一信息的传递过程就是通过一定的技术手段，将光线传递给人的视觉感官神经系统的过程。没有光线，电视就没有可能的存在空间。所以说，光线是形成活动影像并产生视觉的前提，是电视摄像创作的灵魂。

按照光的投射方向、角度的不同，电视镜头中的光线可以划分为顺光、前侧光、侧光、侧逆光、逆光和顶光等几类。

6. 文字

这里研究的文字是指出现在电视屏幕上的文字，这类文字出现有两种情况，一是画面文字，一是屏幕文字。有的书中在分析电视的传播符号要素时把文字作为与图像、声音并列的传播符号，考虑到文字和图像一样是出现在屏幕上供观众观看的，本节把文字也作为电视画面的一个组成部分来进行分析。

画面文字，是指出现在画幅内的文字（如路标、招牌、会标、文件等），这类文字由于处于特定的现场，因而它往往表现了现场的某些要素，如路标表明了事件地点，会标有时能表明事件参与者的身份，文件用于证实被采访者反映的情况或者记者的调查采访。画面文字的巧妙运用，有时比使用单纯的语言描绘更为简洁，更有吸引力，有时还可起画龙点睛的作用。特别要注意的是，这类文字因画幅所限和镜头流动等因素影响，常常是不完整或不够清晰的，因此使用时可以配合声音等其他传播符号以防止歧义的产生。

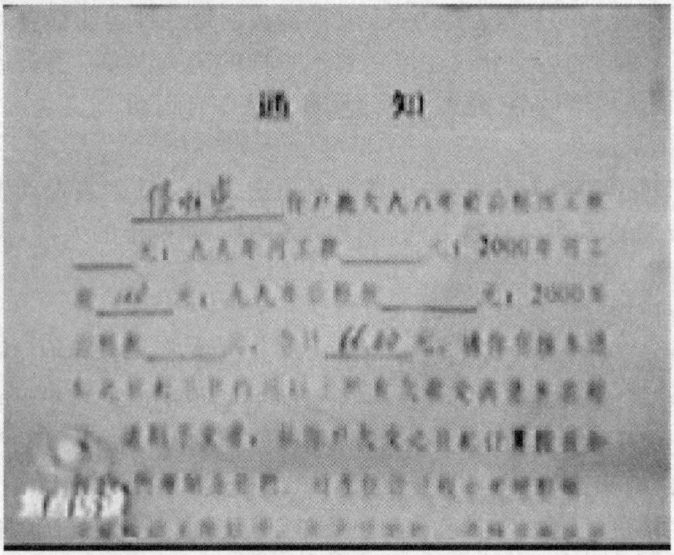

电视中出现的画面文字

屏幕文字，又称字幕，是指在节目后期制作时叠加到屏幕上的文字。字幕的作用包括：打出节目的标题；介绍画面上人物的姓名、单位、身份等；标出重要的数字、时间等以加深观众的印象；幕概述讲话内容标在讲话者图像的下方，以避免由于口音等问题造成的信息传达障碍；在节目片尾标出工作人员名单及制作时间等。

当前，随着电视理论和实践的迅速发展，字幕在电视节目中发挥着越来越多的作用。有的新闻节目由于同期声比较丰富或精彩，为了保留完整清晰的同期声，就完全用字幕代替解说词来表明新闻的五要素等现场画面和同期声不能确切表达的信息。例如在一些警察围堵劫匪的节目中，由于现场有警察与劫匪对峙，向劫匪喊话的声音，有现场疏散群众的声音，有抓获劫匪时的呼喊声和枪声，这些丰富的现场同期声具有极强的现场感和震撼力，如果压低同期声再配上解说词的话会降低节目的现场感，因此很多节目都采用了用字幕打出事件发生的时间、地点、事件起因等新闻要素的做法，在这种情况下，字幕就发挥了相当于解说词的重要作用。

为了提高电视新闻的时效性，字幕新闻的方式也越来越多地被采用。在不打断正常节目播出的情况下，用屏幕下方播放滚动字幕的方式插入告知信息。这种字幕的使用不受截稿时间和栏目播出时间的限制，大大提高了电视新闻的时效性，同时还能保持节目的完整性和传授双方关系的融洽。

7. 示意图与图表

对于节目中需要出现的一些复杂的理性内容，有时可以用示意图或图表的方式使其化繁为简，使得影像难以涵盖或表现，语言叙述头绪多、难以表达清晰的内容变得形象直观、一目了然。电视画面常出现的示意图有地图、气象云图、卫星运行轨迹等，图表有统计图表、分析图表等。

8. 照片、图片与动画

照片、图片和动画一般是作为活动影像的补充，经常用于没有、无法或不宜拍摄活动影像的情况。可以传播活动的影像画面是电视媒体的优势，但是对摄录设备的依赖又制约了电视新闻的灵活性，在没有条件获得活动影像的情况下，照片、图片或者动画可以用来作为填充。例如在新闻节目中回顾已经时过境迁的案件时，由于已经不可能记录当时案发现场的活动影像，那么可以利用当年公安机关拍摄的照片，或者利用电脑特技绘制一些模拟的图片、动画，来帮助观众进行联想、想象，同时也使得电视画面更加丰富、生动。

9. 附属的镜头因素

附属的镜头因素是指各类摄像机光学镜头的运用和效果以及布景设计、照明、服装、化妆等造型手段。例如，焦距长度不同，镜头制造的视觉效果也就不同。广角镜头会夸大对象的外形和深度透视，而长焦镜头会压缩空间。用广角镜头记录一个人在平原上由远及近地跑来，强烈的透视效果明显改变运动给人的时空感受，人物前进速度没变，但他在画面中却由小及大、由远及近急剧地变化，运动节奏似乎加快了。用长焦镜头拍一个人走向远方，由于镜头成像对景物空间的压缩，远去的人物仿佛总也走不脱，时间流逝缓慢，可以体现出一种恋恋不舍的情感。再比如，背景如果十分复杂，会将观众视线吸引过去，从而扰乱观众对主体的注意力；如果背景简单并且主体与背景的色调形成明显的反差，主体在屏幕上就会显得非常突出。

用广角镜头拍摄的画面

三、电视画面的特性与功能

画面具有与声音完全不同的特性，这主要表现在：

1. 电视画面是连续运动的

时空一体的运动与变化是人类感知客观世界的基本方式，但是报纸、杂志等传播媒体使用的照片、图片只能采取静止的方式空间性地展示客观世界，而电视画面实现了时空一体性的动态再现。这种时空一体、连续运动的活动画面展示的是与客观世界同样的情景，为真实再现客观世界提供了最好的物质基础。

2. 电视画面具有现场感

语言文字陈述的是事件的结果，而画面往往表现的是事件的过程，是事件现在的时态、正在进行的情景，这种感受带给观众以身临其境的现场感。尤其是现场直播的电视画面，实现了在事件发生的同时进行传播，它的现场感更加强烈。

3. 电视画面具有客观性

电视画面在传播信息的过程中对观众而言有着“百闻不如一见”的强大优势，画面准确而全面地再现了摄像机前面的几乎全部内容，人们看了画面便一目了然，画面中的形象具体、鲜明、可信。因此，纪实性电视画面被看做现实的客观再现，能激起观众强烈的现实感，

4. 电视画面具有主观性

虽然电视画面所反映的情景是客观存在的，但是在千变万化的大千世界中到底拍摄什么样的画面却是经过了选择的，例如选择哪些现场图景，拍哪个物体，选什么角度，用什么样的镜头运动方式等。摄录者的种种主观因素包括个人的思想观点、价值观念等，总会有意无意地对画面的选择产生作用，因此拍摄下来的反映客观现实的画面仍然可以反映摄录者的主观意愿。

5. 单个画面具有表意不确定性

一般来说，电视表达一个意思需要用到一组画面，单个的画面因为头绪繁多其含义是不确定的。例如，一个青年从古老的深巷中走出的电视画面，画面本身并不能确切说明事件发生的时间、地点、人物身份等，而且单从这一个画面，观众也无从得知这是想表达某青年刚刚走出家门去上班的具体事件，还是想表达现代人与古老传统剥离的抽象理念，具体的含义必须结合前后连接的画面和节目的解说词才能明确传达。

由以上特征，我们可以进一步归纳出电视画面的基本功能：

第一，纪实传播。电视画面能完整地记录摄像机前的种种现实图景，并准确、客观地传送到广大受众面前，这就使电视画面具有纪实传播的功能，许多重大事件的电视画面成为一种历史性的见证。

第二，形象传播。电视画面传播的是一种形象具体的现实，单纯的影像不能传

播概念、思想等抽象的、理性的东西。当然，这并不表示电视不能表达抽象的思想，电视画面的巧妙组合加上声音、文字，与观众的联觉、想象等思维规律共同作用，也可以表述抽象的理论和概念。

第三，直接传播。电视画面上出现的是种种具体的人和物，观众与电视之间的任何接触都是直接的。长期以来，不同文字、不同语言成为各地区、各民族国家相互沟通的一道道屏障，而电视画面的直接传播使这道屏障消失，自身也成为一种世界性的语言。

四、电视声画关系

1. 电视中声音的作用

电视强调的是"声画并茂"的传播方式，因此，电视中的声音一般都要结合着电视画面来发挥作用。在电视传播中，声音的作用主要表现为：

(1)声音能丰富电视传播的内容。画面往往只能表现看得见摸得着的东西，而对表达内在的思想、抽象的哲理等则显得力不从心。但声音却完全不受这些局限，尤其是人声语言可以表达非常深刻的理性、抽象的内容，因此声音和画面的结合，就大大扩充了电视传播的容量。

(2)声音能加强传播内容的现场感、真实感。现实社会本身是有形又有声的，现实中的所有场景都伴随着各种各样的声音。只有让观众既看到又听到，才能给观众以身临其境的感受，同时也让观众得到符合客观现实的真实印象，感觉到电视所传播的内容是真实、可信的。

(3)声音能渲染、烘托环境气氛。声音中的音乐和音响具有很强的渲染、烘托环境气氛的作用，有时候，相同的画面配以不同的音乐或音响就能产生截然不同的效果。例如，同样是一位姑娘在湖边漫步的图像，如果配以欢快的音乐，观众可以感受到姑娘欢快的心情，如果配以沉重的音乐，观众则会感受到姑娘内心的痛苦。同样是一个课堂的场景，如果伴随图像的是寂静的音响，表明课堂秩序良好，如果伴随图像的是嘈杂的音响，则表明课堂秩序很糟糕。

(4)声音能使画面剪接显得更加顺畅自然。无论是同一场面的不同画面，还是不同时间、不同空间的画面，都可以用一段流畅的声音联结在一起。很多电视节目就是运用了声音的这一组接画面的功能，利用一段完整而连续的音乐、音响或者人声语言把原本散乱的画面流畅地剪接在一起。

(5)声音能使静止的画面活动起来。声音是运动着的一种符号，它的变化本身就意味着一种运动的发生，能使电视片中静止的画面活动起来。有些历史题材的纪录片，由于缺少资料镜头，往往采用历史照片或者绘画作品的画面，配以适当的音响和镜头自身的推拉摇等运动，就能使这些原本静止的图片似乎也活动了起来，例如，用表现战争场景的油画配以战场上的枪炮声，可以让观众通过联想感受到激烈的战争场面。

2. 电视声画关系的具体形式

前面说过，“声画结合”是电视最重要的特征。声音与画面共同作为电视重要的传播符号，二者之间的关系也在影响着传播的效果。目前常见的电视声画关系，有“声画合一”和“声画对位”两种形式。

声画合一，是指电视画面和声音同时指向一个具体形象的结合形式，它的特点是声画同步发生、发展，视听高度统一，使画面和声音具有最高的保真性。声画合一又有两种形式：它们可以是画内音响空间和视觉空间的统一（如同期声与画面的统一），可称之为“画内声画合一”；也可以是画面空间与画外音响空间的统一（如解说词与画面的统一），可称之为“画外声画合一”。

声画对位，是指电视节目中画面与声音对列，它们按照各自不同的规律，独自表现不同事物的信息，却又有机地围绕和表现同一内容。“声画对位”传播，是利用声音和画面不同步所产生的信息差距充分调动人们视听两个感知通道的“注意力”，引起声画信息叠加联想，加大感知深度，产生一加一（声加画）大于二（声画）的传播效果。

在新闻性节目中，声画对位的组合方式适用于三种情况：第一种是画面信息十分清晰、一目了然，而观众可能还有更深层次的疑问、误解或需要，解说词就应做一些解释、分析、说明的工作。第二种是有些需要报道的事情电视记者无法拍到实况，则可用解说词叙述新闻事实，而画面反映时过境迁的一些实地景象或相关的一些图片、照片等。第三种是新闻评论，画面出现电视新闻场景，而记者在旁发表评论。

“声画合一”与“声画对位”是两种不同的处理电视声音与画面关系的手法，因此谈不上哪种手法更好一些，而要视不同的情况具体分析。某电视台曾播出一条报道台风登陆、周围省份居民遭受暴雨袭击的新闻节目，在展示相应的画面的同时，解说词还在不厌其烦地诉说：“这是泡在水里的沙发和茶几”，“这是解放军战士在背出被洪水围困的老大娘”。其实画面本身已经清楚表达了这些意思，再用解说词说一遍无异于画蛇添足。因此这里使用的“声画合一”的方式就不太恰当了，在这种情况下，不妨采用“声画对位”的方式，当画面中出现浸泡在水里的沙发茶几时，可以通过解说词告知观众在这次台风袭击过程中，人民群众共经受了多大的财产损失，当出现战士解救老大娘的画面时，解说词可以告诉观众到目前负责救灾的解放军已经解救出多少被困群众，还有多少人仍然等待援救等。

无论是“声画合一”还是“声画对位”，都要求电视画面和声音有着密切的关联，切忌“声画两张皮”，即电视画面和声音各行其是，在解说词上贴上一大堆时间、地点、人物都模糊的所谓“资料画面”，让画面成为语言的“配画”，画面本身没有承载任何信息量，也就失去了电视媒体“声画结合”的意义。

五、镜头的组接:蒙太奇与长镜头

1. 蒙太奇

蒙太奇,是法语 Montage 的音译,它原是建筑业的一个术语,原意是装配和构成,将个别材料根据总体装配组合起来。法国电影艺术家很贴切地把建筑学上的术语引申到电影创作镜头组接这一环节上来,蒙太奇于是成了镜头组接的代名词被广泛引用。

蒙太奇又称镜头语言,即在影视作品的创作中将一个一个的镜头,根据一定的逻辑关系组接在一起,通过形象之间相辅相成或相反相成的关系,相互作用,产生连贯、对比、呼应、联想、悬念等效果,形成一个含意相对完整的表意整体。①

蒙太奇的含义比较复杂,要深刻理解它,我们还必须全面把握以下几个要点:

(1)单个镜头意义的不确定性。前面曾经提到过,影视作品中单个镜头是不能独立用来叙事或表意的,意义的产生需要通过几个镜头组接成的镜头段落来实现。这就像文字语言,单个镜头就好比一个词,不能独立表达意义,难以记录叙述完整的动作和事件,要依靠上下镜头的连接也就是蒙太奇手法才能完成表达任务。

(2)镜头组接排列的顺序必须遵循表意的规则。影视作品的镜头连接不是随意的,而是要按照一定的逻辑、一定的原则来组合。就像我们平时讲话和写作时必须遵循一定的语法规则一样。镜头语言作为一种表意方式,也有类似于日常生活中语言表意的规则,这种规则是人们根据一定的生活逻辑和人们理解事物的逻辑方法所约定的,违反这些规则,观众就不能正确地理解镜头组合所表达的意义。影视作品的镜头组接的逻辑和原则就是要符合观众的视觉习惯、生活经验和思维规律,使观众从视觉上觉得顺畅合理,并能激发起自然的联想。

(3)镜头语言的表意中,两个以上镜头连接后所形成的意义要超过它们各自基本含义之和。在蒙太奇的语言中,把单个镜头组接在一起,就不再是两个镜头的简单相加,而是构成了一个有意义的整体,这也就是所谓的"1+ 1>2"。因为在这里镜头与镜头之间已经形成了关系,产生了新含义,就像两个化学元素放在一起引起了化学反应形成新的物质一样。

蒙太奇就是通过队列构成来发掘一个影像与另一个影像,一个镜头与另一个镜头之间的内在关系,并依据内在关系来组接的,使观众在镜头对列所形成的冲突和联想中,在心里激发起新的认识和思想,这是蒙太奇的本质意义所在。

(4)蒙太奇在表意中可以自由地处理时空,创造出影视语言独特的时空结构。通过镜头组接,可随意地把时间延伸、压缩、冻结、加速与减速、倒转、由现在追溯过去或者由现在对未来进行幻想。通过镜头组接,还可以为了某种特殊的表意需要

---

① 赵玉明、王福顺主编:《广播电视词典》,北京广播学院出版社 1999 年版,第 249 页。

自由地结构，或者把不同空间组合在一起，创造现实中并不存在的空间。例如在电视剧的拍摄中，在选定的环境中拍摄一个场面的一组镜头后，觉得环境中的一个局部或一个角落不合剧情要求，于是就借用另一地区的某个局部或角落拍摄另一组镜头，两组镜头结合起来也能构成特定空间的整体形貌，但这个空间只是存在于观众的想象之中，实际上是并不存在的。

从上述内容来看，我们可以从广义和狭义两方面来理解蒙太奇。狭义的蒙太奇被视做"剪辑桌上的艺术"，也就是指画面组接的章法技巧。广义的蒙太奇则是指影视构成形式和内容的总称。也就是说，蒙太奇不只是在剪辑桌上才运用的，而是贯穿于影视编导工作的全过程：蒙太奇诞生于节目构思时，体现于导演的分镜头脚本，最后确定在剪辑桌上。在这种情况下，蒙太奇已不单是技巧，而且包含着编导、记者对现实生活、对事件的思考和解释，是如何运用画面造型因素、运用视觉形象来叙述事件的手法。

2. 长镜头：一种特殊的蒙太奇

到底什么是长镜头呢？对于长镜头，目前尚没有公认的、严格的科学定义。根据《广播电视词典》的解释，长镜头就是在每一个统一的时空里，用推拉摇移等方法多层次、多景别、不间断地展现一个完整的动作过程或时间进展的镜头。长镜头在拍摄中根据内容、情节、情绪的变化，不断改变拍摄角度、调整景别与距离，用一个镜头完成一个段落的叙述。[①]长镜头延续时间比较长，单个镜头的时长多在 30 秒至 10 分钟之间。它排除切换，是一个不经剪辑的画面连续的片断，在一个较长的镜头里往往包含一个完整的段落。长镜头通过合理的场面调度，用不间断的镜头记录人和事物在一段时间内的运动状态，其重要的目的是为了遵守事件的统一性，从

《北方的那努克》中著名的猎海豹画面

① 赵玉明、王福顺主编：《广播电视词典》，北京广播学院出版社 1999 年版，第 249 页。

而也保证了记录的完整性和真实性。许多经典纪录片中，都可以看到极富感染力的长镜头。“纪录片之父”弗拉哈迪拍摄的名片《北方的那努克》中，表现爱基斯摩人猎海豹的著名段落，就是用一个长镜头来表现的，从而给观众以不容置疑的真实感受。

长镜头理论应用于电视媒体之后，它的写实主义美学特征使其成为电视纪实手法的主要表现手段之一，长镜头被大量应用于纪录片、电视新闻等纪实类电视节目中，给电视观众带来了更加强烈的现场感、真实感。

第四节 广播电视的传播特性

广播电视是建立在电子技术基础上的现代化大众传播媒介。借助电波，广播电视帮助人们实现了“千里眼、顺风耳”的愿望，并以光的速度和生动直观的声画传播效果明显区别于以文字语言为主的印刷媒介。作为电子大众传播媒介，广播和电视在传播特性上既有共同之处，也有差异。随着传播技术的不断进步，广播电视的传播特性呈现出动态发展的趋势，越来越趋向完美。

一、广播电视的传播共性

在传播手段上，广播电视都是利用电磁波进行远距离的信息传送，因而有着一些共同的传播特性。

1. 传播速度的时效性

广播电视以光速进行传播，是网络媒体出现之前传播速度最快的媒介。传统纸质媒介如报纸一般需要有编报、印报、发行、读报的过程，而依赖极快的导电速度和电波传播速度，广播电视信号的发送和接收等整个信息传播过程，都是在时间极短的瞬息之间完成的，信息传播的同时也就是信息的接收过程。

随着传播技术的不断发展，尤其是同步卫星技术的运用，广播电视可以在重大事件或者突发性新闻发生的同时，就将传播的信息以现场直播的形式传播给亿万受众，进一步实现信息发生、信息传播和信息接收三者之间的同步进行。这种同步传受将迅速及时这一传播特点发展到近乎顶点和极限的程度，这是任何其他传统传播媒介都无法比拟的。

比如越战时期，美国记者的电视录像带需要经由西贡或曼谷转运至美国，有时还需要经过东京中转，节目在美国播出至少需要 5 天。而在 2003 年的伊拉克战争中，随军记者们的报道通过卫星和数字技术，利用数字可视电话，数码摄录机、数码相机、数码录音机、卫星终端传输设备、无线上网技术等，现场图像、照片、录音、文字稿瞬间就可以传遍世界，时效性远非以往可比。因此在技术手段上，有人称伊拉克战争为战争史上的首次全程同步直播，这种说法不无道理。

2. 传播范围的广泛性

广播电视在传播范围上具有“包举宇内”的广泛性。借助无线电波，广播电视声画符号如同插上了神奇的“电翅膀”，它们跨越高山、越过大海，将广播电视节目瞬间传播到远方。随着传播技术的发展，卫星技术更是极大地扩展了广播电视的传播范围，由于卫星传播没有空间和疆界的限制，这样使得广播电视信号能借助卫星电视管道覆盖地球村的各个角落，实现全球性覆盖。当然，广播电视传播范围包括广播电视信号覆盖的范围和广播电视传播的地理版图。而所谓的传播地理，是指实现了有效传播的覆盖范围。一般来讲，卫星信号覆盖的范围并不等同于卫星电视的传播地理版图，覆盖地理的扩张应该会扩大传播地理。

从1989年西藏电视台第一个上星播出节目，到1999年，海南电视台最后一个上星播出节目，我国内地各省市自治区都开通了卫星电视频道，各电视台的传播地理跨出了其行政隶属边界。具备全国覆盖能力。我国境内共有48个电视频道上星，其中中央台14个，中国教育电视台4个，各省级卫星电视台31个。1998年，全国已有卫星地面站9657座。为了满足少数民族地区，多山边远地区观众的需要，并解决这些边远地区电视台自办节目传播和接收的困难，先后开通了新疆、云南、四川、贵州等边远山区和省份的卫星传送业务，构成了微波传送和卫星转发的全国电视覆盖网。

卫星电视技术对传播范围的扩展，改变了电视传播者的传播观念和传播行为，使得传播者从更广大的区域甚至是全球的角度考虑电视的传播效果和电视业的格局。

3. 传播内容的丰富性

广播电视具有新闻传播、文化娱乐、信息服务和社会教育等多种功能，广播电视节目数量之大、种类之多、范围之广、内容之丰富，除了网络媒体之外，其他大众传播媒介都不能相比。24小时不间断播出的广播电视，其日发信息量相比于一家报社要大得多。随着广播电视的专业化发展，广播电视节目又开始了纵深拓展。在我国，广播电台的专业化发展已形成了新闻、经济、体育、交通、文艺、音乐、长书故事等系列电台。在电视方面，我国中央电视台已相继开办了电影、电视剧、经济、综艺、体育、国际、少儿、新闻、军事、农业以及科教等多个频道，其他省市还开办有旅游、女性等专业频道，节目内容包含了社会生活的方方面面。在国外发达国家，广播电视节目的专业化发展则更为深入。前面我们已经谈到美国的一家电台往往就以一种专业化节目类型取胜，仅音乐电台就能细分为爵士音乐台、乡村音乐台等。美国电视的专业化发展也非常明显，除了上述我国的专业化频道外，美国电视还有野生动物、历史、地理、钓鱼、气象频道等更为细分化的频道，包罗万象的广播电视节目着实另人眼花缭乱。

当然，世界上没有十全十美的事物。广播当在具备以上传播优势的同时，也不可避免地存在一些局限性。广播电视虽然可以同步传受，但所传送的声画信息瞬间即逝、不留痕迹，这样对于一些复杂的信息，人们不易及时理解，也难以进行细致的回味和深刻的思考。看报纸，人们可以对重要信息仔细读、慢慢读、反复读，甚至可以停下来进行推敲、思考，有必要的话还能将报纸留存以供日后翻读。而广播电视是以电磁波为载体，电磁波消失了，所附载传播的信息也就消失了。可以说，广播电视传播的信息是瞬间而至，又瞬间而逝。除非借助现代录音、录像手段，其信息是无法留存的。针对这一缺憾，人们只能采用反复重播的方法，来进行弥补。同时，广播电视虽然节目内容丰富多采，但是却受着线性传播的制约。广播电视就像一条源源不断的流水，节目按照编排的时间顺序依次播放，受众在同一时间只能接受一种节目，选择一个频道，并按照传者安排的播出时序逐条收听收看，不像报纸可以随意选择顺序，或细看，或粗看。不过，随着科学技术的发展，尤其是网络技术的发展，广播电视的这些局限性正在被逐渐突破。

二、广播的传播特性

1. 传递通道单一

电波携带声音，可以飞越高山大海，把信息送到受众的耳际，但是受众只能听，不能看到或者触摸到它，声音是受众能感受到的唯一传播符号。因此广播在采集和制作节目的过程中必须把所有的具象和抽象符号都转化成声音符号才能传递出去，才能在听众的脑海中形成概念。因此，我们可以说“声音，构成广播的唯一物质材料和运动形式，没有声音便没有广播，用声音传播信息是广播的主要特点，听觉感知是广播的本质属性”。[①]

相对于电视的边看边听的传播，广播的传播有着记忆上的劣势，但是，也有着它独特的传播优势。与电视的传播特性相比，广播传播的一切内容都是通过声音这一有声语言、这唯一的符号承载的，不会产生传播因素间的矛盾，更不会因为冗余信息而干扰了公众的思维。抽象语言是一种针对性较为强烈的传播符号，它在表情达意的准确性上超过了任何“理性蒙太奇”，不容易产生理解上的失误，制造出多余的噪音。而这种传播过程的单纯性则可以准确表述概念和传达传播者的意图。

2. 受众接收的机动性和随意性

广播接收的机动性是广播技术进步的结果，尤其是收音机的小型化，使收听广播越来越成为个人的接收行为。具有自动录存功能的数字收音机的出现、个人手机里收音机功能的增加，则在提高接收质量、提供收听方便的同时，进一步增强了接收的机动性。人们之所以在电视已经普及的情况下，仍然还离不开广播，就在于

---

① 施旗：《广播电视语言》，中国广播电视出版社 1988 年版，第 2 页。

广播是接收机动性最强的现代媒介。人们在骑车、开车、读书、料理家务的同时想听就听。

与广播收听的机动性相伴着，自然会衍生出广播接收的随意性。广播是单一声音传播媒介，听众只需要听就可以了，解放了眼睛和双手，并不影响受众同时进行其他的活动，因此，广播的伴随性在当前的媒介形态中是最好的。据调查，88.6%的观众都是随意性听广播的，特别是青少年，他们几乎百分之百把广播当做背景音乐。①

三、电视的传播特性

1. 视听兼备，立体信息传播

既能听见又能看见，是电视的最大特点。看和听是人类接收外界信息的主要途径。根据科学家们的研究，人对外界的感受，60%来自于视觉，视觉在我们的感官中是最重要的，通过我们的眼睛，我们可以比通过耳朵更了解和熟悉周围的世界。眼睛记录下的是物体对光线的反应，以让人们知道物体在空间的形状、颜色、表面特点和运动形式；耳朵记录下的则是物体运动中产生的声波。眼耳并用，便在人脑中记录下了事物的最基本的特征。从记忆的效果来看，听到的信息能记住20%，看到的信息能记住30%，边看边听能记住50%。声画并茂、视听兼备的综合传播，顺应人的生理特点，这是电视得天独厚的优势。

传播学家施拉姆认为“非语言符号(图像等)，它们携带的信息常常不需要任何语言来表达，一副画就是一种完整的传播”。电视的传播就是立体的信息传播。信息理论认为，信息不是事物的本身，而是事物的存在方式和运动状态。电视声音与拍摄画面形象是同步的，这一方式和运动状态，决定了其信息结构不是线性的，而是立体的，是一种立体的场结构。在物理学上，场的概念是指在同一空间里，所有物质之间都互相有引力作用，力的互相作用从而形成更强大的能量。电视通过对事物的直觉视觉特征的记录，可以传达色彩、明暗、形态特征、空间深度等直觉的视觉信息；而通过视觉的统觉(对当前事物的心理活动同已有知识经验相联系、融合，从而更明显地理解事物意义的现象)作用，还可以传递质感(硬度、柔度、湿度)、量感、力感、运动感及听觉、味觉和触觉等信息。电视通过若干信息的综合立体地传播，为人们对事物的分析和判断提供最直接的依据。

2. 画面直观，内容易受

电视图像是直观的形象系统，这一系统里包括视觉因素——事物的运动状态以及听觉因素——事物运动状态下的自然声响、效果声和人物讲话的语言，电视传播把视听因素同时存在的事物的原生状态直接呈现在屏幕上，给观众以直接的认

---

① 黄匡宇主编：《广播电视学概论》，暨南大学出版社2005年版，第169页。

知和感受，并由感受上升到对事物的理性认识。

从传播学的角度来讲，传播内容的选择和传播符号的运用往往决定传播的效果。电视传播内容的易受性正是由于电视传播时运用多种传播符号，可以将观众接收信息时的费力程度减小到最小。这种费力程度就是传播学家施拉姆强调的公众接受信息时所付出的代价，如时间支出、费力程度等。电视传播的魅力在它于将同一信息由多重符号、多条通道输入，增加了单位时间内的输出量；尽可能使同一种信息在公众脑海中重复多次出现，强化了观众对传播内容的领悟力；各种符号相互补充，弥补了单一符号在传播上的交代不足，意义曲解。“听”的记忆和思考、“看”的证实和感染、“读”的理性思辨和反复推敲交织在一起，形成了对电视传播内容的全方位的把握、理解和判断。

电视传播内容的易受性还来源于“面对面的人际交流”，这使得电视这种大众传播媒介具备了人际交流的特性，而且，这种传播特性在电视新闻的传播中更加凸现。在电视上新闻主播们声情并茂地叙述、记者们娓娓动听地讲评、当事人身临其境地回顾都会使观众们聚精会神地关注传播的内容。科兹洛夫在谈起美国电视新闻主持人丹·拉瑟时说：“人与人直接交流给人的印象是如此之强，因而，比如说当拉瑟说‘晚安’时，我们很可能对屏幕应答说‘晚安，丹’。”[①]这种面对面的相互沟通、相互联系、相互作用的社会行为更容易控制人们的情绪和思想，从而激发观众对电视的认同、关注、接受和需求。

3. 现场感强，可信度高

长期以来，人类经历了一个借助符号传播信息的过程。从各种图识标记到相形文字直到现代的文字，都是具有特定的象征指代意义的符号。传播和接受信息，实际是这样一个过程：信息源→编码（制成符号）→传递→解码（了解符号的含义）。在这个过程中，或者由于编码不清造成受众难以解码，无法了解其含义；或者由于解码者文化水准限制，无法解码；或者有于解码者和编码者在认识结构上的不同，都会造成传受双方的误解。电视可以逼真地再现信息源的多种情景，电视屏幕上所展示的是信息源所发出的真人、真事、真情、真景。受众通过自己的眼睛和耳朵直接了解、感受信息，现场感强，而这又大大地提高了电视所传播的信息的可靠度。这样，电视所产生的动人心魄的感染力也是广播报纸难望其项背的。

1973年，美国的“水门事件”轰动一时，最后导致尼克松总统的辞职。事情最早是由《华盛顿邮报》的两位年轻记者鲍勃·伍德沃德和卡尔·伯恩斯坦首先揭露的。在最初的3个月时间里，《华盛顿邮报》虽然发表过不少调查文章，但未能引起全国重视。这以后，哥伦比亚广播公司电视网播出了一部介绍“水门事件”的纪录片，当时吸引了有3000万受众观看，才使“水门事件“成为社会广泛议论的话题。

---

① 〔英〕尼古拉斯·阿伯克龙比：《电视与社会》，南京大学出版社2002年版，第20页。

美国广播电视界中的人为此洋洋自得地声称:"一个小时的电视节目影响远胜三个月的报纸。"[①]这虽有夸大其词之嫌,但电视对揭发"水门事件"的推波助澜作用确实是无法低估的,而这正是电视的强烈的现场感和高可信度在起作用。

四、广播电视传播特性的演变

传播学者麦克卢汉曾经说过,"真正有意义、有价值的讯息,不是各个时代的传播内容,而是这个时代所使用的传播工具的性质、它所开创的可能性以及带来的社会变革"。不可否认,每一次技术的革新,都推动着社会生产力的跳跃式发展,而广播电视技术的发展也使广播电视的传播特性发生着变化。

1. 大众化传播和分众化传播并存

在电视最初发展的几年时间里由于频道数量有限,多数电视频道都是综合频道。而近几十年来,电视传播的专业化趋势约来越明显,其主要原因是受众结构的变化。其实,无论是从理论上还是实践上,作为大众传媒的电视都已经进入了分众传播时代。分众传播一个最大特点就是指向性要相对明确,频道与频道之间应该在差异中求生存,以特色求发展,这一趋势决定了电视频道专业化发展的方向。与此同时,以有线电视和卫星电视为代表的新兴电视传播技术的发展,也为频道专业化提供了技术支持。因此,20 世纪 70 年代以后,分众化传播成为世界传播发展的趋势之一。

美国未来学家阿尔文·托夫勒在其著作《第三次浪潮》(1980 年出版)一书中认为在当代信息社会中,无论是社会生产还是消费需求,乃至价值观念,都出现了从单一到多元、从整体到分化的发展走势,并预言了信息传播领域内分众传播时代的到来。

1984 年卫星有线网络刚刚在欧洲兴起的时候,只有 10 个频道的卫星电视节目,基本上均为综合娱乐节目。但到了 1992 年,欧洲的卫星电视频道已猛增至 67 个,除电影频道和体育频道之外,还有面向妇女儿童的专门频道。在电视业甚为发达的美国,至今已有 100 套左右的电视节目,频道专业化和细分化趋势更加明显,媒介的传播已经进入了"适位受众"的时代,电视节目的定位更准确、指向性更强。美国的电视频道已经在新闻、娱乐、资讯等大类别的基础上进一步分化,有了专门的历史和纪录片频道、天气预报频道;音乐频道中又分为古典频道、流行乐频道、爵士乐频道等;电影频道中也分为了新片频道和老片频道以及喜剧频道、动作片频道等;体育频道中又分化出户外运动频道、赛车频道、篮球频道等;此外,还有专门的卡通频道、园艺频道和食品频道等。这些专业频道的设置分门别类,以最大程度地满足受众的需要为目标,受众可以根据自身的需要各取所需。

目前,我国的频道专业化主要分为三个层次:第一是大众化专业频道,如新闻、

---

① 施天权:《广播电视概论》,复旦大学出版社 1987 年版,第 56 页。

电影、电视剧、少儿、音乐、体育等频道；第二是分众化专业频道，如财经、历史、探索、国家地理等频道；第三是小众化专业频道，如机场、高尔夫频道。目前国内所开办的专业频道还主要是集中在新闻、财经、娱乐等“粗分”局面，绝大多数专业频道都停留在影视、经济、体育、文艺等模式中，专业频道不专业是共有的痼疾。在“影响您收看电视节目的因素有哪些”的一次大型电视观众调查活动中，52.93%的电视观众选择了“随意选中，哪个好看看哪个”，这说明了中国观众对于节目的忠实程度不高。而这可能跟我国专业频道缺乏充足优质的节目源，盈利模式单一、受众细分程度不高以及在频道专业化过程中地方保护主义带来的限制都有一定的关系。

分众化传播要求传播者不再把受众视做一个没有分别的整体，而是针对受众的不同群落和不同的需求层面，分别实施特定的传播策略。同样，从受众的角度来讲，“他们不是传媒的靶子，他们在媒介市场上也在主动地选择着内容，并积极参与传媒活动”。（胡正荣，2000 年）因此，面对分众化传播，要求广播电视媒体也必须积极地以其丰富化个性来应对于受众的多样化要求。而且，有学者断言，未来的传播模式将从一对多的大众传播逐渐演化到一对一的小众传播；由目标隐匿的受众群体转化为针对不同受众群乃至受众个体的单一受众。

2. 固定接收与移动接收并存

“电视长了脚，跟着乘客跑”是一个形象的比喻，说的是一种新媒体，区别于传统媒体的数字移动电视。移动电视也称数字电视地面广播，是数字技术的具体应用。作为一种全新的大众媒体，数字移动电视是通过无线数字信号发射，地面数字接收的方法进行数字节目的播放与接收，并可以在高速移动的物体中收看的一种现代化的电视系统。移动电视的发射机的输入信号不是通常的视频和音频节目信号，而是将视音频信号按 MPEG—2 标准，经过压缩、编码，并与其他数据信息复用打包后的传输码流（TS 流）。输入的 TS 流，经过信道编码与调制单元形成符合一定制式标准的模拟中频信号，然后上变频至发射频道，经射频放大后发送。

移动数字电视最早出现在公交车上，早在 2001 年 2 月 14 日，新加坡巴士服务公司的巴士上进行了世界上首次移动电视节目的播出，新加坡也成为世界第一个建成全岛 DVB—T 信号单频网的国家，目前新加坡共建设了 8 个数字电视发射站。从 2001 年 3 月开始，新加坡在 150 辆车上都安装了移动电视设备，150 万人次开始享受移动电视服务。上海是中国首个、全球第二个普及移动电视的城市，上海公交移动电视于 2002 年 5 月 28 日正式开播，目前上海近 150 条线路的近 4000 辆公交车上安装了移动电视机，其中 90%的线路贯穿中心城区，日受众达 130 万人次。上海的移动电视在覆盖市内大部分公交车的基础，正在逐步向出租车、楼宇以及轨道交通、轮渡、银行、医院、连锁餐厅等扩展，来构筑移动电视平台。广告收入成为移动电视的主要收入来源，上海东方移动多媒体公司，2004 年全年收入 4200 万元，利润为 788 万元，效益可观。移动电视在上海成功运营后，湖南、北京、河南、南京、广东、湖北、辽宁、江西、合肥等20多个省市也纷纷开始启动，陆续在公交车上开始播放移动电视。

作为一种新型媒体，移动(地面)数字电视虽然起步较晚，但因其集固定、便携、移动接收功能于一身，同时具有覆盖广泛、反应迅速等优点，同时还具备城市应急信息发布的功能。因此数字电视在社会信息化发展中逐渐扮演着越来越重要的角色，潜在的市场容量巨大，迅速发展的趋势已经呈现，需要我们在其发展过程中不断地深入认识和研究。

随着技术的发展，数字移动电视还有望在手机终端“梦想成真”。目前，诺基亚等手机生产商正在开发具有移动电视接收功能的新产品，一旦移动数字电视技术成熟，手机市场也将会掀起一股“移动电视”的热潮，那时电视真可谓是无孔不入了。

3. 传播过程中受众的主动性增强

就电视而言，它的信息严重依附于时间坐标，留给受众的选择权利十分有限，留存性也很差。自从电视产生以来，人们就试图用各种办法来弥补电视在这方面的缺陷，如改善节目编排，用节目预告和频道分割，提供给受众一定的选择权，用滚动播出减少信息流失，或者动用其他媒体来辅助，如受众可以实时或者定时录制播出的节目，电视播放者可以发行电视报。但是这些措施都没有从根本上改变局面。交互电视的出现，使电视传播中受众的被动局面将有所改变。

交互电视是家庭电视与交互式技术的融合，它使观众能以新的方式来观看和利用电视内容，传播者将数字视频信号通过卫星、有线或普通屋顶天线从广播机构发送给家庭，在家庭用机顶盒将接收的视频信号解码。而后观众可以利用标准的电话或电缆线路与广播电视机构建立双向连接，这种连接为各种各样的附加活动创造必要的条件，附加活动包括获得专为演示制作的增强的内容，关于广告产品和服务的详情，购物、游戏、视频点播以及标准的Web冲浪和E－mail等。这样一来，受众接收主动性也在增强。他们不再是被动的节目消费者，而成为能够从完全自由的、个性化的消费中获益的主体。人们关心的已不再是怎样收看到尽可能多的节目，而是从大量的节目中选择他们喜爱的一种。

截至2001年底，全世界已经有3800万个家庭接收数字交互电视业务，特别是在欧洲，交互电视取得了显著的进展，目前交互电视收视观众中，西欧占62%，北美占18%，亚太地区占10%，拉美占1%；74%的观众使用基于卫星的业务，21%的观众使用有线业务，5%的观众使用地面业务。[①]

在我国，2001年8月8日，河北电视台(五套)视频点播频道正式试播，当时有报纸称它为“中国第一家观众自己做主的电视频道”。河北电视台视频点播是根据我国广电系统现在光纤干线与同轴单线网并存的现状，以数字压缩为传输手段，以

① 宋玉文：《交互电视的现状及发展趋势》，《广播电视信息》，2002年第6期。

数字机顶盒为用户终端，以银行储蓄卡为收费方式，在占用的三个模拟频道上播出节目和其他数据信息。该频道设置了"影视剧场"、"股票在线"、"新闻点击"等 11 套节目，实现了 24 小时滚动播出。除了点播之外，如果观众发现还有更好的节目，可以事先预约电视节目。

思考题：

1. 在广播节目中，人声语言有哪些作用？
2. 电视节目中的人声语言都有哪些形式？分别可以起到什么作用？
3. 如何正确选择电视画面的景别和拍摄角度？
4. 电视画面语言有何特性？
5. 谈谈你对蒙太奇和长镜头的认识。
6. 广播电视的传播共性有哪些？
7. 广播和电视的传播特性分别是什么？

第五章

广播电视社会性质与制度规范

［学习要点］

广播电视的社会性质表现为意识形态性、公共性和商业性三大属性。广播电视的社会性质使广播电视产业在大多数国家都是政府参与和管制较多的行业。尽管各国广播电视规制的具体内容有所不同，但对广播电视产业的规制方式和规制结构是趋向一致的。

广播电视技术的发明缘于一种在两地进行远距离声音和图像传送的愿望，是人们对自然界中的电磁波及硒等物质的认识、控制、改造和利用。从纯粹技术和物理性能上讲，广播电视实质上是一种通过电磁波传导方式传送声音和图像符号的技术性工具，是适应生产力和科技发展水平的更为高级的通讯手段，它们最基本的功能就是传送声音和图像为符号的信息。

随着广播电视技术的日趋稳定和成熟，作为现代电子学发展和社会需要的共同产物，广播电视越来越多地参与到人类的社会实践活动当中，并在社会、政治、经济、文化等社会条件的作用下，被有意识地建设成为新兴的综合性的大众传播媒介，为人们特定的社会活动目的而服务。凭借电子音像技术，广播电视不仅可以传播新闻信息，进行意识形态宣传，开展社会教育，提供文化娱乐，还可以创造经济价值。当广播电视经过专业化的不断发展而成为具有相当规模的社会行业时，广播电视早已超出作为通讯手段的意义，并具有了更为重要和突出的社会属性。

第一节　广播电视的意识形态性

所谓意识形态(ideology)，原是18世纪西方哲学中的概念，特指人的内心世界中与感觉经验无关的抽象观念。在马克思主义的解释中，意识形态是在一定的经济基础上形成的对于世界和社会的系统的看法和见解，是观念的上层建筑，它包括法律、政治、艺术、宗教、哲学等意识形态的形式。①根据马克思的“经济基础—上层建筑”经典理论，作为观念的上层建筑，意识形态是和法律和政治的制度上层建筑相适应的，而上层建筑的基本职能“是使占有经济生产资料的社会阶级的权力合法化”。

包括广播电视在内的大众传播媒介，作为精神产品的生产者和传播者，也属于观念上层建筑的范畴。同时，由于“支配物质生产资料的阶级，同时也支配着精神生产资料”②，大众传播媒介通常也被社会上占统治地位的阶级所占有。不论是在自由资本主义社会，还是在社会主义社会，统治阶级无不利用广播电视等大众传媒来传播其思想意识和价值观念，使其成为占主导地位的精神力量，并达到自身地位合法化的目的。广播电视意识形态控制和宣传可以是潜在的、间接的或隐蔽的，也可以是明显的、直接的或公开的。广播电视不仅是强大的意识形态国家机器，当政治斗争处于尖锐而激烈的历史条件下，广播电视还被赋予作为政治军事斗争的舆论工具和思想武器的重任。

---

① 在马克思主义的基础上，法兰克福学派在对资本主义意识形态批判时，扩展了意识形态的外延，他们的意识形态批判已涵盖了哲学、政治、道德、文化、艺术和科学技术等多方面内容。

② 陈力丹：《精神交往论》，开明出版社1993年版，第23页。

一、广播电视作为意识形态国家机器

广播电视的意识形态性在由政府控制的广播电视媒体中有着明显的表现。

1933年，希特勒的国家社会党上台执政。极其重视宣传的希特勒通过宣传部对出版、报刊、电影实行了严格的管制，并完全控制了当时社会中最主要的宣传工具——广播。1935年3月22日，当德国电视节目正式播出时，纳粹德国就在电视诞生的仪式上宣布，要通过电视，“把领袖的形象深植于每一德国人心中”。[①] 纳粹政府利用广播电视及其他媒介，蛊惑并强制人民的意识与纳粹的思想保持一致，使整个德国的舆论处于疯狂的法西斯主义思想氛围中。

20世纪20年代，当前苏联开始进行广播研制时，列宁也深刻认识到广播在意识形态宣传方面的重要作用。他把广播称为是“不用纸张，没有距离的报纸”，是“集体的宣传员和集体的鼓动员”。列宁认为用广播“进行宣传和鼓动”，将给革命事业“带来巨大好处”。1920年11月7日，前苏联广播正式诞生时，前苏联的广播电台被命名为“共产国际广播电台”。以后，前苏联的广播电视被纳入到为党和政府进行宣传服务的“大众新闻和宣传体系”，忠实地为社会主义意识形态服务，围绕党的方针政策进行宣传。在前苏联的影响下，社会主义性质的国家基本都采用了与前苏联一致的做法。在我国，广播电视作为党和国家的舆论喉舌和宣传工具的性质始终没有改变，我国广播电视的主要任务就是要宣传党和国家的方针政策，直接或间接反映党和国家的政治立场、政治主张和政治观点，通过意识形态宣传和舆论的影响，对人民进行引导和教育，从而促进社会建设和国家发展。

与社会主义国家大张旗鼓地进行意识形态的宣扬不同，西方资本主义国家意识形态控制具有非强制性和隐避性。西方资本主义国家的广播电视，虽然没有直接控制在政府的手中，但掌握广播电视的都是拥有精神力量和资本实力的非官方统治阶级。作为私有独立的媒体，西方国家的广播电视已深深融入资本主义社会生产关系中，其经营运作形式与资本主义的企业形式是基本一致的。它们虽然会对政府官员或具体政策提出尖锐批评，但为适应于社会“一致的舆论”而合法地生存，为了自身的经济利益，它们不仅不会触及能保证自己利益的根本制度和意识形态，反而会对主流意识形态保持相当的敏感，并主动体现这一社会的意识形态结构，从而成为生产“普遍赞同”的一个组成部分。同时，广播电视业者也不是孤立存在于西方主流文化之外，广播电视业者在广播电视文本的意义建构中，也会自然而然地把主流文化的意义内涵作为自己创作的参照系。对此，英国文化研究学者大卫·莫尔利(David Mofiy)从文本研究的角度提出，电视已“没有什么‘纯洁无知的文本’(innocent text)这回事——没有任何节目不值得我们详加严正注意，没有任

① 郭镇之:《电视传播史》,北京师范大学出版社2000年版,第48页。

何节目能够声称自己只提供‘娱乐’而无愧，因为任何节目都透露了关于社会的诸种讯息。即便节目的外显内容似乎再零乱细琐不过了——比如，《汤姆与杰利》(*Tom and Jerry*，即《猫和老鼠》)卡通——但情况仍然很可能是这个节目的文本结构，已经含纳了许多关于社会态度与价值的重要讯息”。[①] 在《米老鼠和唐老鸭》这样的动画片中，人们的动作似乎显得没有什么恶意，“但它们却饱含了许多意识形态上的假设，它们对个性、自由(如何致富)以及两性关系与家庭的‘本质’等，都有一套看法”。[②]

由于西方国家意识形态控制的非强制性和隐避性，左右媒介及媒介在隐蔽处所传播的意识形态就像弥散在空气中无味、无形的浮尘，看不见却在呼吸之中能感受到它。在这个意义上，因此说不同社会的大众传播媒介作为意识形态国家机器的作用是共同的，只不过其表现方式不同而已。

二、广播电视作为对外意识形态宣传和国际政治斗争的工具

广播电视的意识形态本质在国际政治宣传和斗争方面也有着突出的表现。

冷战期间，在社会主义阵营和资本主义阵营国家的斗争中，国际广播成为宣传本国政治和意识形态的有力工具。其中美国最主要的国际广播电台——“美国之音”一马当先，通过大量播送蕴涵西方观点的新闻、音乐、文化、科技和生活等各种节目，宣传西方的意识形态、价值观念和生活方式，从而对社会主义国家和第三世界国家人民进行思想渗透，对社会主义国家推行和平演变策略。作为社会主义国家阵营的超级大国，前苏联被“美国之音”作为心理战的头号进攻对象。根据1962年美国《纽约时报》的报道，当时在“美国之音”每周500多小时的对外广播中，对前苏联的广播就达112小时。对此，美国前国务卿杜勒斯表示：“如果我们能教会苏联的年轻人唱我们的歌并随之舞蹈，那么我们迟早将教会他们按照我们要求他们采用的方法来思考问题。”[③]在前苏联解体和东欧巨变的巨大事件中，“美国之音”、“自由欧洲”和“自由”电台更是迅速增加宣传时数，并在事后认为，它们对事变从“多方面”、“在某种程度上”起了“促成”的作用。

随着国际卫星电视技术的兴起，国际卫星电视成为国际传播的重要角色，各国都加大了对本国国际卫星电视的建设。1984年，美国新闻署创办了世界上第一家官方国际电视台“世界电视网”(World Network)，任务和宗旨与“美国之音”相同。1990年，世界电视网与“美国之音”合并为一个机构，由美国广播管理委员会统一管辖。其他著名的官方或公营的国际卫星电视台还有英国世界电视台(BBC World Service Television)、法兰西国际电视(CFI，Canal France International)、德

① 大卫·莫尔利：《电视，观众与文化研究》，台湾远流出版事业股份有限公司1995年版，第129页。
② 同上。
③ 胡耀亭主编：《世界广播电视》，重庆出版社1999年版，第18页。

国之声电视台（DW—TV）和日本广播协会世界电视台（NHK World TV）。我国的国际频道 CCTV—4 也于 1992 年 10 月正式面向海外播出，与中国国际广播电台一起担负起对外宣传的任务。

三、战争中的广播电视

战争是国家政治斗争的最高形式，它最显著的特征就是利用各种手段来达到胜利的目的，包括广播电视在内的大众传媒也是其中的手段之一。

第二次世界大战爆发后，广播即时传送、无远弗届的传播优势使国际广播成为参战各国进行宣传的“战争武器”。为配合军事行动，法西斯国家急剧扩大国际传播的对象区域，按照纳粹德国宣传部长戈培尔“谎言重复千遍也会变成真理”的信条，隐瞒真实情况，编造虚假新闻，制造恐怖气氛。面对法西斯的电波攻势，反法西斯阵营也通过经常性播出政治领袖的广播演说，战俘对亲人的讲话、嘲笑法西斯头目的讽刺广播剧进行反击。如火如荼的“空中电波战”使国际广播成为第二次世界大战期间参战各国开辟的除海、陆、空之外的“第四战场”。

半个世纪过去后，随着卫星通讯、有线电视、无线网络，特别是通信技术的飞速发展，信息时代的战争形态已发生了显著的变化。以“软杀伤”的政治攻心战术为主的舆论战作为非武力作战方式，已成为武力战之外的重要战场，旨在从心理上和精神上摧垮敌人。包括广播电视在内的大众传媒，也被各国视为“战场上继武器装备、战略战术、政治外交、天时地利等四大因素之外的不容忽视的第五种政治军事力量”。①

20 世纪 90 年代以来，以美国为首的北约先后打响了海湾战争、科索沃战争、阿富汗战争和伊拉克战争。在这四场战争中，美英等国利用广播电视在内的各种大众传播媒介，有计划、有目的地运用意识渗透、政治进攻、舆论诱导等策略，分化瓦解敌对势力，达到“不战而屈人之兵”的目的。海湾战争中，美国的“美国之音”、“海湾之声”、“自由之声”等广播电台不仅相应增加了用中波、短波播出的节目时间，还在前线新设了 4 个电台，并向伊拉克运送或空投收音机、录音带、录像带以及传单和手册，煽动伊拉克军队和人民的反政府情绪。阿富汗战争中，美国向阿富汗大量空投袖珍收音机，将空军运输机改建成空中广播电台，利用被炸毁的塔利班广播电台的频率，对阿富汗进行广播宣传。伊拉克战争中美军 EC—130E 型飞机每天 18:00 至 23:00 都飞临伊拉克上空，以 5 个波段对伊广播。到战争结束，美军共实施空中无线电广播 306 小时，空中电视广播 304 小时。

战争期间，为了获取舆论控制权，敌对国的广播电台、电视台也被视做“军事目标、战争机器”，成为被最先打击的对象。二战期间，德国纳粹政府的电视台在盟军

① 王勇：《从伊拉克战争看未来战争中的心理战》，军事天地网站。

攻入柏林之前，被盟军一举炸毁。海湾战争中，美军的“沙漠风暴”行动中打击重点之一就是伊拉克的电视台和通讯设施。科索沃战争中，美军连续摧毁了南联盟17个电视台和无线电广播中转站，美国一些议员甚至提出“不给南联盟政府以任何可能的舆论空间”。阿富汗战争中，美军将阿富汗广播通讯系统定为首批空袭目标之一，塔利班对外宣传喉舌在战争初期就基本被切断。伊拉克战争中，美英在战争的第6天，就轰炸了伊拉克电视台并使其瘫痪。

战争期间，深谙媒体特点的美国政府和军方还把新闻媒体纳入信息战的战略体系，采取“聪明的战术”，使其成为战争的特殊“武器”。在伊拉克战争中，美国军方一改以往的不合作态度，首次让数百名各国记者“嵌入”部队出征，进行开放式报道。战争中，美国军方经常召开新闻发布会，通过主动发布消息，来主导伊拉克战争的新闻报道。据统计，CNN在战争中引用美国军政官员的信息占所有信息的79.7%。[①] 美国军方还通过精心策划和巧妙的安排，利用媒体传播有利于其军事行动的“新闻”，从而使媒体不自觉地从旁观者和报道者转变成为“凝聚斗志，打击敌方的士气”的参与者，成为军方进行舆论战、心理战和情报战的“战争武器”。比如战争伊始，美国媒体就称伊拉克总统萨达姆在首日第一轮空袭中就已被“炸死”，两个儿子也无一幸免。之后，美国媒体又报道伊拉克第51机械化步兵师的师长率领8000人在巴士拉前线不战而向美英联投降，没有投降的残余部队已全部战死。其他虚假新闻还包括发现伊方可疑化学武器、乌姆卡斯尔陷落、美军装甲车已进入巴格达市中心等。BBC一位高级官员说：“伊拉克战争中的假新闻超过了我报道过的任何军事冲突，包括海湾战争和科索沃战争。”

美军的信息发布，在信息的选择、时机的掌握、负面信息的巧妙处理等方面手段非常高超。在时机的掌握上，美军利用新闻界怕漏报重大消息的心理，对己方有利的消息，虽不完全凭空编造，但哪怕信息来源不十分可靠也尽快发布，使有利信息在被核实纠正前充分发挥其影响，而军方又使自己避免承担制造虚假信息的责任。比如，萨达姆被炸和伊军51师投降的消息，军方就称情报分别来自伊方线人和美军下级指挥官。美国传媒还根据军方公布的消息，一夜间将被俘女兵林奇塑造成一名英勇作战的女英雄，并流传了整整半个月，期间军方并不更正。以至于后来连林奇本人都对军方把自己用做宣传工具表示了极度反感。当新闻界批评军方这一做法时，军方的回答是，在当时的新闻稿中，已经明确提到消息源于截听到的伊军关于一美国女兵顽强作战的通话录音。后来证明，这段录音指的是另一名打光子弹、多处受伤后阵亡的印第安裔女兵。[②]

其实，早在科索沃战争中，国际记者联合会(International Federation of Jour-

---

① 雷淑容：《西方新闻自由实质的一次暴露——析伊拉克战争中的美英媒体行为》，《新闻战线》，2003年第9期。

② 李斯颐：《美国传媒眼中的伊拉克战争：批评报道角度的考察》，《美国研究》，2005年第2期。

nalists)的 Aidan White 接受 BBC 采访时就列举种种北约提供假信息的例子并评论:“北约并非在那里为我们服务,他们有自己明确的军事和政治目的。”[①]科索沃战争如此,伊拉克战争又何尝不是呢?难怪当时美国军队中有不少人对嵌入式随军报道提出质疑时,美国防部高层反复强调将为新闻界提供“前所未有的”(unprecedented)报道条件,并认为这是信息时代抵制反宣传最有力的武器。

当然,包括广播电视在内的大众传媒作为特殊“战争武器”的角色,是美国政府和军方在特殊时期所希望并赋予媒体的。美国的大众传媒相对于政府的独立立场和独立性的原则,使之除了美国国家利益受到外部的损害和打击时,自己一般不会主动去充当这样的角色。从战争的中后期开始,美国传媒界对美军“误炸”民用车辆、住宅、医院等批评报道开始增加,同时,在战争结束之后,美国传媒还展开了对战争报道的反思[②],乃至对战争理由以及对整个战争合法性的质疑,即使排除了民主党为竞选需要而对布什政府的批评因素,仍可谓铺天盖地。这个时候的广播电视等大众媒体又回归了作为政府监督者的角色。

第二节　广播电视的公共性

由于广播电视占用着有限的公共资源,大多数国家在广播电视诞生之时,都认为广播电视天然地肩负着为公众利益服务、传播知识文化、营造公共空间等社会使命。即使在私有化程度较高的美国,也没有放弃广播电视为公众利益服务的要求。随着广播电视技术的不断发展,广播电视频谱资源的有限性已不复存在,但广播电视媒介作为精神产品的生产者以及广播电视产品作为“准公共产品”的性质和强大影响力,使得政府对广播电视媒介的公共服务要求并没有完全改变。公共广播电视在促进教育、教学和文化的发展,满足那些得不到充分的广播电视服务的受众的节目需求等方面,依然起着重要的作用。

一、广播电视作为社会公共事业的起源

早期的广播电视节目,都是通过无线电波进行信号传送的。无线电波具有不会损耗、不易破坏、无须特别维护即可使用的特性,是一种独特的自然资源。但是,无线电波频率的覆盖范围是特定的,而且电波之间有相互干扰的现象,因此,就其利用程度来讲,又是有限的。

---

① 沈绿:《美国舆论战在现代局部战争中的特点及策略》,《新闻界》,2005 年 6 月。

② 根据李斯颐的文章,美国传媒认为自己在伊拉克战争中的主要责任,首先是没能坚持自身的独立立场,过于相信、依赖政府和军方消息来源,对政府发动战争的理由和军方散布的消息缺少批判和怀疑精神,报道也缺乏平衡。美国新闻界自我批判时认为在战争前一阶段,传媒扮演的是“拉拉队”(cheerleader)、“狂热协作者”(gung-ho)的角色。

无线电频道资源的有限性，使得广播电视在诞生之后，在欧洲大多数国家被视为与水、气、电、铁路和邮政一样具有公共性和稀缺性的公共资源。而16世纪以来在欧洲发展起来的邮政、交通等公用事业一直保持国家垄断经营的政策，基于这样一种传统，在经历过早期短暂的业余电台和商业电台自由发展的时期之后，欧洲大多数国家都把广播电视视为公共所有，把广播电视媒介纳入公共服务的国家垄断体系，由国家统一分配使用。

英国邮政局于1923年成立广播委员会时发表了一份报告声称："任何国家可利用的频谱都必须被视为有价值的公共财产，把其用于任何目的都必须以保护大众利益为前提。"①该委员会认为，无线电广播的廉价以及其具备的社会和政治属性都有可能造成控制舆论和民族生命的后果，因此广播的控制权必须属于国家，而不能任由商业机构自由竞争。

对此德国最高法院也进行了类似的阐述。德国最高法院在阐述"广播电视自由"这一法律时提出："由于电视技术的发展，广播电视已经变为大众传播最有力的方式之一，又由于它涉及广泛的效果和各种可能性，同时也存在误导和片面宣传的危险，因而不能放任市场的力量对它自由使用。"②

欧洲作为公共电视的发源地，其主流思想认为，政府垄断广播电视能够更好地保证电视服务的质量和信息的多样性。但政府不能直接控制广播，可以通过发放执照的形式间接控制。广播作为公共事业，其界定及管理权属于国家，而对界定的诠释及在维护国家和大众利益原则之下发展广播事业的实施者在广播公司。

二、公众利益与公共服务

广播电视的公共服务性，在公营广播电视媒介中有着充分的表现。

公共服务的"公共"一词，表达的是公共广播电视既不属于私人，也不属于政府，而是属于全体公民的基本规定，遵循的是把受众当做"公民"而非"消费者"进行公共服务的基本原则。公共广播电视不以盈利为目的，而是把发展社会政治文化、保障公众利益作为根本。

公共广播电视所追求的公众利益包含了独立、平等、全面服务和不迎合的原则。③ 公共广播电视由一个代表公众利益的独立机构负责经营和管理。在经济上公共广播电视既不依附于政府，也独立于财团，因而在政治上一般不为政府和其他利益集团所左右，具有较大的权利和自主性。公共广播电视的受众不分等级享受同样的服务。为了实现为绝大多数公众服务的目标，公共电视一般都是全国覆盖（社区、学校、地方政府等建立的电视台除外）、免费播出的无线电视，以保证不同地

---

① 〔英〕安德鲁·古德温、加里·惠内尔：《电视的真相》，中央编译出版社2001版，第188～189页。

② 郭镇之：《电视传播史》，北京师范大学出版社2000年版，第465页。

③ 赵月枝：《公众利益、民主与欧美广播电视的市场化》，《新闻与传播研究》，1998年2月。

区的观众都能接收得到。公共广播电视的社会舆论表达也具有多样化、普遍化和广泛性的特点。公共广播电视不按人们在市场上的份额，而是以公平、公正、平衡为原则，并以一种特别的社会责任感满足不同群体，尤其是弱势群体的需要，让弱势声音与主流社会对话。在内容上，公共广播电视为了提高公众的教育水平，不以收视率作为衡量节目质量的标准，不一味迎合观众，而是提供尽可能丰富的、多元化的、反映多民族利益的节目，节目不仅格调高雅、制作精良，而且负有崇高的文化使命，体现了民族语言和美学精神。

三、公共广播电视的典范——BBC

在欧洲和日韩等国家，直至20世纪80年代以前，公共广播电视一直占据绝对主导地位。其中以英国广播公司（The British Broadcasting Corporation，简称BBC）最为典型。

BBC是在旧BBC即私营英国广播公司的基础上，根据议会通过英王乔治八世批准的皇家特许状，于1926年建立起来的。根据皇家特许状，BBC是特许经营广播电视的公共服务机构，最高领导机构是董事会，其经济来源以公共视听费为主，国家财政补与或社会资助为辅，政府只是受托提名管理人员并监督BBC管理委员会的工作，不能干涉它的具体报道和日常运作。

BBC的管理模式是典型的公共广播电视的管理模式，它通过一定的制度设计，使之在非商业动力、民主政治和中立自主的基础上，本着对社会负责的精神，建立为公共利益服务的立场，从而促进言论的自由传播和文化的多元发展。

作为公共广播电视机构，BBC以民族文化传承和精英文化的传播为己任，注重对大众的文化情操的陶冶。BBC第一任总经理约翰·瑞斯认为，广播电视虽以大众为对象，但也不应忽略对少数高层次知识分子的服务。广播电视的水平应高于一般社会水平，才能不断提高社会的教育文化水平。在英国广播电视体制发生变化之前，BBC俨然是一个巨大的文化帝国。1980年，BBC的全职音乐家有500名。1987年，它有3万名职工，数不清的自由撰稿人，每年签约的艺术家有5万人，有数百名著名剧作家为它撰写剧本，它在制作高质量的节目方面可以说是世界无匹。①

BBC既不为私人所有，又不受政府控制的这一体制使得BBC在日常工作中能够最大程度地不受政府的干涉和商业利益的驱使。独立性、客观性成为BBC一贯的风格和追求，也成为了它的一种理念。

按照皇家特许状和“公共服务职责”（Public Service Remit），BBC制作出大量公众普遍认可的相对客观独立报道和高质量的信息产品。在英国国内有关政府和法律问题的报道方面，BBC常常为受众提供独特的视角以示其公正。BBC的《库

---

① 郭镇之：《电视传播史》，北京师范大学出版社2000年版，第480页。

克报告》是以电视记者库克的名字命名的，他常常乔装打扮去调查犯罪现象，揭露政府和官员的不法行为。一旦警方或检察官介入立案侦察，库克的眼睛就投向了新的选题。BBC 的《判之不公》节目则专门批评已经生效的司法判决。有统计数据表明，这个节目所关注和报道的案件很多都获得了改判，因而取得了很高的收视率和公信力。①

基于一种全球性、负责任的媒体的自我认识，BBC 始终保持一种比较超脱的姿态，其战争报道也大都采用中立的立场，甚至与政府唱对台戏，成为战争报道中相对客观的媒体之一。1982 年的马岛战争中，BBC 由于严守中立，在报道时使用的是“英国军队”，而不是“我们的军队”，被当时的撒切尔政府指责偏袒战争对手阿根廷。在 2003 年的伊拉克战争报道中，BBC 没有单一地聚焦于美英军队的推进，而是将战争中敌对双方的画面都客观呈现在电视观众面前，并播出了大量平民伤亡的画面，包括报道美机轰炸巴格达市场的新闻等。2003 年 6 月 1 日，BBC 不顾英国政府的抗议，播放了一部对比阿拉伯和西方媒体有关伊拉克战争报道的纪录片。BBC 以其相对客观、公正的报道原则，经过数十年不懈的努力成为世界广播公共电视的“典范”，形成了 BBC 独有的公信力，并在世界范围内享有盛誉。

四、美国的公共广播电视服务

美国广播电视从一开始就是完全商业化的，但这并不意味着美国对公众利益的忽视和放弃。美国政府通过选择批准“信托者”(Trustee)代表公众使用公共频谱资源，并对其施加了种种限制，以保障公共利益。美国人认为，私人所有的电台电视台也可以为公众利益服务，它们应该也必须提供公共服务。FCC 的前身——联邦广播委员会(FRC)1927 年发表声明指出：公众如果需要某一团体的信息，就会通过市场表达出来。然后，商业广播者就可以在全方位的节目中播出部分内容的以提供这些材料。②

1927 年的《无线电法》要求广播电台必须满足“公共利益、方便和必需”(Public interest，convenience and necessity)。1934 年颁布的《通讯法》规定，广播电台必须播出非商业性的教育节目。从二战时开始，FCC 又要求所有的商业电视台必须免费、无条件地播放公共服务声明(Public service announcements)，包括公益广告。在有线电视出现后，FCC 又要求各地的有线电视系统经营者必须腾出 3 个频道作为公共频道(Public access television)，供州、地方政府、教育机构、社区，甚至个人播放自己的节目。

除了美国政府对商业广播电视的一定公共服务要求之外，美国还专门设立了

① 徐迅：《司法报道在何处止步——英国媒介与〈藐视法庭法〉》，http://www.jc.gov.cn
② 郭镇之：《电视传播史》，北京师范大学出版社 2000 年版，第 112 页。

公共广播电视台。在卡耐基教育委员会的推动下，美国国会于1967年通过《公共广播法》。1968年，公共广播公司(CPB)依法成立，负责管理国会对公共台的拨款，协调公共台之间的关系，但不制作和分销节目。CPB于1969年和1970年分别组建公共广播服务网(PBS)和国家公共电台(NPR)。1993年，美国共有公共电台1570座，约占全国总数的13%；1998年，美国的公共电视台达367座，约占全国总数的23%。

美国的公共广播电视台的主办者大致为州政府、地方教育部门、高等院校和非营利性团体四类。公共广播电视台不播广告，经费来源一般为政府拨款、经办部门出资、企业赞助、受众捐助及出售节目等收入。公共广播电视的内容主要为新闻报道、科学节目、文艺节目、儿童节目以及其他知识服务性节目，节目内容比较健康严肃，与商业电视形成了鲜明的对比。但是，由于美国政府近年来不断减少对公共广播电视的资助，捉襟见肘的经费问题使美国的公共广播电视只能在商业主义的夹缝中艰难维继。

美国公共广播电视台力量虽不算大。但相比私营媒体而言，公共台反而更倾向于批评、质疑政府，2003伊拉克战争就是一个很好的说明。当美国主流的私营媒体表现得就像政府的拉拉队时，公共广播电视在2003伊拉克战争中的“一边倒”的报道中发出了不同的声音。哈佛教授Peter. A. Hall说：“也许因为不需要像商业媒体那样不顾一切吸引受众，公共媒体提供的平衡的新闻报道让听众对战争有更准确的了解。”[①]美国公共广播电视是美国商业化社会中的独特风景，虽然其影响远比不上商业电视，但公共广播电视的存在，在一定程度上限制了美国商业性广播电视的偏颇性。

第三节　广播电视的商业性

商业性质的广播电视媒介，其本质特征表现在两方面：一是企业特征，一是市场特征。

企业特征是指商业广播电视媒介是生产广播电视产品的企业，而不是政府机构、事业机关或者其他社会组织。市场特征则指商业广播电视媒介通过市场供求机制实现广播电视产品的价值。

一、美国作为商业广播电视的起源

广播从诞生伊始，就具有了明显的商业性质，这种性质在美国早期广播电视业的诞生和发展中有着完全的体现。

---

① 邓瑾：《公共媒体的独立之困》，《经济观察报》，2004年2月9日。

当广播在实验阶段，实验电台被认为是无线电爱好者及军队的天下，是一些无线电学天才、古怪癖好者和军队联络的手段。1920 年 9 月 22 日，匹兹堡《太阳报》刊登的一则旨在通过实验电台的节目来推销收音机的广告，引发了美国从事电器制造和通讯业务的大公司兴办广播的热情。美国西屋公司的 KDKA 电台从美国商务部获得的商业营业执照，标志着美国正式的广播电台与以往的作为爱好的实验电台相比，已发生了商业性的本质改变。

最初的广播虽然是美国大工业公司促销收音机的商业手段。但是，收音机的热销，反过来又促进了广播听众数量的增加和对节目要求的提高。眼光敏锐、富于灵感的企业家立刻发现了一个仅仅依靠定期播送节目就可以激活的无线电的广阔市场，在这样一种认识下，广播作为一种可以通过销售接收机产生巨大利润的新兴产业得以诞生。

由于广播来自无线电技术，作为从无线电行业派生出来的行业，广播在美国实行的是以电信业为对象的政策，美国广播业的营业执照也是根据无线电法令颁发的。广播业盈利模式也来源于无线电行业。美国电话电报公司（AT&T）单独在纽约设立的 WEAF 电台，依照电话惯例首创“付费广播”的模式，以广告形式出售广播时间。WEAF 电台第一个广告于 1922 年 8 月 22 日播放，是昆斯褒公司一个长达 10 分钟的房产促销广告。广播的良好广告效果吸引了大批等待进行广告宣传的商业公司。1924 年，广告模式在许多广播电台推广开来，成为广播业发展的不竭源泉。

美国崇尚自由的社会意识形态最终促成了美国广播电视商业性质的确立。美国式的资本主义在国家经济事务也一直遵循着自由放任的社会理念。20 世纪 20 年代，美国在讨论为广播提供经济支持的各种办法（广播的经营机制）设计，尽管 WEAF 电台创造的向空中的广播时间收费的方式被批评是利用公共资源获取私人利益，但自由主义者一直认为，市场能够对观众的喜好自动作出反应，并能够提供最好的服务。为此，在 1922 年的第一届华盛顿无线电会议上确立了三个基本信条：第一，频率资源属于大众，属于全体人民；第二，由于广播频率有限，联邦政府应该在广播频带中建立秩序，并管理和约束广播行为；第三，私人所有的电台也可以为公众利益服务，它们应该而且必须提供公共服务。这便是《1927 年无线电法案》及此后所有广播法依据的“信托制”模式的来源[①]。基于这样一种理念，美国政府及广播业者为广播电视选择了世界上独一无二的商业性质的体制。

美国私营广播制度规定，频率资源属于公共所有，但广播媒体的设备财产可以为私人拥有、私人经营。广播以广告时间的销售作为经济来源。为了保证公众利益，广播媒介必须在法律规定的范围之内活动。电视技术成熟后，当美国三大广播

---

① 郭镇之:《电视传播史》，北京师范大学出版社 2000 年版，第 111 页

网自然转向电视时，电视业也自然沿续了广播的私营商业性质。

二、美国商业广播电视媒介的特征

美国广播电视的私有性质，使美国的广播电视业充满了商业气息，并表现出自己鲜明的特征。

第一，美国的广播电视由私人投资、私人所有，它们既不依附于政府，也不依附政党。经济上的独立意味着它们只对法律负责而非对政府负责，政府无权干涉电台、电视台的独立经营和节目的制作与编播。政治上的独立使广播电视不仅具有高度的自由性，同时也和其他大众传播媒介一样，确立了作为三权之外的第四权的地位。私营的广播电视对政府的重大决策往往采取独立的立场，并通过自身精辟、独到的见解对政府的决策产生深刻影响。越南战争中，美国 CBS 晚间新闻主持人克朗凯特经过在越南的实地采访，对美国在越战中所处的僵持局面进行了真实报道。克朗凯特对越战政策所持的批评态度，极大地推动了美国的反战运动，以至于美国总统尼克松无奈地感叹："我们失去了克朗凯特，也就失去了这场战争。"[①]私营的广播电视也能够独立决定是否接受官方指令，外在强制力特别是公权力对其很难产生直接影响。2003 年 2 月 26 日哥伦比亚广播公司(CBS)播出丹·拉瑟的萨达姆专访后，白宫要求 CBS 为白宫发言人弗莱舍提供相同机会，由弗代表美国政府进行反驳，但 CBS 认为除总统、副总统和国务卿三人外，其他人无资格同萨达姆进行电视辩论，于是断然拒绝了白宫的要求。2004 年 4 月，美军参谋长联席会议主席迈尔斯得知全国广播公司(NBC)掌握着一批美军阿布·格莱布监狱虐囚照片时，以需要核实为由请求缓播，但 NBC 反复斟酌 7 天后，仍于 2004 年 4 月 28 日播出了轰动世界的照片。[②]

第二，美国私营商业性质的广播电视，完全遵循利润第一的基本原则，以盈利为最终目的。虽然有的大媒体也追求良好的声誉和社会形象，但这并不是私营媒体创办的根本动因。对于私营广播电视而言，赚钱永远是最重要的。而广告作为商业广播电视的主要经济来源，是商业广播电视发展的经济命脉，它无时无刻不影响着广播电视的业务。为了能赢得更多的受众和广告主，很多私营媒体有意迎合大多数人的需求和兴趣，甚至不惜降低标准，在"煽色腥"(Sensationalism)上大做文章，以此来提高节目收视率，获取更大的经济效益。美国商业台的广告也是五花八门，次数频繁，播放时间往往占到全部时间的 1/4 至1/3，并常常插入到节目当中，打断节目的完整播出。对广告的追求，使得私营媒体或多或少要顾及广告商的利益和要求，比如制作旨在推销儿童玩具和食品的儿童动画片，撤下对重要广告商

① 顾耀铭主编：《我看美国媒体》，新华出版社 2000 年版，第 29 页。
② 李斯颐：《美国传媒眼中的伊拉克战争：批评报道角度的考察》，《美国研究》，2005 年第 2 期。

的批评报道，并专门为广告商量身定做针对目标消费者的节目等。

第三，作为国家私营企业体系的一个分支，美国商业性的广播电视也像其他行业一样，遵循从“自由竞争→垄断→更激烈的竞争”的市场发展规律，高度竞争成为商业广播电视的突出特征。

为了增强自己在竞争中的实力，美国媒体竟相参与新技术的开发研制以及运用和改造。早在20世纪40年代，美国的NBC和CBS都投入巨额资金研发彩色电视，并就美国彩色电视制式标准的确定展开了激烈的竞争。当卫星电视技术出现后，美国有线电视新闻网(CNN)也是采用了卫星有线电视新技术，以当时唯一的新闻频道的特色定位，打破了传统三大网的垄断，并开拓出国际卫星电视的市场。

美国各网、台的节目竞争则最为明显。每天各栏目的收视率都被记录在案。除了广播电视各自经营的特色栏目、制作和购买新节目外，节目中以“头对头”的竞争最为激烈。所谓“头对头”，就是在同样的时间段以同一类型的节目进行竞争，比如四大电视网的晚间新闻节目。为提高节目对受众的吸引力，广播电视台网和节目公司不断改进节目，并进行节目形态的创新。从真实电视节目《幸存者》到娱乐节目《美国偶像》，富于创意的节目给媒体带来了极高的收视率和丰厚的广告收入。

美国广播电视最大的竞争体现在规模和实力的扩张方面。美国传统三大广播网的出现，就是早期美国广播电视竞争的结果。从20世纪80年代开始，激烈的竞争加剧了行业内的垄断和行业内外的兼并。由竞争生发出来的跨媒介、跨行业和跨国发展，已造就出一个个实力雄厚、多元化经营的全球性超大媒体，引领着全世界广播电视的发展方向。

从新闻时效到独家报道，从娱乐节目形态创新到知名主持人的争夺，从广播电视技术到规模发展，从收视率到广告，美国广播电视业的竞争体现在方方面面。激烈的竞争使美国广播电视业充满了活力，并极大推动了美国广播电视业的发展，使美国成为世界上广播电视业最为发达的国家。

三、广播电视的商业化浪潮

20世纪80年代以前，由广播电视资源限制及巨大影响所决定并形成的公共广播电视，在资源配置和传播效果上被认为是最佳的模式。这使得公共广播电视在许多国家一直占据着主导地位。但是，从20世纪80年代开始，欧美国家的广播电视业掀起了宏大的商业化浪潮。在这股浪潮中，各国纷纷变法，除南北美洲(受美国广播电视体制的影响)商业性电视早已呈压倒性优势外，原来执行单一公营体制或国营体制的西欧国家相继允许成立私营的广播电视台网，或把原来的国营台改造成私营台，进行商业化运作，商业性质的广播电视在全球蔓延开来。

在欧洲，除了英国于1954年和1972年允许开办商业电视和开办商业广播外，1976年意大利宪法院的一个判决承认了原来非法存在的地方电台的合法地位，从而使意大利成为欧洲广播电视商业化浪潮中第一个引进了私营广播电视的国家。此后葡萄牙、德国、法国相继通过新的广播电视法，开放商业广播和电视，法国还把国营性质的法国电视一台改造成了私营台，形成公私竞争的局面。

20 世纪 80 年代末 90 年代初，前苏联和东欧国家的社会巨变，使其广播电视性质也随之改变。1991 年 12 月苏联解体，俄罗斯总统叶利钦发布命令，成立俄罗斯国家电视和广播公司。1993 年，从第一座私营电视台"独立广播电视公司"的"第六电视台"成立，到 1995 年初，俄罗斯已经开办了 500 多座私营电台和电视台。与此同时，东欧国家中罗马尼亚和波兰等国的广播电视也朝着私有化的方向发展。

在亚洲，1984 年 6 月，马来西亚第一座私营电视台悄然开办；1989 年印度尼西亚和巴基斯坦的私营电视台网相继获准开办；1992 年，泰国政府制定《广播法》，准予设立独立于官方和军方的民间电视台；1993 年和 1994 年，以色列和印度先后允许开办商业电视台；1996 年 11 月，阿拉伯国家的第一个私营电视台"吉齐拉"卫星电视台(即半岛电视台)在卡塔尔开办。

私有化风潮也从欧美吹到了非洲，90 年代前后，摩洛哥、尼日利亚、塞内加尔和南非等国分别开始允许在本国设立合资或私营电视台，打破了由于经济落后和政局不稳而在大多数非洲国家实行的单一国营体制的局面。2000 年 12 月，埃及第一个私营卫星电视台向全球播送节目。

作为较早开办商业广播电视的国家，英国、日本和韩国在 80 年代的商业化浪潮中，重新修订广播法，赋予商业电视与公共电视以同等法律地位，并把竞争机制引入原来处于垄断状态的商营领域。而作为商业广播电视的最早实践者，美国在这场风潮中，则以进一步放松管制、加速开放为手段，清理了广播电视业大规模兼并和跨行业发展的障碍，以飞速的产业发展速度和雄厚的产业实力继续保持着在世界广播电视业的领先地位。

除了广播电视业的私有化，广播电视的商业化浪潮还推动了国营和公营广播电视机构的商业化运作。在国营和公营广播电视的财政收入中，国家拨款或收视费的比重相对下降，而广告费和其他商业性收入显著增加增加。

在加拿大，联邦政府对公营的加拿大广播公司 CBC 的财政投入，在 1983 年与 1994 年之间按实际价格算削减了 23%。在美国，各级政府在 PBS 的投入份额从 1973 年的 70%减至 1992 年的 46.6%。一些公营台除了垄断视听费收视市场外，也开始播出广告。在葡萄牙，公营电视机构 RTP 的广告收入在总收入中的份额从 70 年代末的 30%增加到 1991 年的 63%。执政的社会民主党在同年的一次关键性选举前废除了在 1990 年还占 RTP 总收入 20%的收视费。①

经费方面的压力使公营的广播电视在保证对内公共服务性质的同时，开始面

---

① 赵月枝:《公众利益、民主与欧美广播电视的市场化》,《新闻与传播研究》,1998 年第 2 期。

向国际市场的商业化运作。英国 BBC 根据 1994 年英国政府发表的白皮书《英国广播公司的未来》中所提出的大力发展国际电视的新政策,改组成立了 BBC 环球公司,下设环球电视公司、环球出版公司、环球服务公司等三家分公司,运用包括商业手段在内的各种手段向全球扩张。1995 年,环球电视公司以灵活的融资方式,吸引皮尔逊公司投资,共同开办了 BBC 世界电视台(BBC World)和 BBC 娱乐台(BBC Prime)。BBC 还以发展国际业务为平台,环球服务中心把建立国际电视业务和商业活动合为一体,通过在全球范围内的节目销售以及音像制品、出版物的销售来增加收入,弥补运营经费的不足。1999 年,BBC 的销售额是 1992 年的两倍,来自商业经营的收入超过 4.5 亿多英镑,占总收入的 16%。① 韩国最大的两家公共广播电视机构——公共广播公司(KBS)和文化广播公司(MBC)也在政府的支持下,致力于节目出口和跨国合作。2001 年 KBS 和 MBC 出口节目收入达 1200 万美元,是民营的汉城广播公司的 3 倍,比上年增长了 46% ②,在亚洲各国一时掀起阵阵"韩流"。

四、广播电视商业化变革的原因

广播电视商业化浪潮的兴起,原因是多方面的。

1. 资本主义自由市场竞争浪潮的冲击与政府的有意倡导

20 世纪 70 年代初开始,以英国为代表的西方发达资本主义国家出现了低增长率、高失业率、通货膨胀和福利危机等诸多问题,1970~1979 年,英国经济的平均增长仅 2.2%,而通货膨胀率年均却高达 12.5%。增长乏力和"滞胀"现象使以"国家干预"政策为核心的凯恩斯主义受到极大挑战,新自由主义经济思潮则逐渐抬头,并占据了西方经济学的主流地位。新自由主义经济思潮强调经济自由、政治自由以及在此基础上出现的个人活力的解放是资本主义私人企业制度和自由市场经济制度的基础,反对政府对经济生活的过多干预,反对福利社会的各种措施。新自由主义经济学派认为,在一个竞争的自由市场经济制度中,市场价格机制所具有的自动平衡体系既可以实现人力资源的合理配置,也是一个最经济的信息载体和处理器,引导人们把利己的动机转变成社会的整体功能,以保证经济的高效率和社会福利的最大化。

1979 年 5 月,以撒切尔夫人为首的保守党击败工党上台执政。撒切尔夫人摒弃了多年来英国政府奉行的凯恩斯主义,和同期上台的美国总统里根不约而同地转向以新自由主义经济学派为指导的新经济政策。西方国家一方面减少福利政策,减轻政府越来越重的财政负担,一方面放松政府管制,扩大私有制经营范围,鼓

① 周艳:《英国广播公司产业发展脉络和经营特征》,《世界广播电视参考》,2002 年第 8 期。

② 《广播电视节目进出口现状》(韩国),《2000 年放送节目进出口统计》。

励市场竞争，并有计划、有步骤地推行国有企业的私有化。强大的私有化浪潮波及到各行各业，在英国，国家石油公司、钢铁公司、电信公司、天然气公司和电力公司等被认为是国民经济的命脉和具有所谓天然垄断性质的行业先后被私有化，而作为福利社会政策产物的国营和公共广播电视事业及相应的管理体系，自然也成为新自由派的改革对象。

2. 新技术的推动和来自工商界的压力

80 年代开始广泛运用的卫星电视和有线电视技术，使原来公共广播电视赖以存在的基于无线电频谱资源的"稀有性"理由不复存在。数十倍扩展的频率和频道资源，给广播电视带来了极大的商业潜力，也为很多一直渴望"持有自己印钞票的执照"（在美国，拥有一张广播电视的营业执照，就被视做是拥有了自己印钞票的机器）的投资者提供了进入广播电视业的可能性。在广告市场居于被动局面的广告商们，也提出开放广播电视业的要求，以为他们的广告宣传增加新的投放途径，并改变广告卖方市场状况，降低成本。

为此，他们所组成的强大的院外活动势力，不断对政府和议会施压，要求放开对广播电视行业的限制。在意大利，从 70 年代中期以后，一些地方性的非法商业电台甚至已开始公然挑战公营 RAI 的垄断地位。在葡萄牙，上百家非法私营电台在 80 年代初陆续出现。来自工商界大工业公司的巨大压力以及一些国家私营电台的事实存在，使本已有意改革的欧美国家政府更增添了推动广播电视变革的动力，适时出现的新技术则为广播电视的私有化和市场化起到了推波助澜的作用。

3. 国营、公共广播电视的经费困扰和受众的多元化需求

随着广播电视机构的运营成本的不断提高，有限的视听费和国家财政拨款已无法保证公共或国营广播电视机构的正常运转。从 1988 年 4 月开始，英国电视收视费与消费价格指数联动，电视收视费随物价指数自然增长或浮动。但是物价指数上升的程度却远远低于广播电视部门开支的增长的速度。1997 年，英国彩色电视年收视费为 91.5 英镑，2004 年收视费则为 126 英镑。80 年代中期，德国电视台购买一部美国影片所支付的平均价是 18 万马克，到 90 年代中平均价升至 60 万马克，到 20 世纪末，如果是购买某部影片的首播权，则需支付数百万马克。经费问题使得政府的财政不堪重负，而将其推向市场，允许和鼓励国营或公共广播提高其商业收入，便成为各国政府的必然选择。

另一方面，国营、公共广播电视节目一般都非常严肃，重于说教。作为公共广播电视标杆的 BBC 就被称为"清教徒中的高级传教士"，其高高在上的训诫态度和文化优越感引发受众的不满。而国营广播电视台过多重视官方宣传，忽视平民百姓的生活体验和关注点也使得节目非常沉闷。随着社会经济水平的不断提高，受众对各种精神和文化产品的需求不断增加，过分说教，严肃有余而生动性、娱乐性不足的国营公共广播电视节目已不能满足受众的多元化需求，从而也引发了社会

各界对对商业电视的呼唤。

4. 国际政治经济形势的变化与广电产业发展的需要

冷战结束后,国际关系进入新的发展时期。尤其是20世纪80年代末90年代初,前苏联和东欧国家的重大社会变动,不仅改变了这些国家的社会性质,也宣告了东西方阵营对立的结束,使国际政治经济形势发生了深刻的变化。冷战期间国际间紧张的政治氛围变得缓和,国家间的关系由对抗转为对话,由冲突转向和解。国家间的意识形态之争,逐渐让位于经济和科技实力的竞争,由国家主导的广播电视的冷战工具的宣传功能逐渐淡化,各国不仅逐渐放宽了对广播电视的控制,还更加认识到,随着信息技术的发展,包括广播电视在内的信息产业已成为潜力巨大的新兴产业,而放松对广播电视产业的管制,通过开放竞争培养广播电视业实力,对广播电视产业乃至国家经济的发展具有十分重要的意义。

五、广播电视媒介商业化的影响

20世纪80年代以来广播电视媒介的商业化浪潮,给世界各国的广播电视带来了深远的影响。在新技术的推动下,商业化和市场化浪潮使广播电视进入了令人眼花缭乱的专业化多频道时代,广播电视节目多样化原则得到了一定的实现。广播电视媒介的商业化浪潮,也重构了广播电视业市场。从最初的同行业间的兼并到现在大规模的跨行业兼并,从媒介间的竞争到不同媒介的融合,从单纯的广播电视产品到对产业链的充分开发和整合,从国内市场到全球市场的拓展,广播电视媒介市场一系列结构性变化,也推动了媒介产业的高速增长,使广播电视业进入空前的繁荣期,并在很大程度上推动了各国的经济发展。

广播电视媒介的商业化,虽然激发了广播电视产业的市场活力,但商业化在社会层面的负面影响也发人深省。随着广播电视媒介私有化进程的加剧和付费电视的出现,公共广播制度下人们平等使用信息服务与信息设施的权利逐渐消失,公民对信息的使用受到了各种限制,特别是经济的限制,这在一定程度上破坏了公民权的普遍性。商业化的竞争还使广播电视节目的娱乐化和庸俗化愈演愈烈。为了吸引受众,争取广告,商业广播电视媒介大大增加了娱乐性节目在整个广播电视节目中的比重,新闻节目也朝着娱乐化和小报化的方向发展。企业的盈利原则和要求,使原来新闻记者引以为荣的"职业主义"(professionalism)受到了极大的挑战。同时,广播电视媒介的商业化也削弱了其相对于商业利益的独立性。市场开放所引发的前所未有的大兼并活动和全球性的超级传媒王国的出现,使各大新闻电视网都成了巨大的互相渗透的传媒集团或商业集团的一分子,他们在批评性报道中对母公司、兄弟公司以及各种各样的合作伙伴不能不有所顾忌,这使得原来就已存在的传媒业的产业结构与新闻自由之间的矛盾更加突出。而娱乐业与新闻业、节目制作业与节目播出业的进一步融合,使各大传媒集团内部兄弟公司之间互相提携,在节目交易、播放以及新闻报道中违背客观公正、公平竞争原则的可能性进一步增大。[①]

总体来看，广播电视媒介的商业化，使公民权利、媒介多元化、公共服务和新闻专业理念等都受到了市场的挑战而不是保障，这使得各国在欢呼市场化成果的同时，也开始更多反思如何从政策引导、制度规范等方面来尽可能地消除商业化的负面影响，使产业发展与公共服务都能得到相对均衡的保障。

第四节　广播电视产业制度规范

广播电视的意识形态性、公共性和商业性特征，使广播电视产业在大多数国家，都是政府参与和管制较多的行业。“管制”中文也译成“规制”，根据西方的规制理论，狭义上的规制是指政府对经济行为的管理或制约，如米尼克指出，“规制是针对私人行为的公共行政政策，它是从公共利益出发而制定的规则”；广义上，规制包含一切公权组织对私权个人或小团体的激励和约束，有政治上的规制、法治上的规制、经济上的规制、道德上的规制等形式。[②]

20 世纪 80 年代以来，变法风潮使各国广播电视制度在原来相对单一的国营、公营和私营的基础之上，呈现出混合和多重的特性。大多数国家或以一种为主，其他为辅（比如美国，以私营为主，兼有公营 PBS 和国营性质的“世界电视网”）；两种并存，共同发展（如英国和日本的公私并存制）；多种混合制。这使得各国广播电视规制的具体内容虽有所不同，但对广播电视产业的规制方式和规制结构是趋向一致的。

一、广播电视业的规范方式

大多数国家对广播电视业的规范一般都包括法律规范、行政法规和行业规范这三种方式。

1. 法律规范

法律是一国对广播电视进行规范的制度基础。政府通过立法，为政府管制提供法律依据和基本准则。

美国对广播电视的制度规范就主要依托法律手段来进行。如 1927 年的《无线电法案》在法律上承认了商业电台的合法地位，《1934 年通讯法》进一步确立了商业广播电视的垄断地位，并建立了完整的规制机构和可操作性的规制政策，形成了美国现代广播电视规制的格局。此后，1962 年《教育电视设备资助法》、《全频道电

---

① 赵月枝：《公众利益、民主与欧美广播电视的市场化》，《新闻与传播研究》，1998 年第 2 期。

② 王万山：《市场规制理论研究述评》，《江苏社会科学》，2004 年第 6 期。

视接收机法》和《通信卫星法》,1967 年《公共广播法》,1973 年《国际广播法》,1984 年《有线通讯法》,1990 年《儿童电视法》和《反电视暴力法》,《1992 年有线电视消费者保护及竞争法》,1994 年《国际广播法》,《1996 年通讯法》相继出台,2006 年《净化广播电视内容执行法案》等都是美国对广播电视产业进行法制规范的重要依据。此外,美国联邦反托拉斯法、信息自由法、版权法、刑法等对广播电视也有所规范。

日本的广播电视法律制度是由电波法、广播电视法、电波监理委员会设置法、有线电视广播法、有线广播法、电信事业法、有线通信法以及宪法、民法、商法、著作权法等法律的相关条款构成的法律体系所组成。[①] 其中,1950 年通过的电波法、广播法、电波监理委员会设置法被称为“电波三法”:电波法是对电波和广播技术标准等加以规定的法律,主要目的是确保电波资源得到公平、有效的使用。广播法则具体规定了 NHK 和商业广播的性质、宗旨、经营、管理及广播电视节目的应有标准。电波监理委员会设置法则就电波广播管理机构设置、权限、业务等进行规定。“电波三法”基本确立了日本广播电视公私并存的双轨体制。

其他国家也各自建立了广播电视法律制度。英国 1954 年通过的《独立电视法案》使英国单一的公营体制转变成公私并举的双轨制,1980 年英国议会通过《广播电视法案》,1990 年英国又通过以放开广播电视市场、创造自由竞争环境为目的的《1990 年广播法》,以进一步促进广播电视业的繁荣。1982 年法国通过《视听传播法》,1986 年通过《传播自由法》确立公私并存的广播电视制度。1990 年韩国颁布了《广播法》。1991 年德国制定《联邦德国广播电视国家协议》。法律手段也是我国广播电视管理的重要手段,我国的广播电视业必须遵循刑法、著作权法、保守国家秘密法、广告法、消费者权益保护法等相关条款,但是,目前我国缺乏关于广播电视的专门立法。

2. 行政管理

行政手段是广播电视必不可少的手段。在美国,美国广播电视发管理机构 FCC 先后发布了一系列政策对广播电视媒介进行具体的规范管理。1946 年 FCC 公布了《广播电视持照人的公共服务责任蓝皮书》,把是否满足公共利益的四项要求作为处理许可延展申请时所需考虑的基准。1960 年 FCC 制定了《节目指导原则》,列出节目必须具备的 14 项要素作为保证公共利益的依据。1972 年 FCC 推出“天空开放”政策,1996 年 FCC 确定 ATSC 数字电视系统为美国数字电视标准,并制定了由模拟向数字过渡的计划。

此外,在战时等紧急状态下,美国也多使用行政手段引导管理广播电视。如“9·11”事件后,美国于 2001 年 10 月 1 日修订了《美国战时紧急状态下无线电频谱使用与协调程序》,对战争时期受到战争威胁以及公众处于危险状态或其他战时

① 张志:《日本广电媒介体制的经济学审视》,《国际新闻界》,2003 年 1 月。

紧急情况下无线电频谱的使用进行指导，授权科技政策办公室可以关闭非政府广播电台[①]。在伊拉克战争中，美国防部于2003年2月28日正式公布了长达13页的《战地报道规则》(*Ground Rules*)在强调军事安全第一的前提下，对记者的权利和义务进行了规定，其中允许和禁止报道的项目分别为14项和19项，对军人的正式采访、记录和发表须征得同意等。

我国广播电视管理主要依靠行政法规、地方法规和部门规章来进行规范。1997年由国务院制定并实施的《广播电视管理条例》以行政法规的形式为我国家管理广播电视活动提供了法律依据，并确立了我国广播电视集宣传工作、事业建设和行业管理为一体的广播电视管理体制。以后我国又陆续颁布了一系列配套法规，建立了较为完整的广播电视行政法规体系。目前我国的广播电视行政法规体系包含中央和地方两个层次。在中央一级，目前国务院发布或批准发布的广播电视行政法规有《广播电视设施保护条例》、《卫星电视广播地面接收设施管理规定》、《卫星地面接收设施接收外国卫星传送电视节目管理办法》、《有线电视管理暂行办法》等。在地方一级，吉林、江西、陕西、山东、浙江、山西、安徽、四川先后制定了地方性广播电视管理条例。除此之外，我国的广播电视也受广播电视部门规章的制约。如《广播电台、电视台设立审批管理办法》、《电视剧管理规定》、《影视制作经营机构管理暂行现定》、《有线广播电视传输覆盖网安全管理办法》、《互联网等信息网络传播视听节目管理办法》等。

广播电视作为我国宣传战线的重要力量，宣传纪律是我国广播电视管理的基本手段。广播电视工作人员必须遵守我们党和国家机关在不同时期对新闻宣传报道的文件规定以及党和国家领导人对新闻宣传报道的讲话和指示。如1981年中共中央《关于当前报刊新闻广播宣传方针的决定》，1987年中央宣传部、中央对外宣传小组、新华社《关于改进新闻报道若干问题的意见》，1997年中央宣传部、广播电影电视部、新闻出版署、中华全国新闻工作者协会《关于禁止有偿新闻的若干规定》，2003年中共中央《关于进一步改进会议和领导同志活动新闻报道的意见》等。广播电视工作人员违反宣传纪律的，按照2002年广电总局《广播电视播出机构工作人员违反宣传纪律处分处理暂行规定》要给予党的纪律处分。

3. 行业规范

美国的全国广播业者协会NAB是广播电视界的主要行业协会，也是广播电视行业利益的代表。NAB不仅为行业利益向国会政府游说，还向会员单位提供管理信息、研究报告、从业指导等，其制定的《电台准则》、《电视准则》是商业电台电视台行业自律的准则。此外，美国还有全国教育广播电视业者协会、全国电台业者协会、全美有线电视协会等行业组织。

---

① 梁山:《中美广播电视宏观管理体制比较》，http://www.tvip.com

在日本，1951 年成立的日本民间放送联盟（简称“民放联”）是日本的民营广播事业者团体组织。该组织不仅制定了业界的广播基准——《民放联·广播基准》，还编辑、公布了说明基准各条款判断标准和相关法令的《民放联·广播基准解说书》，作为保证广播节目公正性和品位的指导手册。NHK 于 1996 年合作制定了《广播伦理基本纲领》进行自我约束。纲领中明确地规定了广播电视除了履行其固有的社会使命外，还应通过客观迅速的报道和向国民和受众提供健康的娱乐节目来丰富国民的生活。行业规范也是我国广播电视管理的辅助手段。我国涉及广播电视的学会、协会很多，主要有中国广播电视学会、中华全国新闻工作者协会、中华广播影视交流协会、中国电视艺术交流协会、中国电影电视技术学会、中国广播电视设备协会等社团组织。如 2006 年 12 月，中国广播电视协会通过了《广播电视从业人员自律公约》（讨论稿），以加强思想理论学习，提高业务素质和工作能力，恪守职业原则等方面对广播电视从业人员提出了 18 条具体要求。

二、广播电视管理机构

除了制定和修改与媒介相关的法律、法规、政策和规章来规范媒介，大多数国家也通过建立相对或完全独立的管理机构来执行和监督广播电视规制政策。

1. 西方主要国家广播电视管理机构

在美国的新闻媒体中，只有广播电视有专门的主管机构。美国 1934 年通讯法案授权成立联邦通讯委员会（Federal Communications Conumssion，简称 FCC），作为独立的联邦行政机构，该委员会由主席领导，直接向国会负责（每年要向国会提交年度报告），委员会 5 位委员须经参议院同意后由总统任命，任期 5 年，每年更换一名，相互交错卸任。5 位委员中，来自同一政党的最多不能超过 3 名。委员会的主要职责是通过制定和修订法律规章、处理牌照申请及颁发许可证、贯彻法规的执行、分配频率和受理投诉等对商业广播电视、电信进行管理和监督，FCC 内设 6 个局：媒体局、有线竞争局、无线竞争局、国际局、执行局、消费事务和政府事务局。由于商业广播电视在美国广播电视发展中占有主导地位，70 多年来，FCC 对美国广电企业的数量、所有权、广电产业的结构、规模以及在世界市场上的竞争力都产生了重大的影响，在广播电视管理方面具有举足轻重的地位和作用。除 FCC 外，根据美国公共广播法和美国国际广播法，公共广播社团作为独立的非盈利性的机构对公共广播电视进行运营管理，广播管理委员作为联邦政府机构对美国政府的对外广播电视进行管理，其组成人员均经参议院提名同意后，由总统任命。

英国政府对广播电视业实行间接控制的管理方式。英国的 BBC 本身就是管理英国公共广播电视的机构。1992 年，根据新的广播法，独立电视委员会（Independent Television Commission）和无线广播局取代原来独立广播局分别管理商业电视和商业广播。其中，英国的独立电视委员会由政府的民族遗产部任命，负责对

BBC 以外的其他广播电视机构发放营业执照和监督工作。该委员会由主席、副主席以及 10 名委员组成，均由英国文化、媒体和体育部部长任命。委员会下设若干专家顾问委员会，独立电视委员会的职责主要是：对全国所有的商业电视机构，包括无线、有线或卫星电视机构等，审查和颁发许可证；制定和发布有关节目内容、广告、赞助等方面的规定；保障电视服务的数量和质量得以满足公众的需要；确保商业电视机构之间进行公平竞争；对商业电视机构是否守法以及遵守许可条件进行监督，并对违法及违反许可条件的行为进行处罚；对各种投诉进行调查和公布调查结果。

日本电视产业的政府管制机构是隶属于日本政府的邮政省。邮政省由通信政策局、电气通信局和广播行政局组成，统称"电信三局"。其中广播行政局全面负责广播电视行政事务。同时，邮政省内部的"两会"电信技术审议会和电波监理审议会也行使对广播电视的指导和规范，主要就电信相关技术和电波、广播规章制度的相关事项进行调查审议。审议会委员各 5 名，任职条件是能对公共福利作出公正的判断，具有广泛的经验和知识。在得到两院的同意后，由邮政大臣任命。由于直接隶属于政府，日本的政府规制机构的独立性稍弱一些。

2. 我国的广播电视管理机构

我国的广播电视事业从诞生的那一天起就一直纳入党委、政府的宣传管理当中。中央宣传部作为中央在意识形态方面的综合职能部门，在中央及其宣传思想工作领导小组的领导下，负责在方针政策和宣传业务上指导中央、国务院所属的新闻、文化、出版和社会科学研究部门的工作，并对上述部门的领导干部进行考察、了解，提出任免意见，经与中央组织部和国务院有关主管领导同志商定后，由中央组织部上报中央任免。各地党委宣传部也按照此规定参照实行。

除宣传部外，目前国家广播电影电视总局和地方各级广电厅局领导管理全国和本辖区广播电视。国家广播电影电视总局内设宣传管理司、社会管理司、科技司、国际合作司(港澳台事务办公室)、法规司、电视剧管理司和计划财务司等部门，各司主要职能如下：

宣传管理司：管理广播电视宣传与影视文艺工作；制定广播电视宣传的规划和方案，把握舆论导向；对中央人民广播电台、中国国际广播电台和中央电视台重大宣传进行协调和检查；指导并协调广播剧、电视剧创作题材规划，制定广播剧、电视剧等节目及相关音像制品内容的审查标准等。

社会管理司：拟定广播电视播出机构的总体布局和发展规划，监督检查地方广播电视播出(转播)机构，承办审批广播电视播出机构、广播电视节目和电视剧制作单位的建立和撤销工作，负责发放和吊销电视剧制作、发行许可证，监督管理广播电视节目和广告，组织审查引进的境外电视剧、合拍电视剧和需要审查的国产电视剧等节目及进口节目内容等。

科技司:组织拟定广播电影电视科技发展规划、技术政策和标准,指导广播电视网络的分级建设和开发工作,指配广播电视频率(频道)和功率等技术参数,指导监测、计量检测工作等。

国际合作司(港澳台事务办公室):承办与外国和中国香港特别行政区及澳门、台湾地区广播电影电视的交流与合作及广播影视国际组织多边活动的有关工作,管理境外广播电视节目引进和中外合作制作电视节目,管理境外卫星电视节目落地与接收等。

法规司:组织研究起草广播影视法律、行政法规草案,负责对总局重大决策事项提供法律意见,组织实施广播影视执法监督检查,负责总局行政处罚听证、行政复议、行政诉讼等工作等。

电视剧管理司:主管电视剧创作和电视剧产业发展,组织审查国产电视剧、引进境外电视剧(含动画片)、与境外合作制作电视剧等节目内容,发放和吊销国产电视剧的发行许可证。

计划财务司:组织编制广播电影电视行业发展规划,研究、拟定广播电影电视事业产业发展相关政策,管理总局各类行政事业经费和各项专项资金,对预算(计划)实施情况进行检查、审计,审核、上报国家广播电影电视专项工程、负责工程建设项目监督和竣工验收等管理工作,管理广播电影电视行业的统计工作等。

三、广播电视制度构成

1. 进入许可制度

许可制度是各国广播电视业政府规制的核心。大多数国家都根据法律及相关规定,经过广播电视管理机构的许可审批程序,有限度地向申请者颁发许可证。

在美国,任何个人、合伙人和公司要想创办商业广播电台或电视台,只要符合以下一定标准和条件,就可以提出申请:(1)具有美国公民身份。(2)具备健全的人格和必要的品质,没有犯罪和违规记录。(3)具备足够的经济条件,并证明拥有建立并维持广播电台/电视台运营的充足资金来源。(4)具备法律规定的运作广播电台/电视台的技术能力和技术设备要求。同时,美国根据"公共利益、便利和需要"的法律规定,要求申请人所有权构成、节目编排必须符合美国通讯法案的规定,申请人必须熟悉所提供广播电视服务的社区的需要,并不得因种族、肤色、宗教、国籍或性别而进行用工歧视,保证对所有合格者以均等就业机会。当申请人符合"公共利益、便利和需要"的要求时,FCC 可以给予其符合限制的频率使用许可,并按照这个标准,对许可延展的申请进行审查。如果申请有多家竞争,FCC 实行公开的听证程序,投票裁决。对裁决不服者,还可以提起诉讼,进入诉讼程序。按照最新法案,美国广播电台、电视台的牌照有效期最长不超过 8 年。

日本的广播电视许可制度属于频率使用和业主资格的复合型许可制度,民营广播电视申请者需就开设广播电视台的目的、电波形式、申请的频率范围以及有关事项作出书面回答，并提交给总务省等待审核。总务大臣受理申请后主要从工程设计、频率分配条件、财政情况以及是否符合开设广播电视台的根本性标准四个方面进行审查。经审核如果符合上述各项原则，一般向申请者颁发预备许可，获得预备许可意味着申请者将来一旦满足条件即可直接获得正式许可。正式许可的有效期限一般不超过 5 年。[①]

在英国，商业广播电视的许可证必须通过公开招标竞争，然后分别由 ITC 和 RA 批准获得广播或电视的许可证，许可期满后再进行公开招标竞争。

我国对广播电视的进入规制非常严格。我国《广播电视管理条例》第十条明确限定了广播电台、电视台的主体资格。广播电台、电视台“只能由县、不分区的市以上人民政府广播电视行政部门设立”，其中，教育电视台由“设区的市、自治州以上人民政府教育行政部门设立”。低于上述层级的广播电视行政部门或教育行政部门不得设立广播电台、电视台或者教育电视台；在上述系统之外的任何单位或个人不得设立广播电台、电视台；禁止外资以独资、合作、合资等任何形式参与设立广播电台、电视台。

2. 产业结构规制

为了促进竞争，鼓励多样化和地方化，阻止广播电视产业中不恰当的集中和垄断，许多国家都曾通过制定和修改广播电视法律、法规和政策，对广播电视组织所有权结构和产业结构进行规制。随着市场化、全球化改革浪潮，各国广播电视产业的产业结构规制也在发生变化。

西方国家的所有权规制一般包括共同所有权、媒体交叉所有权和国外所有权的规制。具体而言，就是明确限制单一的个人或实体在同一市场能够同时拥有的广播电台/电视台的数量，限制单一的个人或实体在本国能够拥有的广播电台/电视台的总数，限制同一个人或实体在同一市场同时拥有不同类型的媒体（如电视和报纸），规定国外资本在广播电视传媒投资中所占的比例上限，并由规制机构来执行和监督。

美国为保证广播电视媒体具有公众所期望的多元、竞争和多样性，在广播电视诞生后较长时间内实行所谓“多种所有权规则”，以限制广播电视媒介的集中和垄断。但是，从 20 世纪 80 年代开始到《1996 年通讯法》的出台，FCC 原来一些用来限制媒介集中的措施或被放宽，或被取消。

电台方面：《1996 年通讯法》出台以前，美国所有者不能在一个市场内拥有超过 4 家电台，《1996 年通讯法》之后，地方广播所有权集中规则如下[②]：

① 张志：《日本广电媒介体制的经济学审视》，《国际新闻界》，2003 年第 1 期。
② 〔美〕皮德・K. 普林格尔等：《电子媒介经营与管理》，北京广播学院出版社 2004 年版，第 279 页。

市场中的商业广播电台数量	单一所有人限制(拥有、经营或控制)
45家以上	至多8家,同一服务种类不超过5家
30～44家	至多7家,同一服务种类不超过4家
15～29家	至多6家,同一服务种类不超过4家
14或少于14家	至多5家,同一服务种类不超过3家,但单一所有人所拥有的广播电台数量不得超过市场上商业广播电台总数的50%

电视台方面:《1996年通讯法》出台以前,电视台所有者在全国范围内不能拥有超过12个电视台。《1996年通讯法》则不规定数量限制,只要求业主拥有的全国观众不超过35%。同时,在一个市场内,最多可以拥有两家电视台。

媒体交叉方面:《1996年通讯法》出台以前,美国法规规定,在同一个划定市场内,广播电视持有人不能同时拥有电视台和报纸。不过,在纽约市场的福克斯电视网却被特许买下了《纽约邮报》,原因是如果不如此,这张纽约最老的报纸将面临财政困难。据分析,电视台、报纸跨媒体持有的限制将被打破。

国外所有权:美国法律禁止外国公民和外国公司拥有100%的媒体执照所有权,但允许外国公司作为母公司持有25%以下的控股权利。

英国1996年的广播电视法在产业结构规制方面也是稳中有放。新广播法对任何一家公司所能拥有的电视台数已经没有限制,只是规定观众数不能超过商业电视总观众数的15%。非英籍和非欧洲经济区的投资者以及拥有20%以上的英国报业的公司不准拥有英国无线商业电视台和广播电台。这一规定一方面防止英国媒介过分集中,另一方面鼓励一定程度的兼并。

我国广播电视业的结构与西方国家有很大不同。我国广播电视台作为事业单位,其设立和结构规划带有很强的行政色彩。我国广播电视事业发展初期,实行保证重点、先中央后地方的方针,只允许中央和省两级办广播电台、电视台。1983年第十一次全国广播电视工作会议制定了“四级办广播,四级办电视,四级混合覆盖”的政策,除中央和省(自治区、直辖市)外,凡是具备条件的省辖市(地、州、盟)、县(旗)也可以根据当地的需要和可能开办广播电台和电视台,从而奠定了我国的广播电视事业行政条块分割的基本格局。“四级办”政策掀起了各级政府部门创办广播电台、电视台的热潮,市、县电视台纷纷上马,全国财力雄厚的大企业、大单位也步其后尘,各自创办自己的广播电台和电视台,1991年与1982年相比,全国广播电台由118座增加到724座,电视台由47座增加到543座;广播发射台、转播台由630座增加到1505座,电视发射台、转播台由5635座增加到28479座。四级广播电视覆盖政策虽然调动了地方和社会各方面办广播电视的积极性,使我国的广播电视事业有了很大的发展,但也带来了盲目上马、重复建设、结构散乱、机构臃肿、秩序混乱、管理失效、良莠不齐等诸多问题。

1996年12月，中共中央办公厅、国务院办公厅发布《关于加强新闻出版广播电视业管理的通知》，其中设计的广播电视的11条意见对广播电视行业进行了全面有力的结构规范。随后广电部下发了《关于县(市)播出机构合并的意见》和《关于企事业有线台改为有线广播电视站的意见》，对广播电视业进行全面治理。经过治理，全国广播电视播出机构总数由治理前的6937座减少到2218座(含教育台79座)，558座企业有线电视台全部改为有线电视站，治理后总量缩减率为68.1%。

2000年，国家广电总局根据国务院文件精神，再次进行结构调整，转变地(市)县广播电视台职能为主要转播中央和省级台的广播电视节目，并将有线电视网、台分离，有线台和无线台合并。同年，国家广播电影电视总局还根据国际广播电视业的发展方向，提出加快体制改革步伐，改变"天上几颗大星，地上无数小星"广播电视机构星罗棋布的现状，努力形成一批在国际国内有竞争力、有影响力的大型广播影视传媒集团，以应对国内外激烈的媒体竞争，广播电视媒介集团的组建随之展开。

2004年2月，国家广电总局下发了《关于促进广播影视产业发展的意见》，开始全面放开对经营性资源的资本运作，允许各类所有制机构作为经营主体进入非新闻宣传类的广电节目制作业。此后，广电总局和商务部又联合公布了《中外合资、合作广播电视节目制作经营企业管理暂行规定》(44号令)，首次允许外资可以通过合资、合作成立广播影视节目制作公司，但合营企业中的外方机构应在合营企业中只能拥有不超过49%的股份。

3. 内容规制

鉴于广播电视强大的外部性和重大的社会影响，防止广播电视媒介为追逐利润而忽略暴力和色情节目的社会成本，忽略儿童与教育节目、公开政治和社会事务的社会收益，大多数国家对广播电视节目内容都有不同程度的限制。

第二次世界大战后，美国电视产业的发展如雨后春笋，但随之而来的问题是色情淫秽镜头充斥着电视屏幕。1960年美国颁布了《1960年节目指导手册》，列出了如下通常为公共利益所必须播出节目的14项要素：给予地方居民以表达自我的机会、地方禀赋的发展和使用、儿童节目、宗教节目、教育节目、公共事务节目、社论、政治广播、农业节目、新闻节目、天气和市场报告、体育节目、对弱势群体的服务、娱乐节目。1961年联邦通讯委员会主席牛顿·迈诺(Newton Minow)提出了开展净化电视节目的运动，他警告电视行业："把你们自己的房子清扫干净，否则政府就要替你们清扫。"

20世纪80年代的市场化浪潮，使美国的节目控制也有所放宽，一些节目规制被取消，如关于必须提供新闻时事性节目、教育性节目以及地方性节目的规定以及电台、电视台不再被要求保有节目记录以便公众查询等规定等。不过，时间不长，出于对暴力、色情方面不加管制的结果的担心，从90年代开始，美国对内容的管理又以《儿童电视法》和《反电视暴力法》的通过而走上了重新规则化的道路。内容规制则比以前的法律更加严格。2006 年 6 月美国又通过了《净化广播电视内容执行法案》。目前,美国对广播电视业的内容规制主要包括:

(1)政治性播出与“平等时间”原则。电台、电视台应允许合法公职竞选人“利用”电台/电视台设施,并以最低单位价格,给予政治对手在电台、电视台相同的长度的竞选广告时间。

(2)公平主义。广播电视报道“有争议性并对于公众利益来说很重要的问题”时不能失去平衡。

(3)保护儿童。电视台必须每周播出 3 小时的为满足儿童教育和信息需求的“核心”儿童节目,而且必须安排在每周 7:00 至 22:00 之间定时播出,长度应为 30 分钟。法案还要求电视台对节目内容分级,并要求生产厂商在电视机装上过滤暴力内容的“防暴卡”(v 卡),以便家长可以用遥控器将不适宜儿童看的节目锁住。

(4)禁止播出任何涉及淫秽、猥亵、下流、亵渎的内容。如有民众对电视或电台节目内容提出投诉,联邦通讯委员会将进行调查,并对违反法规的电台、电视台给予处罚。根据 2006 年《净化广播电视内容执行法案》,电视上每播放一个讲淫秽语言或有失体统暴露身体的镜头,将罚款 32.5 万美元,而此前规定的罚款金额只有 1.25 万美元。

(5)禁止种族歧视。美国的法律中没有明文规定电台、电视台不得发布种族问题评论,但是联邦通讯委员会要求媒体自律,并通过行政手段,要求不得将电台、电视台卖给雇佣有种族歧视倾向的主持人的公司,社会集团也可以通过压力(广告公司撤除广告)迫使媒体解雇散布种族歧视言论的主持人。

(6)禁止愚弄观(听)众。1992 年美国联邦通讯委员会制定《反愚弄法》禁止发布假信息。媒体如果知情还发布愚弄性内容,一次罚款可以达到 1 万美元。

日本对广播电视的内容规制也比较严格,日本法规要求广播电视业在编排广播节目时,必须做到:不妨害社会治安及良好风俗;政治上公平;报道不歪曲事实;对于存在意见分歧的问题,应从尽可能多的角度阐明论点;设置教养节目、教育节目、新闻节目,提供健全的娱乐节目,并保证节目相互间的协调性;注重节目对儿童及青少年的影响;电视播出应尽可能多地设置字幕节目和解说节目;为了能通过视听或其他方法进行确认,广播节目在播出后应保存 3 个月时间等。

从规制方式来看,西方国家对媒介的内容虽然进行了法律限制,但并不进行事前审查,对内容的管制更多是通过事后惩罚的方式来实现的。事后惩罚措施主要包括经济惩罚以及拒绝许可证的延期。

出于意识形态宣传和控制的需要,我国对广播电视的内容管理十分严格。我国法规、政令中对广播电视节目的内容的监管可分为以下几个方面:

(1)规定或倡导播出的内容:如必须转播的广播电视节目(地方广播电台、电视台必须完整转播中央人民广播电台、中央电视台节目)和舆论引导及精神文明建设内容。节目应当符合四项基本原则,符合邓小平建设有中国特色社会主义理论,符合社会公德和公众利益,符合法规和宣传纪律的有关规定,符合弘扬主旋律,符合社会主义精神文明建设的要求,符合正确的舆论导向。

(2)限制播出的内容:如对特定节目播出比例及播出方式的规定(各电视台每天播出的每套节目中,境外电视剧不得超过电视剧总播出时间的25%,其中黄金时间18:00至22:00不得超过15%;广播电台、电视台播出外国、台港澳地区制作的影视剧、录像制品每周不得超过总播出量的1/3),涉及保密问题、重大灾情、突发事件的报道、外交事务国际事件报道和对外宣传等。

(3)禁止播出的内容:如危害国家统一、主权和领土完整,危害国家安全、荣誉和利益,煽动民族分裂,破坏民族团结的,泄露国家秘密的,诽谤、侮辱他人、宣扬淫秽、迷信、渲染暴力的内容等,此外不是合法制作单位制作的内容也禁止播出。

为确保广播电视行政部门对广播电视的控制和管理,我国《广播电视管理条例》以法规形式确立了制作和播放广播电视节目的审查制度。广播电视节目不仅必须由经过批准的制作单位播出外(境外广播影视节目必须通过专门部门审查批准),而且必须进行播前审查、重播重审。

4. 广告管理

广告是商业广播电视媒介的重要收入来源,也是广播电视产业发展强劲的推动力。但商业广播电视媒介对广告利益的追求与广播电视的公益性天然存在着矛盾。因此,为保护公众利益,各国法规对广告都有明确的限制和规定。

除了我们前面已经提及的对政治竞选人的广告时间规定外,美国对广告的管理还表现以下几个方面:第一,有序竞争方面。对于竞争性广告,联邦通讯委员会规定,电台、电视台必须全面准确地公布有关竞争的材料,竞争材料不能失实、误导、欺骗。如果电台、电视台没有提及相关事实,将视为虚假声明。例如,播出旅游的广告时,如果价格中是不含运输费用的,必须如实说明。第二,联邦通讯委员本着保护社会能力弱者的立场,对儿童节目的广告时间进行限制,如平日每小时不超过12分钟,周末每小时不超过10.5分钟(原来对其他所有长度节目这的广告限制被取消)。第三,联邦通讯委员会禁止广告与节目合一的做法,禁止诉诸观众潜意识的“闪烁”出现的广告标志(例如在播出节目的过程中电视频道上每隔10秒钟出现“买可乐”的广告就属于非法)。第四,尽管1996年最高法院裁定对于酒类广告的禁令违宪,但美国广播电视业一直保持着禁止蒸馏酒类(通过蒸馏而不是发酵制成的酒精饮料,酒精含量较高,如威士忌等,不包括啤酒和红酒)广告的传统,广播电视媒介轻易不愿打破禁锢,不越雷池一步。第五,作为非公共载体,电台电视台出于某些理由(例如信誉问题)有权拒绝向某些客户出售时间等。

英国对商业广播电视的广告播出也有明确规定和限制。英国现行法规规定:

广告必须与节目明显有别，广告应安排在节目之间，不得在节目进行过程中穿插广告；电视广告每小时不超过 7 分钟，广播广告每小时不超过 9 分钟；学校、王室、议会以及庆典活动不得播送广告等。德国和法国的广告管理主要包括：广告内容不得涉及政治、宗教等非盈利性信息，不得使人产生错觉，不得损害消费者利益，必须有明确的标志，必须符合其他的法律规定等。

我国规范广告活动的最重要、具有最高法律效力的法律是 1995 年制定并实施的《中华人民共和国广告法》。1997 年 2 月 19 日，广播电影电视部根据《广告法》及其他有关规定发布《关于进一步加强广播电视广告宣传管理的通知》，以行政命令的方式对广播电视广告的内容、表现方式以及制作、播出、发布等广告经营活动作出较为具体的规范。法规规定，广播电视广告必须符合有关法规、政令对广告内容的原则性规定；广告应当真实、合法，符合社会主义精神文明建设的要求；应当有利于人民的身心健康，促进商品和服务质量的提高，保护消费者的合法权益；遵守社会公德和职业道德，维护国家的尊严和利益；不得含有虚假的内容，不得欺骗和误导消费者等。2004 年国家广播电影电视总局制定实施《广播电视广告播放管理暂行办法》，该办法对我国广播电视广告的内容、播放总量、广告插播、播放监管等进行了全面的规范。如电视台每套节目中每天播放公益广告的数量不得少于广告总播出量的 3%；电视台每套节目每天播放电视广告的比例，不得超过该套节目每天播出总量的 20%。其中，电视台在19:00至21:00之间，其每套节目中每小时的广告播出总量不得超过节目播出总量的15%，即9分钟；除在节目自然段的间歇外，不得随意插播广告；除19:00～21:00以外，电视台播放一集影视剧（一般为45分钟左右）中，可以插播一次广告，插播时间不得超过2.5分钟；每套电视节目每日播放的酒类广告不超过12条，其中19:00至21:00间不超过 2 条等。

四、广播电视规制的变化——以美国为例

20 世纪 80 年代以来，世界广播电视业的法律和政策规制呈现出一个动态发展和改革的过程。我们以美国为例分析其广播电视产业政策走向。

美国广播电视规制的法律基础是在广播的“黄金时代”奠定的。《1927 年无线电法》在法律上承认了商营电台的合法地位，初步形成了美国电信管理的体系。《1934 年通讯法》的主要内容包括：无线电波的公共所有权，FCC 的任命和组成，FCC 根据公众利益办法广播执照的权利、规则制定和上诉的程序，禁止事前审查以及涉及在大选期间台站使用的管理的 315 条款等。这些法律规定形成了美国现代商业广播电视规制的格局。除此之外，FCC 以后又相继制定了一些对节目、所有权等的规制政策。（上文已有介绍，此处不再赘述）

80 年代之前，美国对广播电视的管制主要基于所有权的多样化、本地主义和普遍服务的原则，公共利益与产业的有序竞争是其管制的最终目标。80 年代后，当其他国家广播电视业的商业意识刚刚觉醒，美国政府则在美国广播电视产业已通过商业发展发展到一定规模时，以放松管制、开放竞争、鼓励融合的产业政策走向，提高了美国传播业在全球的竞争力。

在80年代的放松管制中，FCC原有的在广播电视节目内容方面的大部分法规被取消。如对电台、电视台在广告时间上的限制和关于必须提供新闻时事性节目以及地方性节目的规定，电台、电视台保有节目记录以便公众查询的要求等。在产业结构方面，FCC允许每家公司可以拥有的电台、电视台数增加到12家，FCC保护独立制片人利益的所谓"经济利益和辛迪加规则"，即不准ABC、CBS和NBC三大网拥有电视剧所有权和辛迪加权的规定也在1995年底被取消。

美国对广播电视的放松管制在1996年达到高潮。这一年，美国通过了具有历史意义的《1996年通讯法》。《1996年通讯法》不仅完全放宽了对单个企业拥有广播电台、电视台数量限制，更重要的是，新的电信法还打破了媒介种类的限制和隔绝，允许电话公司参与有线电视市场的节目竞争。对此，FCC的现任主席里德·福特用"这一新法律拆除了通讯领域的柏林墙"概述了这一法律的里程碑意义。新的电信法促成了美国广播电视产业的兼并浪潮和超级媒介集团的迅速形成，其雄厚经济和技术实力赋予了美国媒介产业在全球化竞争中无可比拟的优势，美国媒介的全球化扩张走在了世界的前列。

总体来看，从广播诞生之初的《1927年的无线电法》到《1934年通讯法》，再到《1996年通讯法》，政府对商业广播电视从管制到放松，使得过去80多年里美国的商业广播电视业在自身竞争、政府引导之下得到了充分的发展。美国广播电视产业管制政策的演变，实质上也顺应了美国广播电视产业的成长，并奠定了美国实现其种种经济目标和政治目标的坚实基础。

需要注意的是，美国在放松管制，提高美国广播电视产业竞争力的同时，也通过对一些政策的重新规则化，来保持美国广播电视业在产业发展与公众利益的相对平衡，如《1990年儿童电视法》和《反电视暴力法》、《1992年有线电视消费者保护及竞争法》、2006年的《净化广播电视内容执行法案》等就是很好的例证。

思考题：

1. 广播电视意识形态属性在社会主义国家和资本主义国家的表现有何不同？
2. 如何理解广播电视的公共性？
3. 广播电视的商业性为什么从20世纪80年代开始在全球得以发扬？
4. 广播电视业的规范一般包括哪几种方式？
5. 试比较美国和我国对广播电视规制的不同。
6. 谈谈你对美国广播电视规制变化的理解。

第六章

广播电视媒介组织与管理

［学习要点］

广播电视媒介组织从不同的角度有着不同的类型划分。但不论是何种类型的广播电视媒介，其管理方式有一点是相通的，即都是通过“人”来落实的，而拥有科学合理的管理制度是保证“人”能够有效行使与落实管理职能的前提。

第一节 广播电视媒介组织的类型

世界上的广播电视媒介组织，特别是西方资本主义国家，按其媒介性质来分，主要有：公共电台电视台、商业电台电视台（包括各广播电视网的附属台、独立台）、国有电台电视台；按产业分工划分，主要有电台电视台、节目制作公司和节目辛迪加经营者；按传播方式及覆盖范围来分，主要有无线电视台（网）和有线电视台（频道）。下面我们对以上这些类型做一下简单的介绍。

一、按媒介性质来分

1. 公共电台电视台

即媒介为公共财产，以视听费和部分政府拨款为主要财政来源，辅之极少的广告收入，从而保证该体制中的媒介能够独立于政府和商业企业，为公共利益服务。如英国的BBC，它一直秉承为公众服务的原则，一直是英国广播电视事业的中坚，以高品质的广播电视服务而著称，在全球20大电视机构中的综合实力排名第9。BBC的综合频道BBC—1拥有全国34%的观众，每天播送大量的新闻娱乐和电视剧节目。

2. 商业电台电视台

即媒介为私营企业，完全以商业广告收入为经济来源，追逐利润是其本性。西方大多广播电视组织特别是美国均属于此类。如传统的三大广播公司ABC、CBS、NBC以及FOX等。另外，地方性的无线电视台在节目内容制作等方面实力不够，但担负着将电视信号送到每个家庭的重任，因为电视网的节目也需要借助地方附属台才能进入全国各地的家庭。鉴于此，美国各大广播公司均和数量众多的附属台签订合同，形成广播网。如ABC广播网，包括AM和FM频道，在全美各地有44个广播电台、3400个附属台。新闻集团拥有福克斯电视网，统辖22家电视台、159家附属电视台。Viacom（维亚康姆）集团拥有35家电视台、200家附属电视台。

此外，像美国，还有社区电视台（Community TV Stations）、教育机构的电视台、宗教电视台（Religious TV）以及少数族裔的电视台（比如西班牙裔的电视台、亚裔的电视台等）。这些电视台中有许多是所谓的低功率电视台（Low Power TV，简称LPTV）。

在西方国家，还存在独立于各大广播电视网之外的电视台，这些电视台主要从辛迪加购买电视节目，并且独立经营当地、地区和全国性的广告。在西方发达资本主义国家普遍存在这样的电视台，如英国的独立电视台（Independent Television，简称ITV），它是英国第二大无线电视经营商，在1955年设立，目的是与BBC进行竞争。在初期，独立电视台是由15个营运商组成，有独立的台徽和标识。但是，从2003年，只有4个营运商能维持独立的台徽和标识。近年来，美国独立电视台的数量呈上升趋势，目前，全国有大约88家独立电视台，主要分布在各州的大城市。

3. 国有体制的媒介组织

即媒介为国家所有的部门，以国家拨款为主要经济来源，基本不做广告，保证不受商业利益侵蚀。原苏联的媒介组织均是此类组织。

二、按传播方式来分

1. 无线电视台(网)

无线电视是相对于有线电视而言的广播电视传播方式。有线和无线电视有相同的目的和共同的电视频道，不同的是信号的传输和服务方式以及业务运行机制。电视系统一般包括节目发送、传输和接收三个部分，无线电视不是通过光缆，而是通过发射机和巨大的发射塔把节目信号发送出去，用户通过家用天线接收信号，实现对节目的收看的。无线电视建台费用相对要高。

无线电视覆盖范围一般限于当地受众，采用家用无线接收节目信号。

在电视业最为发达的美国，其无线电视网中，传统的三大广播公司ABC、NBC和CBS仍然保留不可动摇的地位。以2001年2月5日～11日这一周时间内的收视率为例，最高的20个节目中有9个是在三大广播公司的全国电视网上播放的。1980年，传媒业巨头默多克买下了前梅特罗米地的电视台，并通过他刚得到的电视制片厂(20世纪福克斯)为这些电视台提供节目，这就是现在紧随三大传统电视网之后的福克斯电视网。受福克斯的成功鼓舞，联合派拉蒙电视网(UP)和华纳兄弟电视公司的WB电视网在1995年亮相，如今在美国无线电视业的市场中它们与传统三大电视网并驾齐驱。

我国在1999年前各地基本上都是有线台与无线台并立的。1999年9月国务院办公厅82号文件明确规定："要推进地(市)、省级无线电视台和有线电视台的合并，进一步优化资源的合理配置，减少内部矛盾"，进而组建广播电视集团，加快广播电视事业发展。实施无线有线电视台合并，实现三级贯通，尽快组建广电集团，强调由"广播"向"窄播"转变，突出频道专业化、对象化。目前各地有线台与无线台大都已经合并，合并以后，省级台均有一套上星频道，定位为新闻综合频道，立足当地，面向全国。其他频道都确定为专业频道。

2. 有线电视台(频道)

有线电视也叫电缆电视(Cable Television，缩写CATV)，它是相对于无线电视(开路电视)而言的一种新型广播电视传播方式，是从无线电视发展而来的。有线电视仍保留了无线电视的广播制式和信号调制方式，并未改变电视系统的基本性能。有线电视把录制好的节目通过线缆(电缆或光缆)传输，将电视信号送给用户，再用电视机重放出来。有线电视不向空中辐射电磁波，所以又叫闭路电视。由于电视信号通过线缆传输，不受高楼山岭等的阻挡，所以收视质量好。有线电视通过线缆还能实现信号的双向传输，能够提供交互式的双向服务，也可以很容易实现收费管理，开展多种有偿服务。有线电视台不需要昂贵的发射机和巨大的铁塔，所以建台费用低，有利于快速发展。

现在，美国有线电视已有包括CNN、探索频道(Discovery)、家庭影院频道(HBO)等在内的200多家电视节目提供商以及康卡斯特公司、考克斯有线电视公司等200多家大型的拥有多个有线电视系统的运营商。有线电视以其精湛的节目品质和专业化的服务成为无线电视的劲敌，例如CNBC以财经节目为主打，Disney专门播放卡通片，HGTV则围绕“家与花园(home and garden)”这个主题作文章。很多有线电视网的节目都是不次于三大广播公司节目的精品，如CNN的《拉里·金直播》。现在宽带网的技术已经给有线电视提供了更好的发展前景，经营者们可以把电视节目提供和在线服务结合起来。付费节目出现于70年代的美国，作为在家里观看上映的电影、重大体育赛事以及特别娱乐节目的一个方法，逐渐流行起来。之所以称其为付费节目，是因为观众必须支付额外的费用才能收看这些节目，而作为回报，付费节目一般不带广告。很多付费电视如HBO拥有相对稳定的收视群体。根据2002～2003年中国数字电视产业报告显示，2002年美国电视业的广告收入为1000亿美元，而付费电视的收入却高达1700亿美元。[①]

美国主要的付费电视频道[②]

电视网	用户数量(万)	拥有者和总部所在地	建立日期	节目内容
家庭影院	1800	时代/华纳	1972年11月	电影、综艺、体育、特别节目、纪录片、儿童节目
迪斯尼频道	770	沃尔特·迪斯尼	1980年7月	原版故事片、特别节目、连续剧、好莱坞经典影片
演出时间	760	瓦考姆	1980年7月	电影、综艺、喜剧特别节目、百老汇戏剧
电影大观	690	时代/华纳	1980年8月	电影、喜剧、音乐特别节目
电影频道	270	瓦考姆	1980年12月	双片连映、电影节、电影马拉松

我国从20世纪60年代末在北京饭店安装第一套共用天线实验系统开始，经过70年代的企业有线电视的发展，到80年代中后期，一些中小城市开始建设地区

① 广电总局影视信息网络中心：《2002～2003年中国数字电视产业报告》，第36页。

② 陈犀禾：《当代美国电视》，复旦大学出版社2001年版，第63页。

性的城市性有线电视传输网络，作为社会媒介的有线电视的发展开始了。20 世纪 90 年代有线电视进入快速发展时期，到 2001 年 8 月，我国有线电视收益达到 8476 万，成为世界上规模最大的有线电视网，比美国还多出近 2000 万的用户。[①] 我国的有线电视长期以来一直采用的是模拟信号，受频道资源的限制，只能为用户提供最多 50 多套的电视节目，为了生产更加丰富和更为高品质的节目，为用户提供更加专业化、个性化的服务，同时向世界发达国家接轨，目前，我国数字付费电视的试播也已经开始。2002 年 9 月 28 日，上海开始数字电视的运营试播。2003 年 9 月 1 日，北京地区的数字电视频道试验播出。从 2006 年 6 月开始，北京歌华有线公司通知其原有线电视的用户，免费领取能将现有的模拟信号转化成数字信号的机顶盒，目前安装了机顶盒的有线订户，除了能收看到原有的 50 多套节目以外，还可以另外接收到 10 多套数字节目，而这些数字节目，目前均是免费的。到 2008 年，我国将停止模拟信号的输出，全部改用数字信号。

三、按产业环节来分

广播电视媒介组织按照产业环节来分可以分为电台电视台、节目制作公司及节目辛迪加等。传统意义上，电台电视台是节目的主要制作和播出机构，节目制作公司独立于电台电视台之外，主要是制作节目，卖给电视台。节目辛迪加是类似于一个介于电台电视台与制作公司之间的一个中介发行机构。具体来说，所谓辛迪加，最早是美国经济的一种形式，即同步发行，在电影、电视、广播节目以及报刊的非新闻体裁领域，由版权的拥有者（往往是代理者），向各地不同媒介联系授权出售使用权。目前，全美大约有 17 家辛迪加电视节目机构。

辛迪加电视节目可以分为两类：一类是首先供全国性电视网播出然后在其他台网上重播的节目，也称“脱离电视网辛迪加节目”（off network syndication）。例如，著名电视连续剧《达拉斯》是 1978 年在哥伦比亚广播公司首播的，然后作为脱离电视网辛迪加节目在全球广播播出。另一类节目，是专供大电视网以外的台网播出的，如独立电视台，被称做“首播辛迪加节目”（first run syndication）。例如，派拉蒙电视网播出的《星际旅行：下一代》及其续集就是首先在其他台网播出的辛迪加节目。

电视节目辛迪加使得单个节目实现了网络化播出，才能使这些节目得以效益最大化。像美国著名的电视谈话节目《奥普拉访谈》，在美国国内有 200 多家电视台每周的周一至周五都会在下午播出，这意味着，在美国的几乎任何地方，都能差不多同时看到这个节目。此外，它在美国以外还有 100 多家电视机构用户。《奥普拉访谈》大概是世界上最赚钱的电视谈话节目，这当然主要是因为节目的质量高，

---

① 陆晔、赵民：《当代广播电视概论》，复旦大学出版社 2005 年版，第 244 页。

主持人受欢迎，但辛迪加模式为它提供的传播条件同样是不可缺少的。也正由于"一稿多投"式的网络性播出，使得优秀的辛迪加节目能够获得极佳的经济效益，才保证了这些节目的高额制作成本和相应的制作质量。

美国的电视新闻节目一般由电视台自己制作。其他节目则多来自专门的节目制作公司（很多设在好莱坞）。节目公司首先搜集好创意，然后把它们提供给电视台，如果电视台感兴趣，就提供经费给节目公司来制作。另外，辛迪加公司也会插入到节目制作流程中来，它们提供制作经费给节目公司，然后把节目产品卖给那些无力直接投资节目制作的地方电视台。它们可以说是电视节目的"零售商贩"。其实，这三者的关系密不可分，很多制作公司和电视台同属于一个媒介集团。例如，著名的20世纪电视公司和福克斯电视网都是新闻集团的子公司，它不仅为FOX制作《X档案》、《辛普森一家》等节目，也为竞争对手CBS提供《芝加哥希望》等节目。

我国目前也学习西方国家的做法，也有很多的民营节目制作公司比较典型的像光线传媒、唐龙国际等，这些公司有的通过直接向电视台出售节目盈利，有的则采用随片广告的方式，用节目交换电视台的播出时段。这是现代化媒介市场经济的规律所催生的必然结果。

第二节 广播电视媒介组织发展

美国拥有世界上最发达的广播电视系统，从二次世界大战到今天，美国媒介经历了从无线电视网到跨媒体跨行业的跨国传媒时代的发展，而美国广播电视媒介组织的这个发展轨迹，也代表了世界主流媒介组织的发展脉络。因此广播电视媒介组织的发展我们也不得不从美国说起。

一、美国广播电视媒介的发展

1. 广播网时代

美国的电视业最初是从无线电视网发展起来的。在美国政府即将投入第二次世界大战的前夕，联邦政府批准了第一批在无线电广播基础上申办电视广播的公司，即全国广播公司（National Broadcasting Company，NBC）和哥伦比亚广播公司（Columbia Broadcasting System，CBS），1948年，又批准了美国广播公司（American Broadcasting Company，ABC）。由此在美国形成了三大广播网"三足鼎立"长达40年的局面。20世纪90年代前后才形成了一些新的广播电视网，带来了更激烈的竞争。

在美国的1362座商业电视台中，约有2/3是与几大主要广播网有合同关系的附属台，还有一些地方台则直接为广播网所拥有和经营（owned and operated,

O&O)，只有在一些特大城市里，还有少量完全独立于广播网之外的电视台，即独立电视台。

(1) 全国广播公司

成立于1926年，当时是由通用电气公司、美国无线电公司和西屋电气公司合资创办的一个无线电广播公司，1932年，美国无线电公司成为全国广播公司的唯一所有者。1986年通用电气并购了美国无线电公司，因而成为NBC的全资拥有者和运营者直至今日。现在NBC已经发展成为一个国际性的多种经营的传媒公司，在全球有雇员6000多人，每周制作电视节目数百小时，观众遍及六大洲的100多个国家和地区。

(2) 哥伦比亚广播公司

与全国广播公司同期成立，但在争夺观众与附属台方面长期被全国广播公司甩在后面，直到1953年才在推出热播节目方面超过NBC。哥伦比亚广播公司在美国广播界中最引以自豪的传统是，在报道公共事务中推出了现场直播新闻报道节目、专栏节目和著名节目主持人。该台的爱德华·默罗是开创现场直播新闻报道方式的开山鼻祖。在第二次世界大战中，他主持了《现在就看》(*See It Now*)，从欧洲向美国听众直播战争现场的报道。三年后，他又在这一节目中揭露了参议员约瑟夫·麦卡锡制造红色恐怖的卑劣伎俩。该台著名的《晚间新闻》节目和《60分钟》(60 *Minutes*)新闻杂志节目及其主持人丹·拉瑟、迈克·华莱士等，在美国报道公共事务方面都极具影响力(我们将在第三节里进行详述)。

(3) 美国广播公司

美国广播公司的前身是美国电话电报公司开办的一个广播网，后来卖给了全国广播公司。1948年，美国广播公司成立了自己的电视广播网，但是远远落后于前两家。直到1964年，美国广播公司正式进入了美国电视网三足鼎立的竞争格局。现在该电视网有下属电视台225家，自由电视台10家和70家广播电台。

(4)福克斯广播网

传媒大亨鲁波特·默多克(Rupert Murdoch)打破了在美国不可能有第四家广播网的禁忌。他在20世纪80年代初陆续购买了一些大城市的独立电视台和20世纪福克斯电影制片厂以后，又聘用了在美国广播公司工作的电视节目"奇才"巴里·迪勒(Barry Diller)为他的广播网领衔。1985年福克斯广播网正式启动，当时仅有6家电视台。经过20年的努力，福克斯广播网已经成为三大广播网的强有力的竞争者，现在，该网已有大约200家下属电视台，其中37家为该公司所有。默多克亲任首席执行官，他将总部设在洛杉矶。

此外，在90年代中后期，又有几家新的无线广播电视网步福克斯之后尘，瞄准青年观众，加剧了电视网的竞争，它们分别是华纳兄弟电视网、联合派拉蒙电视网以及帕克斯电视网，目前这三家电视网还在为提高收视率而奋斗，其实力远远落后于前四强。

2. 资本的扩张:超级传媒集团的形成

(1)广电产业内部集中

资本的最大特点就在于其不断扩张。当传媒企业发展到一定规模时,其规模经济效应便趋于下降,于是,传媒企业需要寻找新的发展空间和盈利点,从经营单一媒体转向跨媒体经营,使属下的多种媒体产业互相支撑,资源共享,在自我提升中实现利润最大化。①美国是世界上最大的媒介资本市场,80 年代以来美国政府放宽对传播业,特别是电子传播业包括电信、广播电视等的管制,最具代表性的就是《1996 年通讯法》的出台与实施,取消了一家公司拥有电视台数量的限制,一家公司的人口覆盖的限制提高到 35%。因此,电视业中拥有相当实力的公司纷纷购并各地中小电视台。

1998 年,全美 1202 家商业电视台中,25 家电视公司控制了 432 座。2000 年,美国前 25 位的电视集团已经控制了美国商业电视台中的 41.6%。之后,各大电视公司纷纷扩大地盘,加紧收购各地中小电视台。

现在,美国的主要电视公司有:福克斯电视公司(FOX)、帕克森传播公司(PAXON)、派拉蒙/哥伦比亚广播公司(Paramount/CBS)、全国广播公司、美国广播公司、论坛广播公司(Tribune)。

(2)跨行业集中

其实,早在新的通讯法出台前的 1995 年,美国广电行业的跨行业整合就已经开始,当年,世界最大的娱乐业集团——美国迪斯尼公司就以当时媒介产业兼并的最高价 190 亿美元兼并了 ABC。在新的通讯法出来之后,面对日益扩大、前途光明的信息产业,特别是电信、互联网、电脑产业,美国广电产业意识到只有与电信、电脑、互联网等产业整合,从而进入更大的信息产业市场,才有前途。

1996 年,NBC 与世界最大的电脑软件生产商微软公司联合开办了微软全国广播公司电视频道(MSNBC),受众既可以在家通过电视机收看有线电视 MSNBC 的节目,也可以通过电脑上网获取在线的 MSNBC 的信息。

MSNBC 的出现是微软电脑软件技术与全国广播公司的电视优势结合的产物,是信息产业与媒介产业相结合的产物。它既标志着美国商业电视全新形式的出现,也标志着美国电视业与其他产业整合的开始。

不仅 NBC,美国的电视产业普遍都在进行这样的整合。拥有 ABC 和娱乐体育电视频道(ESPN)的迪斯尼公司在网上拥有体育、新闻、儿童等网址,其涉及范围是最广泛的。CBS 也以低成本开办了网上“CBS 体育”和“CBS 市场观察”。除此之外,电视产业也与电信业整合。大西洋电报电话公司(AT&T)于 1999 年以 466

① 史晓芳:《“膨胀”的广告,“脆弱的产业”》,http://www.media inchia.com

亿美元购买了美国第二大有线电视公司——电信公司(TCI)。不论是NBC和微软的整合,还是AT&T与TCI的整合,它们已经不是公司和公司之间简单的买卖兼并,而是两种产业之间寻找新机会点的一种重新整合,通过整合又诞生出一种新的服务或产业,集合众家优势、降低成本、提高效益,获得市场占领的优先地位。在此意义上,传统的广电产业在继续发展、壮大自己传统的核心产业之外,广电产业继续在新的信息时代重新寻找新的增长点,兼并、联合、集合到更大的信息产业中,以赢得更为广阔的发展空间。而这种兼并和整合的最终结果就是媒介巨头的出现,即跨国媒介集团的诞生。

(3)跨国媒介集团的最终形成

如上所述,资本在跨行业的不断兼并整合的过程中,也在超越媒介、超越国界地发展壮大。如今,仅在美国,已经形成超级跨国媒介集团数十个。据美国《广告时代》杂志"前一百家传媒公司"2004年版公布的数据,按母公司(主业不是传媒业者如通用电气、通用汽车等除外)2003年全球年收入排序,美国的超级传媒集团主要有四家:时代华纳有限公司(年收入395.65亿美元)、沃尔特·迪斯尼公司(270.61亿美元)、维亚康姆有限公司(265.85亿美元)、新闻集团(192.17亿美元)。[①]《财富》杂志(中文版)2004年发布的"全球最大500家公司排行榜"在美国最大的传媒集团中也仅列了这四家。我们发现,这几家传媒集团之所以一步步发展成为传媒领域里的巨无霸,几乎都是通过"报纸+卫星电视+影视制作+互联网"的跨媒体跨行业的方式。

二、对跨国媒介集团的思考

通过梳理,我们发现,以上全球传媒集团的扩张无不是通过跨媒体、跨行业的不断兼并而慢慢发展壮大的。现在我们回过头来再思考一下,这些媒介组织为什么要采取这种方式发展壮大,或者说推动广电媒介跨媒体、跨行业不断兼并与整合的内在动机是什么? 无非有这么几点:

第一,跨媒体可以提高资源的重复利用率,增强媒介的传播效率,实现不同媒体之间的协同效应。比如,出版社可以将一部小说拍成电影,通过电影的发行带动小说的销售,电影又可以在电视和宽带上播放,从而在不同的媒体之间产生一种"协同效应"。

第二,跨媒体跨行业利用不同媒体和行业之间的特性使不同媒体之间、不同行业之间的优势互补,首先,实现了规模化效应,扩大市场覆盖率,比如由于受众兴趣爱好、接触媒介的习惯、生活方式以及对媒介的偏好不同,单一媒介在覆盖受众上就有一定的局限性。其次,新旧媒体之间的优势互补,如传统媒体与互联网。最

---

① http://www.adage.com/page.cms Aug. 23. 2004

后,资金流的互补。

第三,跨媒体跨行业所具有的强大的市场覆盖率使它能够吸引更多的利润回报。以广告来说,利用跨媒体的优势可以为广告客户提供广告套餐,从而大大增加广告销售的成功率,这一点是单一媒体无法实现的。

当然,跨媒体跨行业兼并之后,最重要的还是一个整合的问题,整合不等于捏合,媒介能否充分利用整合前各媒介的优势,真正发展壮大还要看整合后媒介集团的运筹帷幄能力,美国在线与时代华纳合并后的发展并没有达到人们预期的那样顺利,也许正是值得我们深思的问题。

三、我国广播电视媒介组织的发展与思考

反观我国的广播电视媒介组织的发展,从行政性垄断到事业单位企业化运作的转变,各地纷纷成立广电集团,这其中媒介组织经历了一次次改革。首先是20世纪80年代末在认识到媒介的经济属性的重要性后提出来的"事业单位企业化经营"的口号使得制播分离成为可能,并由此诞生了一批民营传媒公司,如光线传媒、唐龙国际等。接着,为了适应国外传媒集团化及其对中国的挑战,随着1996年首家报业集团的成立,从2000年始,广播电视业的集团化也拉开了序幕。在这一年,我国第一家省级广电集团——湖南广播影视集团成立。南京广播电视集团则是国家广播电视总局批准的第一家全国副省级城市广电集团。该集团属于事业性质,实行企业化管理,下辖南京电视台、南京人民广播电台、南京广播电视报社和南京音像出版社等,整合后集团成为拥有固定资产20亿元、节目覆盖受众2000万人和年创收超6亿元的地区传媒巨人。此后,各省市纷纷进入了广播电视集团化改革的热潮。2001年12月6日,中国最大的广播影视集团——中国广播影视集团正式成立,它整合了中央电视台、中央人民广播电台、中国国际广播电台、中国电影集团公司、中国广播电视传输网络有限责任公司和中国广播电视互联网站等中央级广播电视、电影及光电网络公司的资源和力量,形成拥有广播、电视、电影、传输网络、互联网站、报刊出版、影视艺术、科技开发、广告经营、物业管理的综合性传媒集团,其固定资产超过200亿元人民币,年收入也达到110亿元,可以说是名副其实的中国传媒航母。[①] 目前全国已批准成立的传媒集团70多家,其中广电影视集团有17家。

从外表看,我国的传媒改革与发展似乎与西方相似,像"制播分离"、"集团化"这些词从西方的广电媒介发展史中我们已不陌生,但仔细研究,会发现我国其实与西方有诸多不同。以集团化为例,美国的跨国传媒集团之所以在世界上形成了无可匹敌的地位,是因为它是由一些已经经过长期的市场洗礼而在各自领域里已经

① 王学成:《全球化时代的跨国传媒集团》,社会科学文献出版社2005年版,第275页。

独立的强势媒体合并而成的，无论是并购者还是并购的对象，都在各自的经营领域有自己的核心业务，已形成竞争实力和竞争优势。比如时代华纳的合并中，时代是以杂志起家的，在此领域，其《时代周刊》、《财富》等刊物树立了一个不可动摇的地位，华纳则依靠电影起家，影视制作是其核心业务，从20世纪60年代开始，华纳公司已经确立了自己在好莱坞第一巨头的地位，而时代华纳以76亿美元兼并的特纳传播公司，其旗下的CNN在世界上享有崇高的威望和影响力。迪斯尼以90亿美元兼并的美国广播公司是美国三大电视网之一，能够将迪斯尼的内容优势与美国广播公司的渠道优势很好地结合起来。反观我国目前的传媒集团化改革，首先，由于没有经过前期的市场洗礼阶段，其各个部分并没有形成自己的专业特长和核心业务，这样在短时间里组建传媒集团的行为很可能是没有竞争能力的"拔苗助长"的行为；其次，从集团的实现方式上看，国外传媒是通过市场并购实现的，而我国则是通过行政命令的方式组合起来的，政府在传媒业的发展上并不是起引导作用，而是起着主导作用。归根到底，还是政府办传媒，而非政府为传媒业的发展服务。这样势必会带来一些问题如：(1)行政捏合，存在一定程度上的翻牌现象。与以往不同的仅仅是换了一个牌子改了几个名字，所谓换汤不换药。(2)产权残缺，尚未形成真正的市场主体。我国的媒体产权都是国家代表全体人民所有，但并没有一个明确的政府部门来监管全国近1000亿元的媒体资产，这种事业单位企业化经营的方式虽然并不影响集团的一般市场运作和经营，但资本运作和并购难以开展，产权关系无法明晰。(3)业务重组力度不够，资源配置不尽合理，规模经济效益难以体现。由于存在行政整合的问题，集团内部存在较多的矛盾，难以从单纯的物理结合向化学反应转变，所以集团化所应有的规模效益也难以发挥。(4)市场保护、地区封锁在一定程度上继续存在。

国外传媒业的历史表明，市场竞争机制是形成强大的传媒集团的制度基础。因此，我国传媒业的改革应该围绕着建立内部和外部的竞争激励机制这一核心，对传媒业进行市场化和企业化的运作。

第三节　广播电视媒介组织管理

世界上的广播电视媒介组织因体制不同、资本所属性质不同，其管理的方式也不尽相同，我们不妨分别从媒介内部宏观、中观和微观三个层面来分析广播电视的媒介组织管理。首先，从宏观上，我们主要分析对比一下西方占主体地位的广播电视的公司制管理方式和我国的事业单位企业化的管理方式；其次，从中观上，我们来看一看当下流行的以频道为单位的"频道中心制"的管理方式；最后，从微观上，我们主要来分析一下以栏目为单位的"制片人中心制"、"主持人中心制"的管理方式。

一、以媒介为单位的组织管理

如前所述，当今世界各国广播电视的所有制类型主要有公有、私有和国有。美国是以私有制占主体，西欧以公有、私有并存，我国则是传媒为国家所有。相应的，在媒介组织的管理上，也存在着不同，西方国家大多实行公司制管理，其中尤以美国多数广电集团为代表的商业广播电视媒介组织的公司制管理为代表，相较之下，我国现今则实行事业单位、企业化的管理方式。下面，我们就对这两种主要的广播电视媒介组织的管理方式进行分别分析。

1. 商业广播电视媒介组织的公司制管理

商业广播电视媒介组织的公司制管理与一般公司相似，以董事会为中心。董事会经由股东选举产生，是公司的最高决策机构，它任命最高管理人员，决定投资，并把经营权交由管理层代理行使，一般为 CEO，形成了股东大会→董事会→CEO 或总裁的治理结构。比如，一个典型的美国传媒集团的管理模式是，股东大会→董事会→发行人→总经理、总编辑。一般来说，一个商业电台/电视台会设置以下一些部门：[①]

(1)节目销售部：主要向广告客户销售广告时段。

(2)节目部：在经理或总监的指导下策划节目、挑选节目、安排节目，并在制作人员的协助下制作节目。

(3)新闻部：负责日常的新闻播出、新闻特别节目和体育特别节目、纪录片和公共事务性节目。

(4)工程部：由总城市或技术经理领导，负责演播室、控制室和播出设备的选择、操作和维护，还要依据联邦通讯委员会的要求负责技术监控。

(5)事务部：广播电台/电视台作为一个商业机构必须承担的多种任务都由事务部负责，包括文秘、报表、工资簿等。

大的跨国传媒集团由于其规模庞大，跨行业、跨地区的经营使得其组织管理结构更为复杂。在前一节中我们已对全球主要的跨国传媒集团的规模有了叙述，从其内部治理结构而言，一般是遵循股东大会→董事会→总经理或 CEO→中间管理层模式。比如新闻集团的内部治理结构就是如此，由集团、董事会和经理层组成一种组织结构，并且互相制衡。股东大会是最高权力机构，董事会是最高决策机构，董事会下设任命委员会、薪酬委员会、期权分配委员会和审计检查委员会。任命委员会负责董事会的组建和对董事的监督。薪酬委员会负责审查董事会的报酬细目、退休金等。期权委员会负责决定期权在计划中授予或者转让。审计检查委员会负责财务审计，每年至少要对财务审计两次。下属的公司在董事会的授权下

---

① 〔美〕彼得·K. 普林格尔、迈克尔·F. 斯塔尔、威廉·E. 迈克加维特著，潘紫径等译：《电子媒介经营与管理》，北京广播学院出版社 2004 年版，第 16 页。

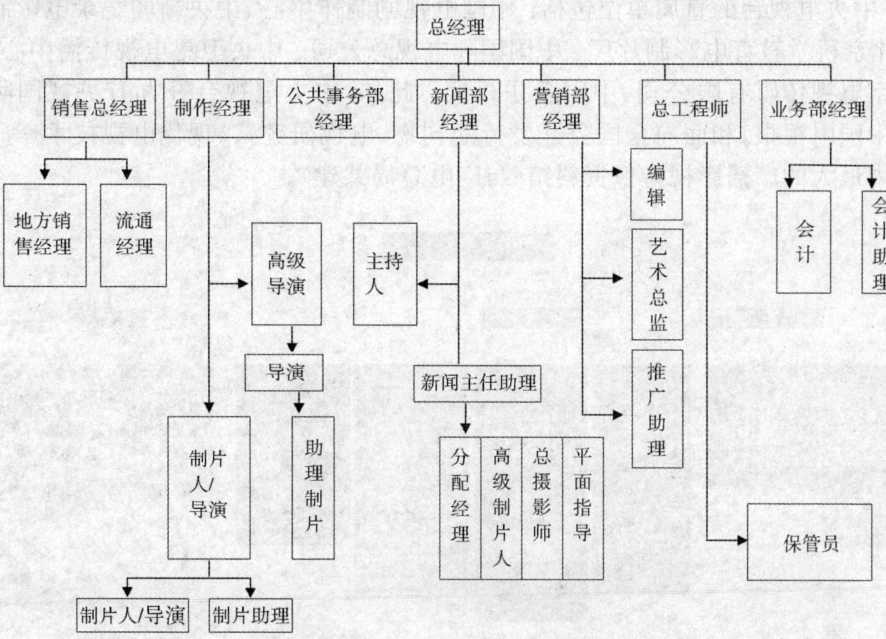

图 6—1

进行经营。图 6—1 是一家典型的中型市场中商业电视台的组织结构。[①]

2. 我国广播电视媒介组织的事业单位、企业化的管理

改革开放以后,我国媒体多年来实行的是"事业单位企业化经营"的管理机制,报纸、电台、电视台作为事业单位,允许进行"企业化经营"。"企业化经营"和"企业经营"虽然只相差一个字,但确是本质的差别,这意味着我国的媒体并非市场经济环境下完整意义的企业。许多媒体不单是事业法人,有时还是政事合一,比如某些省的广电局局长,又是广播影视集团董事长。这种体制使电视媒体始终处于严格的行政管理之下,不能完全按照市场经济环境下企业经营的规范准则开展活动,电视媒体因此丧失了一定的在市场经济环境中应对市场变化的灵活性。

(1)中央电视台组织结构

中央电视台现为国家副部级事业单位,内设 16 个副局级中心(室),包括办公室、总编室、人事办公室、财经办公室、机关党委、新闻节目中心、海外节目中心、社教节目中心、文艺节目中心、广告经济信息中心、体育节目中心、青少节目中心、网络传播中心、技术管理办公室、技术制作中心、播出传送中心;有 3 个直属处级单位,包括监察室、审计处、中国电视报社;新台址建设工程办公室(临时机

① 王学成:《全球化时代的跨国传媒集团》,社会科学文献出版社 2005 年版,第 80 页。

构)。中央电视台的直属单位包括:中国电视剧制作中心、中央新闻纪录电影制片厂、北京科学教育电影制片厂、中国国际电视总公司、中央卫星电视传播中心、中央数字电视传媒有限公司、中国爱乐乐团。此外,中央电视台开办有央视国际网站、《中国电视报》和面向全国公开发行的刊物《电视研究》、《现代电视技术》等,拥有国内最大的广播影视音像资料馆(与广电总局共建)。

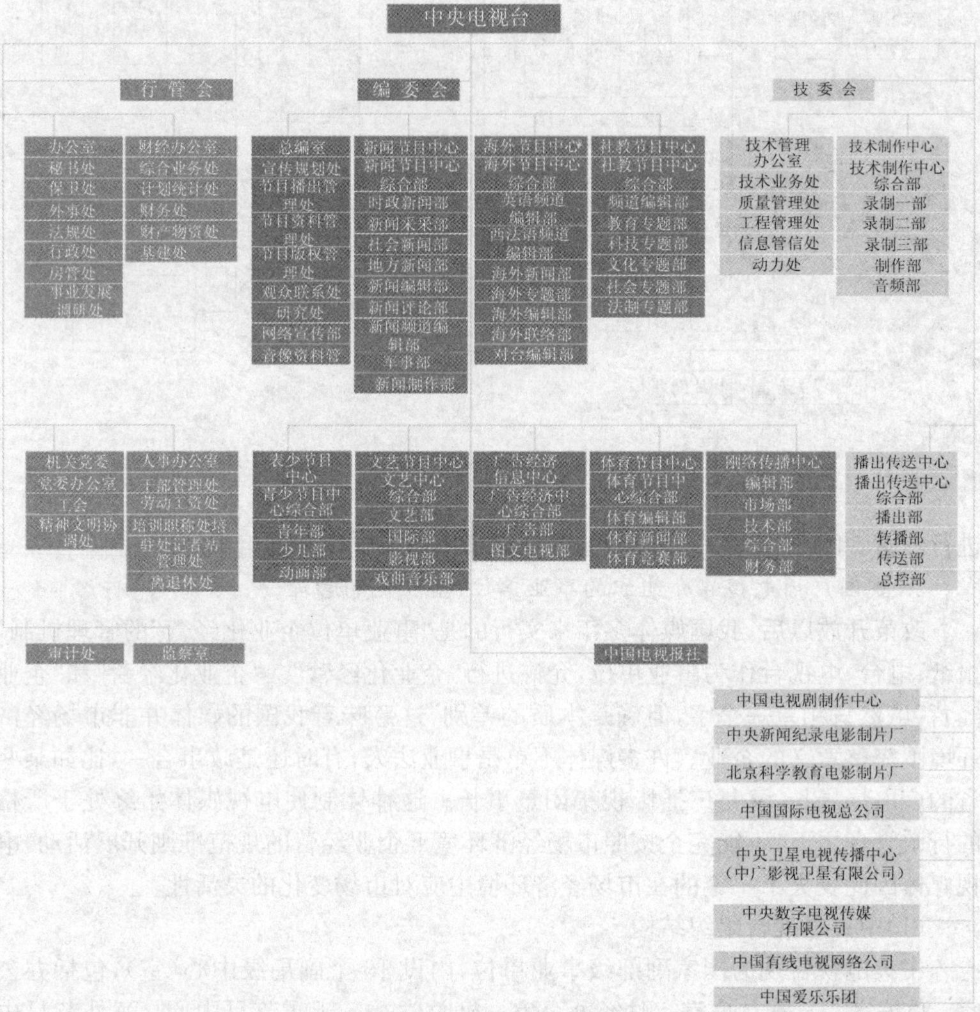

从上表我们可以看出,中央台的内部分工很细,从中心到各个中心下设的若干个部门,基本都还是继承了原事业单位的组织运行方式。中央台的节目基本也都是由这些部门自己来完成,它们自己制作节目、监播节目,并没有和市场真正地接轨,实现真正的市场化运作。这不但与我们之前所谈到的商业广播电视媒介组织的公司制管理模式相去甚远,就连与内地很多地方的广电集团相比,其组织管理模式也差距很大，下面我们不妨分别对照一下湖南和上海的广电模式，从中体会一下国内广播电视业在“事业单位企业化管理”中的不同做法。

(2)湖南电广传媒股份有限公司的组织结构

成立于1999年，截至2005年12月31日，公司总资产为49.84亿元，净资产为23.86亿元。电广传媒的主营业务和经营范围包括：广告发布、代理、策划、制作，影视节目制作发行和有线电视网络信息传输服务，兼营房地产、旅游、会展等业务。公司下辖广告、节目、网络三大分公司，依托中国湖南电视台七大媒体的资源优势，拥有中国数亿的电视受众群体和湖南省200多万有线电视用户，形成公司业务的核心竞争力。不仅如此，公司在省内外拥有40多家控股、参股公司，形成了以长沙、北京、上海和深圳为区域中心，辐射全国的业务网络，经过资本扩张，电广传媒正向跨媒体、跨地区的国际传媒产业集团发展。

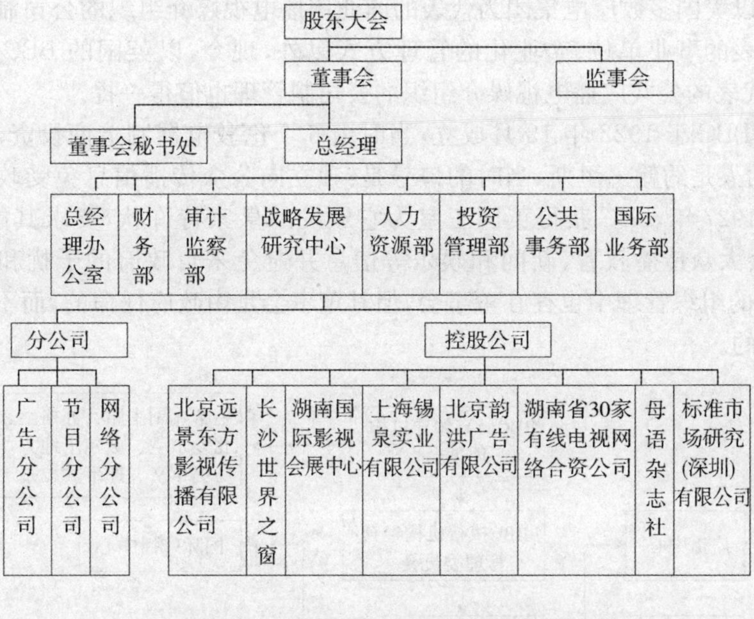

图6—2　湖南电广传媒集团组织结构图①

(3)上海文广传媒集团组织结构

筹建于2001年8月，是由原上海人民广播电台、上海东方广播电台、上海电视台、上海东方电视台、上海有线电视台等广播电视播出制作机构整合而成。集团现有电视频道11套(地面4套、卫星1套、有线6套)，广播频率10套，报纸2家，杂志2家，总资产超过100亿元。

---

① 周鸿铎、王文杰、陈鹏：《传媒集团运营机制》，经济管理出版社2005年版，第47页。

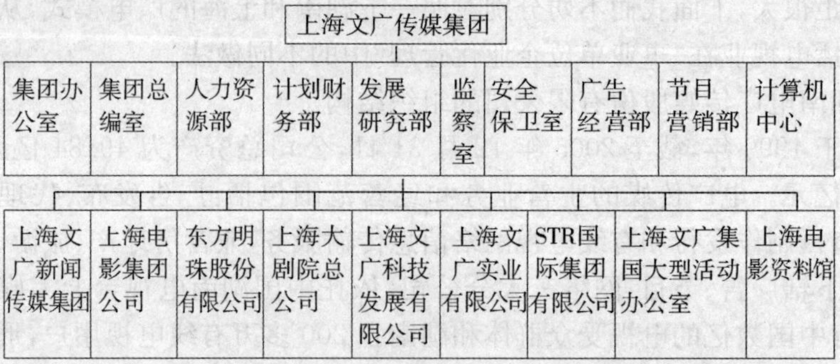

图 6—3　上海文广传媒集团的组织结构图①

3. 公共电视机构的组织管理

除了以美国多数广电集团为代表的商业广播电视媒介组织的公司制管理和以我国为代表的事业单位、企业化的管理方式以外，现今，以英国的 BBC 与日本的 NHK 为代表的公共广播电视媒介组织的公司制管理也值得一提。

老的 BBC 于 1922 年 12 月成立，当时由 6 个伦敦电器制造商投资，只经营广播，其创始人是约翰·里斯，当时的口号是：独立向公众传播信息免受政府和商业的干扰。1927 年，BBC 获得英国王室为它颁发的皇家特许状，要求其能够“独立地”向社会大众传播教育、新闻和娱乐等信息并避免来自政府的干扰和商业的压力。BBC 的组织管理中也存在董事会，但其董事会是由政府任命的，而不是根据公司法组建的。

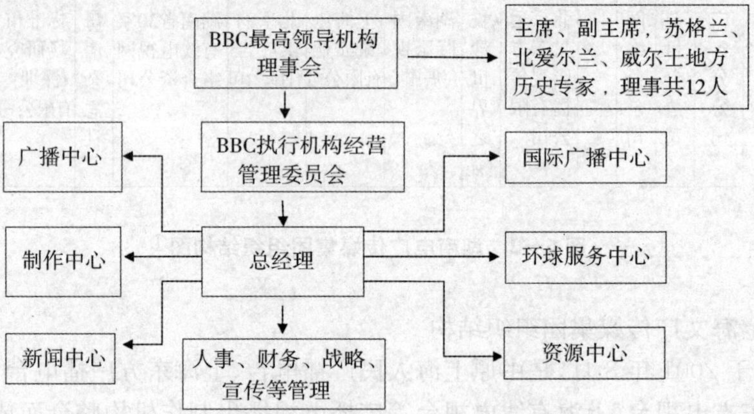

图 6—4　BBC 组织管理图②

① 周鸿铎、王文杰、陈鹏：《传媒集团运营机制》，经济管理出版社 2005 年版，第 48 页。

② 王学成：《全球化时代的跨国传媒集团》，社会科学文献出版社 2005 年版，第 67 页。

BBC的这种公共广播电视媒介组织管理源自企业历史发展过程中所有权与经营权的分离，其主要目的在于通过相互制衡对经营者形成有效约束，以保护公众的利益。其特点为：资产为国家所有，但广电组织保持相对独立性，由公司自主经营，广电组织作为"特殊法人"存在及运作；根据法律规定，组成董事会或管理委员会进行领导管理，政府加以规范监督，业务自主进行；经费来自视听费、国家拨款，有的辅以广告收入。

二、以频道为单位的"频道中心制"管理

1. 频道中心制的内涵

频道中心制也称频道总监制，是基于受众市场细分理论和准确定位理论而形成的以频道为单元，构筑自己的节目平台和经营创收平台；不同频道根据自己频道受众的专业化对象，确定节目构架、栏目构成及频道经营策略，以形成自己的频道特色，满足观众的专业化需求。对频道内的栏目设置和节目日常管理、人力资源使用、报酬分配等实施统一管理的现代电视媒体管理模式。20世纪60年代，西方国家电视媒体开始走向专业化，频道大量增加，传统的以栏目为基本单位的管理模式，逐步让位于以频道为基本单位的管理模式。随着我国文化事业产业化进程的推进，国内电视媒体开始进入频道化时代，观众开始改变根据栏目选择频道的收视习惯，逐渐根据频道选择节目，频道也开始注重和培养各自的品牌。电视经营管理者正在学习从资金、人才、信息到节目、品牌、影响力等各个方面入手来管理频道，频道因此逐渐成为运营主体，原有的电视台与电视台之间的竞争已经演变为频道与频道之间的竞争。

2. 当前电视频道管理的几种模式

目前国内电视媒体的频道管理模式主要分为部门中心制(A)、频道中心制(B)、频道公司制(C)三种。见图6—5：

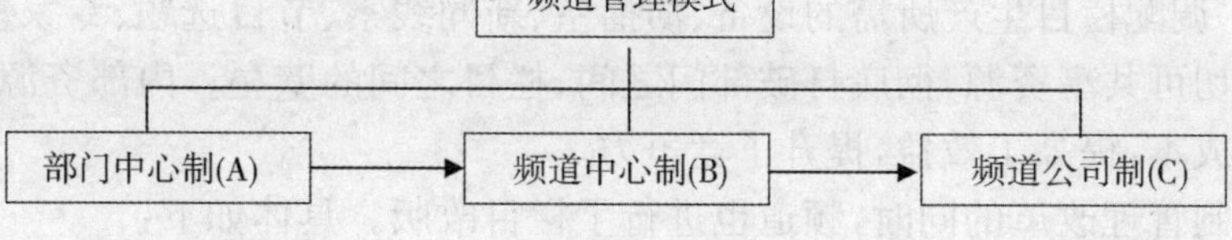

图6—5

由部门中心制管理(A)到频道公司制管理(C)发展是国内电视媒体的发展趋势。频道中心制(B)是由(A)到(C)的过渡阶段。频道公司制管理(C)将明确频道的管理主体、建立总监制的管理结构、推行企业化的运作方式、确立产业化的发展方向，它是频道化运作的核心内容，是国内电视媒体管理体制改革的基本方向和努

力目标。

我们以中央电视台经济频道和上海东方卫视为例，来分析一下它们的频道管理的模式。

(1)CCTV—2 的频道总监制管理

2003 年 10 月，中央电视台经济频道在频道改版的同时，也对频道管理体制做了重大的调整。根据央视改制方案，此次从组织架构上进行根本变革：撤销原经济部、信息部，淡化行政级别，从“中心→部门→科组→栏目”的四级体制变为“频道→工作室主任→栏目”的三级体制，实行频道总监负责制，频道总监、副总监由台长聘任，任期内如达不到考核指标的要求，予以解聘。工作室主任负责本工作室内各栏目的统一协调与调控。各工作室制片人负责本栏目各项工作的组织与实施。

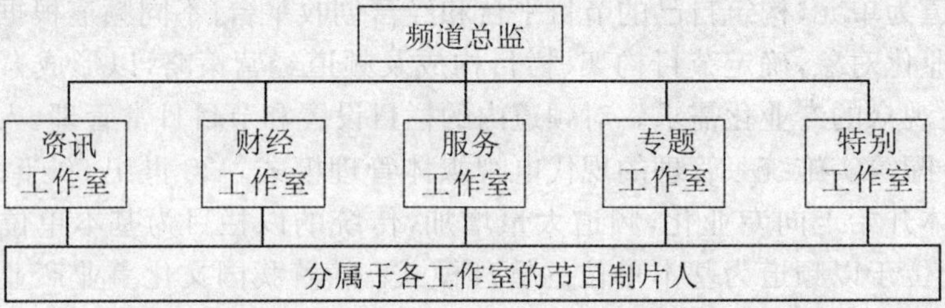

图 6－6　中央电视台试行的频道总监制管理三级模式

同时，设频道运营总监、频道节目总监。基本明确各级别组织分工原则：频道总监对频道各项工作负全面责任，频道节目总监管理频道节目的生产、播出等方面的工作，频道运营总监负责频道的行政、人事、财务、推广、经营等方面的工作。

央视经济频道按照“资源为本，效益为先”原则，基本确立了现代电视媒体管理的基础架构——频道总监制。频道总监制管理的试行，其基本思想是从频道整体利益出发，以资源整合为切入点，以机构改革为突破口，以企业化管理为参照，以合并同类项为原则组建。在生产流程上，合并于一个工作室的各栏目初步实现资源共享，统一调配栏目生产所需的设备、演播室、新闻线索、节目选题、专家嘉宾、画面素材等一切可共享资源，彻底打破部门之间、栏目之间的壁垒。内部资源的有效整合降低了成本，提高了效益，提升了竞争力。

在体制管理改革的同时，频道也进行了栏目改版。具体如下：

第一，在“大经济”的主线下，把频道内容重新归类，与新设的五个工作室的新管理体制并行。原来比较零散的经济、生活、服务内容在新版的二套节目中也被相应地分为五大板块：

资讯板块：覆盖早间、午间、晚间三大高开机段，晚间龙头栏目《经济半小时》、《经济信息联播》与新开的早间栏目《第一时间》、午间栏目《全球资讯榜》，共同构筑经济频道的主线。

服务板块:包含《生活》、《前沿》等。

财经板块:《中国财经报道》尝试转型,主打财经评论,力推频道财经评论员;《中国证券》实时同步连接市场,财经、证券讯息同步传递;培育《艺术品投资》、《鉴宝》等新兴市场品种。

深度资讯板块:涵盖《对话》、《经济与法》等,透过人物,深入解读经济事件,展开话题,多方阐释背景观点。

益智娱乐板块:全新设计两档娱乐竞技栏目《非常6+1》和《绝对挑战》,与《开心辞典》、《幸运52》共同营造都市观众的周末快乐时光。

第二,摒弃和新设了部分栏目。原来远离经济的《电视你我他》、《欢乐家庭》等栏目被取消了;原来过于市场运作的《商桥》、《中国市场信息》、《商界名家》等栏目,由于难于管理,与广告部广告行为相冲突等原因被取消了;新设了一批节目,如资讯类的《第一时间》、《全球资讯榜》,益智娱乐类的《非常6+1》、《绝对挑战》等。

第三,栏目本身的改版。如原来的经济资讯节目《中国财经报道》向深度分析和评论转向;《生活》、《前沿》等一些节目结合频道新的定位,进行了一系列的改版。

2004年9月,经济频道的频道总监制运营初期的各工作室相继撤销,频道管理进一步扁平化,形成频道总监→栏目制片人两级模式。频道总监可以直接过问栏目,具体管理由其下的9个总监助理分别执行。各栏目制片人分别对总监负责,组织本栏目各项工作的实施。这标志着央视经济频道的总监制管理进一步成熟,逐步走向稳步发展的轨道。

(2)公司化建制的上海东方卫视

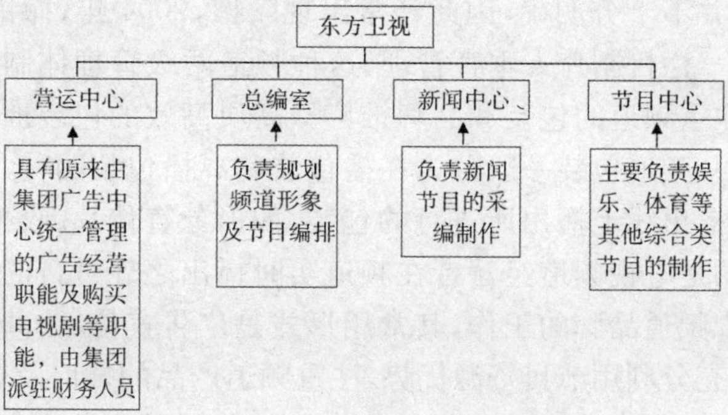

图6—7　中心制管理的东方卫视[①]

2003年7月24日,上海东方卫视传媒有限公司注册挂牌成立,成为上海文广集团全资子公司。同年10月23日,正式更名为东方卫视。工作人员成为公司职

① 资料来源:http://www.qianlong.com/

员，名片上不再出现“电视台”字样，以传媒公司取而代之，频道总监对外称“总经理”。集团与子公司之间建立指标监控关系，子公司在业务决策、人才引进、广告经营等方面拥有较大的自主权。

集团允许东方卫视独自引进电视剧，这使东方卫视比集团内其他频道能更自由、更快捷地获得优秀电视剧的播放权。此外，集团对东方卫视的支持还体现在独有广告经营权。

3. 关于频道中心制管理的思考

从以上介绍可以看出，中央电视台经济频道采用了频道中心制的管理模式，而东方卫视基本采用了频道公司制的管理模式，两个频道恰好代表了目前国内两种频道改革模式。由于政策环境、资源环境等诸多方面因素的不同，中央电视台和上海文广集团各自形成了更有利于自身发展的频道管理模式。因此，频道制改革必须结合实际，在实践中不断探索改革的最佳途径。具体如下：

在频道制的改革过程中，采用哪一种模式要根据自身情况，以提高节目内容质量和提升观众收视率为目标，而不要盲目跟风，盲目上马。在频道资源整合的过程中，要明确总监负责制，因势利导，在频道内部，要把频道的所有节目资源、人力物力资源、时间资源进行整体规划和安排，建立频道岗位责任制，并层层到位，切实增强工作效率；在频道外部，要协调好频道与上级电视台或集团的统、分，明确频道总监、制片人两级管理体制。以央视经济频道为例，实行频道总监制初期，在频道总监和栏目制片人中间，还设立了一个中间角色——工作室主任，负责管理工作室内栏目的实际运行，而在实际的运行过程中，各工作室负责人与下辖栏目制片人的角色以及工作分工并不十分明确，因此经常出现摩擦，2004 年，撤销工作室主任，强化了频道总监——栏目制片人垂直管理，这种频道两级管理体制进一步提高了管理工作效率，更注重频道的包装和品牌推广。高质高效的包装推广工作可以获得受众的广泛认知。频道包装一般分为在播包装和离播包装两种，在播包装指的是针对频道内容在播出线上播出所进行的包装，如形象宣传片、收视宣传、频道编排等；离播包装指的是电视频道经营者在频道实时播出之外进行的一系列有利于树立频道形象、推广频道品牌的工作，其常用形式是广告宣传、公共关系、发行推广、播出推广等。要充分利用节目资源优势，注重频道产品的推广及营销，扩大单一的广告营销，逐步开发多种节目衍生产品以增加收益，目前央视多个频道已经意识到这一理念并开展了许多卓有成效的探索。比如新闻频道的多个品牌节目相继进行年度精品节目的编辑出版发行，如《面对面》、《新闻调查》、《新闻会客厅》、《实话实说》等，这样做不但拓展了营销的渠道，也满足了国内诸多的媒体从业人员学习借鉴央视名栏目的节目制作流程及理念，可谓一举两得。同时，央视很多节目被做成光盘面向市场出售，这不但有利于推广自身品牌也利于多元化盈利。同时，电视产业为了做大做强，应该积极探索走进市场的多种形式，比如拓展产业联动发展，想办法进入市场融资等。电视业被看成21世纪的朝阳产业，以其门槛相对较低、回报较快被国外很多人看好，随着频道中心制运行的不断成熟，相信我国的电视业会有一个好的发展前景。

三、以栏目为单位的“制片人中心制”与“主持人中心制”管理

1. 制片人中心制管理

制片人制起源于20世纪20年代的美国，它的出现是西方影视事业发展的需要。1985年，中国电视剧制作中心任命了4名制片人，开创了内地电视界制片人制的先河。1993年5月中央电视台又在《东方时空》实行了制片人制，第一个在栏目中采用了这一机制。随后，这种新的节目管理方式，很快被全国各地电视台所接受，到90年代后期，全国已有88%的电视台实行了制片人制，77%的栏目实行了制片人制。

什么是电视台的制片人中心制呢？我国目前各电视台主要是指栏目制片人制（以下简称制片人制），即由制片人管理栏目，对栏目的节目制作、财务管理、人员使用、报酬分配实施全权负责。目前的制片人制大概有两种：第一种，制片人是台里的内部人员，通过公开招标或者通过某种方式选取，以承包的形式制作节目。制片人拥有高度的自主权，包括人员和经费的使用。目前我国各电视台的栏目管理大多是这种形式。第二种，独立制片人制，即制片人是具有独立法人资格的社会制片机构负责人。节目制作公司通过制作电视剧、专题片、娱乐节目等卖给电视台来盈利。①

制片人制在我国电视系统的确立，经历了十几年的时间，实践说明，这种节目管理方式是目前各种方式中较先进的一种，对《东方时空》、《焦点访谈》等一大批优秀栏目的涌现起到了决定性的作用。目前中国电视节目产品的组织结构大多是：制片人、导演、主编、总策划、采编制作（记者、制作人员等），审核通常由主编承担。电视制片人制的实行是我国电视节目运作机制的一项重大改革。这种新的机制，调动了电视工作者的积极性、创造性，使电视台的人财物等资源在一定程度上实现了合理配置，获取了原有管理模式难以实现的经济效益和社会效益。但是，在对制片人制充分肯定的同时，也应该看到，电视制片人制的实施并没有与人事制度、财务管理制度、节目运行制度的实质性改革相配套，因此在实践中，暴露出了许多不足。具体特点与问题分析如下：

（1）特点

第一，制作单位相对独立，权力相对集中，有利于提高节目运作效率。

制片人制确立了栏目作为单独的制作单位，具有相对独立的经营自主权，有助

---

① 李新民：《中国电视大趋势》，华夏出版社2006年版，第169页。

于栏目风格的稳定和管理、运营成本的降低，使节目生产决策环节大大减少，对市场反应更加快捷；制片人被赋予很大的人事权和财权，包括节目统筹权、经费开支权和人员使用权以及对栏目人员的录用、进出、岗位分配、待遇设定等权力，这有利于制片人合理配置栏目内部资源，调动有限的人力、财力来做好节目。在栏目内部，人员能上能下、能进能出、收入能高能低，这种动态化的管理能使每个工作人员保持一种良好的竞技状态。

第二，制片人有经费开支权，无广告经营权。

一般来说，为统筹、整合广告资源，除个别栏目外，绝大多数栏目没有自身的广告经营权，节目经费由节目中心或频道统一拨给。电视台根据各个栏目的不同情况与制片人签订责任书，在责任中规定各制片人节目的开支比例（节目经费与奖金、福利的比例），并实行账目的监督和逐项审计，保证财务监督的严肃性和规范性。电视制片人所具有的自主权主要体现在经费开支的运作上。

第三，制片人的人事管理权受限。

在人事管理上，根据电视台各栏目和节目任务的大小，台领导核定制片人使用人员的人数，外聘人员要报台里备案，台里保留对外聘人员的否决权，以保证对外聘人员的高素质要求。

(2)问题

第一，栏目制作缺乏成本核算。

目前，电视栏目的财务管理基本上是粗线条管理，缺少成本核算、效益意识，这是长期以来从宣传的角度考虑节目生产的结果。

建立预算控制制度是电视行业控制节目生产费用的主要手段，运用实时监控手段，主动进行成本控制，是电视节目生产成本管理的关键。电视台往往缺少这些明确细致的成本管理规章制度和实施方法，电视栏目生产忽视财务管理，不利于实现其经营目标。

第二，国营体制制约机制的缺乏容易导致腐败

我国电视行业流行的制片人制，实质上来讲多是国营体制下的电视制作的承包制。在这种体制下，制片人权力过大，国营体制缺乏有效的制约机制，如资金审批环节缺乏监督，经费的使用缺乏监控力度，电视传媒业中的财务制度管理较为松懈等，这些制约机制的缺失使得腐败现象滋生。2004 年 9 月 1 日，央视原文艺中心副主任冯骥因涉嫌受贿被起诉，他是继赵安之后，中央电视台内挖出的又一涉嫌经济犯罪的部门负责人。

第三，制片人素质参差不齐。

这不仅体现在业务水平上，也体现在思想政治素质上。一部分制片人具有较高的综合素质，管理能力强、制片水平高，但也有的制片人文化素质很低，制约着节目质量的档次。

第四，缺少市场经济中的激励机制。

目前我国的制片人制在很大程度上没有形成科学化、规模化运作，还类似于一种小作坊式的生产。各栏目往往单打独斗，在运作的过程中，大都本着节约开支的原则，对从业人员缺少经济奖励机制。当前各栏目大多是制片人的素质（或者叫人格魅力）在决定着从业人员的创作积极性，而不是经济措施。在市场经济越来越发达的今天，电视节目生产过程中的经济激励因素也越来越凸显，如果仍然沿用原来的方法调动大家，而忽视恰当的经济鼓励，结果很可能导致团队凝聚力下降，这种情况不利于中国电视节目整体水平的上升。

此外，这种承包式制片人制在节目内容审核监控上也存在问题，制片人拥有相对较大的节目支配权，而目前制片人获取有关宣传政策和信息的渠道还不十分顺畅，这样势必会引起电视台内外管理系统对其在客观上可能影响节目导向力度的担忧。

2. 主持人中心制管理

所谓主持人中心制，是指以主持人为中心来打造整个节目，主持人是整个节目的灵魂，参与节目的整个创作和制作过程，甚至有对节目人员、设备甚至资金的使用和支配权。美国是最早实行主持人中心制并且是唯一真正意义上运作成熟的主持人中心制的国家。其主持人中心制自 20 世纪 50 年代发展至今，已有半个多世纪的历史，因此其运作机制已经相当成熟。各大电视机构的各类节目都注重包装主持人，靠主持人的影响力打造栏目。比如美国很多脱口秀都是以主持人的名字来命名的，像奥普拉·温弗瑞的谈话节目、《杰·雷诺今夜秀》(NBC)、《大卫·莱特曼深夜秀》(CBS)、《杰瑞·斯普林格谈话节目》(FOX)和《拉里·金现场》(CNN)等。另外，主持人都是跟着节目走的，名主持人一般都身兼记者、编辑、制片等数职，权力很大。名主持人对公众的影响力有时并不亚于总统。为了应付同行间的激烈竞争，各大电视网都把有经验的主持人当成宝贝，支付高薪。主持人一旦跳槽，就会带走一大批观众。其中，最有影响力的主持人往往是新闻或新闻专栏节目主持人。

美国的著名主持人大多参与节目的整体运作和管理，由于他们经验丰富、知识渊博，对事物有着自己独特的个人见解，他们参与甚至主导节目的选题、策划采访制作的全过程，如克朗凯特、丹·拉瑟等在担任主持人时也是编辑主任，所有的制片人和撰稿人完全听命于他。在管理上，各家广播公司高薪聘请主持人，在某种意义上，对主持人的争夺就意味着对观众的争夺。80 年代初，CBS 董事长佩利得知拉瑟有可能跳入美国广播公司这一情况后，立即提前结束在欧洲的休假，回到纽约总部，依据 10 年 2500 万的价码挽留拉瑟，拉瑟在 ABC 每年出价 300 万美元的诱惑下仍然选择留在 CBS，因为留恋 CBS 的工作环境。

我国自 20 世纪 90 年代初实行制片人制以来，渐渐出现了一批富有个性、素质较强的记者型主持人，央视的新闻评论部是央视锐意改革的急先锋，它造就了一批名栏目和名主持。如《东方时空》的白岩松、《实话实说》的崔永元以及《新闻调查》的董倩、王志。此外，上海东方广播电台也在业内率先推行主持人中心制，由主持人聘请编辑或助手，主持人拥有人事聘用权、经费使用权和节目操作权。

但是严格地说，我国现在还没有真正进入到“主持人中心制”的时代。

第一，从机制上看，美国从20世纪50年代后期，电视业开始快速频道化，频道的竞争已经变得非常激烈，于是，NBC、ABC、CBS，包括后来的CNN等，这些大电视公司的竞争开始把竞争的砝码放在主持人身上，因为主持人是门面，是沟通节目与观众的桥梁，而主持人的竞争在很大程度上又表现为主持人间的魅力竞争。为此，各大电视机构纷纷物色选拔堪以担当重任的人才。如前所述，美国的主持人的选拔、使用和管理机制在我们国家目前还难以成行。当每年拥有相同学科背景的播音主持艺术专业毕业生涌向各地电视台时，我们很难畅谈什么主持人的个性化；当屏幕上年轻的俊男靓女们用稍嫌稚嫩的声音纵论世界及国家大事时，我们很难不对其信息的权威性发出质疑；当金牌主持们由于成名而开始掌握行政大权，甚至逐渐退居幕后时专心做起领导时，我们不得不为他们惋惜。这一切，归其原因还是机制的问题。

在2005年的上海主持人论坛上，已经从央视转战东方卫视的方宏进毫不留情地指出，“中国的电视主持人行业有一点很不好，一个主持人的价值只体现在做官上，一个主持人能做上制片人、做上台长，那意味着他成功了，这是很奇怪的现象。在国外，一个普通主持人能坐上主播的位置那才是他最骄傲的、最牛的。以前在央视就见到很多做得很好的主持人和记者，在得了一些奖之后就去做制片人、做主任去了，这很不好，很可惜”。比如，伴随着《东方时空》、《焦点访谈》等央视王牌新闻栏目一起深入人心的白岩松，他在成为名牌节目主持人之后，曾经一度同时是三个栏目的制片人，并且还是《新闻调查》栏目的编委。琐碎的行政工作牵扯了他很多精力，因此白岩松后来辞去了一部分行政职务，以便用更多时间来做节目。

第二，从主持人个人素质上来说，且不说我们是否具备了从记者到名记者再到主持人的条件，在节目中，我们的主持人中有几个能真正运用自己的睿智驾驭节目、分析事件、提问被采访对象的？在这方面，也许我们更应该向国外学一学，1965年，当年轻俊美的彼得·詹宁斯在由记者一跃成为ABC《晚间新闻》节目主持人后，由于资历太浅无法胜任，最终不得不重新成为记者。当年仅27岁的他坐在主播台前纵谈世界国家大事时，其对人们的吸引力与说服力实在不堪与当时处于巅峰的CBS的沃尔特·克朗凯特和NBC的切特·亨特利与戴维·布林克利二人组合相比。在历经近20年的再次磨炼之后，1983年，年逾不惑的詹宁斯再次挂牌入主《晚间新闻》节目担任主持人兼高级编辑，终于获得成功。《60分钟》最著名的主持人华莱士已经80多岁还四处采访做节目，出席“2005上海主持人论坛”的另一位《60 分》的主播莫利·塞弗也已经 70 多岁，他对记者说："我已经从业 50 年，年纪大了的人确实会有脆弱感，不知道别人将怎样放弃你，但我同时有了很大的自由感，有个经验不一定正确，那就是我觉得过了一定的年龄，别人会觉得你有智慧。"已经头发花白的他至今壮心不已，比起坐在演播室当主播，他更愿意去尘土飞扬的新闻一线报道新闻事件。

与国外相比，国内的主持人显出了整体性的年轻化。30 多岁的主持人已经是前辈级的人物，年轻主持人身上普遍存在着浮躁和不成熟，驾驭节目、分析事件、提问被采访对象的能力很多时候显得捉襟见肘。事实是，我们也许不是没有堪当重任的人才，而是高管们应该摒弃刻板成见，大胆用人，受众对那些字正腔圆、照本宣科的程式化、概念化的采访与主持风格已经厌烦。在这样一个信息高速膨胀的时代，人们渴望对信息的解读，而解读信息需要的是拥有着丰富阅历和智慧、出色的口才及个人魅力的人来引导大家透过事件的表象逐层挖掘背后的深度，从而解受众之惑，使事件得以正本清源。做不到这点，我们无法相信中国已进入主持人中心制的时代。

思考题：

1. 请简要介绍美国广播电视媒介组织分类。
2. 跨国媒介集团的发展对我国有哪些启示？
3. 什么是制片人中心制？简述我国制片人中心制的特点。
4. 为什么说我国现在还没有真正进入到"主持人中心制"的时代？

第七章

广播电视产业构成与经营

[学习要点]

广播电视产业是文化产业的一个重要组成部分。广播电视产业共包括广播电视产品调研、制作、播出(发行)、传送、接收等多个环节。广播电视产业经营主要包括广播电视节目经营、广告经营和网络经营。广播电视媒介必须通过品牌经营、产业整合和资本运营等多种战略,才能在激烈的媒介竞争环境中生存并发展壮大。

在大多数市场经济比较成熟的西方国家，广播电视产业从诞生伊始就是以产业的形态进行运作的。广播电视产业作为精神产品的生产和服务部门，早已成为人们社会经济活动中不可缺少的组成部分。

第一节　广播电视产业构成

所谓产业，是指一切从事物质和精神产品生产以及提供劳务服务活动的部门集合。世界上较为通用的产业结构分类方法是根据社会生产活动历史发展的顺序对产业结构进行划分，这种分类法把产品直接取自自然界的部门称为第一产业，对初级产品进行再加工的部门称为第二产业，为生产和消费提供各种服务的部门称为第三产业。我国的三类产业划分是，第一产业：农业（包括种植业、林业、牧业和渔业）；第二产业：工业（包括采掘业，制造业，电力、煤气、水的生产和供应业）和建筑业；第三产业：除第一、第二产业以外的其他各业，包括交通运输、仓储及邮电通信业，批发和零售贸易、餐饮业等流通部门，金融、保险业，房地产业，社会服务业等为生产和生活服务的部门以及教育、文化艺术、卫生、体育和社会福利业等为提高科学文化水平和居民素质服务的部门。

一、广播电视产业作为文化产业的核心

广播电视产业是传媒产业的重要分支，而传媒业又是文化产业的一个重要组成部分。

"文化产业"的提出来源于法兰克福学派学者阿多诺。他在其经典文献《文化工业：作为欺骗群众的启蒙》中首先提出"文化工业"概念，批判标准化大规模的文化产品生产所形成大众流行文化对个人自主意识的控制。20 世纪 80 年代开始，以法国为代表的欧洲国家在文化上感觉到来自美国的威胁，提出了大力发展文化产业以作为一种国家应对战略。20 世纪 90 年代后，文化产业发展的热潮一浪高过一浪。无论是发达国家还是发展中国家，都将发展文化产业提升到提高国家竞争力的战略高度，全面提升文化产业的国际竞争力。

但是，对于文化产业，国际上至今没有形成一个严格的、统一的界定。联合国教科文组织在题为《文化、贸易和全球化》的报告中指出："文化产业这个概念是指那些包含创作、生产、销售'内容'的产业。"传媒、卡通、娱乐、游戏、旅游、教育、网络及信息服务、音乐、戏剧、艺术博物馆等都是文化产业的组成部分。不过，联合国教科文组织的这个概念界定并没有被普遍认同。各国的官员和学者在不同的历史和文化背景下从不同的意义和角度去理解和使用这一概念，除了"文化产业"之外，还相继出现了"创意产业"（creative industries）、"版权产业"（copyright industries）、"内容产业"（content industries）等多种概念。

创意产业是20世纪90年代的英国提出的。1998年,英国创意产业专责小组首次对创意产业进行了定义:“源于个人创造力与技能及才华,通过知识产权的生成和取用具有创造财富并增加就业潜力的产业。”共有13个行业部门包含在内:广告、建筑、艺术和古玩市场、工艺品、设计、时装设计师、电影与录像、互动休闲软件、音乐、表演艺术、出版、软件和电视广播等。新西兰及新加坡等国家在经济政策上也采用了“创意产业”这一名目。

1990年,美国国际知识产权联盟(简称IIPA)利用“版权产业”的概念来计算这一特定产业对美国整体经济的贡献。其中“核心版权产业”,是指受版权保护的作品或其他物品的创造、生产与制造、表演、宣传、传播与展示或分销和销售的产业。它包括:出版与文学、音乐、剧场制作、歌剧、电影与录像、广播电视、摄影、软件与数据库、视觉艺术与绘画艺术、广告服务等。“交叉版权产业”,是指促进有版权作品的创造、生产或使用的设备的产业,包括电视机、收音机、录像机、CD机、DVD、录音机、电子游戏设备以及其他相关设备。“部分版权产业”,是指那些有部分产品为版权产品的产业,包括:服装、纺织品与鞋类、珠宝与钱币、工艺品、家具、家用物品、玩具与游戏、室内设计、博物馆等。“边缘版权产业”,是指便于受版权保护的作品或其他物品的宣传、传播、分销或销售而又没有被归为“核心版权产业”的产业,如版权产品的一般批发与零售、大众运输服务、电讯与因特网服务。

2000年,欧盟在其信息规划中第一次提出了“内容产业”的概念。根据欧盟的定义,内容产业是指那些“制造、开发、包装和销售信息产品及其服务的产业”,包括“各种媒介上所传播的印刷品内容(报纸、书籍、杂志等)、音像电子出版物内容(联机数据库、音像制品服务、电子游戏等),音像传播内容(电视、录像、广播和影院)、用于消费的各种数字化软件等”。这个定义把文化产业与文化产业相关的信息技术产业部门(如通信业、IT行业、电视、网络基础设施建设)区别开来,突出了内容产品的生产和传播。

2000年10月,在党的十五届五中全会通过的《中共中央关于制定国民经济和社会发展第十个五年计划的建议》中,我国第一次提出“文化产业”这一概念。随后,党的十六大报告又明确指出:“发展文化产业是市场经济条件下繁荣社会主义文化、满足人民群众精神文化需求的重要途径。”2003年7月22日,我国成立了由中共中央宣传部牵头,国家统计局、文化部、国家广电总局、新闻出版总署、国家文物局、国家发展改革委、财政部、国家税务总局、国家工商总局等单位参加的“文化产业统计研究课题组”。课题组立足于我国国情,完成了《文化及相关产业分类》的研究工作。《文化及相关产业分类》对我国文化产业的概念和行业构成进行了界定,提出了《文化产业及相关产业分类》的标准。我国将“文化产业”的概念界定为:为社会公众提供文化、娱乐产品和服务的活动以及与这些活动有关联的活动的集合。根据上述界定,文化及相关产业的范围包括提供文化产品(如图书、音像制品等)、文化传播服务(如广播电视、文艺表演、博物馆等)和文化休闲娱乐(如游览景区服务、室内娱乐活动、休闲健身娱乐活动等)的活动,它构成文化产业的主体。同时,它还包括与文化产品、文化传播服务、文化休闲娱乐活动有直接关联的用品、设备的生产和销售活动以及相关文化产品(如工艺品等)的生产和销售活动,它们构成了文化产业的补充。《文化产业及相关产业分类》还将我国文化产业组合出文化产业核心层、文化产业外围层和文化产业相关层三个层次。其中文化产业核心层包括:新闻服务,出版发行和版权服务,广播、电视、电影服务,文化艺术服务;文化产业外围层包括:网络文化服务、文化休闲娱乐服务、其他文化服务;相关文化产业层包括文化用品、设备及相关文化产品的生产,文化用品、设备及相关文化产品的销售。如图 7—1。[①]

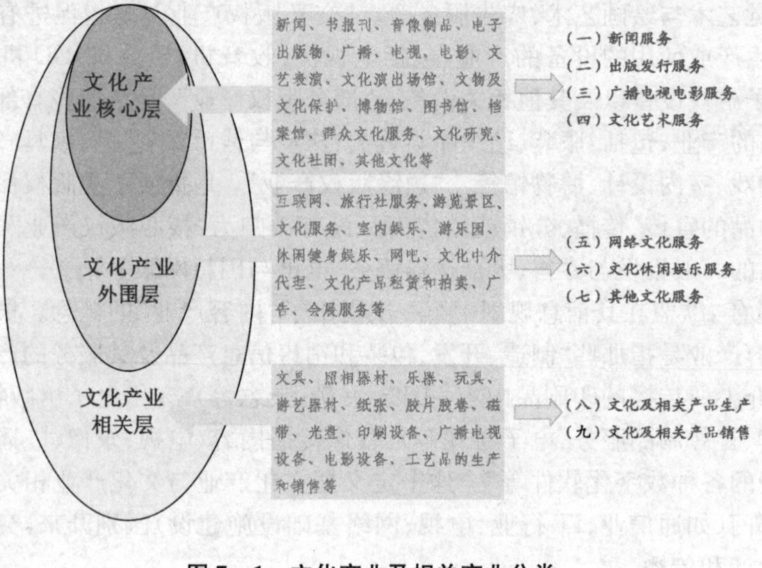

图 7—1　文化产业及相关产业分类

尽管各国对文化产业的概念界定不尽相同,但从以上各国提出的概念及范畴来看,无论对文化产业作出何种界定,广播电视媒体以及形成的相关产业都被纳入其中,并居于文化产业的核心层次,是文化产业的重要组成部分。

二、广播电视产业在国民经济发展中的地位与作用

包括广播电视业在内的传媒产业是 20 世纪持续高速增长的行业之一。1998 年摩根士丹利《全球投资报告》对 11 种产业建成世界级竞争能力的大企业所需年

① 国家统计局提供数据,转引自《文化 GDP 有了"度量衡"产业分类和统计指标体系编制完成》,《人民日报》,2005 年 3 月 2 日。

限的统计分析表明，大众传媒所需年限仅为 8 年，其收益的实现远远快于医药、银行、电力、能源等其他产业。根据美国证券业的统计资料，1996 年 10 月至 2001 年 10 月期间，美国传媒业在证券市场的表现更令人刮目相看。道琼斯指数最大涨幅为 97%，最终涨幅为 57%，而道琼斯传媒业指数的相应指标同期分别为 215%和 90%。在传媒业的三个领域中，广播电视业 5 年来的表现最好，其次是广告业，最后是出版业。广播电视业 5 年里的最大涨幅达到 352%，逼近龙头电子信息业，且最终涨幅为 140%，是电子信息业的两倍，名列各行业之首。

传媒产业的持续快速增长使之早已成为市场规模巨大、利润回报丰厚的产业部门之一。传媒产业不仅意味着影响、声望、文化和权威，还意味着巨额财富。2000 年，美国的时代—华纳公司年收入为 362 亿美元，迪斯尼集团为 254 亿美元，维亚康姆集团为 200 亿美元，传媒巨子默多克旗下的新闻集团年收入为 115 亿元。在美国《商业周刊》评选出的美国 500 家大企业中，财富 500 强中许多企业的利润增长点相当比重来自下属的娱乐公司和传媒公司业务，如通用、索尼、松下、百事可乐、西屋、三星、美国在线等。

随着传媒产业的迅猛发展，传媒产业在国民经济的发展中已居于越来越重要的地位。美国的传媒产业自 1983 年起一直保持持续增长态势。其视听产品产值在国民经济比重的排行从 1985 年的第 11 位迅速上升到 1994 年的第 6 位，2001 年达到 3445 亿美元。日本经济产业省内容产业国际战略研究会提供的数据表明，2000 年日本内容制造市场规模已占全球第二位，2001 年则高达 963 亿美元。而根据新闻出版总署的报告，2003 年全球传媒业总产值为 1 万亿美元，美国占一半以上，达 5350 亿美元，到 2005 年美国的整个传媒产业的产值约占 GDP 的 3.4%。

我国经过改革开放 20 年的发展，传媒产业正在成为一个冉冉升起的朝阳产业，其发展前景非常广阔。据国家权威部门统计，1998 年全国四大媒体(报纸、电视、广播、杂志)的广告额为 537.8 亿元，相当于 GNP 的 0.6%左右。从 1998 年开始，我国传媒业利税首次超过烟草业，成为中国排名第四的支柱产业。到 2005 年，我国整个传媒产业的产值已达 3025 亿元，约为 378 亿美元。其中，除了图书出版占据传媒产业细分市场的最大份额，约为 36%外，广播电视业占到 15.1%。根据国家统计局公布的 2005 国民经济发展统计数据，国内生产总值为 182321 亿元，第三产业 73395 亿元。据此推算，正在转型中的中国传媒产业在 GDP 的贡献比重将近 2%，对第三产业的贡献比重超过 4%。

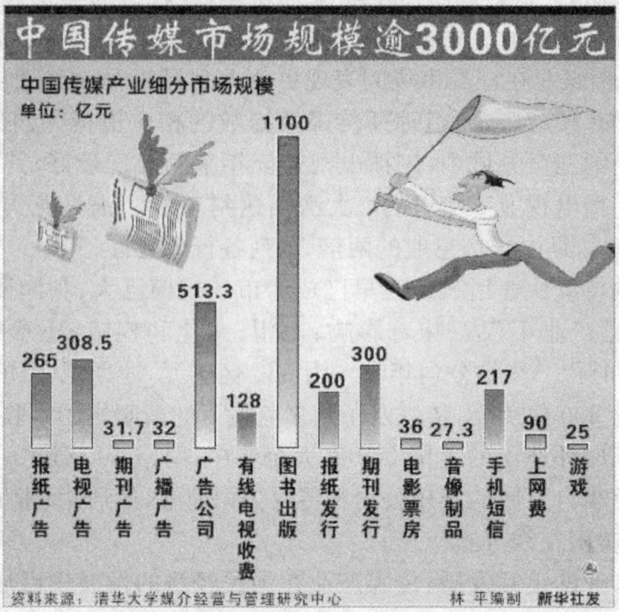

图 7—2 中国传媒市场规模逾 3000 亿元

传媒和娱乐产业巨大的经济潜力已经为众多国家所认同，正如美国学者沃尔夫所言，“文化、娱乐——而不是那些看上去更实在的汽车制造、钢铁、金融服务业——正在迅速成为新的全球经济增长的驱动轮”。①

广播电视产业不仅成为经济发展的引擎，而且还是重要的外汇收入来源。自 1996 年以来，美国的视听产品出口就超过航空航天工业成为第一大出口创汇产业。美国传媒业控制了世界 75％的电视节目和 60％的广播节目的生产与制作。美国片源在许多第三世界国家的电视节目中高达 60％～80％。根据日本经济产业省的统计，在全世界放映的动画片中有近六成是日本制造的。2003 年，日本销往美国的动画片以及相关产品的总收入为 43.59 亿美元，是日本出口到美国钢铁收入的 4 倍。日本动漫产业占世界市场的 62％。② 韩国在 20 世纪末遭遇金融危机袭击后，提出了文化立国的救国方针并制定了文化产业发展的五年计划和远景规划，全国上下齐心协力，随后《蓝色生死恋》、《大长今》等电视剧开始横扫东亚各国。2004 年韩国文化产业在世界市场中的份额已经从 5 年前的 1％上升至 5％，韩国的经济实力虽然排在世界前十强之后，但却成为世界第五大文化产业国。③

---

① 《全球文化产业掀起“瓜分浪潮”》，内蒙古新闻网，2006 年 4 月 4 日。

② 《内容产业：正在崛起的新经济力量》，《人民邮电报》，2006 年 6 月 14 日。

③ 《全球文化产业掀起“瓜分浪潮”》，内蒙古新闻网，2006 年 4 月 4 日。

广播电视产业还具有较强的产业牵动性。韩国的一部《大长今》不仅大大推动了韩国文化制品的出口创汇，而且还带动了韩国旅游、美容、餐饮、服装、化妆品等其他产业的发展。20集《冬季恋歌》的制作费在每集3亿韩元左右，但仅去年一年，就带来旅游路线收入3亿美元，是其制作费的50倍。2005年韩国接待旅游人次582万，其中大部分是因为受到“韩流”影响，如受影响最大的日本、中国内地及台湾地区、泰国、越南、新加坡、马来西亚7个国家和地区的游客占65%，在这些人中韩剧影视迷就占到50万人，以至于韩国几乎每出口一部影视剧就要设计一套旅游路线图。由此可见，包括广播电视业在内的传媒产业对提高一个国家的经济实力和综合国力是多么重要。

三、广播电视产业构成

广播电视产业是按照工业标准生产、再生产、储存以及分配广播电视产品和服务的一系列活动，即指从事广播电视产品与服务的生产经营活动以及为这种生产和经营提供相关服务的行业。

在传统的广播电视产业中，依据不同的产业功能，广播电视产业共包括广播电视产品调研、制作、播出(发行)、传送、接收等多个环节。其中，不同的环节一般由不同的企业参与，每个环节的活动都将对整个产业的价值创造产生直接影响，并发挥着不同的作用。

以电视产业为例，首先，市场调研公司受节目制作公司、电视台或广告商委托，为其提供节目需求及反馈信息，以便媒介机构及广告公司制定或及时调整经营策略。节目制作机构(电视台及电视节目制作公司等)根据市场需要生产节目，然后交由发行公司向电视台或音像商店进行节目的发行销售。在发达国家，节目发行和流通是重要的一个环节。国外有专门的节目辛迪加从事节目的发行工作，当然，也不排除有些节目制作公司自办发行。电视台是节目的播出机构，负责将自己制作及购买的节目电进行集成播出。无线电视台、当地有线电视台或者卫星直播电视运营商分别通过无线电波、有线电缆/光缆和卫星三种方式将节目传送到电视机由观众收看。此外，除了将节目卖给电视台以外，节目制作机构还可以自己或通过专门的发行公司将节目通过录像带、光盘等物理的传送方式，直接将节目出售给观众。如图7—3。

对于电视产业各环节的关系把握，我们必须注意以下几点：

(1)广播电视产业各环节是一个有机整体，它们相互依存、相互制约，环环相扣、联动性强，缺失任何一个环节，都将对产业价值的创造产生不良影响。

(2)节目制作是电视产业构成的核心内容。节目制作能力的大小，直接决定了电视产业整体运行是处于良性循环还是恶性循环。

(3)在传统的广播电视产业链中，节目播出机构——电台电视台既是节目的制

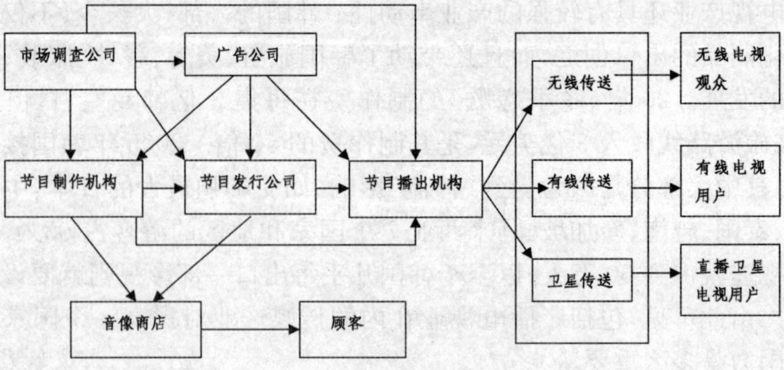

图 7—3　电视产业价值链

作机构，也是节目的集成、播发机构，电台电视台掌握着频道或线缆前端资源，是整个电视产业的有机组成部分。广播电视产业的产出能否顺利实现，再生产能否顺利进行，相当程度上要靠电台电视台这个链条来实现。

(4)广播电视产业分工虽然明确，但是，每一个环节也不都是独立存在的。现在，大规模的媒介组织通过制播合一及集团化发展，经营范围涉及多项价值创造活动，有的甚至覆盖了所有产业领域。如默多克新闻集团的业务范围就已纵跨多个产业环节，将节目生产、销售、无线、有线和卫星电视的经营尽纳其中。

(5)随着广播电视产业的发展，广播电视产业将进一步分化，今后还将出现更为细化的产业环节，如媒体咨询、节目创意、广告购买、投资分析、技术服务等，进一步促进产业环节的专业化发展，进而从整体提升产业发展水平。

第二节　广播电视产业特点

广播电视产业作为文化产业的核心产业之一，不仅具有文化产业所共有的特征，也具有自身的经济特性。考察广播电视产业的经济特性，必须从广播电视产品特征、广播电视媒介市场特征以及广播电视产业的经济性特征三方面来进行。

一、广播电视产品特性

广播电视产品与其他商品有很大的不同，它是一种精神消费和信息消费的特殊产品。作为一种精神产品，广播电视产品主要具有以下特征：

1. 知识性

从某种意义上讲，广播电视产业是生产信息、知识和娱乐的产业。广播电视产品和其他文化产品一样，不是人们基本的物质性必需产品，而是以文化、创意理念为核心，更富于精神性、文化性、娱乐性、心理性的产品。广播电视产品以磁带、电波、线缆以及比特流为物质载体，由多知识、多学科和多文化背景的专业人士生产制作，存在于具有表意及象征意义的音像之中，是制作人的知识、智慧和灵感在特定行业的物化表现。这种非物质的内容，既传播知识和信息，又能弘扬文化，并使广播电视产品的交易，也像其他的文化产品一样，主要是知识产权的转移。一些国家提出的版权产业的概念就是基于这样的特征。

2. 高附加值性

广播电视产业是能够创造高附加值的服务产业。在广播电视产品价值中，科技和文化的附加值比例明显高于普通的产品和服务。广播电视产业的附加值主要来源于其文化价值和知识产权，并主要体现在内容为王和产业链形态的延伸方面。比如一张没有内容的光盘，成本是 5 元，赋予了电视节目内容之后，价值可以是其成本的 10 倍或者更高。迪斯尼动画人物米老鼠，通过形象授权使用及下游产品的开发，一年的产品销售额达 47 亿美元，而小熊维尼的销售额也高达 57 亿美元。科技和文化的融合，大大增加了文化产业的科技附加值。

3. 需求的不确定性

一般而言，物质生产产业，可以有明确的消费对象、明确的消费数量和明确的消费质量要求，一些产业甚至完全可以按定单进行生产。而作为文化产业核心的广播电视产业，是通过创造供给来培育和创造消费需求的。在广播电视产品未被生产出来之前，市场对此的需求难以判断。广播电视产品的生产是靠对市场需求的理性预期，每一个具体的广播电视产品，如电视剧、广告片、MTV、动漫，对于消费需求来说，存在着个体嗜好、宣传炒作、时机选择、社会环境、文化差异、地域特色等多种不确定因素，消费者到底是喜欢还是不喜欢，愿意看还是不愿意看，事先都不得而知。同时，消费者的需求又是常变常新的。这种需求的不确定性和作为经验产品所具有的事后评价性，大大增加了广播电视产品的风险。

4. 时间约束性

广播电视产品具有一定的时效性，其价值保持期非常短促，有些节目只能在特定的时间内经营，一旦时过境迁，广播电视产品也就失去了它的使用价值，无论节目制作质量如何之好，也不可能取得理想的经济效益。广播电视产品的时间约束性还表现在经营时间的选择上。比如晚上19:00～22:00是电视的黄金时间。如果产品在这段时间播出，其价值实现就最高，如果在非黄金时段播出，其价值当然就低了。广播电视产品的时间约束性，要求广播电视生产经营人员必须有较强的时间观念，学会科学地利用时间，实现产品的最大价值。

二、广播电视媒介市场特性

广播电视媒介市场与其他产业市场也有很大的不同：

1. 免费广播电视媒介市场的二元性

与其他产业只有一个产品市场不同，广播电视媒介生产的产品活跃于产品销售和广告这两个不同的市场。也就是说,广播电视媒介生产的一种产品,可以在两个完全不同的市场上运作。媒介产品市场是广播电视的第一市场,也是媒介销售和交换其产品及服务的市场。广播电视产品经过包装和编排后,由广播电视传输介质传送到受众那里,形成广播电视媒介的产品销售市场。测量这个市场的方法以收听率和收视率的高低为准。听众和观众或通过时间的付出或同时通过时间和金钱的付出来能消费这种产品。广播电视产品的广告市场是媒介面向的第二个市场。媒介从广告商中所获得的广告收入是媒介将听众及观众的收听收看时间卖给广告商而获得的。因为人的时间是有限的,受众的时间付出及注意对广告商而言具有重要意义。广告商获得的受众时间及注意越多,了解该商品信息以及购买该商品的消费者也就越多。两个市场彼此联系又相互影响,产品的销售市场越好,收听收视率越高,广告市场的效益也就越好。而广告市场的效益又能影响到广播电视产品的质量。满足受众在信息与娱乐等方面的需求,吸引广告商的广告投放,是广播电视媒介获取最大限度盈利的市场起点和动力。

2. 收费电视媒介市场的多级性

电视媒介市场所面对的消费者一方面十分广泛,另一方面消费者的个人兴趣、收视愿望又有很大差别,经济收入也不尽相同,因此对媒介产品的需求也是千差万别,不能一概而论。媒介为尽可能多地开发媒介市场,充分挖掘消费者的多层次需求,最大限度地瓜分消费者剩余。收费电视媒介通常会对市场进行层次划分,"按照各级市场中消费者的不同支付意愿,以差别价格依次向各级市场出售产品或服务"①,以追求最大的销售额和垄断利润。比如在有线电视媒介市场,媒介一般都设定基本服务、特别服务和点播服务三个层次。基本服务满足的是大众普遍的收视需要,特别服务则在基本服务的基础之上,为有特别需求和爱好的消费者提供特别节目的服务,如历史频道、地理频道、生活频道、财经频道等。点播服务比特别服务要更个性化,电视媒介往往根据个性化消费者的需要专门提供某种电视节目的特别点播服务,如某部电影、某期电视节目以及某方面的信息和数据等内容。收费电视媒介市场的多级性,与其他产业产品市场的单一性截然不同。其他产业产品市场一般都只面向高端、中端或低端市场,有着鲜明的消费人群定位,收费电视媒介市场的多级性,也决定了电视产品经营和服务的复杂性。

三、广播电视产业特性

广播电视产业与其他的产业也有较大差别主要表现在产业发展的技术性、渠道的网络性以及行业竞争的自然垄断性。

1. 技术性

广播电视产业是在现代电子技术发展的基础上产生的。广播电视产业的大发

---

① 张志:《电视媒介市场供求经济学分析》,中华传媒网。

展也是层出不穷的新技术推动的结果。从黑白电视到彩色电视技术、从摄像技术到磁带记录技术，尤其是20世纪70年代以来，卫星传播技术、大规模集成电路技术、互联网技术等的发明与应用，不仅扩大了广播电视的传播范围，改变了广播电视节目的制作方式，提高了广播电视传播效果，技术的进步与创新还丰富了广播电视产业的内涵，扩大了广播电视产业规模，形成了新的广播电视产业形式，并拓展了广播电视产业的发展领域。在广播电视产业经营中，技术不仅是媒介实现经营目标的必要条件，先进的技术装备还是传播媒介在激烈的竞争中制胜的重要法宝。为保持竞争力，媒介不惜花费巨资进行技术的升级换代。比如日本NHK的节目和技术调研费用，每年平均在1.6亿美元左右，这说明了广播电视行业作为技术密集性产业的重要特征。

2. 网络性

就像电信、电力、城市供水、天然气铁路等产业通过电信网、输电网、煤气管线、铁路轨道等网络传输设施来提供服务一样，广播电视尤其是电视产业是通过微波网、有线网络来进行无线电视、有线电视的发射传送的，具有明显的网络性特征。广播电视产业必须依托网络才能提供产品或服务，消费者也必须依托网络框架才能使用这些产品或服务。由于网络传输系统的建设需要大量的投资，而且这些投资往往需要一次性完成，少量的、分散的投资不起作用。同时，一旦投资完成，这些资产就很难再转做他用，短期内也无法通过经营收回，从而形成巨大的资本沉淀。因此，它决定了广播电视业，尤其是电视产业是一个高投入、资本密集性的产业。

3. 自然垄断性

与网络性特征有直接的内在联系，广播电视产业还具有典型的自然垄断特征。广播电视产业历来被认为是具有自然垄断特征的行业。自然垄断是指由于规模经济效益、范围经济效益、网络经济效益、资源稀缺性、沉淀成本等技术和经济方面的原因而形成的一个产业由一家企业完全垄断或少数几家企业寡头垄断的经济现象。早期的自然垄断概念与资源条件的集中有关，主要是因为由于资源条件的分布集中而无法竞争或不适宜竞争所形成的垄断。20世纪80年代，经济学家用规模经济(Economy of scale)和范围经济(Economics of scope)来重新审视界定自然垄断。所谓规模经济是指在一定的产出范围内，生产函数呈规模报酬递增(成本递减)状态，即生产规模越大，单位产品的成本就越小。由一个企业大规模生产，要比由几家较小规模企业同时生产更有效率。就有线电视来说，它形成了为其所有收视用户提供视频服务的有线网络设施，某省的电视节目从省电视台播出出去后，要经过省级有线电视干线网，再经过县市地区分配网，最后通过接入网进入用户家中。所以有线电视网络设施需要庞大的固定资本投资，固定成本在总成本中所占的比重很大。收视用户越多，每一个用户所分担的固定成本就越少，因而规模经济效益也就显著。有线电视运营商希望其有线网络所经之处，所有用户均能入网，这样其规模经济效益就最大。[①]

所谓范围经济是指单一企业内生产不同的产品较之几个特定的企业分别生产这些商品是廉价的，也就是说，面临着既定的市场需求，单个企业提供产品或服务与两个或更多的企业分别单独提供相比，能够以较低的成本供应市场。比如一个电视台拥有多套节目、多个频道，广播电视公司拥有节目制作、播出、广播、电视网络、网站、杂志、报纸，甚至球队，有线电视网络既可传输电视节目又可传输数据业务等。

在经济发展过程中随着技术的变迁、市场需求的变动，自然垄断的经济特征也会相应变化，自然垄断部门的边界会随之变化和调整。当生产与提供这些产品与劳务的技术发生变化，或者出现像替代原有垄断行业所提供的产品、服务的不受管制的新产品或服务时，垄断行业的边际成本与平均成本曲线也会发生变化。这使得原来具有垄断性的行业不再具有垄断性，或只是某个产业链上具有垄断性，如媒介业中的有线电视网络，技术的变化使其不再具有一种自然垄断的性质，从而缩小了媒介业的垄断边界。现代技术的创新使沉淀成本在有线电视网络业中变得并不十分明显，出现了许多具有密切替代关系的许多服务方式，形成了各种业务方式之间的替代竞争。当然，从另一个角度来看，技术的创新可以使媒介业垄断范围的缩小，也可以使媒介业竞争范围的扩大。随着光缆技术的发展，利用卫星和无线电话技术以及现代的网络技术，有线电视也可提供传声和数据服务，从而扩张了媒介业的竞争范围。

第三节　广播电视产业经营内容

经营，在经济学上是指社会上某一组织或个人以盈利为目的，在社会商品的生产领域和流通领域内进行的社会活动。广播电视产业经营既指在广播电视产业中，媒介组织以盈利为目的，为社会提供有关信息、娱乐产品或服务等综合性活动。根据广播电视产业构成，广播电视产业经营的核心内容主要包括广播电视节目经营、广告经营和网络经营。

一、节目经营

广播电视产品主要是以节目的形式表现出来的。广播电视产品经营就是广播电视节目的经营。就像其他产业的产品经营一样，广播电视节目经营对于广播电视产业经营而言，是最基本的经营内容。它在广播电视传媒产业结构中处于主体地位并起着支配作用。

---

① 吴克宇：《电视媒介经济学》，华夏出版社 2004 年版，第 149～150 页

广播电视的节目经营主要包括广播电视节目的策划、生产、包装、推广和销售等经营活动。由于广播电视节目均以栏目的形式而存在，因此，广播电视的节目经营包含两个层次：一是作为整体的栏目的经营，二是作为个体的节目的经营，比如一部电视剧、一个特别活动或栏目中的某一期节目等。不过，不管是哪个层次，广播电视的节目经营都要经过节目的策划、生产、包装、推广和销售这样一个过程。

在广播电视节目经营中，节目策划是节目经营的首要环节，节目策划方案的好坏，对节目经营将产生根本性的影响。比如，对于栏目而言，在创办新栏目或栏目改版时，经营者或制作方首要的工作就是要做好栏目策划的工作。一般来说，栏目策划主要包括对栏目定位（包括栏目目标、形态、内容、特色及观众定位）、栏目标志与包装、主持人及运作方式等方面的策划。理想的栏目策划必须以独有的市场空间、创新的节目形态、独到的内容题材、较高的内容高度以及富于个性与魅力的主持人来实现栏目的独特个性，做到人无我有、人有我精、人精我特，从而成就栏目的亮点和卖点。

广播电视的节目生产制作是广播电视节目经营活动性的工作。从经营角度来看，广播电视节目在制作阶段，节目的经营主要表现在合理利用资源组织生产、协调各部门或各环节的关系以及进行成本控制等方面。由于广播电视节目生产是多环节、多工序、多作业协同作战，要使之协调、有机地运转起来，必须采取科学的计划管理方式，采取有效措施安排好人力、财力、物力，控制节目成本，确保生产周期和制作质量。

节目包装是节目进入营销阶段前必做的功课，也是节目经营中不可缺少的环节。节目包装是指对节目的进行涵盖理念识别、行为识别、视觉识别在内的全方位、立体化的整体包装和塑造，以建立自己完备的识别系统。对于栏目而言，栏目包装主要包括名称、标志、片头、理念（定位广告语）、个性化音乐、音响、片花、片尾、色彩等方面内容，它是栏目形象和栏目品牌的重要组成部分，也是栏目内在文化内涵的形象化表达，是栏目的形象的品牌的根基。个性化、全方位的包装所产生的心理冲击力、视觉冲击力，能为人们提供清晰准确，并富有吸引力的栏目识别系统，提高接收对象的选择率与使用效度，从而提高自身的影响力、竞争力和市场占有率。

作为广播电视节目经营中一个重要环节，广播电视节目市场的交易在广播电视节目经营中占有重要地位。在以美国为代表的西方发达国家，节目的交易市场已十分成熟。美国有专门的电视节目辛迪加，作为节目分销系统，辛迪加把同一个新节目或旧节目的播出权分别卖给不同的电视台，以“一稿多投”的办法来扩大节目影响，增加节目价值。美国的广播电视节目不仅在国内市场流通，而且在国际电视市场也占有相当的份额。

在我国，电视节目交易会是我国电视节目交易和发行的主要途径之一。北京国际电视周、上海电视节以及四川电视节，不仅有国内各电视机构之间的节目交易，也有国内外电视业之间的节目交易。交易品种涉及电视剧、纪录片、专题片、电视栏目、动画片等。2005 年 11 月第八届四川电视节经过 3 天交易，各项交易活动达成意向性协议的金额达到 5.54 亿元。其中，意向性签约引进海外电视节目达 2471 部(集)，预计成交额达 800 万元；向海外输出各类电视节目 3715 部(集)，预计成交额达 600 万美元；国内影视机构之间销售电视节目 8641 部(集)，成交额达 4.037 亿元。

除此之外，我国广播电视节目制作方还通过自建发行渠道或委托专业广播电视节目发行网络或公司进行节目的发行。比如北京光线电视传播有限公司就选配精兵强将到发行岗位，通过自建发行渠道开拓发行市场。中央电视台下属的北京国际电视有限公司也是专门从事央视电视节目的发行工作的全资子公司。但是，由于我国的广播电视节目经营的市场化程度还比较低，除了电视剧交易相对于其他节目形式要成熟一些，到目前为止，全国还没有形成一个统一、开放、竞争、有序的电视节目市场。尽管大多数电视台出于制作成本、节目制作水准、节目采制资源等因素的考虑，会适当选择引进节目公司的节目安排播出。但由于电视台占有播出渠道这一垄断资源，制作公司一般都处于被动地位，播出时段、播出次数、播出的完整性以及贴片广告时长、卖片价格高低，完全决定于电视台。在市场交换中，价值规律的杠杆作用在节目交易中被扭曲、掩盖。电视节目生产制作和经营在整个电视传媒产业体系中没有得到应有的发展，并且直接制约着其他产业(例如广告业)乃至整个电视传媒产业的发展。

近年来，随着技术的进步和国内外市场竞争的加剧，行业内要求大力开拓广播电视节目市场的呼声越来越高。转换多年来形成的“自给自足”的生产方式，建立符合现代工业化大工业生产方式要求的新型电视生产方式已成为大家的共识。只有这样，才能培植出有受众市场和客户市场竞争力的、适销对路的各类电视节目。电视节目生产制作和经营也才能真正发挥其作为主导产业的地位和作用，带动和支撑起整个电视产业的发展。

二、广告经营

广告经营是广播电视通过节目的收听收视率吸引广告主投放广告的一种经营活动。自从 1979 年 1 月 28 日，上海电视台播出我国电视业第一条广告——参桂补酒广告以来，特别是实行社会主义市场经济体制后，我国广播电视广告收入，尤其是电视广告收入一直呈现高速增长趋势，成为我国各电台电视台的主要经济来源。近年来，随着广播电视媒介多元化经营的开展，广告收入在收入中的比重有所下降，但从世界范围来看，广告依然是广播电视媒介经营的重要组成部分，是广播电视产业结构体系中的支柱。各电视媒体的竞争依然集中表现在广告的竞争上，广告收入水平也仍然是衡量其经营状况的重要标准。

广播电视广告经营和节目经营关系密切，二者既相互依存又相互促进。由于广告收入的多少主要取决于接触广告信息的受众人数及其特征，广播电视节目吸引受众的能力以及受众“质量”就显得至关重要。拥有较高收听收视率或与广告商目标消费群体相对应的广播电视节目，能够吸引广告客户进行广告投放。而广告收入越多，广播电视媒介就能有实力制作或购买更好的节目，从而进入一种良性的循环。

广播电视广告经营与广告制作效果与编排技巧也有很大关系。作为进入家庭的媒体，广播电视的高普及率和高覆盖率，使广播电视广告信息的传播具有较大的覆盖面。同时，相对于报纸、期刊的广告，广播电视广告能以直观、生动的形象、出神入化而精彩纷呈的艺术效果，给受众带来较强的冲击力和感染力，这种效果是其他媒体所不可比拟的。但是，广告的过分表演、过度的承诺、超长的广告时段以及受众的非选择性的被动收视，也容易使受众反感，并产生抗拒的心理。因此，广播电视广告经营中如何优化广告时段，保证广告效果，减少负面效应，是广播电视媒介和广告商必须共同重视的问题。

随着媒介广告市场竞争的日趋激烈，广播电视广告经营中，主动推销已显得越来越重要。不断增加的广播电视频率频道以及由此带来的节目制作压力，都需要经费的支持，广播电视节目质量的提升也有赖于技术设备的更新。在激烈的竞争环境中，媒介已不可能坐等广告客户上门，主动出击、进行广告营销成为广播电视媒介的必然选择。比如，在竞争的重重压力下，中央电视台早已完成了旗下广告部从“坐商”到“行商”的历史性转变。每年 9 月开始，央视广告部 20 多个大大小小的推广会在全国巡展，寻找重点客户群。央视广告部还特意在上海、青岛等经济较为发达的城市单独举行了广告招标说明会，一年之间召开了超过 55 次的专家听证会。在民营企业发达的福建、浙江，央视甚至派驻专门的班底蹲点一个月，举办营销论坛之类的活动。[①] 此外，针对有爆发性增长可能的行业和前景广阔的新行业，央视还通过提供策略性支持和传播支持，主动参与到行业扩张过程中去，推动行业健康发展和品牌消费升级，以此完成新行业的广告开发。2002 年，央视召开了手机行业深度沟通会——“2002 年中国手机市场形势与政策圆桌会议”，请来国内最重要的手机生产厂家、销售商和政府主管部门的官员，还有部分广告代理公司，为大家搭建了一个难得的互动沟通平台。[②] 主动出击的央视，获得了丰厚的回报。央视广告收入从 2001 年 5 月以来连续 44 个月持续快速增长，2004 年央视广告收入突破 80 亿大关，比 2003 年净增 10.0143 亿，从而实现了从 2001 年 5 月以来连续 44 个月同比持续快速增长。据央视市场研究股份公司调查数据，改版之后，

① 谢耘耕、党芳莉：《中国电视广告竞争新格局》，《新闻界》，2005 年第 1 期，

② 夏洪波、洪艳：《电视媒体广告经营》，北京大学出版社 2004 年版，第 186 页。

2004年第四季度，中央电视台整体收视份额再创新高，达到33.6%，超过中国电视媒体总体收视的1/3。[①]

广播电视广告经营还要重视广告服务质量和客户关系管理。如今，广告市场已转变成为买方市场，企业的广告投放越来越理性和挑剔。在这样的市场态势下，媒体应想方设法为广告客户提供高品质服务。当广告客户有投放意向时，广告销售人员应及时向客户提供相关媒体信息和广告建议，帮助客户完成广告投放计划；广告播出后，媒体还应根据广告时段的紧俏程度和淡旺季，按照客户要求适时调整广告时段。由于客户资源是稀缺的，流动性很强，广播电视媒体不仅要注重客户的开发，更要通过培养长期的客户关系，实现对现有客户的挽留。目前，中央电视台、北京电视台和安徽电视台已开始尝试实施客户关系管理(CRM——Customer Relationship Management)系统。客户关系管理系统通过搜集广告客户的产品、市场、需求、广告投放历史等多种信息资源，将客户分成不同的关系层次，并运用数据挖掘、知识工程等信息技术，从中提取客户的行为爱好、特征等信息及规律，从而针对不同的客户，提供个性化、差异化的服务，以最大限度地保持和提高客户的忠诚度。

三、网络经营

广播电视网络主要指由有线电视线路、卫星广播电视上下通道以及微波电路等构成的广播电视传输网络，广播电视网络蕴含着巨大的经济潜能，是广播电视节目播出和信息传递的基本条件，并为广播电视业和其他相关产业提供服务，是广播电视产业的基本组成部分。其中有线电视网和卫星直播电视以相对成熟的付费收看的方式，已成为广播电视产业的重要组成部分。本章广播电视网络经营主要探讨有线电视网络以及卫星直播电视的经营。

1. 有线电视网络经营

有线电视是高科技发展的产物，蕴涵着多种适应并推进现代化生产和生活方式的作用和功能，具有巨大的经济价值。美国有线电视的网络经营几乎完全是商业化的，有线电视是由各自独立的有线电视公司经营的。2002年，美国有线电视业的总收入为494.3亿美元，其收入的构成比例是这样的：基本收费，62.7%；额外付费，13.4%；广告收入，6.9%；其他收入，17%(包括因特网接入、IP电话、机顶盒销售租赁、电视购物分账等所有增值业务)。2005年，美国有线电视及通信协会(NCTA)的最新数据表明，全美1.09亿电视家庭中有7300万有线电视用户，有线电视的入户率为67.1%(这个数字在近10年内基本稳定在65%左右)，有线电视业年收入为576亿美元，有线电视的收视份额为56%。

---

① 邹建华：《中国经济时报》，2005年1月12日。

在我国，广大受众特别是城镇居民都是通过有线电视传输网络来收看电视的。经过近30年的发展，我国有线电视网络已由最初的共用天线系统，经过闭路电视系统阶段，发展到今天的全新的光纤同轴电缆混合（HFC）网络系统。从产业经营角度看，在前两个阶段，我国有线电视的事业性质十分明确，无论其节目内容还是网络资源，都由国家所有并管理，我国的有线电视收取的主要是安装费和维护费，而不是节目费，也就是说用户是免费收视节目的。HFC系统的出现，不仅使有线电视台传送的电视节目数量和质量有了质的提高，而且服务内容超出了单纯的电视节目播放，各种增值服务开始在有线电视网络中出现。1999年，国务院办公厅转发了信息产业部和国家广电总局《关于加强广播电视有线网络建设管理的意见》（简称“82号文件”），实现了台网分离，有线电视网络资源开始进入市场进行产业化运作。目前我国有线电视网已成为世界第一大网络。到2002年底，经国家广播电影电视总局批准的各类有线电视系统4000多个，有线电视网络的总长度超过了300万公里，其中光缆网总长度达到40万公里，全国近2000个县建设了有线电视网络。2005年全国有线电视网络拥有资产2000多亿元，全国有线电视用户已达1.2亿户，有线电视收视费收入159.56亿元，付费数字电视收入3.27亿元。[①]

有线电视网络经营包括有线电视网络的建设开发、经营管理和维护，电视节目收转、传送服务，数据信息信息服务和交互服务等方面。在有线电视网络经营中，网络建设是有线电视生存和发展的基础。没有有线电视网络，有线电视的其他服务就失去了根基。网络建设的投资非常大，而且还面临升级换代。在美国有线电视的发展过程中，网络建设曾经一度比较保守，没有进行数字化改造，后来被数字化的直播卫星从有线电视市场上分去了21%的份额。从1998年之后，美国的有线电视开始发展数字电视和双向服务，经过近10年时间，美国有线电视市场翻了一倍多，总经营额以及利润、毛利润、净现金流都增长了一倍多。[②]

广播电视节目收转、传送服务是广播电视网络经营的基本内容，主要包括有线电视网络维护费和付费电视节目收视费。比如美国有线电视的基本业务提供20多个电视频道，每月收费19美元，美国的专业频道有几百个，用户根据需要付费收视若干个专业频道，平均每户月消费为30多美元。我国20世纪90年代初每户收取安装费80～120元，现在每月每户收取的是15～18元左右的维护费。按照计划，我国关闭电视信号模拟播出的时间表定在2015年，预期在未来几年中，数字电视整体转换将在各地加速进行。数字电视整体转换完成以后，大部分城市的基本收视维护费将比转换前有大幅度提高，在已经完成转换的地区，基本收视费有从70%～120%不等的调高。比如，我国上海数字付费电视是将节目以打包的简便形

① 《2005年全国广播影视发展概况》，国家广播电影电视总局网站，http://www.sarft.gov.cn

② 中广影视陈晓宁在CCBN主题报告会上的演讲，搜狐IT，2004年3月22日。

式提供给用户的，分为基本包与特别包，基本包 50 元/月，实行“33＋17”的收费模式，即其中包含 17 元/月/户的维护费用；特别包随行就市。深圳的收费标准为 50 元/月/户，其中也包含 16 元/月/户的维护费用。其他省市的收费标准也在 30 元/月/户以上。

此外，数据信息服务和交互服务也是有线电视最具潜力的利润来源。数据信息服务不仅包括图文电视形式的股票信息服务、高速数据广播、网络接入，而且还包括计算机联网服务在内的多媒体服务业务。交互式点播和增值服务也将使有线电视运营商获得更多利润来源。

2. 卫星直播电视经营

卫星直播电视是由设置在赤道上空的地球同步卫星，接收卫星地面站发射的电视信号，再把它转发到地球上指定的区域，由地面接收设备接收供电视机收看。通常，人们将使用 Ku 频段的固定卫星业务（FSS）提供卫星直接到户（DTH：Direct To Home）的广播电视服务称做卫星直播。

1993 年 12 月，美国休斯公司发射了世界第一颗数字压缩电视直播卫星，卫星第一次实现了直接面向个人用户开展业务，其加密技术使直播卫星可以实现有条件接收和付费收看，而在此后直播卫星产业就在全球形成了一股热潮。到目前为止，全球共有 30 多个国家和地区开展了卫星电视直播业务，付费卫星直播频道超过 3000 个，通过有线电视网转发的卫星频道还有 3000 多个。国际上，直播卫星已经带来了巨大收益，根据美国 Divec TV、Echo star 以及英国 BskyB 公司最近公布的数据，截至 2006 年 6 月 30 日，这三大直播卫星电视公司的用户总数已超过 3600 万户。在英国，数字直播卫星在家庭市场中的份额已上升到 29%，在美国这一数据为 22.6%。全球卫星直播产业的总产值，已经达到了近 500 亿美元。①

我国卫星直播电视发展起步较晚。1999 年才开始卫星直播试验。建设直播卫星平台的目的为了解决我国电视人口覆盖盲区和有线电视覆盖不到的边远山区的节目接收难的问题。2006 年 10 月 29 日 0 时 20 分，西昌卫星发射中心，我国自行研制的新一代大功率通信广播卫星——鑫诺 2 号成功发射升空，这是我国发射的第一颗直播卫星。此外，鑫诺 3 号卫星已被确定为广播电视专用，目前也已经开始研制，计划于 2007 年投入运营使用。只是，根据 1993 年颁布的 129 号国务院令第九条的规定：“个人不得安装和使用卫星地面接收设施”，我国的直播卫星业务还存在政策上的限制。根据国家广电总局一些官员在不同场合的发言，政府主管机构将直播卫星定位为：对有线数字电视的补充和延伸。在 2006 年 1 月 17 日举行的广电总局村村通现场会上，中共中央政治局常委李长春表示，直播卫星应首先用于村村通，直播卫星村村通工作也已经由广电总局无线局牵头开始操作。但是除

① 赵静：《直播卫星：商用为时尚早？》人民网中国广播影视，2006 年 11 月 24 月。

去村村通传输批准上星的公益性节目所需要用到直播卫星的 4 个转发器外(一个直播卫星总共有 36 兆带宽的转发器 22 个,76 兆的 2 个),直播卫星的利用空间还很大。而数据显示,一颗直播卫星制造和发射费用为 20 亿元,此外每年还需要 7000 万元费用维护卫星运行。① 直播卫星只有用于商用,才能实现其利益的最大化。

完整的直播卫星产业链,包括从事卫星转发器租赁业务、节目传送业务、卫星直播试验平台和境外卫星电视节目监管平台运行及卫星专用接收设备的制造和销售等。节目传送业务是直播卫星的核心产业、其外延层还将带动着卫星制造业、发射业、接收设备制造业等相关产业。随着技术的发展,直播卫星从原先仅发送视音频节目扩展到传输数据、交互电视、高清电视及因特网连接、多媒体广播等服务。有学者分析,2010 年,我国将拥有 14 亿人口,3.4 亿个家庭。如果有 25%小康家庭安装卫星电视接收机,届时中国卫星电视接收机工业的产值将有 3000~5000 亿元。即使不考虑卫星电视直播的发展对彩电、计算机、广告、影视、商业、信息和其他相关第三产业所带来的间接效益,仅卫星电视直播的发展,每年至少可为国民经济新增产值 1500 亿元。② 2004 年,中国传媒大学广告学院"中国卫星产业经营研究"课题组研究发现,在对全国 6 个城市的 600 位用户进行的调查表明,潜在用户对直播卫星和有线数字电视两种业务的选择偏好上,44%的受访者希望收看直播卫星,24%的用户选择有线,22%的用户表示不确定,3%的用户表示都不要,7%的用户表示全选。可以说,在中国,数字卫星直播电视的市场具有广阔的前景。

现在,对于直播卫星个人接收的开放程度以及节目源的开放程度等政策尚在修改制定中,加上直播卫星的覆盖范围以及地面段运营主体、运营思路不明确,这些都将在一定程度上影响直播卫星业务的发展速度。

第四节　广播电视产业发展战略

从世界范围来看,广播电视产业自诞生以来,产业内外的竞争就从来没有停止过。私营台之间、私营台与公营台之间,乃至台网间、媒介集团之间,广播电视产业竞争层次由低到高,竞争范围由小到大,竞争市场由国内到国外,竞争充满了整个产业的发展历史。

我国传媒业自 1993 年实行"事业单位企业化经营"政策以来,竞争也就如影随形。有媒体称,20 世纪 90 年代中期是中国内地媒体竞争从"霸主时代"进入到"战国时代"的一个分水岭。这一阶段,业内广播媒体专业化发展快马加鞭,省级卫视

---

① 李少林:《鑫诺二号成功发射 直播卫星产业方兴未艾》,《中国证券报》,2006 年 11 月 3 日。

② 熊澄宇、李建:《中国数字卫星直播电视发展战略研究》,新华网。

先后上星，有线电视蓬勃发展，业外报业改革如火如荼，网络媒体方兴未艾，广播电视产业的竞争环境可谓狼烟四起。随着技术的进步和产业全球化发展，今天的广播电视媒体不仅面临着同类媒体的竞争压力、异质媒体的竞争威胁，同时，新兴媒体如网络电视、手机电视都将在广播电视媒介市场分得一杯羹。此外，境外媒体也对我国广播电视媒介市场虎视眈眈，广播电视产业竞争日趋激烈。在这样的竞争环境下，广播电视媒介要想生存与发展，采取有效的产业经营方式，制定广播电视媒介发展战略，就显得尤为重要。

一、品牌经营战略

品牌是企业产品经营的一个综合、复杂而抽象的概念，正如世界著名广告大师大卫·奥格威所说：品牌是一种错综复杂的象征，它是品牌属性、名称、包装、价格、历史、声誉、广告方式的无形总和。品牌同时也因消费者对其使用的印象和自身的经验而有所界定。

对于任何一种产业，品牌经营的意义都非同寻常。品牌是企业最具价值的财富之一，它既有经济价值，又有战略意义。在这样一个过剩传播、同质化产品竞争异常激烈的时代。品牌已成为企业在市场环境下打造核心竞争力的法宝，是企业经营管理中的重要战略之一。

在广播电视产业中，随着市场化运行机制的逐步建立，品牌经营也具有重要意义。品牌不仅代表了广播电视媒介及栏目的形象，也意味着优良的品质和鲜明的个性，具有较高的知名度和满意度的品牌栏目，不仅能带来较高的市场占有率和丰厚的广告收入，还能产生强大的社会影响力。因此，媒介品牌既是一种竞争力，又具有吸引力，既能培养忠诚度，又拥有信任度。强化品牌意识，重视品牌的建构和经营，是媒介为了主存和发展而围绕品牌进行的全局性的谋划方略，也是媒介整体发展战略的重要内容。

在国外，广播电视产业运营早已经由单一的"栏目"为核心的节目运营向以"品牌"为核心的产业化运营转化。广播电视业的竞争从某种角度上也可以说是品牌的竞争。大媒体集团公司首先着力打造的是其旗下中各频道的品牌栏目。如美国CBS的《60分钟》、《48小时》，NBC的《晚间新闻》、《今天》；ABC的《早安，美国》、《晚间报道》和《20/20》等。其次，他们也注重对频道品牌的塑造。比如CNN迅速、及时、客观、准确的报道，使之不仅在美国人心中树立起新闻权威的形象，并且成为世界范围内的重要新闻机构。探索频道则以其翔实的资料、崭新的视野、精美的摄影和生动的解说为世人称道，成为世界上最受欢迎的大众知识和信息源。美国广播电视业利用品牌的辐射效应，将品牌裂变、扩张，以形成规模效应。维亚康姆集团在成功打造了MTV之后，又从中裂变出新品牌MTV2，仍以音乐为号召，市场反映良好。迪斯尼的品牌推广范围更为广泛，迪斯尼集团下的主题公园及其他产业都是依靠影视作品中的品牌效应而建立起来的。迪斯尼的品牌授权还是迪斯尼集团下的重要业务，商品涵盖杂志、网络、文化用品等多方面，每年此项收入高达10亿美元。

我国广播电视业的品牌栏目也不在少数。北京交通台的《一路畅通》、《欢乐正前方》，央视的《东方时空》、《焦点访谈》、《面对面》，东方卫视的《东方夜谭》，湖南卫视的《超级女声》，南京电视台的《南京零距离》，北京电视台的《法治进行时》等，都有着良好的品牌知名度和影响力。

一般来说。实现媒介品牌战略的途径主要有以下几种方式：

一是正确进行品牌定位。对于品牌定位，美国品牌研究专家大卫·A. 艾克和爱里克·乔瑟米赛勒(David A Aalcerd &Erich Joachimsthaler)认为："品牌定位能突出品牌识别的焦点。它确定了传播目标，即什么样的信息量能体现差异化，最吸引目标市场。"①

二是强力塑造媒介形象。媒介形象塑造首先，是通过整体、统一的媒体品牌设计和应用来形成，比如名称、台标、频道形象片花、频道形象宣传片、话筒标记、音乐、色彩等；其次，媒介形象还包括媒介价值、文化、个性、品位内在品质的塑造。

三是变品牌为名牌，培养品牌忠诚度。品牌要发展成为知名品牌，一般要求媒介产品在质量、形式、服务、信誉、市场占有率和广告收入等方面拥有优异的表现，这样，才有利于培养受众对媒介品牌的忠诚度。

四是科学进行品牌延伸。品牌延伸就是将现有知名品牌应用于新产品，借助品牌效应，实现新产品的市场推广与价值认同。在媒体领域，媒介品牌具有很强的辐射能力，媒介品牌的附加值在新产品中往往会有较好的延伸。

下面我们以凤凰卫视为例，分析凤凰卫视品牌战略的成功之处。

1996年春天，凤凰卫视正式启播。建台以来，凤凰卫视实施了一系列卓有成效的品牌战略，使凤凰卫视从一个规模很小的电视台，迅速发展成为能够挑战央视，并在国内外都有较大影响力的华语强势媒体。1999年"凤凰"被选为国内最知名的品牌，2001年"凤凰"成为"最具影响力的商业华语媒体"。分析凤凰卫视品牌战略，不难发现这是一个围绕品牌进行的全局性的谋划方略。

独特的定位。媒介品牌的定位首先要从自身的特点出发，发挥自己的独特优势。凤凰卫视考虑到自己位于东西方文化的交汇处——香港，确定了"以全球华人为收视群"的定位。该定位以中立的立场、"泛中国化"的概念、"拉近全球华人距离"的准则、"构建两岸三地桥梁"的目标和传统文化与现代文明相融合的方向，不仅为两岸三地共同接受，也成为凤凰卫视品牌战略的基础。

形象策略。凤凰卫视的名字美丽而富于想象力。凤凰是中国古代传说中的一

① 〔美〕大卫·A. 艾克、爱里克·乔瑟米赛勒著，曾晶译：《品牌领导》，新华出版社2001年版，第31页。

种"吉祥鸟",被誉为"鸟中之王",选择凤凰作为名称,寓意了凤凰卫视扎根中国,以传播中国文化为己任的目标。与名称相对应,凤凰卫视的台标设计大胆地以对比效果强烈的橙色为色彩,以凤与凰旋转飞舞成圆形的美丽姿态为图案,设计高雅、时尚、动感,富于气势。台标不仅显示出浓郁的民族文化传统,体现了中华历史与现实的交汇、东西方的融合,更寓示了一种奋进的精神,与凤凰卫视的媒体定位"向世界发出华人媒体的声音"和"开创新视野 、创造新文化"的目标非常相称契合。

"三名"策略。对于广播电视媒介而言,广播电视节目主持人和记者既是广播电视产品的制作者和传播者,又是媒体形象的主要体现者。凤凰卫视注重对主持人、记者和评论员的形象包装和宣传,量身定做适合其个性、风格和特长的栏目,打造出吴小莉、窦文涛、陈鲁豫、陈晓楠、曹景行、杨锦麟、闾丘露薇等一批富于个性的媒体人,并通过"名台+名栏目+名主持"的品牌策略,以名扬名,共同构建凤凰卫视这样一个成功的品牌。

个性与创新。凤凰卫视自创办以来,坚持"以与众不同之形,求与众不同之本",创办富于创意的个性化节目。鲁豫的《凤凰早班车》开创了"说新闻"的先河,让国内很多同行认识了凤凰;窦文涛的《锵锵三人行》轻松谐谑;杨锦麟的《有报天天读》圈圈点点,慷慨激昂,形成了独有的"杨式读报法";《时事辩论会》,激辩交锋,演绎了一种思辨性的节目风格。在当今电视节目严重同质化的情况下,凤凰卫视求新求变,不断推陈出新,以众多各具特色的栏目成就了其独具个性的媒介品牌。

活动效应。凤凰卫视高层人士王纪言在"2003 年凤凰新节目推介会"上曾说,"现在的电视需要行动。在电视这么复杂、这么多的频道之中,电视工作者一定要有自己特色的行为,才能引起观众的注意"。凤凰卫视建台后,先后推出了《千禧之旅》、《穿越风沙》、《寻找远去的家园》、《两极之旅》、《寻找郑和足迹,凤凰号下西洋》等一系列活动,这些具有浓厚文化气息的大型电视活动,纵横古今、远涉海内外,涵括地理与文化,彰显了凤凰卫视的社会责任和宽阔视野,也丰富了媒介品牌文化内涵,提升了媒介的内在品质。

人文理念。凤凰卫视坚持把人文关怀作为节目的目标和品质的表现,这种人文关怀不仅体现在对受众知情权的尊重,还表现在对受众利益、人类生存环境、人类命运和弱势群体的深切关注上。战争期间,凤凰卫视推出《哭泣的伊拉克》等特别专题,表达出战争给人类带来的深重苦难。凤凰卫视还特别推出《冷暖人生》,关注普通人的生活和命运。即使日常性的新闻节目,也时常能看到主持人结合新闻报道对相关个人或群体表达的一种理解和关怀,人文关怀成为凤凰卫视品牌的闪光点。

品牌延伸。凤凰卫视成为知名品牌后,开始了一系列的品牌延伸活动。凤凰卫视建立了凤凰网,创办了《凤凰周刊》,形成了宣传的"和声"效应。1999 年,凤凰卫视开办凤凰卫视欧洲台，2001年凤凰卫视美洲台开播。凤凰卫视还先后进入新加坡和马来西亚等国家和地区，获得了良好的反映。

二、产业整合战略

一个产业的全面发展，不能离开一个完整的产业链。当经济发展到相当程度，成熟的产业链可以为产业的继续发展提供更大的空间。产业整合经营战略包括纵向整合和横向整合两种模式。所谓纵向整合就是一体化产业链经营模式，横向整合则是跨媒体、跨行业的多元化经营模式，产业整合经营作为现代经济中的一种重要的经营方式，对于媒体而言，具有重要意义。产业整合经营可以使媒介资源得以合理配置和利用，降低媒介成本；可以均衡市场风险，提高媒介的市场应变能力和适应能力；还可以形成产品的群集性整体优势，增加媒体的获利渠道，提高媒介的整体经营实力。因此，拓展纵向一体化产业环节、获取多元化经营收入，已经为各媒介的共识和必然选择。

纵观世界发达国家传媒产业的发展，从内部体系看，它们不仅大都有自己的电影、电视、报刊、广播、网络等传媒公司进行内容制作，它们还有一个面向全球的、完善的节目营销体系。节目在生产过程中，从选题的角度、内容的组织、融资的渠道、人才的配置以及节目的叙事节奏、剪辑风格、包装方式、宣传推广，乃至衍生品的开发设计，都要面向全球整合资源，通盘考虑，以满足全球不同市场观众的不同需求。同时它们还和广告业、娱乐业、旅游业等全面整合，多层次、多维度全方位开发媒体产品的价值，形成了一条完整的“上游开发、中游拓展、下游延伸”的产业链条。像美国的迪斯尼，它生产的每一部动画作品，都要通过完整的产业链逐层开发其商业价值。从电影放映为起点，一直延伸到视频产品、唱片、主题公园、玩具、儿童服装、儿童食品、饮料、游戏品牌特许经营权销售以及以原有故事情节作为基础，推出音乐剧等演出。这样，一部作品的收入来源可以多达数十项。比如，迪斯尼1994年耗资5000万美元制作的《狮子王》最终从各种渠道获得的总收益达20亿美元。而活跃在书籍、电影和视频游戏里的“虚拟形象”米老鼠2002年共创造了389亿元人民币，其他“虚拟人物”，如哈利·波特创收240亿元人民币，蜘蛛侠进账达223亿元人民币。

反观国内，我国广播电视产业链中下游资源配置市场化程度还很低，广播电视和其他媒体之间的资源共享链条没有建立起来，各业务环节之间，也未按产业链的内在要求形成有效的利益互动机制。尤其是国内广播电台电视台创收模式单一，有数据显示，大部分电视台广告收入占到总收入的90%以上，其中，晚间黄金时段电视剧广告创收占到了其中的80%以上。对此，国家广电总局领导就曾尖锐指出，我国广播影视产业功能的开发还相对薄弱，除了广告之外，可以说大部分的产业功能都没有得到有效开发。

经济学研究表明，当企业的单一产品创收占到总创收的60%以上，这个企业抵御风险的能力就比较薄弱。媒体过分依赖广告市场，就会受到广告市场波动的冲击。近年来随着广告市场竞争的日趋激烈，广播电视广告收入增长趋缓，并且显现出不稳定性。比如2001年全国广播电视广告收入248亿人民币，仅比2000年增长3.3%。因此广播电台电视台在加强广告经营的同时，还必须大力开拓相关产业，化解单产业结构带来的市场风险。

目前，国内不少电视机构，已经开始打破了单一广告经营的被动局面，大力开发多种经营业务，范围涉及第三产业经营，有的甚至将触角延伸到了第二产业，其中以与广播电视业务本身有关联的项目居多。例如电视节目衍生产品开发、图文电视业务、电视购物、付费电视和付费广播业务以及影视节目交易业务等。比如湖南三辰公司利用"蓝猫"卡通节目的强势文化品牌，组建了一个卡通后产品的产业集群及全国连锁专卖体系，开发出横跨图书、音像、文具、玩具、服装、鞋袜、钟表、童车、食品、饮料、保健品、日用品、电子用品等十几个行业的系列后产品，形成了一个年收入达7.5亿元的产业群，随着其海外版权销售到印度、美国等国家，其后产品也打入了国外市场。中央电视台投资制作的52集系列动画片《哪吒传奇》播出后，又通过出版图书、VCD和DVD进行再度开发，分别实现了3800万元的销售收入。中央电视台所属中国国际电视总公司也成立了专门的节目代理部和音像部，它们依托中央电视台特有的资源优势，从事节目发行。2004年，节目代理部年发行收入达到2.4亿元。2004年以来，国际海外销售部与37个国家和地区的82家客户签约141份，销售各类节目4060小时。同时，央视付费电视业务和互动收费服务也在积极进行当中。央视风云传播有限公司2004年9月初正式成立。目前，已经播出了包括城市体育、风云剧场、第一剧场、戏曲、足球、世界地理、家庭剧院、风云音乐、怀旧经典、电视指南在内的10个频道，能覆盖的有线电视用户超过5000万户。央视网络电视于2004年5月31日正式在北京开播，首批开通了新闻、影视、纪录、娱乐、经济、音乐、教育、少儿等17个频道。目前，它已经在北京、上海、江苏三地开展收费服务，接受付费订户，每日节目更新量达到30～50小时，覆盖人群达到400万户，注册用户22万户。2002年，中央电视台还成立了央视公众资讯公司，与电信部门合作，在节目播放过程中通过手机短信、声讯、彩信等形式与观众互动，对一些热播节目如奥运会转播、春节联欢晚会等，观众参与十分踊跃。2004年，央视公众资讯实现营业收入达1.4亿元。①

值得一提的是，广播电视产业的多元化经营，应当是广播电视传播产业的自然延伸和相关产业的有机补充，产业和广播电视之间必须有内在联系，最好不要完全另起炉灶。如果完全脱离与广播电视产业的内在联系办产业，就不能发挥广播电

---

① 李晓明(中央电视台副台长)：《电视产业经营的核心问题》，《电视研究》，2005年第3期。

视产业经营的优势。

三、资本运营策略

资本运营，又称资本运作、资本经营，是指企业利用市场法则，通过流动、兼并、重组、参股、控股、交易、转让、租赁等途径对各种要素进行优化配置，实现价值增值、效益增长的一种经营方式。资本运营是市场经济的产物，是企业继生产经营、商品经营之后，以拥有的资本为对象，通过资本更大范围的流动来实现内外部资源的优化配置，提升企业竞争力的经营活动。企业通过运用资本杠杆，可以在最短的时间，以最小的成本，实现快速扩张。

资本运营对于广播电视产业来说具有重要意义。广播电视业作为一个具有较高的资本门槛和规模效应的行业，尤其是电视产业，其网络建设、设备和节目的制作经费等成本在传媒行业来讲是投入最高的，对于资金的需求是最迫切的，竞争也是最激烈的。通过资本运营（股票上市和溢价发行）等方式，广播电视媒介不但能够募集大量资金，而且还可以使其资产能够迅速增值，极大地促进企业的经济实力和竞争能力。尤其是当今世界经济格局已进入以大公司、大集团为中心的时代，传统的企业增长方式已无法跟上发展的步伐。只有把企业的各种要素，包括产品、技术、设备、商标、战略、服务、文化、管理团队等，以资本的形式，进行流动、整合和重构，进一步优化配置，形成合力，才能增强核心竞争力，提升国际竞争力，谋求发展战略上的新的突破。诺贝尔经济奖获得者、美国经济学家史蒂格勒曾说过：纵观世界上著名的大企业、大公司，没有一家不是在某个时候以某种方式通过资本运营发展起来的，也没有哪一家是单纯依靠企业自身利润的积累发展起来的。

由于投资巨大，国外的广播电视媒体不少从一开始就普遍按股份制组建，以后媒介间的购并活动不时出现。尤其是 20 世纪 80 年代市场化改革风潮，更使国外的媒体掀起了购并的热潮。现在国外大型媒介集团的形成也无不是资本运营的结果，比如默多克新闻集团。

默多克的新闻集团的前身是澳大利亚的新闻有限公司。1953 年，默多克在接管了父亲留下的《阿德莱德新闻报》后，通过几十年卓有成效的经营和一系列的购并活动，构造了一个庞大的全球性传媒帝国。

1956 年，默多克筹集 40 万美元购买了《新思维》周刊和《星期日时报》。1957 年默多克买下阿德莱德 5DN 电台少量股份，次年，又收购了阿德莱德的 TV—9 电视台。1960 年，默多克转战悉尼，以 400 万美元买下《每日镜报》，10 年后，默多克又从对手手中夺走《每日电讯报》，同时买下了对手在悉尼和墨尔本的电视台 25％的股份。1964 年默多克创办了澳大利亚首家全国性日报《澳大利亚人》。1987 年默多克以 16 亿美元买下了澳大利业最大的传播媒介集团——先驱和每周时报公司，同年以 3 亿美元买下了哈伯·科林斯出版社。

默多克向海外市场的拓展也大都通过购并的方式来实现。

20世纪60年代末，默多克来到英国，他先后收购了《世界新闻报》和《太阳报》，并于1969年拥有了伦敦电视台7.5％的股份。1981年，默多克投资1200万英镑买下《泰晤士报》和《星期日泰晤士报》。同时，他还买下柯林斯印刷公司42.5％的股份，成为在英国报界最有威力的人物。1983年，他创办了天空频道，并在1989年发展成为拥有4个频道的天空卫星电视台，利用阿斯特拉卫星登陆英国卫星电视市场。但是，天空卫星电视台的筹备使其债务缠身，1990年天空电视台和对手HSB电视台组合而成英国天空广播公司(BskyB)。

20世纪70年代，默多克进军美国市场。1973年，默多克以1970万美元买下美国的快报出版公司，使之在美国有了第一个立足点。1976年，默多克买下《纽约邮报》进入纽约市场。1981年，默多克收购波士顿《美国先驱报》。1984年，默多克花9000万美元买下《芝加哥太阳时报》。1985年默多克在美国收购了20世纪福克斯电影公司，这一收购为新闻集团成为世界性传媒和娱乐业王国奠定了基础。1986年，默多克在美国以19亿美元购买了6家电视台，并联合105家独立电视台，建立福克斯有线电视网。1990年，福克斯有线电视网联网电视台达到156家，一跃成为成为美国第四大电视网。1988年，默多克以30亿美元买下美国三角出版公司，拥有了发行量达1700万份的《电视指南》以及《读者文摘》、《新闻周刊》和《妇女世界》等知名期刊的发行权，此举使新闻集团在美国杂志的收入总额从第9位上升至第2位，仅次于时代公司。

在亚洲，继20世纪60年代初期在香港投资创办杂志以来，1986年，默多克以2.6亿澳元收购了香港的《南华早报》。1993年，默多克用8亿美元在香港买下星空卫视，星空卫视以7种语言、30多个频道向亚洲53个国家和地区近3亿观众播放电视节目。随后，默多克控股凤凰卫视。1995年，默多克快速购买了印度的今日亚洲公司14.9％的股份，1996年，默多克与日本软件银行公司联手建立日本天空广播公司。1998年，默多克收购新加坡电信4％的股份，以期在亚洲共同开发互联网与无线网络业务。

2003年，默多克新闻集团斥资66亿美元控股美国休斯电子公司的直接电视公司(Direc TV)，实现了长达20年之久的卫星电视覆盖全球的梦想。一位美国社会学家说，从某种角度可以说，默多克在几十年中所征服的传媒版图，比亚历山大大帝或成吉思汗征服的疆域还要辽阔，而且统治也更为牢固。其成功之道的关键就在于默多克往往采取购并的方法扩大自己的势力。

2004年，默多克的新闻集团进入了世界六大洲的70多个国家，拥有800家企业，净资产超过1700亿美元，在世界500强中排名第295位。

国外媒介的资本运作通常有三种方式，一是媒体间或媒体跨行业收购和合并(关于这方面我们在第二章广播电视业的市场重构中已阐述过，此处不再赘述)；二是直接上市融资，比如截至2001年10月25日，美国传媒业共有195家上市公司，广告业50家，广播电视业84家，出版业61家，总市值4524亿美元，其中广播电视业达3570亿美元；三是媒介自身向外投资，获取投资收益；四是行业外资本投入媒体产业运营。

随着改革的深入和政府政策的松动，我国广播电视媒介的资本运作也在逐步与国际接轨，上述几种资本运营方式在实践中也已出现。

1994年上海广播电视局下属的东方明珠股份有限公司上市，成为第一家由传媒发起设立的股份有限公司。1997年6月16日，中视股份挂牌上市，这是国内第一家兼营影视制作业和文化旅游业的上市公司。1999年湖南“电广传媒”的上市在全国引起轰动，募集资金4亿多。近年来，湖南电视业称雄一时，电广传媒的资本运作功不可没。2000年11月，电广传媒再次成功增发新股5300万股，募集资金高达15.9亿元，公司总资产已逾30亿元，净资产达24个亿元。电广传媒用新募集资金中的8.6亿元投资湖南有线电视网络，用8600万元投资《财富中国》节目的制作，用3800万元投资收视调查项目。同时，电广传媒还动用了巨资创办、主办一系列纸质媒体（如《母语》），使其在国内传媒业占据了进一步发展的制高点。

2002年中国证监会颁布《上市公司行业分类指引》，将“传播与文化产业”确定为上市公司的13个基本产业门类之一。2003年12月31日，国务院颁发了《文化体制改革试点中支持文化产业发展的规定》和《文化体制改革试点中经营性文化事业单位转制为企业的规定》两个重要文件，文件指出：“党报、党刊、电台、电视台等重要新闻传媒经营部分剥离转制为企业，在确保国家绝对控股的前提下，允许吸收社会资本；……广播电视传输网络公司在广电系统国有资本控股的前提下，经批准可吸收国有资本和民营资本。鼓励、支持、引导社会资本以股份制、民营等形式，兴办影视制作、放映、演艺、娱乐、发行、会展、中介服务等文化企业，并享受同国有文化企业同等待遇。”伴随着政策的松动，广播电视业内外的资本运作也开始频繁起来。2003年，北大华亿影视文化有限公司将所拥有的海南旅游卫视频道股权的50%出让给保利文化艺术有限公司，双方合作各占股50%组成中国保利华亿文化传媒有限公司，经营海南旅游卫视频道。2004年，浙江广厦集团出资6000万元与浙江广电集团联合成立浙江影视集团，核心资产包括浙江电视台影视文化频道部分广告经营权。同年，杭州电视台少儿频道产业经营部分由业内外资本联合投资组建杭州好朋友传媒有限公司，对频道进行产业经营。①

当然，现阶段我国媒介的资本运营，不论与发达国家同行业相比，还是与本国其他行业相比，还处在初步发展的阶段，投资、融资的范围和规模都不大，适应传媒产业化的政策体系还没有完全建立，资本对传媒核心领导者的影响还是有限的。

---

① 王冉（易凯资本有限公司董事长）：《中国传媒业产业整合》，在“2005中国传媒投资年会”上的发言。

可以说，资本运作对于我国广播电视产业来讲，还是一个全新的课题。观念、政策、机制、等诸多实践中遇到的问题还有待进一步的明确，运作水平也有待进一步的提高。

思考题：

1. 广播电视产业包括哪些环节？如何把握广播电视产业各环节的关系？
2. 广播电视产品有何特点？
3. 如何理解广播电视媒介市场的特点？
4. 简述广播电视产业的经济特性。
5. 简述广播电视产业经营的核心内容。
6. 广播电视产业发展战略主要包括哪些方面？制定广播电视产业发展战略的意义何在？

第八章

广播电视节目类型与制作编排

[学习要点]

节目是广播电视传播的基本单位，也是我们了解外部世界的窗口。根据节目的主题、内容、形式、风格等方面的不同，我们可以划分出不同的节目类型。节目的制作流程包括前期准备、拍摄制作和后期制作三个阶段。在广播电视节目制作过程中，具有完整形式的叙事、引人入胜的矛盾冲突以及对人和人的命运的关注是目前电视节目成功的关键所在。

节目是广播电视传播的基本单位，也是我们了解外部世界的窗口。在《中外广播电视百科全书》中，对广播电视节目作出如下定义：广播电视节目是电台电视台各种播出内容的最终组织形式和播出形式，也是电台电视台和其他广播电视节目制作的供播出或交流的具有完整内容的广播电视作品。实际上，在广播电视上播出的所有内容都可以称为是广播电视节目，它们按照一定的顺序播出，以一定的形式表达一定的主题，有一个具体的名称，占用一定的时间。

第一节　广播电视节目主要类型

类型(genre)这个概念对于广播电视节目研究具有重要的意义。人们对事物的认识往往都是从该事物所属的类型开始的。区分各种节目类型并不是要给节目制作工作限定条条框框，恰恰相反，对节目的类型特征有一个清晰、明确的认识是媒体工作人员制作广播电视节目的必要前提。

根据节目的主题、内容、形式、风格等方面的不同，我们可以划分出不同的节目类型。

以节目内容为划分标准：新闻节目、教育节目、文艺节目、服务节目。这种划分方法是与电视节目的社会功能所对应的，也是最常见的划分方式。

以目标受众的特征为划分标准，比如说性别、职业、年龄等。以性别作为划分标准的节目有：中央电视台的《半边天》、北京广播台的《星空下的女人》、杭州电视台的《淑女大学堂》，湖南经济电视台的《绝对男人》等。以职业作为划分标准的节目有：中央电视台的《当代工人》、《金土地》、《人民子弟兵》，湖南卫视的《乡村发现》等。以年龄作为划分标准的节目有：中央电视台的少儿节目《动画城》、《大风车》、少年节目《第二起跑线》、青年节目《十二演播室》、老年节目《夕阳红》等。

以节目的播出形式为划分标准：现场直播式节目、实况录像式节目、直播与录像结合式节目。如对香港澳门回归庆典、美伊战争的现场直播，而一般的时效性不强的晚会则采取录播或者直播与录像相结合的形式。

以节目的播出时间为划分标准：早间节目、午间节目、晚间节目。如中央人民广播的《早报早读》、凤凰卫视的《凤凰早班车》、中央电视台的午间节目《新闻30分》、济南电视台的《今晚20分》、上海东方卫视的《东方夜谭》等。

以节目的形式为划分标准：新闻报道式节目、谈话式节目、竞赛游戏式节目、表演式节目等。比如说中央电视台的《新闻联播》、北京广播台的《北京新闻》属于新闻报道式节目，《对话》属于谈话式节目，《开心辞典》和《幸运52》属于竞赛游戏式节目，魔术和相声等则属于表演式节目。

以节目的题材为划分标准：政治题材节目、经济题材节目、文化题材节目、军事题材节目、科技题材节目、体育题材节目等。

以节目的结构形式为划分标准：一般式节目、杂志式节目、综合式节目、专题式节目。杂志式节目如中央电视台的《东方时空》，综合式节目如《春节联欢晚会》，专题式节目如凤凰卫视对“9.11事件”的报道。

目前，对节目类型的区分存在两个问题：第一，节目类型的划分标准单一、对节目类型的界定过于宽泛，导致对节目类型的认识模糊、混乱。长期以来，我国的广播电视节目类型划分都缺乏科学而权威的标准，导致在节目类型的划分方面，学界和业界都各持己见，难以形成共识。一般来说，传统的节目类型划分偏重于以一个单一的标准和维度作为划分的依据，对诸多节目的共同属性的界定往往也过于宽泛。比如说杨澜主持的《天下女人》，从节目的目标受众来看，它是一个女性节目，从节目形式来看，它是一个访谈式节目，从节目的结构形式来看，它又可以归为一般式节目。同一个节目，参照不同的划分标准，就会有不同的结果。第二，试图把节目类型固定化，束缚了节目的创新和发展。节目类型并不是固定不变的，而是一个逐渐演变和发展的过程。这些节目类型还不足以体现当前广播电视节目丰富多彩的具体形态以及其动态发展所形成的复杂性，因此，一旦面对一些风格独特的新节目，这些参照体系就无所适从，失去了它们的作用。比如说中央电视台于2005年3月28日推出的晚间节目《今晚》，正如其节目口号“看人间趣事，添生活智慧，笑对生活，从今晚开始”，它将生活趣闻与嘉宾访谈合二为一，风格很独特，收视率也屡创新高，把它划分为娱乐节目、生活服务节目或谈话节目似乎都不合适。而对剧情纪录片(Docu－Drama)的划分也面临着同样的困扰，有人认为它应归为影视节目，也有人认为它只是纪录片的一种新的形式。面对这些争议，中国传媒大学欧洲传媒研究中心主任刘昶教授认为：“说它不是纪录片，有你的道理，能自圆其说就行，这是做学问。但争论归争论，最怕的是纪录片制作者受到这种观点的影响而犹豫不前。人们通常认为，收视率和节目品质无法兼得。现在有人找到了一种新节目样式——剧情纪录片，品质高，收视率也高。这才是最重要的。”①

下面我们以电视节目的内容为主要标准，同时兼顾节目的形式和功能以及目前国内外对电视分类的普遍认知，把电视节目分为新闻节目、影视节目、综艺娱乐节目、体育节目、谈话节目和纪录片节目等六种节目类型来进行介绍，旨在提供一个大致的参考框架。

一、新闻节目

新闻节目在广播电视节目系统一直占有重要地位，是广播电视节目系统的基础性节目。1920年世界首家广播电台——美国KDKA电台就是以广播报道总统选举结果而宣告正式开播的，可以说，新闻节目是伴随着广播电视的产生而产生

---

① 《综艺》杂志中文网，http://www.varietychina.com

的。随着广播电视事业的不断发展,新闻传播作为广播电视媒介的基本功能早已成为人们的共识,广播电视新闻传播的诸多优势也使得受众把广播电视作为获取信息的重要媒介。

纵观媒介竞争的历史,新闻节目的竞争也是媒介竞争的重要方面。近年来,"新闻立台"的观点被越来越多的传媒人所接受,媒体纷纷把大量的人力、财力、物力投入到各种新闻栏目、新闻频道中去,加大对新闻栏目、新闻频道的打造力度。作为首个全球电视新闻频道,美国有线电视新闻网 CNN 的成功靠的就是极富竞争力的新闻节目。如今,CNN 通过全球卫星电视系统覆盖了世界 212 个国家,日观众人数达到 5 亿,实现了大众传播学者麦克卢汉的"地球村"的设想。不甘落后的英国 BBC 也开办了 24 小时电视新闻频道,其电视新闻报道宗旨成功地继承了 BBC 的公证性、客观性,成为能与 CNN 一决雌雄的全球电视新闻媒体。其他如美国的有线电视新闻频道 MSNBC、第四大电视联播网 FOX 旗下的 FOX NEWS、被誉为"中东的 CNN"的卡塔尔半岛电视台、凤凰卫视资讯台等电视新闻频道,也先后在近十年间相继建立,这些电视新闻频道制作的电视新闻节目有力地证明了电视的速报性、同时性的媒体特性,其电视新闻节目中不断渗透出崭新的电视新闻制作理念,深深地影响着世界各国的电视新闻节目发展。

2003 年 5 月 1 日清晨 6 点整,中央电视台新闻频道开始试播,7 月 1 日正式播出,它以整点新闻、现场直播、字幕新闻、新闻评论等多种形式向观众源源不断地传递国内外新闻,每天 24 小时不间断播出。央视新闻频道从制作理念到制作手段都展现出了向国际靠拢的决心,内容上注重对新闻价值的判断,可以随时插播突发重要新闻,形态上注重现场性和画面感,把大量的新闻资讯及时传达给受众。可以说,中央电视台新闻频道的开播对于中国内地新闻界来说,具有里程碑的意义,它把新闻报道的重要性提高到了前所未有的高度。

综合来看,现代广播电视新闻制作理念主要包括以下几部分:

第一,新闻时效,从更快到最快。

随着生活节奏的加快,受众对新闻时效性的要求越来越高,新闻媒体也已经从 TNT(Today's news today,今天的新闻今天报)的时代发展到了 NNN(Now news now,即时新闻即时发)的时代。与此同时,媒体能否以最快的速度提供第一手的国内外新闻资讯更成为新闻大战中取胜的关键。各大媒体为了树立权威,提高节目收视率,不惜利用一切手段争取时效。除了大量运用移动卫星地面站,卫星直播车外,国外的电视媒体甚至购买或租用直升飞机来进行新闻报道。我国的电视媒体在争取新闻时效方面,进步也非常大。2003 年 3 月 20 日上午,北京时间 10 点 35 分,美国开始对伊拉克进行军事打击,10 点 41 分 40 秒,CCTV—4《中国新闻》就飞出"伊拉克战争打响,巴格达发出爆炸声"的字幕,同时切出美国轰炸伊拉克的战争画面和同期声,播报时间早于凤凰卫视,几乎跟世界各大媒体同步。

第二，重视现场报道。

在西方的电视新闻理论中曾有过这样一句话“没有画面就没有电视新闻”，虽说得过于偏激，但是，电视新闻中，来自新闻现场栩栩如生的画面派生出来的传播效果比记者一大筐的形容词都要来得直接。从人类首次登月、肯尼迪遇刺、戴安娜世纪婚礼、港澳回归到“9・11”恐怖袭击，回想人类历史上的重大新闻事件，电视来自现场的报道给全世界的观众带来了如临其境的生动感受。具有强烈冲击力的现场感既是电视媒体的独特优势，也是人们选择电视媒介来获取新闻信息的重要因素。因此，在电视新闻报道中，“出现场”已成为各大电视媒体的共同要求。比如美国“9・11”恐怖袭击发生后，美国各大媒体都以最快的速度赶赴现场，尽管现场被封锁，记者无法近距离拍摄，但他们都选择冒着浓烟的世茂大楼做背景，采访现场当事人及目击者。事后，媒体还迅速播放了来自游客的DV记录，把飞机撞击大楼的瞬间画面展现在观众面前，大大提高了新闻报道的可信性和冲击力。

第三，直播作为新闻报道的常规手段。

广播电视新闻最迷人的魅力就是现场直播——“Live”，这种集现场感与时效性为一体的新闻传播方式，已成为当前世界电视新闻报道的潮流。

早在电视新闻发展的初期，西方国家的电视媒体就曾运用过现场直播的方式进行报道，但那时不过是电视存储介质还未出现的无奈之举。随着电视技术和新闻事业的不断发展，现场直播成为重大新闻事件报道的重要手段。如今，现场直播在新闻节目中的运用越来越多，它以记者第一时间现身新闻现场，完整再现新闻事件全过程以及强烈的现场感和冲击力，受到了观众的普遍欢迎。

我国的新闻现场直播报道开始于20世纪80年代。1984年10月1日，中央电视台现场直播了建国35周年庆典活动，并通过卫星向国外直播。1997年，以长达72小时的“香港回归直播”为代表，中央电视台相继推出了多次现场直播，以至于业界把1997年视为中国电视现场直播年。2003年伊拉克战争发生后，CCTV—1平均每天4至5小时/天，CCTV—4平均每天16小时投入到直播“战争”，被媒体专家称为“中国新闻史上的标志性事件”。

进入新世纪，直播报道成为我国新闻报道的日常化行为。江苏南京城市频道的《绝对现场》就是一个通过转播车对发生在老百姓周围的新闻事件进行直播的电视新闻栏目。2007年北京电视台2007年北京卫视推出的一档节目《直播北京》也是很好的例证。栏目组记者每天开着一辆直播车在北京大街小巷穿行，碰到有意思的事儿，记者直接跳下转播车就开始采访拍摄，全程直播。

第四，新闻节目的平民化视角和互动式播出

2002年由江苏南京城市频道《南京零距离》掀起的地方民生新闻的报道热潮成为我国电视新闻报道的一大景观。《南京零距离》将镜头下沉，视角平移，与百姓同感忧乐，冷暖与共。在这个节目里，政府活动、会议新闻经常被压缩在屏幕下方以滚动字幕的形式，取而代之的是普通市民的面庞。停水、缺水、漏水，失火、被盗、被骗，走失、落水、坠楼，争吵、打架、车祸，纠纷、投诉、求助等与老百姓生活密切相关的诸方面都是摄像机镜头聚焦的地方，真正体现了对百姓生活环境、生存状态和精神需求的关注。《南京零距离》开播以来，得到了南京市民的喜爱，收视率一直居高不下。继《南京零距离》之后，各地方电视台都不约而同地把本土特色浓厚的民生新闻当做了竞争时代拓展生存空间的神奇法宝。

同时，新闻节目的互动式播出也是一种新迹象。同样在 2003 年 CCTV—4 的伊拉克战争报道中，直播期间 CCTV—4 公布了自己的电子邮箱，同央视公众资讯中心合作，收集广大观众发来的大量电子邮件（每天三四千封）和手机短信（每天 39 万条），及时了解他们对直播的意见和建议，据此对节目加以完善和调整，并把有关伊拉克战事的最新情况通过短信的形式发给观众，实现了与观众的互动。同时，观众可以提问题和建议，而主持人挑有代表性的问题问嘉宾。现在，在新闻栏目中设置互动话题，已成为新闻栏目的一个重要组成部分，如 CCTV—2 的《第一时间》和北京电视台的《首都经济报道》都有大量来自于观众的短信内容互动。

二、剧情类节目

剧情类节目就是我们通常所说的广播剧和电视剧节目。剧情类节目在广播节目的发展史中曾占据重要地位。电视诞生后，广播剧受到电视剧的严重冲击，该节目形态已基本消失。因此本节主要探讨的是电视剧节目。

在电视节目系统中，电视剧作为一门独立的、有巨大影响力的艺术样式，是一种在电视屏幕上进行演剧的艺术。它以图像和声音为基本载体，以剧中角色的动作和语言间基本表演手段，通过矛盾冲突展开戏剧情节，塑造生动人物形象，以此来感染打动观众。电视剧既发挥了电视技术的优势，吸收了戏剧的艺术营养，又借鉴了电影的镜头语言，是一种年轻而富于生命力的艺术，也是电视节目系统中地位举足轻重的节目类型。

电视剧的重要性，首先表现在它是观众所喜闻乐见的节目类型。据央视—索福瑞 2005 年收视率数据分析，电视剧是中国观众收看时间最长的节目，占观众总收视时长得 36.57%。其次，对任何电视台来说，电视剧又是必须予以高度重视的维系市场地位的重要节目类型，甚至可以说是“收视保险杠”。有调查显示，2005年1～9月，电视剧对我国省级卫视收视的贡献几乎都在 40%以上，有的甚至超过了 60%。为获得更多的优质电视剧，2006 年，在电视剧市场的争夺战上，央视仅在独播剧上就投入了 2 亿元。在省级卫视的第一阵营，5 家省级卫视在电视剧上的投入也都在 1 亿元以上。安徽电视台更是开出 2 个亿的支票，按照“名编、名导、名演”的“三名”标准，在晚间黄金时段的《第一剧场》全部安排全国首轮上星剧。最后，在电视节目系统中，电视剧可谓是占据了电视节目的半壁江山。各电视台大多设有专门的电视剧频道，24 小时不间断播出电视剧节目，在综合频道和其他专业频道，电视剧节目也是主要的节目类型，并被安排在黄金时间播出，在春节、五一和十一长假期间，一些电视台更是将电视剧连续四集播出，分别在上午、下午和晚间播出，成为电视节目系统中播出量最大的节目类型。

作为电视台提高收视率、盈利创收的主力，我国电视剧的生产产量也呈逐年上升的趋势。根据国家广电总局公布的数字，近几年来，我国(不包括港澳台地区)的电视剧产量以每年 1000 集的速度增长。2001 年，电视剧产量约为 8000 集，到 2005 年已达到 12247 集，中国已成为世界上生产电视剧最多的国家。目前，电视剧投资和创作也空前繁荣，制作机构已从 5 年前的 400 多家，发展为现在的 2700 多家。电视剧产业已成为我国文化产业中市场化程度最高、发展前景和优势最为显著的门类。

电视剧还是我国电视节目类型化发展的先行者。电视剧的类型化制作是指电视台按照特定的细分变数，把观众细分为若干类型，其中每一种类型都有相对固定、类似的电视剧收视需求，然后针对特定的一种类型，策划、制作出专业的、有特色的电视剧节目。电视剧的类型化制作是媒介市场激烈竞争的结果。一方面，媒介市场的分化产生多样化的消费群体，要求有适合不同消费群体的电视剧类型存在；另一方面，任何一部电视剧想要在当前的市场中分一杯羹，就要最大程度地满足受众的需求，实现节目的分众化、类型化和专业化。在具体的电视剧制作中，可以从居住环境、收入状况、职业特点、教育程度、生活方式等角度来划分受众的类型，然后针对不同类型制作出有特色的节目。为此，电视剧可以分为多种题材类型，如战争题材、反腐题材、公安题材、都市题材、商战题材、爱情题材、历史题材……。所有的题材大都锁定一定范围的观众群，其定位较为明确，通常针对特定类型进行制作。这样的做法成功实践了“从大众走向小众”的理念，有利于媒体或制作公司对电视剧进行正确的定位，在了解特定类型电视剧制作共同规律的基础上，建立同类电视剧制作的流程，培育忠诚的观众群体，同时也有利于媒体在同质化的市场中独辟蹊径，发掘新的市场空间，从而制定出正确的发展战略，增强电视剧的核心竞争力，在激烈的电视剧竞争中取得胜利。

三、综艺娱乐节目

当代社会，电视娱乐节目以其独特的释放功能、宣泄功能和减压功能，使得娱乐浪潮在全球范围内方兴未艾，并以排山倒海之势成为了一种电视文化新奇观。“娱乐性”是电视娱乐节目的本质要求，只有真正的娱乐才能让观众得到快乐和全身心的放松。目前，国内的电视综艺娱乐节目大致可以分为四类：第一，综艺晚会，如中央电视台每年一度的《春节联欢晚会》、庆祝申奥成功晚会等；第二，游戏类节目，以《快乐大本营》为代表；第三，益智博彩类节目，比如说，中央电视台的《开心辞典》和《幸运 52》;第四,真人秀节目,如中央电视台的《梦想中国》、湖南卫视的《超级女声》、上海东方卫视的《莱卡我型我秀》、《加油！好男儿》等。

综艺晚会是电视综艺节目中历史相对久远的电视节目类型 。综艺晚会源自舞台晚会。是音乐、舞蹈、短剧、戏曲、杂技、魔术、武术、相声等多种艺术表演形式融为一体、满足观众多方面审美需求的电视综艺节目。最早的电视晚会几乎就是舞台晚会的转播。随着电视事业的不断发展,综艺晚会利用现代电视传播手段重新进行艺术创作,因而比舞台晚会具有了更自由的时空表现和更灵活的视听展现。过去,综艺晚会一般不是栏目化、经常性的节目,而只是在特殊时刻存在的特别节目。比如每逢重大节日和周年纪念日,电视台文艺部一般都要制作不同规模的综艺晚会,以示庆祝和纪念。从《综艺大观》开始,综艺节目风靡一时,几乎每一个省级电视台都有一档自己的综艺栏目,栏目化成为综艺晚会的发展新阶段。

综艺游戏节目脱胎于综艺节目,是一种大众广泛参与、以一定游戏规则为主导、综合多种艺术形式的电视娱乐节目。综艺游戏节目的出现,主要在于电视观众的收视需求有了很大改变。以往的高欣赏性被参与性和娱乐性需求所取代,虽然在综艺游戏节目中,明星艺人仍旧是节目的主体,但他们都在节目的安排下,一改过去的本行表演,而是参与到各种游戏当中,以轻松、搞笑的姿态出现在观众面前。因此,相对于电视综艺晚会节目的高欣赏性,综艺游戏节目的最大特点就是游戏娱乐。综艺游戏节目的代表性节目是《快乐大本营》和《欢乐总动员》。

益智博彩类节目之所以受欢迎,一方面在于它"寓教于乐"的特色,另一方面,节目所具有的博彩因素也极具吸引力。中央电视台的《开心辞典》、《幸运 52》、《三星智力快车》,北京台的《SK 状元榜》、《梦想成真》,广东卫视台珠江频道的《谁将成为百万富翁》,上海卫视的《智力大冲浪》等节目的播出,在全国范围内营造了一种"知识问答+娱乐+重奖"的节目模式。当人们看多了明星游戏时的丑态,追求知识外套里包裹的诱人财富成为观众新的爱好。

"电视真人秀"最早于 1999 年出现在荷兰,节目起名为《老大哥》(*Big Brother*)。一年后,美国哥伦比亚广播公司推出名为《生存者》的节目,该节目堪称"真人秀"的经典之作。2000 年 8 月,电视片《生存者》在央视 2 套《地球故事》栏目播出,"真人秀"由此进入中国电视观众视野。2003 年,我国开始出现本土化的真人秀节目,广东电视台推出的《生存大挑战》,就是国内"真人秀"的首次尝试。随后较为成功的真人秀节目还有维汉公司制作的《走进香格里拉》。普通人的参与、纪录片的拍摄方式、一定情境中人的真实活动是"真人秀"节目的三个主要特征。真人秀之所以能吸引受众,还在于它对人性阴暗面、人性弱点的记录极大程度地满足了观众的窥私欲和好奇心。

国内综艺娱乐节目频繁更新换代对观众来说已是习以为常,曾经火爆一时的《综艺大观》、《正大综艺》、《欢乐总动员》、《非常男女》、《玫瑰之约》、《城市之间》等节目都相继淡出观众的视野，而湖南卫视的经典节目《快乐大本营》也出现了疲软之势。原因之一就在于这些节目本身形态的老化，基本的模式长期不变，致使观众产生“审美疲劳”，最终导致节目的收视率下滑，节目不得不停播改版或者撤销。

除了节目形态老化问题外，我国的综艺娱乐节目的发展还存在以下几个问题：

第一，节目克隆严重，创新能力弱。各个电视台、各个频道的节目千人一面，盲目跟风和模仿。自从湖南卫视的《快乐大本营》面世后，电视界刮起了一股“快乐旋风”。北京有线电视台《欢乐总动员》、江苏卫视的《非常周末》、福建东南台的《开心一百》……类似的节目比比皆是。电视娱乐节目虽然泛滥成灾，但并非说明是娱乐节目的过剩，相反，娱乐节目的发展空间还很大，只是目前有独创性的娱乐节目形式太少了。

在节目的创新方面，湖南卫视无疑是国内媒体中表现比较突出的。在媒介市场激烈的竞争中，湖南卫视可谓是异军突起，它以《快乐大本营》引领了全民娱乐的潮流。而创办于 2004 年的《超级女声》更是把娱乐平民化发挥到了极致。这个节目采取层层选拔和淘汰的竞赛机制，强调与观众的互动，使节目充满戏剧性的张力、悬念和刺激，充分调动了观众的积极参与性。但是即便如此，湖南卫视的“创新”也是一种模仿基础上的创新，《快乐大本营》模仿了香港的《综艺 60 分》，《超级女声》模仿了《美国偶像》。事实上，我国的许多娱乐节目都是从模仿境外节目开始的，或者是欧美的节目，或者是香港、台湾地区的节目。可以预见，不顾中国国情和老百姓的接受心理，生搬硬套、机械模仿的做法只会将娱乐节目带入死胡同。中国电视娱乐节目必须面对竞争，多多挖掘中国的传统资源和民间资源，加快娱乐节目的本土化进程。中国电视娱乐传播只有立足于中国文化，充分研究中国人的审美趣味和接受心理，致力于推出适合中国百姓的节目，才有可能赢得更多受众。

第二，节目的低俗化、弱智化。在中国，如果要做娱乐节目的收视率调查，通过和观众面对面实地访问调查得出的调查结果往往是不准确的。以 2006 年“王菲生子”事件为例，当狗仔队对王菲穷追不舍的时候，曾有人据此调查了受众是否对此事关心，得到的回答大多是否定的。但有趣的是，网络上关于“王菲生子”的新闻的点击率却非常高，可以估计，电视上、报纸上有关此事的新闻也会得到观众更多的关注。为什么会出现这样的反差呢？从心理分析角度来看，观众可能是“羞于”承认自己喜欢看娱乐新闻，因为在他们的潜意识里，已经把娱乐节目等同于低俗文化，照这个逻辑，对别人承认喜欢看娱乐节目，就意味着告诉别人，我很低俗。那么，娱乐节目是否真的就代表着肤浅、低俗呢？事实并非如此，一个好的娱乐节目，不仅趣味性和愉悦性共存，文化品味与思想内涵也同样并重。它并非与空洞、煽情、刺激、搞笑绝缘，但它一定不是低俗弱智的。

四、体育节目

电视的服务对象是观众，体育赛事直播节目的最终服务对象是体育迷。而体育迷收看体育节目的直接目的就是感受一种体育精神：不断超越、拼搏、顽强，鲜花、掌声、奖牌、泪水，电视荧屏前的观众和赛场上的体育运动员一起经历成功与失败，一起欢笑，一起流泪。在这样一个欣赏、感受体育赛事的过程中，体育迷们得到了愉悦感和情感的宣泄，周围的人们也会被这样的情绪所感染。在2006年德国世界杯中，许多不懂体育的人也在一种全民看球、说球的氛围中喜欢上了看球，成为了球迷。

从传播学的角度来看，类似世界杯这样的世界性赛事，在某种意义上可认定为“媒介事件”(media event)。丹尼克·戴扬和伊莱休·卡茨在《媒介事件——历史的现场直播》(*Media events—The live broadcasting of history*)一书中谈到，所谓媒介事件是指“对电视的节日性收看，即关于那些令国人乃至世人屏息驻足的电视直播的历史事件”，即媒体对某一重大事件进行精心的策划、设计、制作，然后“邀请”观众来观看，并形成受众在某一时段内对电视进行节日性的、集中性的收看。这样的收看在短期内会形成一个收视高峰，由此，体育赛事转变成一个与媒体密切相关的事件。电视媒体和体育赛事的关系如此密切，以至于在某种程度上电视已经成为了体育运动生存与发展的必要载体。体育赛事的观众群数量因为电视转播的关系，以几何倍数急剧扩大，其中通过电视观看赛事的观众数量远远多于在比赛现场的观众。同时也因为电视，体育作为一个产业得到了快速发展，体育经济变得炙手可热。

随着近年来观众对体育节目需求量的加大，中央电视台和各省级电视台纷纷推出了自己的体育频道，中央电视台第五套体育频道以其强大的实力成为国内体育频道中的领军者。今天，只要打开电视，各种各样的体育赛事直播节目就扑面而来，从中央电视台到地方电视台，应有尽有。

目前国内的体育节目大概可以分为三种：体育新闻、体育赛事转播和体育评论。其中体育新闻强调大容量，重视时效性，将国内外赛事的最新消息及时、快捷播报给观众。比如说中央电视台体育频道就在多个时间段向观众传达体育讯息，包括早上7点的《体育晨报》、中午11点半的《午间体育报道》、12点的《体坛快讯》、傍晚6点的《体育新闻》等。体育赛事转播则是体育节目中最吸引人的。它和赛事现场高度同步，具有极强的现场感，并常常采用慢镜头、回放、固定画面和其他特技手段，使得画面的冲击力得到增强。除此之外，各个电视台体育频道还大量引进国外优秀的体育比赛节目，尤其是各类职业化比赛，如世界杯、意甲、西甲、英超、NBA等，为广大的体育迷们呈上了一场又一场盛宴。四年一度的奥运会更是一个跨越语言障碍、点燃体育迷热情的节日，2000年悉尼奥运会和2004年雅典奥运会都掀起了全球体育收视高潮。相信2008年北京奥运会也将带给世人另一个惊喜，而这对中国媒体来说，尤其是电视体育节目来说，是一个千载难逢的发展契机。每当各种体育赛事举办之时，也是媒体卯足了劲，全力投入竞争之时，还是实现观众、媒体和体育赛事的三赢之时。第三种体育节目类型是体育评论。当中国电视走到了第48个年头，中国的电视观众已经成长为一个比较成熟的群体，球迷当中藏龙卧虎，他们不再满足于简单的赛事解说，电视媒体除了要把体育赛事原汁原味地呈现给观众以外，还要具备有个性、有见地、有深度的体育分析和评论。比如中央电视台的《五环夜话》、《体育今日谈》等节目，就以最新发生的体坛热点事件和热点人物为话题，提供与体育新闻事件、新闻人物相关的背景，由主持人进行相关评论，分析该事件发生的前因后果，探讨事件和人物的发展走向及其影响。体育评论节目通过提供各种观点和角度，抛砖引玉，与观众朋友们一起进行思考，并希望以此让观众对体育事件和体坛人物有更加全面清晰的了解。

五、谈话节目

电视谈话节目源于欧美的"Talk Show"，翻译成中文即"脱口秀"，字面意思就是不备稿子、临场发挥、脱口而出，是指主持人、嘉宾和观众在一种宽松和谐的气氛中，就某一个或几个大众关心的社会现象或热点话题进行交流、讨论或辩论的电视节目类型。世界上第一个电视谈话节目是美国NBC电视台于1954年推出的《今夜》。我国内地最早的谈话节目通常认为是上海东方电视台于1993年创办的《东方直播室》。但是，对大多数中国老百姓来说，真正的谈话节目却是从崔永元的《实话实说》开始的。此后电视谈话节目层出不穷，成功者也不胜枚举，就央视来说，除《实话实说》外，还有《艺术人生》、《对话》、《面对面》、《新闻会客厅》，另外北京电视台的《荧屏连着我和你》、《夫妻剧场》、《国际双行线》，东方欢腾文化艺术发展有限公司的《超级访问》，凤凰卫视的《鲁豫有约》、《名人面对面》，台湾中天综合电视台的《康熙来了》、东风卫视的《小燕有约》等也是各地谈话类节目中的佼佼者。

谈话类节目的发展得益于社会的整体发展，众所周知，当一个社会物质日趋丰富时，人与人之间交流与沟通的欲望也越来越强烈，在这种背景下，谈话类节目以它的人情味和平易近人为观众提供了一个表达、交流和互动的平台。许多优秀的谈话类节目既增进了观众之间、名人与观众之间的相互了解与认识，也满足了观众情感宣泄的需要。谈话类节目也因此在当前取得了较好的收视率，可谓叫好又叫座。美国CBS有一个著名的谈话节目《奥普拉·温弗瑞访谈》，其主持人奥普拉·温弗瑞是一名黑人中年女性，她在节目中出色的表现使得她成为全美最著名的女主持人之一，并享有很高的声誉。奥普拉主持的脱口秀以沉静、温馨的倾谈为特征，同时诉诸于理性和情感，吸引了大批中年妇女。该节目平均每周吸引3300万名观众，并连续16年排在同类节目的首位。同时，该栏目还在全球107个国家播出，是电视史上全球收视率最高的脱口秀栏目。目前，华人地区较为成功的谈话节目有凤凰卫视的《鲁豫有约》，该节目同样以主持人的名字命名，依赖于主持人的语言表达能力，注重主持人个人魅力，充满了个性化特点。鲁豫以清新、聪慧的形象，真诚、率真的个性吸引着谈话者和观众。同时，她在节目中以倾听为主，适当提问为辅的策略，并穿插一些背景材料以拓宽谈话的内容，推动谈话深入进行，让整个节目呈现出一种平和、亲切、轻松的氛围。在选题方面，改版前的《鲁豫有约》曾邀请一些在历史中，尤其是在"文革"中有争议的人物来做嘉宾。这样的人物选择使得节目带有较强的探秘性质，对观众来说，嘉宾本身就非常具有吸引力。在这种制作思路下，鲁豫相继与草原英雄小姐妹、乔冠华夫人章含之、胡风夫人梅志、毛岸英夫人刘松林进行了成功访谈。2005 年，《鲁豫有约》改版后，开始把一些明星、热门人物请到演播室，比如说李宇春、李敖等，这种转变使它和时代结合更紧密、和社会联系更贴近，但从另外一个角度看，嘉宾的神秘性和谈话内容的故事性也相对减弱了。

六、纪录片节目

纪录片是通过非虚构的艺术手法，直接从现实生活中铨叙形象和音响，直接表现客观事物以及作者对这一事物的认识的纪实性电视片。[①]

纪录片的本源是人的历史和现实的存在，它是对历史的丰富，也是对时代档案的体现。美国纪录片史学家巴尔诺曾说，纪录片工作者的天命是在现实中的发现，是通过选择自己的发现来表达自己对世界的看法。因此，纪录片大多通过人与人之间、人与社会之间、人与自然之间的关系的考察，以表现对人类生存意义、人的命运、人性、人与社会和自然关系的思考。从这个意义来看，纪录片可以说是所有电视节目类型中最具有品格的一类，它具有其他任何电视节目难以替代的独特的存在价值和意义。

2001 年四川国际电视节获得金熊猫大奖的纪录片《英与白》就是一个典型例证。英，是世界上仅存的一只被驯化可上台表演的熊猫，也是唯一和人居住在一起的熊猫。白，是一位有着一半意大利血统的女驯兽师，她和英"相依为命"已经 15 年，对白来讲，英就是她的孩子，甚至可以说是她生活中的全部内容。片子大篇幅地在很多细节方面来表现白对英的无微不至，为它准备营养极佳的食物，给它服用包在棉花糖里的维生素，每天检查大小便是否异常。白从不外出，电视、音乐还有英就是她的生活，常人所有的社交生活都与她无关。只有英能带给她抚慰。纪录片以独特的角度切入英和白的生活，在纪录白的生活和英的世界里以及电视机所展示的人类社会的事件中，又浓缩进了对人类的孤独和人类文明发展过程的思考。在这部 50 分钟的片子中，尽管没有一句解说词，但无论从画面还是音响，处处都流露出编导极力表达一种对新世纪人类生存状态的关注：人与人之间隔着厚厚的栅栏，每个人似乎都生活在自己给自己造就的"笼"中，没有交流，没有关爱，相互提

---

① 钟大年：《纪录片创作论纲》，北京广播学院出版社 1997 年版，第 33 页。

防，缺乏信任。这一系列的意象深刻地反映了世纪之交当代人内心深层次的孤独和悲凉。

纪录片在中国真正占有市场，是在1993年以后。以北京和上海几乎同时崛起的两个栏目：《生活空间》和《纪录片编辑室》为标志，栏目型纪录片开始迅速在中国内地打出了自己的旗帜。纪录片栏目化之后，给观众的最大感受就是看到了身边人。这也是《生活空间》和《纪录片编辑室》无意之中触动的时代之弦。中国的电视纪录片运动以客观存在对非主流人群、弱势文化群体，也就是小人物的关怀为宗旨，抛弃过度的官方意识，从以往主流媒体忽略的 地方寻找自己并构成了自己纪录片的闪光之处。正是在这样一种运动的大潮里，中国纪录片获得了空前的发展。

按照纪录片的文化形态划分，目前我国纪录片可以分为主流文化纪录片、精英文化纪录片、大众文化纪录片、边缘文化纪录片共四类。[①] 第一种，主流文化纪录片。这类纪录片通常体现国家意识形态，带有较强烈的政治色彩。如大型纪录片《毛泽东》、《邓小平》、《周恩来外交风云》、《香港沧桑》、《澳门岁月》等。第二种，精英文化纪录片。这类纪录片侧重对中国的历史人文进行深刻地思考，探索人类生存方式的变迁与社会的进步和发展，具有思想深度，闪耀智慧光芒。比如说《话说长江》、《望长城》、《最后的山神》、《故宫》和《新丝绸之路》等。第三种，大众文化纪录片。20世纪90年代初，中国纪录片兴起了纪实主义浪潮，纪录片得到了空前的发展。创作者们抛弃过度的官方意识，题材的选择上趋向大众化，以一种强烈的平民意识和使命感去关注人和人的命运，将普通老百姓作为记录的主角，致力于再现社会的现实原态。中央电视台的《生活空间》的口号是“讲述老百姓自己的故事”，体现了一种真正的人文关怀精神。这类纪录片有《舟舟的世界》、《沙与海》、《我们的留学生活》、《八廓南街16号》等。第四种，边缘文化纪录片。这种纪录片是相对于社会主流而言的，它把镜头对准社会体制之外的边缘人，如流浪者、吸毒者、艾滋病患者、同性恋者等，倾听他们的经历、情感故事。这类纪录片很难通过正常的电视载体播出，往往只在纪录片爱好者之间流传，或者采取海外参赛或发行的方式。

不过，在20世纪90年代初的纪实主义浪潮后，从1995、1996年起，在当前娱乐节目、电视剧占据大片收视江山的形势下，加上电视体制改革后收视率地位的上升，我国纪录片的栏目化生存也陷入了重重危机，各种电视纪实栏目的收视率开始急剧下降，曾创下36%的收视奇迹的《纪录片编辑室》在近年已降至7%左右。大量的纪录片栏目又纷纷退出屏幕。中国纪录片开始走下坡路，进入低迷困境。

---

① 张同道：《多元共生的纪录时空——90年代中国纪录片的文化形态与美学特质》，《电影艺术》，2000年第3期。

第二节 广播电视节目的制作

一、节目制作流程

节目制作流程可以分为前期准备、拍摄制作和后期制作三个阶段。本书主要介绍前期准备工作，因为拍摄制作和后期制作更多的是属于技术层面的工作，所以在此就不一一赘述，读者可以通过其他途径进行学习。

1. 前期准备

这是节目制作的第一步，前期准备工作是否充分，直接影响后面的拍摄和编辑工作的开展。一般包括策划和报批、落实资金、确定相关工作人员和准备各种设备、布景或踩点、办理各种手续等。

策划和报批。广播电视节目的策划是指确定拍摄主题，对节目的内容进行大致的规划，也就是说，在这个步骤里，创作者必须清楚节目的内容以及拍摄节目的方式。策划对接下来的其他工作有非常重要的指导作用。策划工作的直接成果是一份策划书，它的内容大概包括节目的名称、拍摄周期、拍摄内容、目标受众、费用预算等。策划完成后，要把节目的策划书向相关负责人进行报批，由电台、电视台或独立制作公司的节目审批人员对策划书的可行性进行审查。标准主要有：内容是否有吸引力、主题意识是否正确、是否独具特色、预算是否合理等。策划书一般都很难一次通过审查，它们或者直接被“毙掉”，或者被要求进行修改，甚至是多次修改，直到审查者满意为止。节目策划书通过以后，创作者们才能真正开始投入工作。

落实资金。确定节目的内容以后，紧接着就要落实拍摄资金。节目的资金来源往往是多方的，可能是媒体本身的投入，也可能有广告商的投资。落实拍摄资金是一个较复杂的工作，一般都由制片人来负责。

确定相关工作人员和准备各种设备。简单的说就是制片人要召集、组成一个创作团队，一般包括导演、导演助理、摄影师、摄影助理、录音师、灯光师、化妆师、服装师、场务、联络人等。另外，如果是要拍摄外景，还需要司机，如果是要到境外拍摄，还需要有翻译。相关人员确定了以后，要召开集体会议，对节目的内容进行详细的阐述，明确相关人员的职责，并且针对存在的问题进行讨论和协商。设备方面，一般来说，各种设备都有专业人员负责掌控，即摄影师使用摄像机，录音师使用录音机，灯光师使用各种灯具等。

布景和踩点。如果要在特定的空间里进行节目创作，那么就有必要进行布景。以演播室为例，布景工作包括舞台设计、灯光、音响、服装、道具等。所谓的踩点是针对外景拍摄而言的，指正式拍摄之前，先派人去实地考察。以拍摄一个旅游节目为例，如果要拍摄广西的龙胜梯田，那么创作者们就必须先知道梯田的具体位置在哪，坐车去的话大概要多长时间，从哪座山拍摄的效果会比较好。这样，摄制组去拍摄时，就可以直接到达那个拍摄梯田的最佳位置，既节省了时间，又节省了体力，大大提高了工作效率。

办理各种手续。租用场地或者拍摄公园景点、名胜古迹、建筑大楼等，都要提前申请并取得批文。如果要到境外拍摄，办理护照和申请签证更是必不可少的步骤。

2. 拍摄制作

实地的拍摄制作是节目制作中最关键的环节，节目的后期编辑和编排工作都要以拍摄完成的素材为基础。巧妇难为无米之炊，没有好的原材料，后期编辑再怎么努力也很难作出好的节目。节目的实际拍摄和录制工作，技术上是指灯光师布光、摄像师使用摄像机拍摄、录音师以麦克风收音等，形式上是指出镜记者具体的采访、主持人播报新闻、与嘉宾和现场观众的互动等。拍摄制作的具体过程，我们将在“节目的制作手段”这一部分内容中详细阐述。

3. 后期制作

实地拍摄工作完成以后，还需要对获得的素材进行编辑和整理。由于这些素材往往连接性、逻辑性不强，缺乏趣味性和节奏感，因此后期的制作工作就是要去粗取精，把这些素材编辑成受众喜闻乐见的一个个节目。它通常包括剪辑、合成、混音、加入特技效果等。像直播、转播等强调同步性的节目，几乎可以说没有后期制作阶段的工作。

二、节目制作手段

一般地，节目制作手段分为实况直播、电视影片制作和录像制作三种。

1. 实况直播

实况直播(live)是指观众从电视屏幕上看到的画面、听到的声音是和现场情况同步的、一致的。从技术上讲，就是媒体把设备安排在现场，对现场的情况进行拍摄、录音，然后再通过微波等传输渠道把这些信息传回电视台，电视台随即将这些画面和声音呈现给观众。随着技术的不断提高，这些信息的传输时间已经被大大缩短，观众的肉眼甚至已经感觉不到这个时间的存在，所以可以忽略不计。

实况直播强调节目的制作和播出的合一，可以带给观众强烈的现场感，让观众真正与事件的发生保持同步。在所有的节目制作手段里，实况直播不仅增强了电视的时效性，而且由于少了后期人为编辑这一环节，节目的透明度、动态性和不可预知性也大大提高，并且更符合电视新闻发展的需要。与此同时，它也对新闻从业人员的专业素质提出了更高的要求。白岩松在回忆他第一次参加现场直播报道(香港回归现场直播)时，感慨地说：“直播最大的魅力和压力恰恰就在于，无论你怎样精心准备，一切要以直播时你真正的所见所闻和那一刻具体问题的处理为最后结果。这样一个大型事件，你作为新闻人，无法完全预知事情进展的细节和内容。……在这个全新的体验中，便暴露出我们种种的不足。”[①]

实况直播以事件发生和节目制作的场地作为划分标准，一般可分为现场直播和演播室直播两种方式。近年来，国内媒体对现场直播的运用越来越成熟，像中央电视台对香港回归、三峡工程大江截流、国庆 50 周年、澳门回归、中国加入 WTO、北京申奥的现场直播，凤凰卫视对“9·11 事件”、美伊战争、别斯兰人质事件的现场直播都堪称典范。而演播室直播更多地运用在常规新闻、综艺节目、晚会、游戏竞技等节目中，观众可以通过包括电话、手机短信和网络在内的各种通讯工具参与到节目中去，这样，节目与观众的互动就得到了很大程度的提高。中央电视台的春节联欢晚会就是一个典型的演播室直播节目，每年的晚会现场无一例外都是在一个喜庆的演播大厅，年三十晚 8 点，晚会的直播正式开始，在一种热热闹闹的节目气氛中持续直播 4 个多小时，同时，观众可以通过多种方式与晚会现场进行互动。

2. 电视影片制作

简单来说，电视影片制作就是用电影的拍摄设备来制作电视节目。20 世纪 70 年代以前，电视节目的摄制大都是用 16 毫米电影摄像机完成的。由于电影拍摄技术具有可以长期保存影像资料的特性，在实践中也非常灵活、实用，所以，在电视的录像制作技术出现之前，它被电视节目制作大量采用。

电影摄像机需要经过洗印、混录、拷贝复制等复杂的程序，所以费用高，耗时长，不能适应新闻报道的时效性和突发性。另外，电影和电视的信号存储方式都是多种多样的，在把电影摄像机拍摄完成的资料转化为电视播出方式的过程中，信号必然受损。

但是，由于电影摄像设备具有相对电视摄像机来说高得多的图像清晰度，所以在录像制作技术已经普及的今天，电视影片制作仍然是纪录片、电视连续剧等节目的制作者的首选。一些优秀的纪录片《望长城》、《神鹿啊！我们的神鹿》、《故宫》、《新丝绸之路》，使用的都是电视影片的制作方式。

3. 录像制作

相对于实况直播来说，录像制作是一种“非实况直播”，也就是说，节目的制作和播出不是同步的：节目制作单位先将节目录下，然后再选择合适的时间播出节目。一般来说，录像制作的节目要比实况直播的节目多一个工作程序——后期编辑制作。如果节目对时效性的要求不高，那么节目制作单位就常常采用录像制作的方式。和实况直播相比，录像制作可以在后期制作中操作及控制节目的内容，把节目的瑕疵去掉，并且增加许多新的元素，使节目的精致度更高，更具有可看性。

由于多了后期制作这个环节，所以节目的制作经费也随之增加。因此，许多节

① 白岩松：《痛并快乐着》，华艺出版社 2000 年版，第 128 页。

目通常会选择把多期节目安排在一天或几天里集中录制、集中编辑,把各种费用降到最低。比如说谈话节目《鲁豫有约》,2005 年年初,该节目进行改版,由以前每周一期的块状节目演变到周一至周五每周 5 期的带状节目。改版以后,栏目组采取的就是集中录制的方式,争取在最短的时间里有效地利用各种财力、人力、设备资源。集中录制对节目的前期准备工作和主持人的精力都会有较高的要求。

从录像制作的场地来划分,它同样可以分为两种方式:演播室制作和户外制作。一般来说,综艺节目、谈话节目等经常在演播室录制,而旅游节目、竞技节目等就以户外制作为首选。

第三节 广播电视节目的叙事策略

叙事(narrative),简单说,就是指某人向另一个人或一部分人讲述某事。一个人经历了一件事并不能成为叙事,只有把他经历的事情讲出来才能称为"叙事"。通俗的说,叙事就是讲故事。根据杰罗姆·布鲁尔的观点,"叙事既是一种推理模式,也是一种表达模式。叙事推理是两个基本的、普遍的人类认知模式之一。另一个是逻辑—科学模式……逻辑科学模式寻求普遍真实性条件,而叙事模式寻求事件之间的特殊联系"①。

叙事在我们的生活中无时不在、无处不在。家庭成员之间、朋友之间、邻里之间、同事之间,人们"讲述"的内容从柴米油盐醋到汽车房子价格、从松花江污染到禽流感的肆虐,从印尼海啸到以黎冲突……在对这些事情的讲述过程中,人们完成了对社会的参与和认知。下面我们主要以电视为例,来介绍一下电视节目的叙事策略。

一、电视为什么要叙事

现代社会的信息高速传播,媒体间的竞争日趋激烈,受众需求也向着多元化发展,电视已经进入了"内容为王"的时代。打造良好的栏目品牌和频道品牌,以最好的节目内容最大程度地满足观众的收视需求,吸引受众的注意力,是媒体生存和发展的根本。在这样的情况下,符合受众思维习惯和收视需求的电视叙事化发展应运而生,"有趣的故事"成为电视节目与遥控器对抗,并在极短的时间内锁定观众视线的有力武器。电视叙事的能力成为媒体核心竞争力的关键所在。

电视是视听觉艺术,也是叙事艺术。声音和画面是电视不可或缺的两大符号系统,它们必须围绕着同一个叙事结构。叙事是电视的基本形态,它赋予电视节目生命力。通过叙事,电视为我们呈现了一个丰富多彩的世界。几乎所有的电视节

---

① 伯格著,姚媛译:《通俗文化、媒介与日常生活中的叙事》,南京大学出版社 2000 年版,第 11、12 页。

目都浸润着叙事的、故事的手法。影视剧的故事化特征是最明显的，并带有一定的虚构色彩，而纪录片、新闻、谈话节目的叙事则是真实的，以叙事化的方式向人们讲述一个个真实的故事。电视理论家萨拉·科兹洛夫认为，在当代社会，“大多数的电视节目——情景喜剧、动作系列片、卡通片、肥皂剧、小型系列片、供电视播放而制作的影片等，都是叙述性文本”，“唯一的一种贯穿始终都避免叙述的电视节目是那种依自身的交替规则结构十分明显的节目：例如游戏节目、体育锻炼节目、记者招待会、访谈节目、音乐节目、体育竞赛等。然而即使在这种情况下，叙述也在悄悄发挥作用。比如说，一场足球比赛就可以看成是一个队胜利和另一个队失败的故事，可由体育竞赛播音员来叙述”。① 叙述不仅是电视中起主导作用的文本类型，而且在很大程度上叙述结构就是一座由“超叙事者”（supernarrator）把守的大门，即使是非叙事性的电视节目也必须穿行而过。

《60分钟》是美国CBS的金牌电视新闻栏目，自1968年创办以来长盛不衰，其公认最重要的成功秘诀就在于它所采取的“讲故事”的方式。正如该节目的缔造者之一唐·休伊特在他的著作《60分钟：黄金档电视栏目的50年历程》的序言中所说，“《60分钟》成功的公式是简单的，它可以就简化为几个字，这几个字是世界上所有儿童都知道的，那就是——给我讲一个故事。就这么容易。”事实证明，《60分钟》的制片人和记者找到的真实故事就像电视剧和电影那样具有吸引力。因此，“每个星期一早上，都会有好莱坞某位制片人打来电话，希望根据前一天看到的《60分钟》节目中某位主人公的故事拍摄一部电影故事片。这种反馈告诉我，我们的故事正在得到来自观众的两方面的反响——‘我以前可不知道这个’和‘《60分钟》里的那家伙不是很有意思吗？’这正是我所希望的效果。”②

二、电视的叙事者和叙事接受者

1. 叙事者

电视的叙事者很复杂，基本可以分为两类：显叙事者和隐叙事者。显叙事者是指观众可以在屏幕上直接感知到的叙事者，或者看到他们的形象，或者听到他们的声音，他们的叙述是一种直接的叙述。显叙事者包括事件的当事人、知情者、主持人、播音员和出镜记者等。其中，事件的当事人身份各异，他们在镜头前向观众讲述他们亲身经历的故事，并由此增强故事的可信度，给观众真实感、亲近感和认同感。比如说在对2006年8月的以黎冲突的报道中，凤凰卫视兵分三路：严明随以色列军队赴以黎前线，陈晓楠深入黎巴嫩南部冒死采访真主党领导人，温爽留守叙利亚……以色列和黎巴嫩的老百姓、真主党领导人、凤凰卫视的三位出镜记者以及

① 罗伯特·C. 艾伦编，麦永雄等译：《重组话语频道》，中国社会科学出版社2000年版，第45、47页。

② 唐·休伊特著，马诗远、林洲英译：《60分钟：黄金档电视栏目的50年历程》，清华大学出版社2004年版。

总部的主持人共同构成了以黎冲突事件的讲述者，向观众讲述了发生在以黎国境上的“战争故事”。这个讲述的现场感极强，把本来很遥远的以黎冲突一下子拉到了中国观众眼前。当听到黎巴嫩的酒吧老板对陈晓楠说“我预计两年之内不会有人再来我的酒吧了”时，相信电视屏幕前的中国观众也会对那位酒吧老板产生同情。

隐叙事者是相对显叙事者来说的，指节目的策划、编导、编排等工作人员。节目的后期编排人员又可以称为超叙事者，因为他们必须把频道里的所有节目进行一个整体的编排。相对前期的单个节目的制作工作而言，这个工作的量是非常巨大的。隐叙事者通常不会在镜头前直接表达自己的立场和观点，具有隐蔽性，观众也很难感觉到他们在叙事。但隐叙事者的工作，如策划人员对节目主题的确定，摄像师对拍摄对象的选择，后期编排人员对内容和镜头的筛选无一不渗透着他们对事件的判断和看法，并在一定程度上制约着显叙事者的叙述。另外，什么样的故事能吸引到观众，如何把故事讲好，这都是隐叙事者制作电视节目时要考虑的首要因素。

2. 叙事接受者

在一般的电视节目中，叙事接受者通常是指电视机前的观众。但是，电视观众是一种间接的叙事接受者，因为叙事者在叙事时不能直接面对观众，观众只是他们的一种“假定”和“想象”。他们假设观众就在面前，但是他们不可能知道这些观众是否会对他们的叙述感兴趣和满意。也就是说，只有节目制作出来并播出了，电视屏幕前的观众才能成为事实上的叙事接受者。

在演播室制作中，叙事接受者还指现场观众，他们是一种直接的叙事接受者，因为主持人、嘉宾可以和他们面对面。主持人和嘉宾讲述时，现场观众就在观众席上静静地倾听。相对于电视机前的“假定”观众而言，现场观众具有一种真实性，他们的笑声、掌声都是对叙事的直接反应，叙事者能即时地获知叙事的效果。

三、电视如何叙事

目前国内电视叙事的成功模式有很多，认真探究其成功原因，我们发现，电视叙事其实存在着一定的规律。具有完整形式的叙事、引人入胜的矛盾冲突以及对人和人的命运的关注等都是目前电视节目成功的关键所在。

第一，具有完整形式的叙事。

从叙事的形式上来讲，“一个具有‘完整形式’的叙事包括六种共同要素：摘要（叙事基本内容的概要），介绍（时间、地点、情况、参与人物），使事情复杂的行动（一系列事件），评价（行动的重要性和意义、叙事者的态度），解决（最终发生了什么）和尾声（让视角回到现在）。讲述者用这些结构从基本经验中构成一个故事，用句子和潜藏的评价解释事件的意义"[①]。大凡成功的电视节目,都注重谋篇布局,精心构筑叙事结构,使其结构完整、层次清晰。这些节目往往是从一个事实或线索讲起,提出疑问,然后由记者进行调查,采访相关的知情者或当事人,然后层层剥笋,再通过矛盾把故事推向高潮,进而挖掘或揭露事实背后的真相,从而达到揭露社会阴暗面或揭示事件所带来的社会意义的目的。

第二,引人入胜的矛盾冲突。

故事的情节组织可以分为时间顺序和逻辑顺序,两者比较而言,观众最关注的是逻辑顺序。在逻辑顺序里,节目的制作人员可以捉住一个关键点——故事的矛盾冲突性。好的电视节目能够充分利用观众的收视期待,把故事情节安排得扑朔迷离、一波三折、层层铺垫、跌宕起伏、高潮迭起,在一系列冲突和悬念中给观众很强的现场感和冲击力。

目前国内的许多新闻调查和法制栏目对故事的冲突、悬念的设置和安排都把握得比较到位,如中央电视台的《焦点访谈》、《新闻调查》、《法治在线》、《经济与法》和北京电视台的《法治进行时》等栏目。

我们以《经济与法》于 2006 年 3 月 24 日制作的一期节目《骗保阴谋》为例,来说明叙事的完整形式与矛盾冲突这两个问题。《骗保阴谋》节目的开头颇具特色,主持人以一个故事开场,"有一篇推理小说,题目叫《敦厚的诈骗犯》。这小说的主人公是一位老演员,因为生活非常艰难,他就想给自己投上一份保险,然后再设法找人把自己杀了。这样,就可以给妻子孩子留下一笔巨额的保险金。这小说的故事也够离奇的了,可是,真实生活中还真有类似的事情。在山东省,有这么一个人,他就一心一意要骗保!"这样的安排有别于一般节目的直接叙述事件,一下子就把观众的胃口吊起来了。然后记者开始如侦探一般去调查这个"骗保"事件的来龙去脉:

山东的田兴颂曾经坐过牢,他和巩丽娜先是恋人关系,后两人订婚,田兴颂入住巩家。这一段的解说很平缓,但是马上,节目就出现了转折。因为田兴颂满脑子想的,并不是好好做事挣钱。和巩丽娜交往还不到半年,田兴颂就动起了花花肠子——骗保。按照滨州市中级人民法院法官孟华的说法,他的目的非常明确,就是杀人骗取保险金。看到这里,观众的兴趣就被调动起来了,变得紧张而兴奋,并产生收视期待:田兴颂到底要怎么骗保?他真的会杀人吗?

解说词:他(田兴颂)的想法是,投一个高额的意外险,然后制造意外伤害,从而骗取保险金。……可是这样一来,最终受到伤害的也只能是自己。这样的事情,田兴颂可不干。他想来想去,选中了一个人。田兴颂选中的目标不是别人,正是自己女朋友的父亲巩芳平。

① 伯格著,姚媛译:《通俗文化、媒介与日常生活中的叙事》,南京大学出版社 2000 年版,第 177、178 页。

节目接着对事件的继续进行渲染和拓展，把田兴颂向保险公司咨询、欺骗未婚妻、投保、准备杀人的过程一一展示。巩芳平收入少，工作无风险性，田兴颂为了顺利投高额保险，就把他安排到建筑工地工作，给他盖鸡棚，步步为营，终于投保成功。另外，田兴颂也找到了杀手，并且和女友一起暂时离开了山东以便杀人时可以证明自己不在场。故事发展的节奏紧凑、有张有弛、环环相扣，似乎巩芳平必死无疑了。这时，观众的神经高度紧绷，已经到达临界点。但是，杀手却临阵逃脱了。观众的神经此时稍稍松弛了一下。但是，巩芳平并没有就此逃脱厄运。很快，田兴颂又指挥田茂涛潜入巩芳平的养鸡棚，凶残地杀害了他。案件发生后不久，根据现场留下的线索，警察很快就破获了此案，并且将田兴颂和田茂涛抓获归案。

事情发展到这一步，似乎已经水落石出、真相大白了，观众可能也以为案子要结束了。然而峰回路转，这个杀人骗保案却引发了新的纠纷。巩芳平的妻子焦爱萃认为，实际上是她的丈夫买的保险，现在丧了命，那么保险公司就得赔。矛盾的双方随即由田兴颂与巩芳平转化为焦爱萃与保险公司。观众刚刚舒缓的情绪又被重新唤起，怀着对焦爱萃的同情而继续关注她的索赔行为。节目接着强化叙事张力，在矛盾冲突中逐步推进采访的深入，探究这份保险合同的有效性……法院最后判决，采用欺诈方式签订的合同没有法律效力，焦爱萃败诉。

节目的结尾，主持人又回到开头的那个故事：

这篇小说当中，那个老演员后来又找到了理发师，继续进行敲诈。理发师最终还是没有能够控制住自己，用手中的剃须刀割断了老演员的咽喉，杀了他。在我们今天说的这个故事当中，要说巩芳平像老演员拿自己的生命去骗保，这样的事情确实很难相信。可是一开始，当田兴颂说只要伤害一个指头，就能拿到大笔的钱，巩芳平确实是动过心的。恰恰就是这一闪念，最终使他导致杀身之祸，这真的是叫做与虎谋皮啊。所以说，不该有的念头，哪怕只是偶尔一闪念，也绝对不能有。

这样，它就将对这个事件的观点和理性思考巧妙地融入到了故事中，把观众的现实认同挖掘到了最大值，引发了人们对人性、对经济与法的更深的思考。

第三，对人和人的命运的关注。

一切叙事都是人对自身命运的关怀。通过叙事，观众能找到事件和历史、当下的联系。观众感兴趣的永远不会是那些空洞的说教、枯燥的数字和泛泛而谈的言论，而是以人为本的、充满人情味和人文关怀的、生动鲜活的故事，是故事中纵横交叉的人物关系，是人物的曲折离奇的命运，是在中国社会转轨的特殊时期里个人所经历的矛盾、冲突、无奈、困境、选择和突围……

感动人的、吸引人的往往都是真正关注人本身的电视节目。《东方时空》的子栏目《生活空间》的口号是："讲述老百姓自己的故事"，《南京零距离》的节目定位是"民生新闻"，都是以民为本。纪录片在关注人与人的命运方面似乎走得更早、更远。拍摄于 1989 年的纪录片《沙与海》，获得了第 28 届亚广联大会的"亚广联电视奖大奖”。它的故事、人物和线索都很简单:生活在内蒙与宁夏交界处沙漠边缘处的农民刘泽远,生活在辽东半岛上一个孤岛上的渔民刘丕成。他们日出而作,日落而息,没有轰轰烈烈的事件发生,生活平淡如水,日复一日,年复一年。他们生活的自然环境完全不同,一个沙、一个海,相同的是人的命运和自然环境的息息相关,生活艰辛、封闭、寂寞而孤独,对儿女命运的担忧和无力感。沙丘、枣树、海浪、渔船,向观众叙述着“小人物”平淡的生活故事,引发了观众更深一层的思考。

第四节　广播电视节目的编排策略

“我们不是在做一期节目,我们是在做一个个报道,然后把它们组合成一期节目”。[①] 这“组合”二字,体现的是广播电视节目的编排。我们经常可以看到广播电视媒体隔一段时间就要进行“改版”,对栏目/频道内部进行调整,这种现象指的就是节目的编排工作。在每一个栏目已经被限定好的播出时间里,应该如何把节目放置在最合适的位置上,吸引到最大数量的受众呢?这就要看节目的编排策略。

节目是广播电视播出的基础单位,节目本身具有完整的结构和内容。节目的编排是一门艺术,同样数量的节目,采用不同的编排策略,会产生完全不同的播出效果。

一、节目编排要考虑的因素

节目的编排是一个系统工程。根据系统论的观点,采用的编排手法得当的话,各个节目所产生的整体编排效果将大于单个节目的播出效果简单相加的总和。广播电视节目的编排工作要遵循受众普遍的逻辑思维习惯,要给受众简洁明快,一目了然,不拖泥带水之感。它涉及节目的选择,每一个环节的衔接都有一定的讲究,各个节目之间既各自独立又隐含连贯性。具体来说,节目的编排要考虑以下几个因素:

1. 节目的定位

随着受众可接收频道数量的不断增加,广播电台之间、电视台之间、频道之间和栏目、节目之间的竞争愈演愈烈,内容、形式等的竞争也进一步凝结为风格之间的竞争。媒体竞争主体独特的风格和气质是媒体的生存之本。每一种风格——轻松活泼、风趣幽默、端庄沉稳、深沉睿智——都是针对特定的受众群,目的也是最大程度地吸引受众的目光。

美国CNN之所以能够在海湾战争的新闻报道中一鸣惊人,并牢牢抓住受众,

---

① 唐·休伊特著,马诗远、林洲英译:《60分钟:黄金档电视栏目的50年历程》,清华大学出版社2004年版,第151页。

在于它的新闻资讯专业化强时效定位；凤凰卫视之所以能够打破央视的“垄断”，参与内地媒介市场的划分，在于它的大中华区强势新闻媒体定位；湖南卫视之所以能先后以《快乐大本营》和《超级女声》在全国刮起“快乐”和“PK”旋风，在于它适时而动的娱乐化定位；江苏卫视的《南京零距离》之所以能够一炮打响，在当地老百姓中享有很高的美誉度，取得高收视率，在于它的“民生新闻”定位……

正因为节目的定位对节目的成功与否有着如此重要的作用，所以对节目的定位有清晰的认识是进行节目编排工作的重要前提，而具体的编排工作，也一定要紧紧围绕节目的定位，避免出现偏差。

2. 受众分析

在媒介产业化发展的今天，争取最大数量的受众群是媒体制作、播出节目的首要目标。从某种程度上说，视听率已经成为广播电视媒体工作的“指挥棒”。许多媒体实行节目的“末位淘汰制”制度，一方面对媒体从业人员形成前所未有的竞争压力，促使他们不断提高节目质量，另一方面也使得媒体人更加重视对受众的分析，其中包括收视/收听心理、习惯和情境等分析。同时，受众分析的结果亦直接影响到节目的制作和编排工作。

传播学者 D. 麦奎尔在 1969 年至 1974 年做过一个关于电视节目的调查，调查的节目包括新闻、知识竞赛、家庭连续剧、青年冒险电视剧等六种节目，他从中归纳了受众观看这些电视节目所得到的四种“满足”的类型：第一，心绪转换效用。指电视节目可以提供消遣和娱乐，帮助人们“逃避”日常生活的压力和负担，带来情绪上的解放感。第二，人际关系效用。电视节目可以满足人们对社会互动的心理需求，有利于人们在现实中的融洽相处。第三，自我确认效用。电视节目可以为观众提供自我评价的参照框架，引起观众对自身行为的反省，并在此基础上协调自己的观念和行为。第四，环境检测效用。主要指受众的信息需求。受众需要获得与自己的生活直接或间接相关的各种信息，及时把握环境的变化。①

受众的视听需求，日常作息习惯，生活经验，生活地域等，都是节目编排工作中要考虑到的因素。目前比较常见的节目编排做法是：全天分时段新闻，傍晚动画片，黄金时段连续剧，周末娱乐综艺节目，寒暑假重播经典动画片和影视剧等。这种常规做法所体现的就是对受众的分析。

3. 竞争对手的节目编排

媒介市场的竞争是激烈而残酷的，优胜劣汰，适者生存。它要求各个媒体竞争主体不能闭门造车，尤其是当媒体的定位类似的情况下，必须时刻关注对手情况的变化，制定应对之策，抢占媒体市场份额。媒体的竞争说到底是对受众的竞争，而对受众的竞争说到底又是节目的竞争。只有不断提高节目本身的质量，充分考虑

---

① 郭庆光：《传播学教程》，中国人民大学出版社 1999 年版，第 182 页。

受众的接受心理，对节目进行精心编排，才能在优胜劣汰的竞争中取胜。下面将要谈到的“迎接挑战式”和“避开锋芒式”编排策略就是根据竞争对手的节目编排情况来编排自身节目的比较常见的两种策略。

二、节目编排策略

1.“顺应民心式”编排策略

这种编排策略是指根据受众常规的视听习惯来安排节目时间表，简单说就是受众想在某个时间里听到、看到某个节目，那电台和电视台就满足受众的心理期待，播放该类型的节目。比如说，早中晚的新闻节目、傍晚的动画片、周末晚的大型综艺娱乐节目、假期里连续剧的多集连播等。在早上 10 点，大多数学龄儿童正在学校里上课的时候，如果电视台安排播出精品的动画片，我们可以想象它的收视率必然偏低。

在这个编排策略里，编排者必须对“黄金时间”有清醒的认知和把握。黄金时间是指一天之内受众收听、收视广播电视节目相对最为集中的时间段。各个国家的媒体对“黄金时间”的划分各有不同，一般都与本国居民的生活作息、收听/收视习惯等有关。针对不同的受众，黄金时间也有可能不同。对儿童节目来说，黄金时间就是从下午 5 点至 7 点这个时间段。一般来说，我国的黄金时间是指从晚上 7 点至 10 点这个时间段。黄金时间里，观众大都结束了一天的工作和学习，可以从容地坐下来收看电视。因此，电视媒体无一例外都非常重视黄金时间的节目编排，纷纷推出强档节目，争取充分有效地利用好这个时间段，取得最好的播出及收听/收视效果。

2.“推波助澜式”编排策略

指电台或电视台某个时段在播出一个强势的节目以后，在接下来的时段里，继续播出一个或几个好的节目，就像一个波浪接着一个波浪，一个高潮接着一个高潮一样，后者可能和前者是同一话题，但是前者的进一步深化，也可能转换话题和节目类型，但同样是精品节目。实力雄厚的媒体经常采用这种编排做法，它能给受众淋漓尽致之感，持久地抓住受众，保持节目的高视听率。例如，中央电视台一套在傍晚 6 点 13 分播出《东方时空》，7 点整播出《新闻联播》，紧接着在 7 点 38 分播出《焦点访谈》，将近两个小时的时间里，观众可以享用到一道又一道新闻大餐。

3.“帐篷式”编排策略

这种编排策略指广播电视媒体在每天的黄金时间里播出品质精良、高视听率的重量级节目，并形成一种“帐篷”效应，惠及整个频道其他相对弱的节目。实施这种策略有一个假定：受众有视听惯性，即受众一旦喜欢一个频道里的某个栏目，那么他就可能对整个频道都形成一种认同感，继而“习惯性”地收看/收听该频道的其他节目。比如说，很多人喜欢湖南卫视可能是从《快乐大本营》这个节目开始的，因为这个节目，人们知道原来节目是可以做得这么娱乐，让看者这么放松和开心。慢慢地，湖南卫视就在他们的头脑里形成了一种印象——想轻松和娱乐的话，就看湖南卫视。这样，湖南卫视的其他娱乐节目，像《娱乐无极限》、《音乐不断》等节目的收视率也就随之提高了。

4."吊床式"编排策略

所谓的"吊床式"编排策略是指在两个好的节目之间安排一个相对弱的节目或者新推出的节目，以此来带动后者，提高其收视率。这种策略类似于前面谈到的"帐篷式"编排策略，它同样利用了受众的视听惯性。受众在欣赏完一个好的节目以后，会对接下来播出的节目产生收视/收听期待，这时候播出一档不强的节目，可以带动提高它的收视率。虽然受众可能会产生短暂的、轻微的失望感，但是由于接下来播出的又是一个好节目，所以可以淡化这种失望感，使受众再次兴奋起来，得到收听/收视的满足感。比如说，中央电视台一套晚上 9 点 40 分播出的《纪实十分》节目，它相对于中央电视台其他强档节目来说，创办初期没有任何特色，竞争力也不强。但是对该节目的编排却很成功，安排在《焦点访谈》、主旋律电视剧之后，《晚间新闻》和《新闻调查》之前。这样，在这些节目的带动下，《纪实十分》的收视率也有了一定程度的上升。

"帐篷式"和"吊床式"编排策略都以受众有收视/收听惯性为前提，但是事实上，这种惯性的作用由于遥控器的存在以及受众收听/收视的日趋不稳定而越来越弱，因此，这种策略的有效性并不是放诸四海而皆准的，在具体的编排工作中要慎用。

5."迎接挑战式"编排策略

也称"头对头式"编排策略，是指在同一时段(一般是指黄金时段)，其他频道已经安排了强势的节目，并且取得了很高的收视/收听率的情况下，所在频道迎难而上，或者把所在频道的优势节目也调整安排到这个时段，或者策划推出新的栏目，出奇制胜，与其他频道展开正面的竞争。这种做法风险性很大，除非自身的节目很优秀，足以把受众从其他频道吸引过来，否则最后有可能两败俱伤。也有成功的例子。比如中央电视台的《梦想中国》创办于 2003 年，其初衷就是想模仿美国的《美国偶像》(*American Idol*)，给普通老百姓提供展示才艺的舞台，实现他们成为明星的梦想。由于节目类型的新颖和主持人李咏的独特魅力，再加上央视的大力支持，节目推出以后大受欢迎。2004 年，湖南卫视全力打造的《超级女声》，收视率节节攀高，"PK"大战在全国火爆上演，风头很快就超过了《梦想中国》。"超女"旋风刮到 2006 年以后，上海东方卫视借鉴了"超女"的成功模式，推出《加油！好男儿》，同样取得了成功，可谓青出于蓝而胜于蓝。

6."避开锋芒式"编排策略

"避开锋芒"，也就是敌进我退。通常，采取这种编排做法的频道或者是由于节目本身竞争力不强，或者是由于所在媒体本身相对处于弱势，所以，它在面对强势媒体的强档节目时，就尽量避开锋芒，以保持实力，同时积极寻找突破口，争取受众。江苏电视台城市频道的新闻栏目《南京零距离》成功的原因更多地在于它实践了“本土民生新闻”，但是它所在频道的独特的编排策略也是不可忽视的。过去，中央电视台的《新闻联播》在晚7点的新闻时段里一直独占鳌头，地方媒体的新闻节目只好安排在《新闻联播》以后播出，收视率的提高举步维艰。江苏电视台城市频道聪明地打了一个时间差，把《南京零距离》的播出时间安排在6点50分至7点50分，开播时间比《新闻联播》提前了10分钟。在这10分钟里，它大量报道发生在市民身边的新闻，凭借着这些富有人情味的新闻，牢牢抓住了观众，吸引观众继续看它的第11分钟、第12分钟……的节目，以此取得成功。

7.“峰谷式”编排策略

“峰谷”，顾名思义，就是有高峰、有低谷，在进行节目的编排时，充分考虑受众的需求，把一个栏目划分为几个段落，把一个频道分成几个板块，段落与段落之间，板块与板块之间形成一种节奏感，跌宕起伏，衔接得当、有机组合，充分满足受众的收视期待。之所以采用这种编排策略是出于两个考虑:第一，媒体制作出来的节目不可能都受到观众的欢迎，取得高的收视率，但是出于教育、普及知识等目的的考虑，一些相对“冷”的节目又必须播出，比如说农业节目、军事节目等。因此，就可以把这些节目安排在收视率高的节目的前后播出，由后者来带动前者。第二，这是频道或栏目不断调整编排策略的结果。媒体总是希望最大程度地吸引观众，这就要求其必须充分利用各个收视时段。如果所有强势的栏目都集中在一个频道的某个时段，其他的时段只播出一般的节目，观众就会逐渐流失。采取“峰谷式”编排策略，把好节目恰当地安排在每天的各个时段，这种适当“分散”恰是为了更好地“集中”观众。

8.“突发新闻”编排策略

频道尤其是新闻频道对新闻的反应能力直接体现了其专业化程度，并将进一步影响到受众对频道的评价。在这方面，凤凰卫视对“9·11”恐怖袭击事件的编排处理为内地媒体做了非常好的表率。“9·11”事件发生在2001年9月11日美国东部时间早上8点48分(北京时间20点48分)，事件发生后，凤凰卫视资讯台果断地中断了正常节目的播出，首先由主持人吴小莉在9点整的《时事直通车》节目中播发了简短消息，并提醒观众注意稍后的现场直播。半个小时后，凤凰卫视中文台、资讯台、美洲台共同对这一突发事件做了现场直播。在这个时候，内地的媒体却由于种种原因而未能有所行动。凤凰卫视对此事的直播持续了36个小时，国内凡是能接收到凤凰卫视的观众都把遥控器锁定在了凤凰卫视。在美伊战争和别斯兰人质事件中，凤凰卫视的表现也是可圈可点。凤凰卫视敢于突破常规编排，及时报道突发新闻事件的魄力和能力使它声名鹊起，也使它在一次次的突发新闻报道中逐步走向成熟，树立起华语杰出新闻媒体的形象。

另外，值得一提的是广告的编排。在媒介产业化的今天，从某种意义上说，广告收入决定了广播电视媒体的生存和发展，但由于广告会造成节目的突然中断，观众对广告往往怀有抵触甚至是厌恶情绪。在广告插播时间，观众很可能就拿起遥控器换台了。因此节目编排和广告编排两者如何构成了一个密不可分的整体也越来越重要。目前，国内某些媒体的广告中出现了一种很好的兆头，即插播广告时，在屏幕上用字幕进行时间提醒，像"广告时间还有 20 秒"，或者"某某节目正在播出"等。这样的提示让受众有了被重视的感觉，而且明确地知道不用忍受无休止的广告。在这种情况下观众可能选择等待，或者先换台，然后在估计的时间过后回来。虽然只是一个小小的改变，却体现了以受众为本位的编排思路。实践证明，这种编排对减轻因插播广告而导致的观众流失有比较好的效果。由此也可见，节目（含广告）整体编排的好坏将会直接影响到媒体能否顺利实现提高收视/收听率和增加广告收入的双赢结局。

思考题：

1. 目前，国内的广播电视的节目类型有多少种，它们的特点是什么？
2. 节目的制作流程包括哪几个阶段？
3. 实况直播、电视影片制作和录像制作的特点是什么？
4. 叙事在广播电视节目制作过程中的重要性。
5. 各种节目编排策略适用什么样的情况？请各举一个例子。
6. 目前国内电视台的节目编排存在什么问题？

第九章

广播电视媒介受众分析

[学习要点]

广播电视受众拥有双重身份,广播电视受众既是社会公民,又是媒介产品的消费者。广播电视受众与其他媒介的受众也有着不同的特点,研究广播电视受众的特点与构成,进而对其展开各种科学的收听/视行为以及满意度等方面的调查,已经成为广播电视业的一种常态行为。

受众是大众传播的“目的地”，它不仅是传播链条的一个重要环节，也是大众传播过程得以存在的前提和条件。同时，受众对于大众传播媒介而言，具有双重意义。受众既是大众传播媒介的权利之源，又是财富之源。因此，研究受众的权利和需要、分析受众的特点和构成，满足受众的消费需求，成为大众传播媒介的首要任务，广播电视媒介也是如此。

第一节　广播电视媒介的受众权利

一、作为社会公民的受众权利

受众不仅是信息传播的接受者，在国家的社会生活中，在法律意义上，受众又是公民，是参与社会管理和社会公共事务的公众，当我们把受众看做是社会公民和公众的时候，受众享有作为公民在法定范围内应当享有的一切权利。概括起来，作为社会公民和公众的受众的权利，主要有这么几个方面：

1. 知情权

知情权又称获知权、知晓权、知悉权、知的权利等，是指公民获取有关社会公共领域信息以及与本人相关信息的权利，具体可以包括政治知情权、司法知情权、社会知情权和个人信息知情权（如出生情况、亲生父母等）。[①] 在现代社会，公众知情权已经成为一个民主社会的标志之一。许多国家都制定了《信息公开法》，将传统权力运作中的“保密为原则、公开为例外”变更为“公开为原则、保密为例外”，除非基于国家安全、商业秘密、个人隐私等公共利益考虑确有必要，否则一律不得免除公开。

在新闻传播领域，知情权特指受众通过媒介获取信息，特别是公共生活信息的权利。由于信息对于社会公共生活的重要意义日益凸现，而新闻媒介作为职业化、专门性的大众信息传媒，有权利更有责任和义务保障和实现公民的知情权，开拓公共信息资源。然而，知情权在实际运行中却会遇到种种阻力，原因是在公民知情权与其他社会利益攸关者之间找到一个平衡点往往并非易事。因此，探究如何在特定的社会机制下较好地保障公民的知情权就更为重要。

迄今为止，美国各州都已有知情权的条文，并多从媒介权上升为公民权。在我国，宪法虽没有明确和具体的知情权条文，但明确规定国家权力属于人民，人民依法享有参政、议政和监督权等公民基本政治权利。随着近年来我国社会主义民主政治生活制度的逐步完善，各级政府和有关公共部门已开始陆续建立、健全信息发布、信息公开制度，加大社会公共生活的透明度，切实保障和实现公民的知情权。如 1998 年底开始的“政府上网工程”，标志着我国公共权力机构已经进入了利用因

① 谢鹏程：《公民的基本权利》，中国社会科学出版社 1999 年版，第 263 页。

特网等新媒体开展信息公开活动的崭新阶段。

当然，在涉及国家安全、国防机密、公民隐私等方面，各国都对公民知情权有较详实的法律限定。从总的趋势看，知情权在社会的公共领域内的范围和强度都呈扩大和加强之势。它也成为当今媒介受众权利中最重要的一环。

2. 表达权

表达权又称表达自由，是指“公民通过口头或书面以及特定行为表达自己意见的自由，包括言论自由、著作自由、出版自由、新闻自由、结社自由、游行示威自由等”。① 在新闻传播领域，主要是指新闻媒介的表达自由和受众通过新闻媒介表达自己意见的权利和自由，对于受众而言，则进一步细化为受众在媒介上的表达权。

应当说，表达自由作为现代公民最基本的民主权利在世界各国的法律中都有较明确的规定，我国宪法规定“中华人民共和国公民有言论、出版、集会、结社、游行、示威的自由”。美国在宪法第一修正案中规定“国会不得制定法律……剥夺人民的言论或出版自由……”。在我国已参加的《公民权利和政治权利国际公约》中第19条规定“……人民有自由发表意见的权利，此项权利包括寻求、接受和传递各种消息和思想的自由，……不论口头的、书写的、印刷的、采取艺术形式的或通过它所选择的人和其他媒介”。②

以此类推，具体到媒介的受众，受众自然也享有使用媒介、在媒介上按照法律规定发表意见的自由权。美国学者巴隆于1967年在《哈佛大学法律评论》上发表了《接受媒介——一项新的第一修正案权利》一文，提出应由宪法确认大众“接近”媒介权利。他提出，在传播媒介越来越集中于少数人手中，广大受众越来越被排斥在大众传媒之外的今天，“必须把第一修正案的权利还给它的真正拥有者——读者、视听众”。③ 它反映了资本主义媒介制度下社会成员的表现自由或言论自由的权利与媒介的私人占有制之间的巨大矛盾。这里提倡的“接近权”即针对受众而言的媒介表达权，其中包括受众针对媒介批评自己的意见提出反驳的权利，参与媒介上的关于社会问题讨论发表意见的权利等，如在美国，除一般形式外，公众还可以通过付费形式在报刊上刊登意见广告，表达自己的意见。

当然，在任何国家，受众作为公民的表达权既有保障也有限制，任何表达自由必须在法定范围内，如在德国，对于一切法西斯主义主张的言论就被严格限定。在其他国家，一般对有碍国家和社会稳定、安全的言论也都有不同程度的限定。另外，媒介表达自由和受众表达自由之间有时也面临较大的冲突，特别是在媒介资源相对有限的现代社会中，这一矛盾已成为人们必须面对并没法解决的问题，否则便不可能维护真正的新闻自由，也不可能真正维护受众的权利。

---

① 谢鹏程：《公民的基本权利》，中国社会科学出版社1999版，第224页。

② 李良荣：《新闻学概论》，复旦大学出版社2001年版，第202页。

③ 郭庆光：《传播学教程》，中国人民大学出版社1999年版，第179页。

3. 批评建议权和监督权

舆论监督权是受众的一项基本权利，它主要是指受众通过一定形式的大众传媒和传播者表达公众意见，影响社会决策的权利。我国《宪法》第四十一条规定："中华人民共和国公民对于任何国家机关工作人员，有提出批评和建议的权利；对于任何国家机关和工作人员的违法失职行为，有向国家机关提出申诉、控告或检举的权利，但不得捏造或者歪曲事实进行诬告陷害。"这是专指对国家和公共事务发表意见的监督权。宪法规定的这些权利，是对我国公民舆论监督权的赋予，同样适用于传播活动。具体分为两部分：

第一，是受众通过和借助新闻媒介对政治、经济、文化等各公共领域内的部门和各项活动依法行使批评建议和监督的权利，即受众借助媒介行使的舆论监督权。这部分权利与媒介享有的新闻自由全是重合的，也是公民基本权利的组成部分之一。

第二，是受众针对新闻媒介的活动所行使的批评建议和监督的权利。针对我国新闻媒介的特有属性，公众自然有权依法监督其活动是否符合社会公共利益。同时必须指出的是，社会公共生活的信息属于社会公共资源，事关公众利益，带有公共性，新闻媒介作为专门性的社会信息系统的重要组成部分，整合和传播公共信息是其重要而无可推卸的责任。在这个特定的层面上，无论任何国家、任何属性的媒介都带有一定意义的"公共性"，应当属于受众监督的范围之内。因此，对于媒介的建议权、监督权不是媒介自上而下赋予受众的，而是受众作为社会公民自然应享有的权利。在当今世界性的媒介商业化浪潮中，商业上有日益威胁、损害媒介公共性的势头，这时强调和坚持受众对媒介活动及其公益性的批评和监督显得尤为重要。[①]

当然，受众的权利远不仅上述几方面，如受众选择权、参与管理权、传播服务保障权以及与表达权一致的传播权、传媒接近权等都在其列。

二、作为媒介产品消费者的受众权利

以上我们分析的是受众作为社会公民所应享有的权利，这种权利是不分国别、种族、阶层、性别以及年龄等差异的。除此之外，受众还是媒介产品的消费者，这种观点是建立在以下几个基本认识的基础上的：(1)大众传媒是一种经营组织，必须把自己的信息产品或服务以商品交换的形式在市场上销售出去；(2)要做到这一点，必须使自己的产品或服务具备一定的使用价值或交换价值，换句话说，即能够满足消费者的各种需求；(3)传媒活动既然是市场活动，那么各传媒机构之间必然

① 李良荣：《新闻学概论》，复旦大学出版社 2001 年版，第 202 页。

存在着激烈的竞争关系，而竞争的对象自然是消费者。[①] 其实，把受众看做是信息产品的消费者和大众传媒的市场这种观点，在19世纪30年代后大众传媒向企业经营形态转变的过程中就已经出现了。只不过在20世纪80年代以前，多数传媒把受众看做是一个未分化的"大众"市场。

把受众看做媒介产品的消费者，反映了传媒活动的经营行为。在大众传播事业成为信息产业的一个重要组成部分的今天，这一理论得到了充分验证。它揭示了受众不仅作为社会公民拥有宪法和法律所赋予的基本权利，而且作为媒介产品的消费者，还拥有《消费者权益保护法》等相关法律所规定的消费权益保护。

参照《消费者权益保护法》及相关法律法规，我们认为，作为媒介产品消费者的受众权利，主要有下列几点：

1. 知悉真情权

《消费者权益保护法》第八条规定："消费者享有知悉其购买、使用的商品或者接受的服务的真实情况的权利。"我国《广告法》第十三条也明确规定：大众传播媒介不得以新闻报道形式发布广告。通过大众传播媒介发布的广告应当有广告标记，与其他非广告信息相区别，不得使消费者产生误解。但是，不少广播电视媒体假借新闻报道或信息服务形式，安排播出有偿新闻或不明确标示广告的广告信息，从而损害了受众知悉真情的权益。甚至，最近一些广播电视节目中的短信互动，也出现了明显侵犯受众知悉真情权的行为。广播电视节目中的短信互动，是一种免费广告电视媒介消费的新形式。电台电视台制作播出节目，不仅吸引受众收听收看，而且鼓励受众通过发送手机短信积极参与，而观众每发送一条与节目有关的信息，每订阅一种服务，都是要支付一定的费用，电视台和渠道服务提供商则从中按比例获得相应的收益。但是许多电视台(频道或栏目)只开通了包月收费服务，并无针对每一条短信的收费服务，发一条短信和发几条短信一样，都要收取包月费用。为了诱使观众成为节目的包月用户，一些电视栏目有意无意地屏蔽相关的资费信息，或者只是用小号字在不显著的地方予以标注，使观众误以为自己的参与仅仅花费了1毛钱或1元钱的低廉信息费。结果，不少人因为参与一次短信互动，而被迫缴纳全月费用，引起争讼纷纷。媒介有意屏蔽相关消费，其实就是对受众知悉真情权的侵犯。随着付费电视的不断推广，我国一些地区广播电视受众已逐渐转变为用户。作为真正意义上的广播电视媒体消费者，他们应该享有知悉其购买、使用的广播电视产品或者接受的服务的真实情况的权利，传媒也应按照法定方式标明商品或服务的真实情况，以满足消费者的知悉真情权。

2. 安全保障权

《消费者权益保护法》规定："消费者在购买、使用和接受服务时享有人身、财产

---

① 郭庆光：《传播学教程》，中国人民大学出版社1999年版，第176页。

安全不受侵害的权利。”然而从目前的情况来看，广播电视媒体虽没有直接侵犯消费者的安全保障权，但是媒体播发的虚假广告，却起到了引导消费者使用问题产品的作用，从而间接侵犯了消费者的安全保障权。以虚假医疗、美容、瘦身等广告为例，广播电视媒体经常在上、下午非黄金时段播送此类产品的直销广告，尤其是一些名人代言的广告，消费者在听信媒体的广告宣传之后购买了产品，不仅原有问题没有获得改善，财产也遭致损失，甚至造成了人身损害。虽然，生产问题产品的厂家对此负有主要责任，但从媒体这个角度上来说，媒体对信息把关不严、缺乏核准，才导致了虚假广告的信息的传递与放大，并最终促使消费者选择了问题产品，媒体在这当中也负有不可推卸的负责。我国《广告法》明确规定：新闻媒体在广告内容和刊播方式上负有把关责任。对于违反广告法规定，利用广告对商品或者服务作虚假宣传的，由广告监督管理机关责令广告主停止发布，并以等额广告费用在相应范围内公开更正消除影响，并处广告费用一倍以上五倍以下的罚款。对负有责任的广告经营者、广告发布者没收广告费用，并处广告费用一倍以上五倍以下的罚款；情节严重的，依法停止其广告业务；构成犯罪的，依法追究刑事责任。前不久，国家广电总局下发了文件，取缔名人瘦身减肥医疗广告，就是对受众权益的有力维护。

3. 公平交易权

《消费者权益保护法》第十条规定：“消费者购买商品或者接受服务时，有权获得质量保障、价格合理、计量正确等公平交易条件，有权拒绝经营者的强制交易行为。”公平交易权的具体内容如下：

一是有权获得质量保障。二是有权以合理的价格成交。

随着业界竞争的日趋激烈，广播电视媒体想方设法压缩节目，延长广告时间，导致节目时长大量缩水，节目水准有所下降。比如北京人民广播电台虽然屡创广告记录，但过长的广告也为观众所诟病。我国电视剧在中途随意插播广告的现象比比皆是，尽管广电总局曾对电视剧中插播广告的时长有详细明确的规定，但滥插广告的现象仍然大量存在。一些专栏节目下方的“logo”和节目的题目名称也经常被游动广告取而代之，业内人士曾无可奈何地把这些广告戏称为“节目里的牛皮癣”。从受众角度来说，虽然受众没有直接与媒体进行节目的交易，但受众投入了时间，受众的关注是媒体与广告商交易的资本，媒体过长的广告安排其实也是对受众时间付出与公平“交易”的侵犯。价格是否合理，也直接关系到受众的财产利益。不合理的价格损害了受众的利益，破坏市场的公正原则。如有线电视维护费用过高，受众完全有权要求传媒真正做到质价相符，货有所值。2003 年 7 月 1 日，北京歌华有线电视网络公司因将网络传输的方式由微波传送转变为光缆传送，将收看维护费由现行的每户每月 12 元调整为每户每月 18 元时，引起了北京市民的一片哗然。尽管进行光缆改造是有线电视向数字化过渡的首要前提，但是，市民们普遍认为,在内容和服务没有增加的情况下,该公司向 220 万用户每年增收的 1.58 亿元属于非法。

4. 消费选择权

《消费者权益保护法》第九条规定:“消费者享有自主地选择商品或者服务的权利。”在免费电视时代,受众的消费选择权还不是个问题。随着数字技术的发展,受众的消费选择权开始引起人们的注意。目前,我国正在大力推广数字付费电视。数字电视的推广,一方面是适应世界电视业发展潮流,推动我国电视业的深入发展。另一方面,数字电视也使受众有了更多的选择空间,受众消费的个性化需求得到了一定的满足。但是数字电视在提供丰富多彩节目和方便快捷服务的同时,也带来了收视方式、收视习惯的改变,选择收看数字付费电视,就意味着受众要进行更多的投入。然而有些地方在推进数字电视的过程中,强制性关闭模拟信号,要求用户全部转而收看数字付费电视,这种“一刀切”的方式不仅过于简单粗暴,其实也是对受众消费选择权的侵犯。由于受众的消费水平不一,消费需求不等,尤其是一些低收入家庭,根本没有消费数字付费电视节目的实力,整体平移对他们而言,就是一种强迫性消费的行为。针对数字电视推广侵犯受众消费选择权的问题,广电总局也特别指出,数字电视的推进要因地制宜,稳步发展。对暂时不愿收看数字电视的用户,要妥善解决;实施有线电视数字化整体转换的地区,必须保留至少 6 套模拟频道,转播中央、省和当地电视台的主要节目,供没有机顶盒的用户接收,切实维护有线电视用户的合法权益。①

此外,参照消费者权益保护法,作为广播电视节目的消费者,受众还有损害求偿权、受尊重权等,在此就不一而述。总体来看,我国的一些法律法规从不同的角度规定了受众的有关权益,但只是一些概念性、原则性的表述,针对性不强,一些受众权益甚至在我国法律法规中找不到相应规定。因此,本章对作为媒介消费者的受众权益的论述,也只能是一种思考,在案例和法律规定引用方面有所欠缺。不过,有一点可以明确,随着数字付费电视的推广与普及,我国的法律规范会逐步健全。作为广播电视媒体产品的消费者,不仅地位会越来越高,其权利意识也会越来越强,广播电视媒体必须遵照法律法规行事,才能真正赢得消费者的青睐。

三、广播电视受众的需求

在当前的竞争环境下,出于生存和发展的需要,媒介的市场意识和受众意识正不断提高。媒介已清楚认识到,谁能赢得受众,谁的影响力就大,谁就能实现社会效益和经济效益的最大化。为此,受众的需求、受众之所好恶,成为媒介首要考虑的重要因素。一般来说,广播电视受众需求主要表现在新闻传播、娱乐消遣、信息服务等方面。随着广播电视的发展,除了上述一些基本需求外,广播电视受众需求

---

① 《广电总局:推广数字电视须照顾低收入者》,新华网,2007 年 2 月 3 日。

又有了一些新变化，这些变化主要表现在以下几个方面：

1. 参与性需求

随着广播电视受众受教育程度的普遍提高，受众对信息已经具备一定的判断和反省能力，不愿意也不可能继续做一个简单的信息接受者，他们更愿意参与对信息的创造、对信息的选择、对信息的阐释和对信息提出评价，广播电视满足受众的这种参与需求，实际也在为自己赢得更广阔的受众市场。

受众对媒介的参与一般有四种方式：一是直接参与，如进入演播室发表意见，担当角色。比如美国比较著名的一些电视谈话节目如《拉里·金访谈》、《奥普拉·温弗瑞访谈》等经常把观众请进节目现场，让他们体验参与的乐趣。二是收听观看节目时参与各种竞猜、竞赛等。比如在一些娱乐等专栏节目经常会设置一些有奖问答，一方面满足受众的参与需求，另一方面也是以此来吸引受众的关注。三是热心为媒体提供线索。现在很多广播电视栏目，尤其是新闻栏目，都会公布热线电话号码，让受众提供新闻线索，甚至是相关报道。比如北京电视台的《第7日》，很多报道的线索都是北京市居民提供的，而江苏的《南京零距离》甚至邀请百姓摄影师加盟节目。四是对节目进行热心的反馈。我国的广播电视节目已经越来越重视在节目中与受众进行互动交流。很多节目每期都会设置一个互动话题，让受众也能在节目中发表意见。一次，《南京零距离》公布了一个现场调查——长江大桥的收费站该不该拆？这个调查每个司机、每个市民，甚至外地人都关心，结果，一下子打进了1万多个电话。现在，短信互动的方式开始取代电话成为受众参与交流的新形式，成为很多栏目内容的重要组成部分。

2. 对信息的立体化需求

如今已是解读信息的时代，受众对新闻信息的要求已不再限于知晓、了解的层面，而是面对纷繁芜杂的客观环境要求媒介能够为他们提供立体化的解读，告知他们新闻背后的新闻，在这种情况下，对媒体而言，除了要在信息传播的时效性、现场性上做文章以外，更重要的是要在信息的立体化处理上技高一筹。立体化处理意味着要延伸信息的广度和深度，要为信息提供纵横的参照，要对信息提供解释和预示，要在知识性和洞见性两方面超越其他媒介的传播效果。正像凤凰卫视的评论员阮次山所说的那样，“许多看似不相关的事，其实背后都是有关联的”，媒体就是要把事实背后的诸多关联性联结起来然后解读给受众。近年来，央视《焦点访谈》、北京台的《今日话题》等新闻评论性电视节目的出现和新闻节目专题化的趋势正是电视从平面的信息传播向立体的信息传播转化的结果。但从总体发展水平来看，我国的广播电视在这方面做得还远远不够。

3. 个性化需求

经济生活水平的提高，必然使人们对文化消费产生多元化和个性化的需求。

美国在20世纪80年代，也就是美国大力发展有线电视10年后，学者们曾对有线电视用户的需求进行了进一步的研究。研究成果表明，有线电视基本业务服务和付费电视服务存在不同的需求，前者占到美国电视用户总数的50%，而后者为25%。学者的研究还表明，有线电视业务在乡村地区的需求是无弹性的，在城市地区的需求是有弹性的，同时，付费电视的需求也是有弹性的。现在，美国有线电视服务已呈现多层次、多方面的服务体系，充分印证了学者们的研究成果。（见下表）

表 9－1　美国有线和多频道电视的演变[①]

年代	20世纪70年代	20世纪80～90年代		20世纪90年代后期	21世纪开端
平台	模拟	模拟	模拟可寻址	单向数字	双向数字宽带
频道数	21	36	56	200	400
订户数（百万）	15	50	75	82	102
新增项目	转播无线电视频道	基本有线频道	单频道自选付费频道、按次付费地方体育频道	自选付费频道、按次付费准点播节目、体育节目、数字音乐、交互式节目指南	订户点播节目、按次付费点播节目、高速因特网网络电话、电子商务

由于城乡之间、东西部之间经济水平有较大差异，我国居民的文化消费也有着明显的地域和城乡差别，并呈现出多层次、多级别的消费趋向。2001年我国高收入阶层的用于娱乐教育文化服务的消费占消费性总支出的比重高达13.88%，比低收入阶层高出2个百分点。[②] 消费能力的不同必然带来多元化的文化消费格局以及个性化的文化消费需求的出现。2005年，我国数字电视用户413万户，付费数字电视用户已发展到139万户就是一个很好的例证。

第二节　广播电视受众特点及构成

一、广播电视受众特点

1. 广泛性

广播电视的受众具有较强的广泛性，几乎各种知识层次、各个年龄段的人都可以

---

① 资料来源：谢成刚（美国星光映佳集团董事长及首席执行官）：《美国的有线电视产业及三网融合》，中国国家广播电影电视总局广播影视信息网络中心编：《第一届中美有线电视高级管理研讨会文集》，气象出版社2001年版。

② 数据来源：国家统计局网站。

成为广播电视的听众与观众,这就使得广播电视拥有着庞大的受众群体。早在20世纪60年代,广播电视已在发达国家得到普及。1980年,彩电在日本的家庭普及率已经超过98%。1987年,美国99%的家庭拥有收音机,95%的汽车上使用收音机,3/4的成年人在汽车里收听广播。而同时期美国的电视机拥有量已达到1.5亿架,美国99.5%的家庭至少拥有一台电视机,超过90%的家庭拥有彩色电视机,超过50%的家庭拥有2台或以上的电视机。我国的广播电视普及率也很高。到2005年底,全国有收音机5亿台、电视机4亿台,电视家庭用户超过3亿户,全国广播人口综合覆盖率达到94.48%,电视人口综合覆盖率达到95.81%。城乡广播听众近12.22亿,电视观众12.38亿。①

2. 复杂性

广播电视的受众由于各个知识层次、各种职业、各个年龄段、各种性格的人都在其中,因此受众较为复杂,广播电视工作者经常抱怨的“众口难调”说的就是由于受众复杂而导致的广播电视节目很难使每一位受众都满意。针对这一情况,各国各级广播电视都开始进行不同程度的节目定位和“窄播化”,目的是为了锁住受众群,拥有相对固定的受众,从而培养受众对节目的忠诚度,达到较为有效的传播效果。但是尽管如此,广播电视受众的复杂性将是长期存在的,如何满足最大多数人的信息需求,仍将是广播电视需要长期面对的问题。

3. 隐匿性

作为大众传播媒介,广播电视的信息传播是相对公开的,然而,广播电视的受众作为个体却是在一种隐匿状态下收听收看节目的,他们的行为是相对独立的私人行为,而且其收听收看节目的行为因个体差异而相互有别,比较分散。广播电视受众的这一特点为媒介组织了解受众的收听收视习惯和喜好带来了一定困难,受众调查以及收听率收视率的出现可以在很大程度上弥补由于受众隐匿性所带来的信息反馈的困难,有利于媒介组织了解受众的视听习惯,有针对性地生产节目。

4. 稳定中的流动性

随着广播电视业的不断发展,受众作为消费者的地位不断得到提升,对节目的选择空间也越来越大。如果说我们经常会以“某某节目的收听率或收视率一直很高、很稳定”来称赞一个节目较为成功的话,那么这种所谓的“稳定”也是相对的稳定,事实上,受众的流动性是绝对的。一个节目,要想培养高度忠诚的受众,长期锁住听众的耳朵与眼睛,就必须在节目种类与品质上下大力气,否则就将导致受众的流失。如前几年中央电视台的名牌节目《实话实说》,节目以其较为精准的的定位和主持人幽默平和的风格逐渐在观众中建立起了较为稳定的受众群,然而,当主持人崔永元离开后,许多观众由于看不到了老朋友小崔的“坏笑”,不习惯新主持人的

① 孙正一、柳婷婷:《2006:中国新闻业回望(上)》,《新闻记者》,2006年第12期。

面孔而纷纷将视线转移。

5. 地域性

目前,包括从中央到地方、从卫星到有线等各种类型、各种规模的广播电视台在内,我国大约有 1150 家电视台、1500 家广播电台。以中央各台为代表的部分电台电视台的全国性影响和一些区域性电台电视台对本地受众的影响力是相互补充的。据了解,各地的本地台在当地的收听率相对比较高,尤其是音乐台、文艺台在本地达到 11.86%和 9.21%的收听率,了解本地信息,人们习惯于接收本地台,然而要了解国家及世界大事,人们还是习惯于关注中央台。

二、广播电视受众构成

正如以上所述,广播电视由于具有广泛性及复杂性等特点,因此其受众的构成也较为复杂,不同地域、不同年龄、不同性别、不同职业的人都可能是广播电视的受众。大众传播媒介必须了解受众的构成并对其进行详细深入地分析,才能有的放矢地生产出受众喜闻乐见的好节目。下面我们就广播电视这两种媒介的受众构成分别进行分析。

1. 广播的受众构成

广播是作用于人的听觉器官的,其用来传递信息的符号只有一种,那就是声音,这一特性使得其受众可以随时随地、见缝插针地收听广播节目,加上广播接收器小巧、便携性强、价格低廉等因素,因此广播拥有着自己一大批忠实的听众。

从年龄层上看,15～24 岁的年轻学生、50～64 岁的老人是收听广播最为集中的两个群体。年轻学生最喜欢的广播类型大多与流行时尚、休闲娱乐以及英语学习等相关,其收听时段往往是见缝插针,如乘坐公交车、就餐时,一般在晚上睡前会有一段收听广播的小高峰。对老年听众来说,主要集中在收听医疗保健类节目、天气预报以及国内外新闻等,在收听习惯上,老年人习惯在晨练时收听广播,因此清晨7:00～8:00一般是老年人收听广播的“黄金时段”。近两年,30～45 岁年龄段的听众由于私家车的普及,收听人数呈上升趋势。

从男女性别比例来看,相对于女性喜欢收看电视而言,男性观众更喜欢收听广播。据赛立信媒介调查公司调查,北京的男性受众平均每天收听广播的时间是 79 分钟,高于女性的 70 分钟。同时,在早高峰时段,男性听众收听比例占 13.6%,而女性听众则只占 9.4%。这些数据显示了男性喜欢在早晨(可能是在开车上班途中)和傍晚时分收听电台的收听习惯,而女性听众在早晨、中午和下午收听率较高,但是从下午 5 点开始,男性又占据了绝大多数的收听份额。

从受教育程度来看,受教育程度高的听众要高于受教育程度低的听众。在北京等大中城市的广播听众中,受教育程度高的听众在收听行为中也扮演着重要的角色。虽然从收视调查的情况来看,存在着受教育程度越低的观众收看电视越长这样一个趋势，而在广播收听调查中的情况则恰恰相反，具有较高教育程度的听众每天收听节目的时间要多于受教育程度较低的听众。

2. 电视的受众构成

电视运用声音和画面等元素同时作用于人们的听觉和视觉，相较于广播，电视这种声画兼备的特点使信息的传播更加生动形象，也更容易刺激人的感官，从而拥有数量更多的受众。

从性别上看，男性观众一般喜欢刺激性与竞技性强的内容，比如体育节目和军事节目等。女性观众一般对持家理财、饮食类、服务类节目较感兴趣，另外，女性观众大多热衷于收看感情细腻的电视剧，如肥皂剧等。

从年龄层上看，儿童观众出于对新事物的好奇和幻想，喜欢看动画片、科幻片等。青少年已经进入展示自我、追求自我发展的人生阶段，他们对电视中探险、意外、新潮时尚的内容较热衷。中年人背负着生活和事业的重负，往往渴求能够在一天劳累后求得精神上的松弛，在节目中追求某种心理的平衡。他们希望电视节目中能够给他们指点迷津，或揭示生活真谛，更侧重追求生活的真实意义。[①] 老年观众大多喜欢医疗保健类节目以及有回忆色彩的内容，关注前者是出于对自己身体健康状况的关注，关注后者是出于对以往生活的怀旧。

从不同职业类别来看，受众一般对与自己职业相关的传播内容比较关心，并用专业的眼光审视节目，甚至与自己的职业生活相比较。以中央电视台第二套节目来说，白领阶层可能更喜欢看《绝对挑战》、《全球资讯榜》，企业家更喜欢看《经济半小时》，而家庭主妇可能热衷于《超市大赢家》。

从地域来看，电视的受众与广播受众有着相似的心理相似性，那就是人们从心理上更趋同于本地节目，更加关注本地民生民情，这不仅仅是因为本地的信息与自己的生产生活息息相关，从心理层面上说，是人们先天的地域归属意识使然。如今电视频道日益增多，节目日益丰富，地方台与中央台百花齐放，百家争鸣，各地观众有了更多的选择，随着自己生活阅历以及人生观、价值观的不断变化，观众对节目的喜好也会有所变化。作为电视媒介，要尊重受众在不同时期的差异性，并不断调整传播方针和传播内容，随时进行较为精准的市场定位，从而达到较好的传播效果。

随着频道专业化的深入发展，市场细分化日益显现。现在正在进行的数字电视的改革为受众的多样化需求、个性化服务提供了另一个广阔的空间。未来的广播电视的受众，尽管在构成上仍将千差万别，但他们的消费需求将会得到更好的满足。

---

① 吕萌等:《当代广播电视概论》，合肥工业大学出版社 2006 年版，第 270～274 页。

第三节　广播电视受众调查

一、受众调查的重要性

受众调查是媒体商业化竞争不断加剧的结果，也是电台电视台改进业务，进行节目策划和生产的关键。在广播电视产业环节中，受众调查是这一产业链中的基础环节，也是广播电视产业链不可缺少的环节。

我国市场经济下的传媒业较之以前已经有了巨大的变化。过去以传播者为导向、为本位的传播模式正在转移到受众本位化，注意力越来越成为一种资源、受众的选择越来越大地影响到媒体的发展。在这样一个前提下，必要的受众调查对媒体而言非常重要。受众调查可以为广播电视节目的策划和改进提供依据。受众调查通过对受众特点、受众需求和受众的收视听习惯和兴趣偏好，可以有针对性地策划满足受众需要的广播电视节目。受众调查也可以通过对受众收视听某个节目的情况调查，来检查节目的传播效果，并以此改进和提高节目质量。同时，受众调查还可以为广告主或广告代理商选择广告媒介、广告投放时段和广告价格提供依据，甚至还可以为广告商提供详细的受众年龄、性别、职业、收入等多方面资料，以便广告主准确选择适于产品的广播电视节目和广告时间，以获得良好的广告投放效果。

伴随着广播电视越来越激烈的竞争态势，广播电视媒体对受众注意力资源的争夺将变得更加激烈，受众调查的作用也将日渐凸显。

二、受众调查的起步与发展

英国是最先进行受众调查的国家。1936 年，BBC 就开始进行对国内听众的调查研究工作，了解听众对电台节目的偏爱情况。1952 年，BBC 增加了对电视观众收看电视情况的调查，并将反应指数（Reaction index）用来度量电视节目质量，用欣赏指数来评定电台节目。1960 年代末，英国独立广播协会（IBA）也开始测量观众对电视节目的欣赏程度。美国的受众调查也开始于 1936 年。专门调查电视受众的公司尼尔森媒介调查公司（Nielsen Media Research）是当时美国最大的专门研究北美电视观众及市场的公司。50 年代末美国利用 TVQ 问卷，调查观众对节目的认知度。迄今，美国的调查行业仍然十分发达。

改革开放以前，我国的媒体几乎不做受众调查。1978 年改革开放以后，在传播理论研究、市场竞争等多种因素推动下，传统的“你听我说”的传播观念被摧毁，以受众为本位的新的传播观念逐步形成。受众调查成为业界和学界客观把握受众基本情况、分析传播效果的一个重要手段。

1982 年，北京新闻学会、中国社会科学院新闻研究所进行了“北京市读者、听众、观念调查”。这是我国改革开放后第一次受众调查。调查采用了北京市统计局设计的抽样方案，共调查了 2423 个 12 岁以上的北京居民。调查问卷共有 54 个问题，其中有 24 个问题是了解北京受众接触报纸、广播、电视的行为、兴趣和态度，另外 30 个问题是对《人民日报》、《工人日报》和《中国青年报》的专题调查。这也是我国第一次运用计算机抽选样本和统计分析数据。很多国内外专家对这次调查有很高的评价。日本文教大学传播系岸天功教授说：中国新闻界“采用科学方法实施社会调查并将其发表，就足以证明中国正在恢复正常的客观主义路线”。美国著名传播学教授 E·V. 罗杰斯在题为《北京受众研究》的论文中说：“这次调查说明在很短的时间里，中国传播研究者在进行调查研究方面取得了巨大的进步。”

1986 年，中国电视史上第一次以抽样统计为基础的大规模、专门性的观众调查——“全国 28 个城市观众调查”由中央电视台牵头举行，第二年，央视又会同各省(区)电视台开展了首次全国城乡观众调查。两次调查均在传播界引起了强大反响，不仅调查方法更加系统科学，数据采集更加完整，而且分析了全国观众的“共性”与地方观众的“个性”之间的不同特征，为全面准确地把握我国观众形态和分布奠定了基础，也为以后每隔 5 年进行一次的纵贯式观众调查开启了先河。同一年，《人民日报》组织全国读者调查，根据读者意见调整版面，改进报道内容，对全国报界产生了很大的影响。此后，受众调查越来越成为我国新闻研究机构和新闻单位进行研究和改进工作的方法。据《中国新闻年鉴》“读者、听众、观众”部分的记载，进入 90 年代的受众调查越来越规范化和市场化，专业的调查公司纷纷成立，受众调查已经成为媒介运行的不可或缺的环节。

三、受众调查的主要方法与手段

传统的受众调查的主要方法是以定性研究方法为主，比如注重读者来信来访，定期召开座谈会，以相关媒体的现状作为重要的决策依据，以普通受众的一般阅读偏好为媒介定位的参照系。运用现代意义的科学方法研究受众，最早发轫于复旦大学新闻系，郑北渭、陈韵昭教授率先引进西方传播学的理论和方法，组织学生在上海开展问卷调查，开我国受众抽样调查之先河。直到现在，调查法仍是媒体普遍采用的研究受众的的主要方法。下面我们就简单介绍一下这种方法。

调查法又被称为实地调查法，通常以抽样和问卷方式进行，即从调查对象总体中抽取一部分进行考察和分析，目的是取得或推断出有关这一总体的特征。调查法的主要优点是可以了解真实环境中发生的实际情况，可以从受众中收集大量的不同种类的资料而且大部分调查可以不受地理条件的限制；其不足是问卷内容往往被局限在一定范围内，问卷的科学和理性至关重要，另外，调查对象是否给予真实地回答也往往影响调查结果。其主要包括电话访问、邮件访问、入户面访、互联网等几种形式，下表是这四种访问方法的特点比较：

表 9—2 几种主要访问方法及其比较①

	电话访问	邮件访问	入户访问	互联网
调查时间	最快，仅几个小时即可完成	最慢，少则一周，多则一两个月才能完成	中等，大约在一二周内完成	较快，约一二天内完成
经费	中等，市话便宜，长途话费较贵，一般需要固定设备投资	便宜，每份仅需邮资以及纸张和人工费用	最贵，需要支付访问员的差旅费、工资，每份约需要 50 元	比较便宜，需要付入网费、上网费或电话费
人员需求	中等，有时需要十几二十多人同时打电话	较少，大约 3～5 人即可	很多，有时要求多达上百人的访问员	最少，有时一个人即可完成一次调查
访问完成率或问卷回收率	较高，最高时可达 80%以上	最低，一般不超过 40%	较高，最高大约在 80%左右	一般，通常约在 40%左右
准确性	较差，有些问题电话内表达不清楚，受访者也没有时间多思考	较差，受访者遇到不明确问题无处询问	较好，访问员可以当面释疑解难	较好，受访者有比较充裕的时间思考，不明之处可以通过网络询问
信息量（问卷的长度）	较少，通话时间不宜太长	中等，问卷不宜太长，3～5 张是上限	较大，可进行详细深入的调查，题量可以较大	中等，与邮件相当，问卷不能太长
对敏感问题的回答	一般	较好	一般	较好

① 刘燕南：《电视传播研究方法》，北京师范大学出版社 2003 年版，第 103 页。

	电话访问	邮件访问	入户访问	互联网
样本代表性	较差,仅在电话普及率较高的地区适用	较好	较好	较好
问卷形式	封闭式一般,开放式较好,可做交谈型访问	封闭式和开放式均可	封闭式问卷比较好,开放式一般	开放式和封闭式问卷均可
观察资料	无法面见受访者,但有声音可做参考	无法观察受访者	可以观察受访者的神情举止	无法观察受访者

除抽样和问卷以外,调查研究的方法还有很多,如座谈会、个别访谈等。

座谈会:有时常规的分析中没有传播者想了解的信息,那么根据自己的信息反馈要求,举办受众座谈会是一个很好了解受众信息的反馈方式。座谈会是一种定性的研究方法,一般由一个经过训练的主持人以一种无固定的自然形式与一个小组的被调查者交谈,并组织讨论,调查者通过倾听这些被调查者意见,并把他们的意见和所了解到的信息通过归纳整理,从而获取对有关问题的深入了解。座谈会的价值在于常常可以从自由进行的小组讨论中得到一些意想不到的发现。特别是在节目检验阶段组织目标受众进行小组座谈,通过与小组成员围绕着节目展开深入广泛的讨论,可以获得受众对节目的真实看法与意见。

个别访谈:个别访谈是一种无结构的、直接的、个人的深层访问。作为一种定性的研究方法,掌握高级技巧的调查员深入地访谈一个被调查者,以揭示对某一问题的潜在动机、信念、态度和感情。在对专业化频道(率)的目标受众群进行调查的过程中,适当地加入一些对个别具有代表性的受众的一对一的深层访谈,可以深入地了解目标受众在定量调查里表现不出来的深层的思想和看法、潜在的动机、需求,有时,这些隐藏在行为表象下的心理要素,恰恰是节目定位的关键因素。

随着科学技术的发展,受众反馈的手段越来越多,形式也越来越多样。现在,受众调查的方法除了常规调查研究法以外,研究者还采用内容分析法、控制实验法等定量方法,并开始引入深度访谈等定性方法,对我国广播电视传播领域里的问题进行深入探讨,涉及电视中的女性形象分析、新闻比较、儿童节目分析、改版效果分析等。同时,在电视受众研究领域里,引入了收视率这一指标并逐步使其在电视受众调查中确立了主干地位。另外,在调研的方式上,除了旨在评估节目效果的后馈式调研,还有旨在为决策提供参考的前馈式调研。所有这些调研方式、方法的灵活运用，有助于我国广播电视更好地为广大受众服务。

四、受众调查：收视率与满意度

广播电视受众调查包括很多方面：如广播电视受众构成，广播电视受众的媒介接触情况，广播电视受众收听/收视特点，广播电视具体栏目的收听/视率、受众的职业分布、忠诚度、满意度以及地区性广播都市受众差异调查等。限于篇幅，下面主要介绍收视率与满意度调查。

1. 收视率调查

(1)收视率与收视率调查

收视率作为受众调查的一个主要方面，目前，被各电视台作为衡量一个节目好坏甚至存活的一个关键因素，因为收视率代表着注意力经济，代表着广告商的投放，因而最终关系着电视台的经济收益。收视率，这个与节目内容、受众即节目产品的用户、广告息息相关的要素，在很大程度上影响着电视市场的竞争。

按照《广播电视词典》的解释：收视率是指在一定时段内收看某一节目的人数(或家户数)占观众总人数(或总家户数)的百分比，即收视率＝收看某一节目的人数(或家户数)/观众总人数(或总家户数)。在 GGTAM(全球电视受众测量指南，Global Guidelines for Television Audience Measurement)中，收视率的定义为：根据抽样调查所估计的某个特定时段里收看电视人口占所有电视渗透人口的平均百分比。其中电视渗透人口是指拥有电视收视手段或工具的人口。简言之，收视率是一项用来统计广播电视节目拥有观众、人数多少的指标。收视率调查是建立在概率抽样基础上的对收视事件的统计调查。由于收视率数据是广告商投资做广告的主要依据，也是分析判断广播电视节目播出效果、改进节目的重要依据，因此，收视率调查对于传媒业有着很重要的意义。

(2)收视率调查出现的动因

作为受众调查的一个重要内容，收视率调查在我国的出现时间并不太长，它的出现与快速发展在很大程度上是与我国电视业的市场化、产业化的背景联系在一起的。因为，第一，“市场化”、“产业化”口号的提出与实施意味着我国所有的电视媒体在财政上将不再完全依赖国家财政拨款，而要更多依靠自主经营、自负盈亏的方式来实现自我发展。第二，与此同时，20 世纪 90 年代中期以后各省级电视台纷纷开设卫星频道，截至 2000 年 8 月底，全国所有 31 家省级电视台已全部开设卫星频道，59.3％的电视家庭通过各级有线电视台接收卫视节目，[①]多频道竞争已成为电视媒体必须面对的现实。在这种情况下，电视媒体必须学会尊重观众以及他们的收视习惯才能够在市场化的频道与节目的竞争中占据优势。第三，随着电视节

---

① 王兰柱：《聚焦收视率》，北京广播学院出版社 2002 年版，第 107 页。

目的市场由媒体的卖方市场向观众的买方市场的转化，对观众注意力的争夺成为媒体争夺的焦点，因为注意力就意味着眼球经济，意味着广告商的广告投放，内地广告商在借鉴国外的基础上，慢慢地大都以收视率为依据进行媒体规划和购买，广告压力迫使各电视台开始认真地研究观众和收视率，以增加与广告商对话的筹码。目前在中国内地主要存在着两家大的收视率调查公司：央视—索福瑞和AGB尼尔森媒介。央视—索福瑞媒介研究，是中央电视台市场研究股份有限公司与市场研究集团TNS共同建立的合资公司。AGB尼尔森市场研究有限公司是AGB集团和美国尼尔森媒介研究于2004年合资成立的电视收视率研究公司。前者是从1997年开始从事收视率调查，而后者更早一些，在20世纪80年代就已经涉足中国市场。

(3)收视率调查的特征与应用

收视率调查是针对电视市场特别是电视观众的量化研究，是电视受众测量的一种实证方法。通过测量，我们期望能够回答：(1)有多少观众，(2)是哪些观众，(3)观众在什么时间看电视，(4)都看了什么频道什么节目，(5)看了多长时间。因此这些问题实际上是围绕着三个非常重要的与收视率调查相关的维度，即观众、时段和节目。收视率调查把A观众在T时段收看P节目(频道)的行为记做一个收视事件E，对所有调查样本中所发生的收视事件进行全记录，就形成了收视率调查的原始数据。图9—1比较形象地说明了收视率调查的这种三维特征。

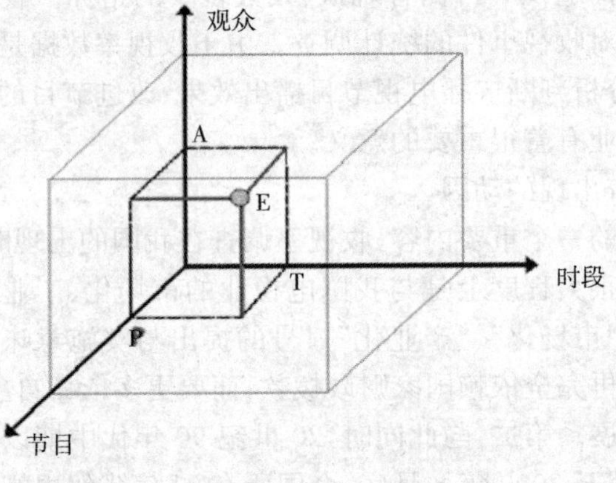

图9—1　收视率调查的三维特征[①]

① 郑维东：《用收视率分析电视媒体竞争态势与策略》，http://www.emarketing.net.cn

由此，对收视率调查数据的分析也有三个特别重要的维度，即观众的维度、时段的维度和节目的维度，对应于观众分析、时段分析、节目分析以及三者的综合分析。通过观众分析我们可以推知观众的数量，他们的性别、年龄、文化程度、职业、收入、不同居住地以及他们的忠实度等；通过时段分析则可以了解到观众在时间和空间上是怎样分布的；通过节目分析还能够了解那些观众收看了哪些频道的哪些节目，都收看了多少时间等。针对三者的综合分析即可以较为全面地认识和评价一个节目、频道、电视台，乃至一个媒介集团的市场竞争力。图 9－2 显示了从收视率调查和分析到发挥收视率工具作用，进一步服务和指导各层次电视媒介主体参与竞争性经营的过程示意。

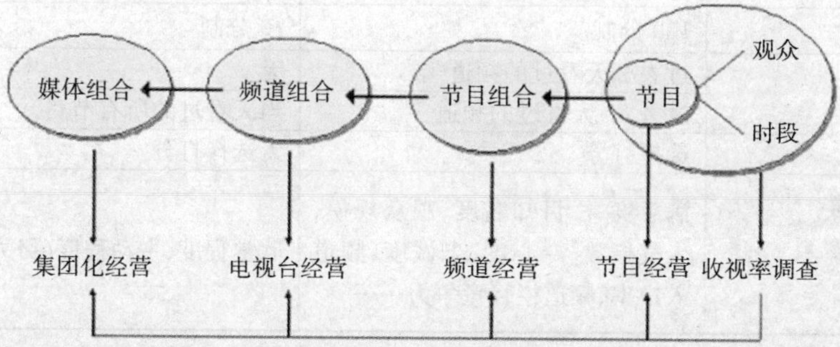

图 9—2　收视率调查与电视媒体经营

2. 满意度调查

(1)满意度调查：定义与特点

所谓广播电视的受众满意度调查，是测量广播电视受众对频道或节目质量的满意程度，这一指标，被认为是在收听/视率这个“量”的指标之外另一个“品质导向”的指标。满意度调查的开展在很大程度上是与收听/视率的不足相联系的。如受时段和节目性质等多种因素的影响，收听/视率高并不意味着节目受到好评，质量就高，一些电台、电视台为了追求纯粹的经济效益不惜降低节目品位等做法一时间也会有较高的收听/视率。下面，我们主要针对电视的受众满意度调查做进一步的分析。目前，在学习英国 BBC 的“欣赏指数调查”(Appreciation Index)的基础上，我国电视业也已经建立了一套观众满意度调查的体系。下面我们通过表格的方式对这套体系进行一下大致的了解：

表 9—3 中国观众满意度调查与英国欣赏指数调查的比较①

	观众满意度调查(CARS)	欣赏指数调查(AI)
调查周期	每天	每天
数据统计周期	每月	每天
调查方法	问卷法	日记法
调查方式	入户	邮寄
访问方式	面访	自填
调查区域	全国中心城市	频道覆盖区域
频道调查	有	无
节目调查	固定栏目	所有节目
评分方式	100 分制	10 分制
品分对象	过去 7 天看过的频道	无
	过去 30 天看过的频道	当天看过的所有节目
打分方法	选择打分	无选择打分
指标设计	满意度、栏目知名度、观众规模、人气指数、专心度、忠诚度、频道入户率、频道栏目竞争力……	欣赏程度、主动程度(努力程度)

我们可以发现,我国的观众满意度调查与英国欣赏指数调查相比,有这样几个显著的特点:

在调查方法上,我们采用了入户问卷的方法,通过与受访对象面对面的交谈取得调查结果,这与英国欣赏指数调查采用的邮寄自填的日记法调查相比,更加能够具体全面的了解观众的真实感受。

在调查区域以及受调查的节目数量上,我们显然不及后者,我们只对中心城市的人群进行固定栏目的入户调查,相较之下,后者对频道覆盖的所有节目都进行调查的方式将使调查结果更为全面、客观。

在打分方法上,我们采用的是观众对自己经常看的愿意为其进行打分的节目进行有选择性的打分,与后者的对所有节目(不管看过没有,不管喜欢不喜欢)都要进行打分相比,我们的方法更加客观。

在调查对象上,我们增加了对频道的满意度调查,这样有利用频道根据观众需求进行合理调整。

在指标设计上,我们的内容也更加全面,而在评分方式上,我们也采用了更加符合中国人特点的评分方式。

---

① 王兰柱:《聚焦收视率》,北京广播学院出版社 2002 年版,第 77 页。

(2)满意度调查的应用

观众满意度调查是对电视节目质量进行评价的量化指标，由于这个指标能在很大程度上反映一个节目在观众心中的位置，因此其越来越被电视媒体所重视，其意义主要体现在一下几点：

第一，为节目编排和调整提供参考依据。如前所述，在分众传播状态下，收视率固然能够反映“量”的指标，却不能反映受众“质”的差异。一个节目要想在激烈的竞争中立于不败之地，除了要考虑在“量”上赢得尽量多的观众的眼球以外，还要在“质”上确保这些眼球的兴奋度。而观众满意度调查可以较为具体地了解观众对节目的“兴奋”程度，从而为节目编排和调整提供参考的依据。比如，如果收视率与满意度成正比，这说明该节目具有较高的品质和发展前景，节目可以将其节目风格和编排特点保持下去；如果收视率与满意度之间不是正比的关系，甚至成反比，假设这种情况长期存在，电视媒体就要进行分析并研究问题出在哪个环节，是节目品质的哪个方面出现问题了，还是节目编排上存在什么问题导致满意度或收视率的下降等。再比如一个节目改版前后的满意度的对比，一般地说，改版后满意度都会出现一些波折，或者较原版有所上升或者有所下降，在这种情况下需要对节目进行一段时间的观察，如果稳中有升，那就说明改版成功，如果持续走低，那就要考虑节目的改版是否在哪个环节上存在问题。也正因为如此，改版向来被电视媒体看做是一件举足轻重的大事。

第二，为频道定位与发展提供依据。在频道专业化的今天，各频道之间的竞争非常激烈，频道品牌的塑造尤为重要，在构建频道品牌的过程中，观众满意度调查可以起到很大作用。这是因为观众满意度调查为频道设计了很多方面的指标，通过了解观众对频道各方面的认知度和满意度来为频道决策提供参考是目前很多电视媒体通行的做法。这些内容包括：比较自己频道与竞争频道的优劣，优劣具体表现在哪几个栏目的哪几个具体方面，知己知彼，从而为提升频道发展提供参考；通过频道吸引力、期待度、忠诚度、满意度等的变化，把握自己频道的现状和走势；了解市场中节目发展的弱项和强项，分析市场空白，以求异军突起。

五、对当前广播电视受众调查的思考

1. 要强化分众调查

我国目前的广电受众调查更多的是从收视收听行为、动机、评价三个层面上进行的，关心的是有多少人在看或在听、看了或听了什么节目、喜欢什么节目、是否满意等，了解到的只是普遍的受众对现有节目的接触情况及其看法，是无法涵盖和突显细分受众真正的心理需求的。在频道专业化的背景下，受众是在以自己的时间和注意力进行按需消费，受众调研只有突破对普遍受众一般收视行为、收视动机等表象的把握，深入探究什么人在看节目、为什么看某一节目、需要看什么样的节目等，才能为当前的电视发展提供有价值的指导信息。这就需要我们在研究方法上既要重视原有的抽样调查等定量研究的方法，还要强化深层访谈、小组座谈等定性研究的方法，从定量、定性两方面来实现对专业化频道受众的量和质的把握。如通过深层访谈来强化分众调查，来获取细分受众深层细微的心理特征，使我们更加深入地探索到目标受众在定量调查里表现不出来的深层的思想和看法以及潜在的动机与需求，这些隐藏在行为表象下的心理要素，很多情况下往往是节目定位的关键因素。①

2. 弱化唯收听/视率至上的观念，强化受众满意度调查

现在，电视收视率和广播收听率调查已被广播电视界和广告界所接受，每当新闻媒介打算有大动作之前，都会想到做受众调查，广告商则依据收听/视率投放广告费。于是在某些新闻机构产生了"收听/视率崇拜"现象：单纯由收听/视率与经济效益挂钩，哪个节目收听/视率高，节目组的收益就多。还有一些新闻机构实行了所谓的"末位淘汰制"，即把收听/视率排在末位、广告收益少的节目"枪毙"掉。这种唯收听/视率的做法在尊重科学的同时，又在不断损害着受众。比如，在整个社会的人口收视比例中，爱看"阳春白雪"的受众与"下里巴人"的受众人数肯定不成正比，如果我们把整个社会的结构比喻成塔型，爱看"阳春白雪"的受众在塔尖，爱看"下里巴人"的受众在塔基。后者比前者的人数可能要多得多。据 2000 年第五次全国人口普查的数据表明，祖国内地 31 个省、自治区、直辖市和现役军人中，接受大学（指大专以上）教育的 4571 万人，接受高中（含中专）教育的 14109 万人，接受初中教育的 42989 万人，接受小学教育的 45191 万人（以上各种受教育程度的人包括各类学校的毕业生、肄业生和在校生）。初中和小学程度的人是高中和大学程度的人的 4.7 倍。因此，通俗易懂的节目或栏目必然拥有高收视（收听、阅读）率，而高雅深刻的节目或栏目相对收视（收听、阅读）率会低些。

单凭收听/视率高低评估节目或栏目的优劣，甚至一味追求经济利益，忽视社会效益，势必在一定程度上产生媚俗化倾向，2006 年的"超女热"就很能说明问题。再如一些电视剧市场，造成如某篇文章所说的问题："一些主题深刻、制作精良、格调高雅、富有文化艺术品味的电视剧没有市场，而一些胡编乱造、制作粗糙、思想性艺术性平平甚至平庸低劣的电视剧却得到观众的青睐。因此，各电视台为了追求高收视率，在选择购买和播出电视剧时表现出两种明显的倾向：一是不惜斥巨资购买和播出煽情、暴力、怪异和胡闹题材的电视剧。二是一旦发现某部电视剧'走红'，立即争相播出。"文章作者认为："我国电视这种令人忧虑的现象出现"，"问题的症结就在于现行收视率的导向发生了严重偏差"。"各电视台被收视率指标引入了歧途，造成节目形态雷同、节目质量平庸、电视市场混乱的严重局面。收视率调

① 李金宝：《广播电视受众反馈系统理论及模式研究》，http://ahtv.com.cn/public/2005－11/24

查已经走到它自身的反面”。

因此，应该加强针对频道或节目质量的满意度调查力度。满意度调查在很大程度上可以弥补收视率调查的不足，它可以避免纯粹追求收视率而导致的节目质量低下、社会风气败坏等弊端，实现经济效益和社会效益双赢的局面。满意度调查目前已成为继收听/视率之后各广播电视媒体的一种较为通行的做法，然而，相比较现下流行的收听/视率调查，受众满意度调查应该进一步强化。

3. 要更加注重前馈式调查

在美国等传媒业发达国家，受众调查一般分为三个阶段，即播前、播中、播后。有不少的节目在尚未正式播出之前，就会请一些观众来观看这些节目，通过一些测量仪器和测量方法来获得节目的目标观众群、预测节目的效果等。在节目播出的中途也会有相应的调查，一直到最后的节目播出结束，这时做的调查就能验证是否达到播前预测的效果。以电视观众来说，看电视位于美国媒介消费之首，美国电视家庭每天看电视的时间从 20 世纪 50 年代的每天 4 小时 35 分增加到 2001 年的 7 小时 40 分钟，2002 年，美国电视观众全年用于看电视的时间总计达 1700 小时，位居各种媒介消费时间之首，占媒介总消费时间 3600 小时的 47％强。[①] 正因为电视消费在美国民众的消费比例如此之大，因此美国电视网对于制作和播放新节目十分谨慎。每年电视网和电视制作公司都会收到成千上万的选题，电视网然后将这些选题以简短的描述形式通过电话抽样念给抽样对象听，征询他们的意见。其中，人们普遍反映比较感兴趣的数百条选题有可能经过电视网筛选签约后扩展成脚本。最后，其中的几十个脚本才能制作成样片，这些样片将在小礼堂或有线电视系统里播放给部分观众试看，这一过程就叫做“样片测试(pilots)”过程，这就是美国一部电视片从构思到播出的一般过程。[②] 韩国电视剧目前风行我国，可是却很少有人知道韩国电视剧的拍摄过程，与我国不同，韩国电视剧是边写剧本、边拍摄、边播出，在电视剧播出的过程中进行播中调查，征求观众的意见，观众的反馈甚至可以成为编剧进行后续创作的依据。

这种播前、播中调查，可以看做是一种前馈式调查，前馈式调查可使我们更客观、更细致地把握目标受众群的总体状况，减少节目生产时的盲目性和主观臆测性，降低节目产品的在摸索阶段的运作成本，增强传播效果。当前，很多电台电视台节目匆匆上马，播出后效果不好又匆匆撤掉，这样不仅浪费了资源，同时也伤害了受众的感情，如果能做好前馈调查，相信这样的浪费会减少很多。

---

① 明安香:《美国:超级传媒帝国》，社会科学出版社 2005 年版，第 170 页。

② 同上，第 172 页。

思考题:

1. 简述作为公民的受众的基本权利。
2. 受众作为媒介消费者都有哪些需求,联系实际谈谈媒介如何才能满足受众的这些需求。
3. 广播电视受众有何特点?
4. 为什么说受众调查是媒介运行不可或缺的环节?
5. 受众调查的主要方法有哪些?
6. 什么是收视率? 你是怎样看待它的?

第十章

广播电视从业人员职业素养

［学习要点］

广播电视媒介从业人员有着详细的分工，他们除了必须具备全体新闻工作者都需要的基本素质，遵守基本的新闻职业道德之外，由于广播电视有自己的行业特点，因此对从业人员还有一些特殊的职业素质和职业道德要求。

广播电视从业人员有广义和狭义之分。广义上的广播电视从业人员泛指在一切在广播电视行业从事工作的人员，包括广播电视业务（节目制播）人员、技术人员、销售人员、行政人员、财务人员和管理人员等，而狭义的广播电视从业人员则主要指广播电视业务工作人员。本章探讨的主要是狭义上的广播电视从业人员的职业素养。

广播电视的业务工作需要多工种密切配合，一档栏目经常有几十甚至上百名工作人员。电视栏目外出采访至少需要两人以上合作完成，后期的制作过程更是需要编辑、配音、配乐等各类技术人员的共同努力，这就决定了广播电视业务人员的构成比较复杂。

第一节　广播电视媒介从业人员构成

那么狭义上广播电视媒介的从业人员总体上分为哪几类呢？一般来讲，节目采制需要经过采访、编辑、播音的过程，相应的从业人员就有记者、编辑和播音员或主持人。另外有的节目还需要有音响师负责设计音响工作方案并负责录音、调音、混声等工作，照明师设计并实施布光方案，化妆师为主持人、演员和嘉宾等化妆，美术设计师进行演播室场景、节目片头的设计和制作，舞台监督负责演播现场的所有活动，道具管理员负责管理或使用舞台或演播室所需道具、器材等。另外，一个栏目还需要有制片人作为整个栏目组的领导，有的栏目还设置了主编、策划、撰稿等职务。我国的各电台、电视台状况不同，栏目不同，技术力量和设施状况参差不齐，对节目的要求也不一样，因此各部门的人员配备会不尽相同。但无论如何，电台、电视台节目制作需要全体采编人员、演职人员和技术人员的通力合作，团结一致，充分发挥团队的集体作战能力，才可能将每一个节目出色地完成。下面我们就电台、电视台栏目中的主要工作人员做个介绍。

一、记者

指广播电视机构中担负外勤采访报道任务的专业人员。记者的基本任务是采集和写作新闻，目的就是为了客观、公正、准确、真实地向公众报道事实。记者这一行业具有较长的历史，但是由于广播和电视媒体分别在 20 世纪 20 年代和 30 年代才相继诞生，因此广播电视记者的出现距今也只有不到 100 年的时间。随着广播电视业的迅猛发展，广播电视记者的分工越来越细，同时也对他们的工作提出了越来越高的要求。

从原则上说，所有到新闻现场的广播电视摄制人员都参与了信息采集工作，他们的工作都应该属于广播电视记者的工作范畴。在现场阶段，广播电视记者工作主要包括以下几个分工内容：

现场编辑：指挥现场素材的采集和节目的整体构成；

采访记者：负责现场报道的采访、构思，其中的电视出镜记者还需要面对摄像机（实际上也就是面对观众），以目击者、参与者的身份作出镜的口头报道；

摄像师：在电视采访中配合采访记者的报道思路拍摄具有信息量的画面；

录音师：专职负责现场声音收集；

灯光师：在电视采访中负责提供摄像所必需的照明条件。

广播电视采访在目前情况下经常需要多人协同合作，尤其是电视记者的工作，由于已经由“采摄合一”转向了“采摄分家”，也就是在电视新闻采访中需要由采访记者和摄像记者分工合作。广播电视记者的角色在不同的节目类型中会相对变化，具体则体现为人数的变化和组合的变化。通常的广播采访可以只有一名采访记者随身携带简便的录音设备即可，电视采访也可以只有一名摄像师和一名采访记者构成。而在大型的节目采访尤其是直播节目中，则经常需要多名现场编辑，多名采访记者，多名摄像师和多名录音师、灯光师的配合。

记者是比较特殊的职业，经常要担负着紧张、繁重并且责任重大的采访报道任务，广播电视采访工作所依靠的多种技术手段更增添了广播电视记者职业的特殊性，因此对从业人员的素质和要求比较全面，这些将在接下来的内容中进行详细介绍。

二、编辑（编导、导演）

是广播电台、电视台从事组织、取舍、加工节目文字稿件和音像素材以及编制节目等工作的专业人员。编辑的日常工作和职责包括：制定报道计划，为节目约稿、组稿；选择和修改稿件，编录、剪辑音像素材；撰写言论；录制节目；审听、审看和检查校对节目等。由于广播电视编辑业务范围广泛，所以另有很多其他的从业人员也在或多或少地从事和接触这方面的工作，特别是广播电视记者和导演。记者不但要进行一般意义上的采访报道，而且要从事画面编辑等属于编辑范畴的工作。导演更是如此，其相当一部分工作就是节目编辑，有时甚至难以将他同专职编辑区分开来。因此，广播电视界经常用编导这个词来泛指那些从事编辑业务的人。编导对节目负责，对制片人负责，对节目质量负责，编导的工作包括一般需要根据一定的构思写作或组织写作，节目策划，选择采访对象，安排、亲自参加或组织和指挥技术人员对一期节目进行采拍（或采录）、编辑、合成等工作。在这个过程中，编导需要对主持人、摄像、制作等其他节目工作人员及时进行沟通，提出自己对节目的设想和要求。在文艺节目和电视剧中，编导一般称为导演，具体工作一般是要阅读脚本，根据脚本写出分镜头剧本，选择适合角色的演员，检查拍摄现场的布景、灯光、道具、摄像机位等是否符合要求，并负责协调和指挥每一位工作人员，最后配合专门的编辑完成后期编辑工作。

三、播音员、主持人

播音员是指广播电台(站)、电视台内主要从事播音工作的业务人员,主要任务是播发文字稿件。播音员播音时一般需要忠实于原稿,同时根据自己的理解把稿件播得声情并茂。在我国,播音员是先于主持人出现在电视屏幕上的,目前大多出现在《新闻联播》等消息类新闻栏目之中进行播报串联。

主持人是指在广播电视节目中,以个体行为出现,代表群体观念,以有声语言为主干或主线驾驭节目进程,直接面向受众,平等地进行传播的人。[①] 在我国,节目主持人是伴随着广播电视事业的改革和发展出现的。节目主持人的出现,使广播电视及栏目越来越人格化,让受众感觉不再是和冷冰冰的收音机、电视机打交道,而是与极具亲和力的节目主持人打交道。栏目有了鲜活的人物形象作为品牌和标志,增强了与受众的交流,人际传播的优势得以融入大众传播之中,极大地丰富了节目样式,有助于优化传播效果。

播音员、主持人出场所做的具体工作包括串联节目内容、分析评价相关问题、现场解说、进行采访、把握节目风格、控制节目进程等。播音员、主持人出场传播使人格化、个性化传播成为可能,他们对节目各部分内容的串联增强了节目的整体感与灵活性,对问题的点评又增强了节目的深度。

作为"出场传播者",各类节目的播音员、主持人具有共同的角色特征:对节目而言,他们是负责冲刺重任的"最后一棒";对广播电视机构而言,他们是机构的"代言人";对社会而言,他们又是公众的"代言人"。广播电视机构最具名牌效应的节目主持人实际上已经成为享有较高社会地位的"明星"。

四、制片人

是广播电视节目制作集体的总责任者。广播电视是集体的创作,制片人就是这个创作集体的责任者,他要负责拟定选题与拍摄计划,组织导演、编剧、摄影、录像、录音、演员等摄制人员,协调各方人员有效率地工作,指导、监督制片工艺处理等。在我国,广播电视实行栏目化播出,现在大多数栏目一般实行制片人制,即栏目制片人通常既是一个栏目组的行政主管,又是节目艺术质量的把关人。近些年,随着制播分离制度的逐渐兴起,还出现了一部分独立制片人。独立制片人一般向各制作公司、电视台承接节目制作任务,或自筹资金、招募临时班子,制成节目出售给电视机构或其他节目购买商。

---

① 赵玉明、王福顺主编:《广播电视词典》,北京广播学院出版社 1999 年版,第 212 页。

第二节　广播电视媒介从业人员职业素质

广播电视媒介的从业人员，不仅需要和各种各样的题材、形形色色的事件和人物打交道，还要在节目采制过程中和各种机器、设备打交道。由于制作出来的节目通过广播电视进行广泛传播，具有很大的社会影响力，所以需要在政治素质、知识储备、专业素质等各方面都要达到一定的高度。因此，对广播电视从业人员的职业素质要求既有复合性，又有专业性，广播电视的从业人员需要在各方面都有较高的修养和素质，才能够胜任自己的工作。

一、政治素质要求

广播电视业既属于第三产业，具有经济属性和商业性质，同时，作为精神产品的生产者，它又属于上层建筑，具有意识形态性。在我国，报纸、电台、电视台等大众传播媒体始终被看做是党、政府和人民的喉舌，这是我国社会主义新闻传播事业的性质所决定的。因此，广播电视从业人员必须具备过硬的政治素质，这首先表现在是否具备深厚的马列主义理论修养上。广播电视从业人员必须理解和掌握马克思主义的基本原理，并和学习党的路线、方针、政策结合起来，这样才能自觉地应用马克思主义的立场、观点、方法来解决节目中的问题。刘少奇在《对华北记者团的讲话中》中特别强调记者“要有马列主义理论修养”。他说，共产党记者最宝贵的知识，是理论知识。这是我们坚持正确的政治方向和政治观点的基础。广播电视从业人员过硬的政治素质还表现在能始终坚持新闻传播工作的党性原则。坚持党性原则，就是要坚持用“三个代表”重要思想统领新闻宣传工作，要始终代表中国先进生产力的发展要求，代表中国先进文化的前进方向，代表中国最广大人民的根本利益。坚持党性原则，也就是要坚持正确的舆论导向，更好地运用广播电视这种大众传播工具为党和人民服务。当然，过硬的政治素质还表现在广播电视从业人员必须具有很强的政治鉴别力和政治敏锐性，时刻关注时局的发展，研究形形色色的社会现象及其背后隐藏的政治、经济原因，把握社会发展的大趋势。

有的人认为，只有新闻记者和编辑需要政治和理论修养，其他像少儿、文艺节目并不需要。事实上，广播电视媒体作为党和政府的喉舌，无论是新闻节目、社教节目还是体育节目、少儿节目、文艺节目，都要求从业人员有深厚的政治和理论功底。例如央视每年除夕之夜播出的春节联欢晚会，虽然属于大型文艺晚会，但是同时也有突出民族大团结和社会安定、振奋民族精神的政治意义。晚会进行过程中出现的各地欢庆场面的报道、各种贺电的宣读、党和国家领导人向全国各族人民拜年等，都在传达着重要的意识形态信息，即使是相声、小品、歌舞等文艺性节目中，也需要体现出一定的政治理论高度。这要求文艺节目的导演必须具备较高的政治敏感性和理论修养才能很好地驾驭整个节目。

二、知识储备要求

广播电视从业人员的知识结构要合理，既要博，又要专。博，是新闻工作的需要，记者工作接触面广，各行各业无所不包；记者采访的对象，各阶层人士无所不有；记者采访的足迹，大江南北无所不到。这样的工作特点，决定了记者的知识要“博”，记者应该是“通才”。

第一，要掌握大量的人文社会科学知识，包括政治理论知识、文学知识、历史地理知识、法学知识、社会学知识、经济学知识、统计学知识和心理学知识等。这些知识会有助于记者深入调查采访、分析新闻事实的缘由始末，最后出色地完成采访任务。第二，要通晓一定的自然科学知识，包括数、理、化、天、地、生以及一些技术科学知识。因为现在无论从事哪一方面的报道，都有可能碰到科技方面的问题，掌握这些知识对于训练记者的思维也大有好处。第三，要掌握新闻理论和业务知识，以便更好地根据新闻规律去采访报道新闻事实。第四，要掌握最少一门外语，以方便进行外语采访或查阅外文资料。

以上是就“博”的方面而言。至于“专”，同样是新闻工作的需要，从事哪一方面采访报道的记者，就应该在哪一方面专深。专和博要统一起来，记者应该既是“杂家”，又是“专家”。

三、专业素质要求

广播电视从业人员首先需要具备新闻工作者基本的专业素质，例如具备新闻敏感和社会活动能力，掌握采访、写作新闻报道的技巧，发扬吃苦耐劳的精神等。除此之外，还要熟悉广播电视媒介的传播规律和节目采编技巧，不同分工的从业人员要熟练掌握自己的工种所需的专业技能，下面重点介绍一下新闻类栏目的主要从业人员——记者、编导和主持人所需要具备的专业素质。

1. 对记者、编导的素质要求

按照目前广播电视的栏目人员配置来看，大部分栏目实行了编导制，也就是说，记者本身也兼任了策划、编辑等工作，因此本节把记者和编导的职业素质要求合为一体来介绍。作为一名合格的广播电视节目的记者、编导，应该具备以下的专业素质：

第一，要掌握适用于广播电视的采编技巧。广播电视不同于纸质媒体，有很多电子媒体独特的要求。例如，采访的时候要注意拍摄或录制有意义的画面和声音，写作的时候要按照广播电视有声语言的要求（有关内容前面的章节已经做详尽的介绍），编辑的时候要考虑到广播电视的线性传播规律，开头要精彩，中间要有起伏，才能一直吸引听众或观众津津有味地听下去、看下去。另外，电视的记者、编导们还要掌握蒙太奇思维的方式，更好地发挥声音加画面的综合传播优势。这就要求在电视节目的策划、采访阶段，电视记者就需要运用蒙太奇思维的方式，边采访边构思自己的报道。具体来说，电视记者需要考虑拍摄什么样的画面，采访哪些人物，对于报道中提到的一些比较抽象的或者其他不宜用形象画面来表达的内容，画面应如何处理等。只有进行这样充分的画面和声音上的考虑，才能保证后期的编辑工作能够顺利进行。有一些经验不足的电视记者在第一次采访之后还需要再去现场补拍一些镜头才能勉强编辑出成片，就是因为还没有养成在策划、采拍阶段就自觉地运用蒙太奇思维的方式来进行节目构思的习惯。

第二，要有得体的言谈举止。广播电视采访的媒介特性给记者、编导提出了不同于其他媒介采访的要求。记者在录音机、摄像机前的表现直接"书写"着报道的最后"呈现形态"。从记录生活原生形态这一角度来说，在所有的广播电视采访中，记者在现场的失误都是后期编辑时所无法弥补的，这也是区别于其他媒介采访的地方。广播电视记者必须适应人本化的采访，他们必须训练和培养自己的感官参与采访，视觉、听觉、行为举止、言谈话语、待人接物、风度气质、知识素养等，所有这些都直接体现在广播电视媒体上，构成信息传播的一部分，影响信息的流通和现场信息的获得。

第三，要具备卓越的协调合作能力。每一位广播电视的从业人员的工作过程都离不开与其他工种的合作，最典型的是直播报道，可以说，没有集体协作就没有广播电视的直播。在各种采访类型当中，每一位从业者的工作表现都会影响着其他人的工作能否顺利进行下去，不同工种之间的合作也直接决定节目的水准。例如，主持人在主持节目的过程中要照顾到给后期编辑的工作提供方便，否则将增加后期编辑的难度；摄像师在事件现场要注意及时开机抓拍采访记者的行为、语言和被采访对象的回答，否则采访记者的努力就会付之东流。最终播出的节目是全体参与人员集体智慧和努力的结晶，也是全体工作人员的劳动成果。如果每一位工作人员在工作过程中都只想到自己力争出色地完成任务而不考虑如何给别人的工作提供方便，那么最终有可能大家都无法出色地完成节目采制的任务。因此，一个不善和别人合作的人是无法胜任广播电视工作的。

第四，要有熟练使用技术设备的能力。广播电视的记者、编导依靠技术设备作为中间媒介，电子媒介所具备的全部优势说到底也是由电子摄录技术记录下的声音或画面信息形态带来的。作为广播电视的记者、编导，必须熟练掌握自己拥有的武器——包括所有参与现场拍摄的录音、录像设备，摄像机、灯光和音响设备，还有用于后期编辑、合成的线性和非线性编辑系统，调音台、特技台等。摄像记者必须能够熟练地操作摄像机，熟悉摄像机的工作要求和特点，最好懂得一些简单的维修常识以备在外采访时可以随时排除一些小的机器故障。采访记者要懂得采访话筒的使用方法和特性，虽然话筒的使用很简单，但是在实际工作中也经常会发生因为记者采访时忘记打开话筒，或是使用指向性话筒时没有很好地指向说话者而使人物采访素材不能使用的情况。对于其他工作人员来说，演播室、录音、录像、灯光、编辑、特技等设备的使用和维护也都是各自工作中需要的能力。

为了更好地与其他工作人员协调合作，广播电视的每一位从业人员在熟练掌握自己本职工作所需的工作本领的基础上，还要了解其他工种的工作过程和情况，了解各种机器设备操作的要求和特性，这样才能做到真正的密切配合。例如，电视采访记者应该明白一些摄像机的使用原理，这样才能更好地与摄像记者合作，可以帮助摄像记者选择适合拍摄的场景，配合摄像记者调节摄像机色温等。在瞬息万变的新闻事件现场，记者们必须通力合作才能及时采录到珍贵的声画素材。

第五，要有良好的心理素质。心理因素比较复杂，包括需要、动机、目的、态度、意志和情绪等，其中以需要、意志和情绪对采访和报道的行为影响最为重要。意志和情绪极大地影响着记者对现场新闻价值、内隐信息的发掘与表现，也影响着记者非语言行为的自觉使用。在紧急关头和混乱的新闻现场，心理素质良好的记者更能抓住机会，抢拍抢录到珍贵的画面和声音，作出精彩的报道。广播电视记者经常会面临一些危险场面，例如火灾、洪水、台风、瘟疫、战争等，在这种非常情况下，要求记者既要保证自己和机器设备的安全，又要沉着镇定地出现在电视镜头前做及时的报道，要做到临危不惧、处变不惊、沉着应战，广播电视记者必须具备比较全面的、优良的心理素质。

第六，要有全身心投入的敬业精神。广播电视由于需要采集到声音和画面，并对声音和画面进行编辑处理，因此工作量和工作难度都比文字媒体要大一些。同时由于广电媒体受众面广、社会影响力大，又容不得半点马虎和懈怠，记者和编导必须深入现场及时抓取声画素材，才能制作出优秀的节目来。目前相当多的电台电视台都实行了 24 小时播出，这就使得从业人员随时都要准备投入工作，很多时候没有上班和下班之说，按照“播出无小事”的工作原则，只要有工作需要或者播出任务，任何工作人员都要随传随到，甚至主动到岗。因此，只有具备完全投入的热情和一丝不苟的敬业精神的工作人员，才能够把这项工作做好。

第七，要有强健的体魄。广播电视采访的亲历性对记者的身体提出了特殊的要求。突发事件中记者必须以最快的速度赶到现场。战争与灾难、危机与惊险都是记者必须要经历的考验。为记录一些事件的过程，广播电视记者还必须具备“耐久性”，即长时间的等候和坚持。所有这一切都是以记者的强健的体魄为前提的。有的体育记者为了拍摄一场足球比赛，需要扛着摄像机在赛场上跑两个小时，有的新闻记者为了采访野外科考队员需要背着沉重的设备和科考队员一起爬山过河，有的纪录片编导为了拍摄海市蜃楼的奇观每天一大早就等待在海边，一等就是一年……除此之外，采访之后的编辑合成也是一项艰苦的工作，多年来，中央电视台的编辑机房一直是彻夜灯火通明的，记者、编导为了赶节目经常要熬通宵，有时甚至要几天几夜连续工作，这样高强度的劳动当然也需要强健的体魄做保证。

2. 对节目主持人的素质要求

主持人的出现是广播电视发展成熟的一个重要标志，新闻节目主持人"anchor"一词的英文原意是指接力赛跑最后一棒的运动员，也就是所有队员中速度最快、具有冲刺能力并最终完成使命的那个人。主持人以"我"为导线出面主持节目，使自己的形象、言语、举止与节目融为一体，以其鲜明的特色成为节目的显著标志。主持人身上体现着所有工作人员的努力，受众议论一个节目往往连同主持人一齐评论，主持人的表现对于节目的质量经常起到决定性的作用。按照西方媒体的惯例，当一档栏目的视听率不高时，经常采用的一个重要手段就是更换主持人。

在西方媒体中，新闻节目主持人都是从资深的记者中选拔出来的，因此，一位优秀的节目主持人首先必须具备上述记者的所有专业素质，除此之外，对主持人还应该有更高的要求：

第一，要有流畅得体的语言表述能力。节目主持人的工作特点在于，他们的整个主持、采访过程都被录音机、录像机完整地记录下来并使用在节目中播放出去。因此，对广播电视节目主持人的口语表达能力就提出了比普通记者更高的要求，除了我们前面提过的广播电视语言要规范化、通俗化、口语化之外，还要有个性化的要求。也就是说，主持人的语言表达既要像口语一样生动活泼、挥洒自如，又应该像文字作品那样严谨精练，讲究结构和布局，应该更规范，更具美感。而且还要充分突出个人风格，使主持人语言成为充分个性化的语言，从而充分展示节目主持人的个性魅力并以此来吸引受众收听、收看节目。

第二，要有个性化的写作能力。很多人认为主持人会说就行，写稿是记者和编导的工作，其实不然。首先，"不会写的人就不会说"，要锻炼自己"出口成章"的本领，必须先练就一身能够写文章的本领。被上海报界誉为"博闻强记，妙嘴生趣"的综艺节目主持人叶惠贤，曾深有感触地说："嘴里要想有，脑里先要有；要想会说，必须会写。"[①]也只有会写勤写的主持人才能真正树立自己在受众心目中的地位。其次，虽然目前我国广播电视节目制作过程中，大多是由编导、记者来为主持人写主持词的，但是一位好的主持人要想形成并保持自己的个性特色，必须坚持自己修改稿件，这样才能保证一直用自己的风格主持节目，否则的话，今天跟着这位编导的风格走，明天按照那位编导的习惯念，很难形成自己稳定的主持风格。曾成功主持过《为您服务》、《夕阳红》等栏目的老一辈电视节目主持人沈力老师，在屏幕上展现出一如既往的真诚谦逊、质朴善良、善解人意，这种主持风格的形成与她一直坚持按自己的个性修改稿件大有关系。沈力在主持中央电视台《夕阳红》栏目时，有一次编辑提供的串联词中说：

---

① 郑可壮、楼世芳主编：《叶惠贤主持艺术论集》，上海三联书店 1994 年版。

我们每个人都在寻找幸福，人间的幸福在哪儿呢？它不在金钱里，也不在显赫的地位中……

沈力认为这些感受“不是我们告诉老年朋友，而是老年人自己的体验”，于是她提笔加了一句话，改为：

我们每个人都在寻找幸福，人间的幸福在哪儿呢？很多老年朋友都有这样的感受，它不在金钱里，也不在显赫的地位中……

多加了十几个字，就体现出沈力对老年观众的尊重和了解，体现出沈力老师一贯的主持风格。[①] 类似的例子有很多，绝大多数出色的主持人都坚持亲自写稿或改稿，很多主持人都谈到过自己有修改稿件直到深夜，“语不惊人死不休”的经历。

第三，要有较强的现场驾驭能力。节目主持人需要在有限的节目时间里，完成需要的采访和串联，传达规定的信息，要善于营造良好的节目气氛，又要逻辑性地推进节目进程——在节目稍显拖沓的时候加快节奏，在节目时间未能填满的情况下适当放慢节奏……因此在节目现场要有足够的驾驭能力才能够胜任这一系列的工作。

我们来看一下在中央电视台《新闻调查》栏目中播出的《与神话较量的人》一片中，主持人王志对刘姝威的一段采访：

王：那也就是说你关注蓝田非常偶然，非常偶然的。

刘：确实偶然。而且在这之前甚至没有任何一家银行跟我提到它。

王：因为一个偶然的机会，你注意到了蓝田。那么蓝田跟别的上市公司相比有什么特别吗？

刘：我是从10月9号开始对蓝田的财务报告用各种方法进行分析的。当这个分析报告出来的时候，我非常震惊。因为它的分析结果，是我第一次看到的。

王：你看到了什么？

刘：2000年它的流动比率已经下降到0.77了，速动比率下降到了0.35，净营运资金已经下降到－1.27亿元。那么按照这三个主要的财务指标，都已经明显地超过了临界点了。

……

王：通过这些指标，你得出来的结论是什么？

---

① 吴郁：《主持人的语言艺术》，北京广播学院出版社1999年版，第228～229页。

刘：短期偿债能力很弱。这不是我得出来的结论，所有的银行都会得出来——至少它有 1.27 亿元的短期流动负债不能按时偿还。

王：你的最后的判断呢？

刘：最后的判断就是说，它已经失去了创造现金流量的能力了。它是一个空壳。……

王：你当时的感受呢？

刘：我当时的感受，如果银行继续给它贷款的话，那么蓝田股份它的债务负担会越来越重，它会无力偿还这些巨额债务的……

王：你对自己的结论一直深信不疑吗？

刘：因为太简单了。如果我要是用我自己发明的方法，或者是我自己发明创造的一种标准来作出这个结论，我会小心翼翼的。但是蓝田这太明显了，用最最基本的财务分析方法，国际通用、国内也流行的这种判断标准，判断出来它的短期偿债能力已经恶化到这种程度了，已经没有创造现金流量的能力了。这么明显的问题，还要我自己来肯定吗？在这种情况下，银行应该做的一件事，就是停发贷款。

王：蓝田为什么要公布这样的数据呢？

刘：我不知道它为什么公布这样的数据。我分析出来结果是这样的……

王：那你有没有想到过要找蓝田来核实这些数据呢？

刘：我用不着核实呀！这个数据是已经过审计的，而且是公开发表的。

王：那我的第二个问题是——这样的公开的数据，为什么只有你来提出异议？

刘：因为我的导师对我说过，不要少年老成，要敢于提出自己的论点。只要是你能自圆其说的话，只要你认为你自己很严谨地推论出来的话，你就可以说。

王：你得出结论以后多久才动手写这个论文？

刘：马上。

王：什么时候登出来的？

刘：当天就登出来了。因为它只印了 180 份，很快的。

王：当天是哪天？

刘：10 月 26 号。

这段采访主要是对刘姝威发现蓝田集团财务问题这一事件经过的调查，主持人王志首先提问刘姝威在研究蓝田财务报告时的发现和研究结论，然后对于刘姝威研究结果的准确性接连提出了四个疑问，在得到刘姝威的回答之后，又引导对方继续叙述接下来发生的事情。在这一过程中，主持人始终牢牢掌握着谈话的内容和走向，起着重要的现场驾驭作用。

第四，要有机敏的临场应变能力。节目主持人是代表电台、电视台，以个人身份与受众进行“一对一”的交流，倘若处处给受众以呆板迟钝的印象，就会引起他们的反感，失去他们的信赖。所以节目主持人应当积极努力培养或提高应变能力，以吸引受众的注意力，从而提高传播效果。另外，节目主持人每时每刻都要准备着承受现场瞬息万变的突发事件。面对突发事件，主持人必须临场不乱，沉着、冷静、机智地作出反应，才能“圆场”，使节目顺利进行。很多主持人都遇到过意外情况，例如，著名节目主持人杨澜曾应邀主持一个晚会，在谢幕退场时不慎被绊倒，全场一片哗然。可是杨澜临场不惊，她爬起来后轻松地调侃道：“真是‘人有失足，马有失蹄’啊，我刚才狮子滚绣球的节目还算熟练吧？看来这次演出的台阶不那么好下，但台上的节目会更精彩的。不信，你们瞧他们。”现场观众对杨澜机敏的反应报以热烈的掌声，晚会得以继续进行。

第五，要有得体的形象举止。这是对出现在电视屏幕上的电视节目主持人的要求。由于电视节目主持人总是出现在屏幕上，所以第一位的先决条件是屏幕上的形象效果。形象包括主持人的长相、打扮、举止等。有关主持人的长相，并不要求全部是“俊男靓女”型，但是主持人的长相一定要“顺眼”，真实自然、亲切贴近的屏幕形象会让观众没有距离感。主持人打扮也一定要大方得体，关键是要合乎节目的要求。例如，去农村的田间地头主持农民节目显然不适合穿一身鲜艳笔挺的套装，同理，主持一场盛大的文艺晚会也不能穿一身随意的休闲装。得体的举止即体态语，也十分重要。体态语，顾名思义，是利用身体的姿态——表情、动作、体姿、身体空间距离——作为传递信息、交流思想感情的辅助工具的非语言符号。[①] 主持人真诚热情的表情、眼神、动作等体态语可以迅速实现人际间的沟通，使观众和谈话对象乐于接纳主持人，从而建立起交流关系。在《艺术人生》专访秦怡的一期节目中，秦怡向主持人和现场观众讲述了自己“惊人的美丽，又惊人的苦难”的一生，观众被秦怡那种经受了多次命运的重创依然坚持乐观活下去的生活态度深深地打动了。节目的最后，主持人朱军站起来，饱含深情地对秦怡说：“最后我有一个请求，我真的是一个请求，能让我代表所有爱您的人拥抱您一下吗?”接着，朱军和秦怡深情地拥抱在一起，主持人无语哽咽，很多观众眼眶也湿润了，全场报以热烈的掌声，把节目气氛推向了又一次高潮。

特别要说明的是，体态语的运用同样要与栏目特色和谐，例如少儿节目中，主持人一般动作较为夸张，手势多，幅度大；新闻评论类节目中，主持人一般需要端庄、沉稳，动作少而有力；综艺晚会，场面大，气氛热烈，主持人体态语要洒脱、利落，线条优美，目光活动范围大以照顾到全场。切忌主持人不顾及现场气氛和节目内

① 吴郁：《主持人的语言艺术》，北京广播学院出版社 1999 年版，第 511 页。

容，一概以职业性的微笑示人，或者懒洋洋地倚在椅子靠背上，没有表现出积极的诉说或倾听的状态。

第六，要有丰富的知识和阅历。节目主持人的成熟如同人的成长一样，需要一定时间的培育、生长，大凡成功的主持人，都要经过长期而艰苦卓绝的实践磨炼。只有具备了丰富知识和阅历的主持人才能够具备报道能力和经验，才能临阵不乱、发挥自如，对主持节目的各个环节驾轻就熟，以大将风范压住阵脚。据统计，美国最著名的15位电视新闻节目主持人平均有20年以上的记者或编辑经历，其中克朗凯特最长，有29年。

第七，要有卓越的领导才干。这是对优秀主持人更高一层的要求。以美国为代表的一些电视发达国家实行"主持人中心制"的做法，有些明星主持人成为节目编辑部主任或者主编，有权力调度、指挥全班人马。目前，我国的很多优秀节目主持人也开始担任栏目的制片人，例如中央电视台的白岩松、水均益、王志，北京电视台的徐滔、元元等。事实证明，主持人中心制的实行，有助于形成节目个性风格，令主持人充分对节目进行总体把握，在节目中的主持表现更加得心应手。当然，主持人的权力、能力和才干往往是互动的，没有能力和才干就不可能行使好手中的权力。在某种程度上讲，主持人的领导才干主要反映在组织、策划、参与节目的过程之中，并不一定完全体现在是否担任领导职务上。

第三节　广播电视从业人员职业道德

广播电视属于大众传播媒介的范畴，因此从业人员必须遵守新闻行业的职业道德。1991年1月中华新闻工作者协会第四届第一次全体会议通过了《中华新闻工作者职业道德准则》，这是我国有史以来第一个全国性的新闻职业道德准则。1994年4月中华新闻工作者学会第四届第二次全体会议将这个准则进行了修订，1997年1月又进行了第二次修订。准则共规定了这样六条：一、全心全意为人民服务，二、坚持正确的舆论导向，三、遵守宪法、法律和纪律，四、维护新闻的真实性，五、保持清正廉洁的作风，六、发扬团结协作精神。这六条现在成为我国全体新闻工作者必须遵守的基本的道德行为准则。

由于广播电视有自己的行业特点，因此从业人员在遵守这六条基本准则的基础上，还有一些需要注意和进一步探讨的职业道德准则。

一、处理好公民道德与职业道德的冲突

曾经有人为了拍摄行人摔倒的场面冒雨蹲伏在一个水坑边几个晚上，有人在其他人齐心协力救助落水者的时候却忙于拍摄现场的画面，有人明知数十名高考学生即将卷入一场高考作弊案件却只管架好摄像机等待拍摄那惊人的场面……这些事件都曾引

起社会强烈的反响和争论。作为记者，这些人无疑具有强烈的职业敏感和敬业精神，但是作为普通的社会一员，他们又因为没有及时伸出援手帮助被拍摄者而被指责丧失了起码的公民道德。事实上，在有些情况之下记者只能二选其一，要么履行一名记者的职责，要么放弃一条新闻素材去履行公民的道德。有关这些事件的争论尚无定论，只是留给我们很多思考。当别人的生命发生危险或受到威胁的时候，出于最起码的人道主义，所有人首先想到的都应该是如何尽力去救助，因为人的生命是最宝贵的，生命的价值远远高过一圈录音带或者录像带的分量。如果是一个需要引起全社会警醒的事件正在发生或者即将发生，那么记者的两种选择都应该是合理的：选择及时加以阻止，可以避免当前这场危机，但是也许不能够警示进而排除其他的事故隐患；选择现场拍摄，也许听任了眼前的这次危机，但是可以造成强大的社会舆论，让今后这样的危机不再发生。只要没有选择仓皇逃离，或者事不关己，高高挂起的做法，记者的行为就都是可以理解的。具体选择哪种做法，应该归结于每一位记者自己的决定，相信每一位成熟的记者对于具体事情的轻重缓急都会有自己合乎情理的判断。

二、处理好隐性采访涉及的道德问题

隐性采访，是隐藏记者身份与采访目的的采访方式。运用这种方式，目的在于减少采访障碍和干扰，获取有价值的新闻事实。[①] 隐藏摄录设备是广播电视隐性采访的特点，通常广播电视隐性采访多采用偷拍偷录等手法，避免被采访者觉察采访活动的进行。广播电视隐性采访的难度比纸质媒体更大一些，但是如果使用得当，也容易造成更好的效果。例如中央电视台《新闻 30 分》的记者对南京冠生园陈馅月饼事件的隐性采访，记录了月饼制造厂家无视消费者权益，利用前一年发了霉的陈陷制作当年新月饼的场景，引起了轩然大波，同时也引发了全社会对于重视行业规范、保护老字号声誉等问题的深刻思考。

但是，由于广播电视的偷拍偷录会留下对方的外貌或声音，令别人可以辨认，有可能会给被拍录者带去较大的社会影响，因此偷拍偷录有其适用的范围。一般限于报道社会不良现象或不道德行为，或者在采访违法犯罪活动时抓取罪证，有时也可以用于在公共场合偷录人们真实、生动的表现。对于那些不是被批评对象，也不愿意接受采访的人，记者如果采用偷拍就有可能造成侵权行为，尤其是在私人场所的偷拍行为更是不妥。即使是对于那些违背社会道德甚至违法的行为，记者在偷拍过程中也应该做到对事不对人，尽量避免清晰拍摄对方的面部，或者在后期编辑时对人物面部进行模糊处理，应尽量给人以重新做人的机会。在涉及未成年人等弱势群体时更是要有意识地加以保护，不应为了收到哗众取宠的效果，或者顾及到电视画面的清晰美观，而不考虑有可能给对方带去的负面影响。

---

① 赵玉明、王福顺主编：《广播电视词典》，北京广播学院出版社 1999 年版，第 68 页。

三、发扬人文关怀精神

2006 年 4 月，某电视台报道了一刘姓女硕士在上海违章过马路、妨碍民警执行公务而被行政拘留 10 天并且向公众道歉的新闻，其中该女硕士的相貌清晰可辨。后据报道称，由于该女硕士的很多同事都在电视中看到了这件事情，可能她也意识到自己的失态，考虑到自己行为带来的负面影响，所以主动提出辞职。

据说上述曝光节目播出后，上海市的有些路段的交通秩序确实有了“两年来从未有过的好转”，这件事情的报道虽然打着“维护公共利益”的旗帜，但是，站在刘女士的角度想一想，她仅仅是一个普通的市民，她违反法规已经受到相应的处罚，她行为的社会危害性比起那些滥用公共权力的人物小多了。与其说她的违规违法行为涉及社会公共利益，不如说她不遵守交通规则，更可能直接有损她自身的人身安全。广播电视媒体以曝光其声音或肖像的方法批评她，她所承受的舆论压力可以想见比文字媒体要大得多。无怪乎有网民议论媒体对“刘女士”此事的曝光有些“小题大做”。

事实上，近年来广播电视媒体的很多做法经常受到观众的质疑，例如曾经有电视台记者故意在摄像机前突然告诉十几岁的男孩他母亲去世的消息，就是为了拍摄到儿子得知噩耗时的第一反应；还有的记者把话筒伸到刚刚做过大手术尚未恢复的病人脸前采访……这样的节目播出后，不仅没有带来好的社会反响，反而引起社会上对媒体行为的争议，认为媒体缺乏以人文本的精神。因此，广播电视记者在呼吁全社会献出一份爱心的同时，自己在采访过程中也应该发扬对普通百姓的人文关怀。

四、保护信息提供者

由于广播电视的录音录像会留下对方的声音或肖像，令别人可以辨认，有可能会给信息提供者带来较大的影响，有时甚至是伤害。例如，揭发当地领导者的违法行为有可能会导致打击报复；披露本人以前曾经有过卖淫、吸毒等违法或不良行为可能会使其受到社会歧视；坦白陈述自己不同于社会主流思想的某些观点或做法可能会招致其他人的猜测非议等。因此，为了保护被采访者，摄录之前记者就应该预见到，接受采访是否会给对方带去负面影响，并尽力消除或降低有可能出现的负面影响，例如对被采访者的图像、声音做些处理。曾经有一位女士在电视上接受采访，披露了自己曾做过三陪女的生活，虽然在节目中化妆师为她做了一些修饰，但是节目播出后她还是被熟人认出来，后来她只得换了工作又搬了家。采访她的主持人得知此事后，感慨地说：“如果早知道做一期好节目会毁了一个人的生活，这样的节目我宁可不做。”

五、坚定地维护新闻的客观真实性

维护新闻的客观真实性是所有新闻媒体的从业人员都必须遵守的职业道德。

但是广播电视因其特殊性，在维护新闻的客观真实性方面有其需要特别注意的地方，主要有以下三点：

第一，维护新闻的客观真实性要保证节目采访和编辑过程中对事实的真实还原。广播电视由于有了新闻现场的声音和画面，让观众看到或听到了新闻人物，就更容易令受众产生真实感，再加上我国新闻媒体的“党和政府喉舌”的性质，所有的电台电视台都属于国家所有，接受党和政府的领导，这样就更使得电台电视台所播出的新闻节目具有相当高的权威性。但是，一些广播电视节目一味地为了追求视听率，经常无视节目的真实性原则。央视主持人崔永元曾在接受《南方周末》采访时对这一现象予以揭露：“我们很多新闻节目造假，甚至移花接木，把这个事儿安排到那个事儿上，庸俗到极点了。有些揭露行业黑幕的节目，看起来惊心动魄，就像电视剧，其实是组织拍摄的，却自称是偷拍的。这是不尊重人。”[①]另外在后期编辑的过程中，也有很多造假、断章取义、与事实不符的现象发生。除了直播节目之外，广播电视节目呈现给受众的一般是经过选择、加工、删减的素材，如果没有维护新闻真实性的坚定信念，编导完全按照自己的主观意志去编辑节目，新闻的客观真实性将无法保证。曾经有一位大学教师抱怨说，他接受电视台的采访，让他对刚刚结束的大学生原创歌曲比赛谈谈自己的想法，这位教师说了很多赞扬、肯定的话，最后提出了一点比赛的不足。但是在节目播出时他却发现，编导删掉了他所有赞扬的话语，只保留了最后提出的一点意见，给观众的感觉是这位教师对这次大赛基本持否定的态度。像这一类断章取义的做法在广播电视媒体中并不是少数，很容易误导受众的判断，于是有一些经常接受采访的专家会事先强调——请完整地使用我的观点，不要随意删减。随着电子技术的普及和发展，广播电视节目中对画面和声音进行加工处理的手法也越来越丰富，尤其是非线性编辑的应用，几乎可以让编导随心所欲地处理声音和画面，因此在加工处理的过程中就更要坚持新闻节目要还原事实本来面目的原则。

第二，维护新闻的客观真实性要具备平等交流的意识。广播电视的传播特性是深入家庭，与每一个家庭成员之间进行面对面的人际化的交流传播。正像家庭成员之间不可能接受凌驾他人之上的教育和训导一样，广播电视传播进入家庭的特殊传播模式要求从业人员要平等地对待被采访对象，同时平等地对待每一位受众。广播电视的从业人员由于掌握着备受瞩目的大众传播工具，因而经常会受到群众的尊敬和推崇，但是作为传播者必须转变过去“无冕之王”的陈旧定位，从心底里把被采访对象和受众视做与自己平等的人，无论他们从事什么职业，处于什么社会地位。记者没有权力去命令别人配合工作，不能趾高气扬地面对农民工、下岗工人等弱势群体进行采访，不能用质问的口吻去采访犯罪嫌疑人，也不能对名人、官

① 夏辰：《崔永元炮轰电视庸俗化》，《南方周末》，2002年4月25日。

员表现出顺从、仰慕甚至阿谀奉承的态度，因为这些表现都会原原本本地呈现在媒体上，并可能会影响受众对客观事实的判断。我们要做的就是采访事实的真相，还原事实的本来面目。

第三，维护新闻的客观真实性还需要注意话语权的平衡。出现在媒体上的记者或主持人是一档栏目、一家媒体的代表，掌握着采访谁、不采访谁，让谁发表观点，不让谁发表观点的权力，但是这个权力不能滥用。在法律允许的范围里，我们应当注意到话语权的平衡问题，也就是让对一个问题有不同意见的各方代表都能充分发表意见而不是只让记者、编导赞同或同情的一方发表观点，这样才能更好地维护广播电视新闻的客观和真实性。并且，在采访之前，不要给对方进行任何暗示或摆布，让对方以最自然的状态发表意见，才能够让受众自己判断事件的真伪和人物的功过得失。

六、自觉地抵制节目庸俗化

有关广播电视节目庸俗化的争论目前尚无定论，在这里，“庸俗”指的是一种超越受众健康心态的接受底线的品质，一般表现为无聊的搞笑、出格的表演、不健康的炒作、无忌惮的诱惑，极端的形式是对色情、暴力的渲染。

广播电视节目需要做得大众化、通俗化，让更多观众都能理解和接受，但这不等于说广播电视节目可以去迎合一些低级趣味，为了提高视听率就不惜降低节目品位，挖人隐私、戏弄观众、制造噱头，甚至宣扬一些色情、暴力的内容。有的栏目，请人装扮成残疾人单独过马路，在深夜装做遇到歹徒的少女发出呼救，看是否有人出来帮助。这样的节目虽然打出了“呼吁提高市民道德”的旗帜，但是难免让人联想到《狼来了》的故事，不知会不会有一天，当真正有人需要帮助的时候，路过的市民都会一笑了之，以为又是电视台在录制新节目。娱乐节目中出现庸俗化的内容就更多了，某娱乐节目曾经让一位热播电视剧中的男主演在城市的大街上去主动搭讪女孩子，然后通过偷拍机拍摄的画面和女孩的男朋友一块儿观察女孩子的反应。这类恶作剧式的节目策划目前并不在少数，虽然满足了一部分受众窥人隐私的欲望，却降低了节目的品位和格调，把节目的“通俗化”和“庸俗化”划上了等号。

随着广播电视事业的发展，节目类型越来越多，技术条件飞速提高，广播电视节目的内容和表现手段也日趋丰富，涉及从业人员的职业道德将会不断有新内容补充进来。广播电视从业人员必须不断总结自己工作中的经验教训，不断提高自己的职业道德水平，才能更好地利用传媒为大众服务。

思考题：

1. 广播电视媒介从业人员主要包括哪些分工？各分工分别负责哪些工作？
2. 怎样才能做一名合格的广播电视记者或编导？
3. 现代广播电视对于节目主持人有哪些专业素质要求？
4. 结合实际或自己的体会，谈谈广播电视从业人员应该遵守哪些职业道德准则？

第十一章

电视的社会影响:理论与分析

[学习要点]

广播电视对社会产生了怎样的影响,这是一个极其复杂而又非常重要的问题。作为20世纪最伟大的发明之一,广播电视不仅改变了全球人类的生存环境、生活方式、价值观念和文化体验,而且对社会的政治、经济、文化、人的发展等各个方面产生了深远影响。

第一节　电视对政治的影响

电视作为一种有广泛影响的大众传播媒介，从诞生开始就与政治结下不解之缘。在西方国家，作为独立于三权之外的第四权力，电视对政治的影响已渗透到方方面面。

一、电视与政府决策

在西方国家，大众传媒与政府的关系一直是政治生活的焦点。媒体是西方各国政治运作的关键要素，媒体对政府决策也有着巨大的影响力。在非常情况下，甚至能左右政局的发展。

早在20世纪三四十年代，随着广播的出现和影响力的日渐增大，新兴的广播媒体就以其独特的魅力得到当时政治领袖们的偏爱。进入60年代，电视成了最有力的政治媒体。电视时代的政治家非常重视借助电视来宣传自己的政策主张，利用电视来完成许多政治操作。为此，善于运用媒体的肯尼迪被视为“电视明星”，而里根则被捧到了“伟大的传播者”的高度。为做好政策的宣传工作，美国现任副总统切尼一直定期出现在电台的谈话节目中，并常常在星期日电视节目中露面；原国家安全顾问、现任美国国务卿的赖斯则主要为小布什的国家安全和外交政策进行解释和辩护。白宫通过大量的地毯式的电视报道，将镜头集中在领袖为保护国家安全、弘扬美国精神、振兴国家经济而孜孜努力的场面上。

不过，西方的电视媒体并不总是为政府的政策推行服务的，电视的政治影响还表现在其对政府决策的影响上。

一般来说，美国的决策过程先后有序，大致是按照智库→媒体→国会→政府(行政当局)→政策出台这样的顺序。比如，一项政策的出台，首先是智库经过多方面的调研和论证，得出具有可操作性的政策意见。然后，通过媒体进一步公开传播和辩论，引起整个社会对这项政策的关注。最后在国会举行听政会后交由行政部门作出决定。在这些环节中，媒体的报道与辩论是不能忽视的环节。正如美国著名的政治学家怀特说：“在美国，如果新闻界还没有准备好公众的思想，那么任何国会的重大立法、任何国外冒险、任何外交活动、任何重大的社会改革都不可能成功。”[①]媒体可以使政府的政策变成民众认同度很高的明智选择，尽而能够顺利贯彻和执行，也可以使政府的政策选择变成民众认同度很低甚至被排斥、敌视的愚蠢选择，进而很难贯彻执行。媒体之所以对政府决策能产生影响，主要是因为媒体具有表达民意或者是塑造民意的功能，媒体通过对信息的加工来影响人们获得信息

---

① 顾耀铭主编：《我看美国媒体》，新华出版社2000年版，第29页。

的数量和质量,进而影响民意和公众舆论,并以此为基础向政府施加强大压力,影响政府决策。1993 年底,美国的电视充斥着东非国家索马里内战所带来的残忍厮杀、饥民遍野的画面,克林顿总统紧急命令美国军队开往索马里参与维和行动。但是时间不长,当电视呈现出美国士兵的尸体被愤怒的索马里人拖过大街的画面时,震惊的美国公众要求撤军的呼声促使美国政府匆匆结束了这次不成功的维和行动。

美国前国务卿贝克(James Baker)指出,在太多的时候,电视已经成了何种事件构成危机的判官。“电视宣布前南斯拉夫的解体、宣布巴尔干半岛的战争是一个危机,因此,电视要不停地报道,导致克林顿政府必须为此干点什么。但是,(美国的)电视对卢旺达没有(危机)报道,尽管那里的(屠杀)是惨绝人寰的。这样看来,你就会问你自己,人们应该根据电视来制定外交政策吗?我们是否要根据新闻报道什么或根据新闻主编们决定报道什么,来确定什么是危机?”①美国前国防部长施莱辛格说:“在没有既定目标的情况下,我们的政策将由情绪冲动和形象所决定。在当今时代,形象就是指电视,而且政策看来似乎越来越从属于电视屏幕上闪烁着的形象,特别在民主国家更是如此。……一盘录像带远比一万句话有力。”

二、政治生活的形象化、电视化

电视对政治生活的介入使之创造了只有电视时代才有的政治文化。美国政治学家们在深入观察了电视政治现象之后,曾向他们的读者描述道:“过去你们的父辈和祖辈往往通过民主党和共和党的‘党的透镜’来观察政治,今天政治通过一种截然不同而又非常真实的透镜使摄像机的镜头透射到观众眼前。”②

政治生活的电视化,在西方总统或首相的选举中有着突出表现。肯尼迪与尼克松的竞选辩论,因首次使用电视转播,成为美国总统竞选史上具有划时代意义的事件。在电视辩论中,肯尼迪以翩翩风度和充满活力的电视形象,险胜富有治国经验却在镜头前显得老成、古板的尼克松,电视镜头主导美国政治选举的历史也由此开始。美国总统里根在竞选中获胜,也被认为是大大得力于电视。演员出身和 8 年电视节目主持人的历练,使里根拥有了利用镜头说服民众、展现魅力的能力,从而在很大程度上帮助里根赢得了选举。

电视这种巨大的政治作用,促使电视时代的政治家特别注重塑造自己在电视屏幕上的形象,候选人间的政策辩论反在其次。如何通过外形、言谈、举止、个人品行等的充分表现而树立起了一个鲜明的媒体形象而变得最为重要。1992 年的总统竞选,克林顿就曾到知名谈话节目和青少年亲切交谈,并带着墨镜表演吹奏萨克

---

① 李希光:《国际政治中的媒体力量》,清华大学国际传播研究中心网站。

② 〔美〕伯恩斯:《美国式民主》,中国社会科学出版社 1993 年版,第 378 页。

斯管。电视辩论中，风趣幽默的克林顿也以其风流倜傥、富于个人魅力的形象压倒了共和党候选人多尔。尽管不具备里根和肯尼迪般的明星气质，但小布什从窥探总统之位开始，就在"政治顾问卡尔·罗夫的策划下，有计划地塑造了一个亲民、自律，代表着美国希望并值得信赖的政治家的形象。为维护这样的形象，小布什的每一项政策，每一次政治"演出"，都要经过罗夫的检查或核定。他要会见记者，或发布消息，哪怕只有短短几分钟时间，他的政治顾问卡尔·罗夫等人都会预先推敲好措辞，帮助他排练好对这个或那个问题的回答。依靠强有力的政治团队，和蔼可亲、没有绯闻的小布什与前任总统形成了鲜明对比。政治生活的形象化、电视化在其他国家也莫不如此。一位研究日本的专家在考察日本当代政治生活时指出："过去，首相与其说是人民选择的，不如说是政治家遴选的，现在则可以通过电视'选美'来选拔首相。"①

政治生活的形象化和电视化，使人们对政治的关注被转移。正如约翰·莱恩赞特所说："因为电视每天把政治领导人的形象送往千千万万公民的家里，电视也就引发出对人的情感反应，这样有助于电视观众关注政治候选人的人格因素，而不是关注他们所代表的政党或他们对有关问题发表的意见。"②当政治人物人以种种"人为形象"微笑面对人们的时候，那个更为真实的形象显然就被隐藏了。政治人物政治生活的形象化和电视化，也使电视成为西方国家选举中最主要的竞选工具。由于候选人需要在电视台频频亮相，美国总统的竞选费用越来越高，以至于西方学者讽刺说："竞选是由电视包装起来的特殊商品的销售。"

三、电视与政治民主

从不同的时间、不同的角度观察，电视对政治的民主化影响有不同的结论。不同的国家、不同的政治制度和国情，也使电视对国家政治和影响方式和影响程度不能一概而论。电视媒介具有双面性，它既是政治清洁器，又是国家的意识形态机器。

在电视媒介的积极参与下，电视在提高政治运作的透明度、加强对政治权力的社会监督以及制约政治领袖人物的公众形象等方面都有着不容忽视的影响。作为一个全新的政治信息源，电视以直接生动的形象把人们不能到达的政治活动呈现在人们眼前，使政治权威走下神坛，而不再遥远神秘。为让市民充分了解和监督政府决策，美国、日本等西方国家还设有广播或有线的专用议会频道，如美国的 E-SPAN 频道，在议会期间不中断地转播会议的情况。而且，不仅联邦议会是在电视转播的镜头下进行的，美国许多州议会甚至市议会等政治机构的运作，也要进行全

---

① 赖肖尔：《当代日本人》，商务印书馆 1992 年版，第 229 页。

② 汪天云等：《电视社会学研究》，三联书店 1998 年版，第 62 页。

程现场实况转播。从这方面来看,广播电视媒介为公民行使政治知情权提供了的基本条件,也使政治运作过程具有了透明度。促进了政治的社会化。广播电视监督政府,清明政治的例子也举不胜举。从水门事件、克林顿性丑闻、对美军士兵虐待俘虏的揭露到对小布什发动伊拉克战争理由的质疑,电视深入调查和形象展示的特点对于权力系统的政治黑幕和阴暗面的揭露显得更加有力。在这一方面,电视堪称社会政治清洁器,有效地促进了政治的民主化。

但是,电视对政治民主的负面影响也比其他媒介更为直接和深刻,这主要表现在电视媒介的意识形态霸权和政治控制方面。法兰克福学派的阿多诺在《意识形态》(1964)一文中写道:意识形态的首要功能,在于对群众进行思想灌输和意识操纵,而"这一直是由文化工业——电影院、剧场、画刊、无线电、电视、各种文学形式、畅销书和畅销唱片……加以实现的"。在所有的媒体中,电视以直观化、形象化和直接传播的特点,通过长期、细微、隐蔽的形式,向观众灌输观点、建构现实、影响舆论、征服人心,成为最能有效传达意识形态影响力的媒体。在电视的"直播"、"客观"报道面前,观众往往容易陷于集体无意识,不知不觉地跟着电视的引导走。

法国学者皮埃尔·布尔迪厄更以犀利的分析有力地揭露了本应成为民主工具的电视在当代资本主义社会蜕变为压制民主工具的事实。布尔迪厄提出:"上电视的代价,就是要经受一种绝妙的审查,一种自主性的丧失。"[①]布尔迪厄历数了电视许多看不见的审查和限制:主题是强加的,交流的环境是强加的,讲话的时间是有限制的,种种限制都在行使电视的符号暴力,从而使真正意义上的表达几乎不可能有,因此,"电视是一种极少有独立自主性的交流工具"。[②] 同时,布尔迪厄认为,电视是不太利于思维表达的。电视快餐式运作的需要使电视上充斥着"fast-thinkers(快思手)",而这些快思手之所以能够进行快速思维,是因为他们都是在"固有的轨道中"进行思想。也就是说,电视提供的不过是消化过的食品和平庸的、共同的思想,这样的电视的交流没有意义,思想的颠覆性沉沦于老生常谈之中。

布尔迪厄还揭露了以收视率为导向的电视给民主政治以毁灭性的打击。因为电视台奉行极端犬儒主义,追求轰动、奇特效应,于是最有收视效果的社会新闻取代电视的文化品味和政治功能,因此,社会新闻的泛滥造成的后果就是政治的空白,就是非政治化,将社会生活化为轶闻趣事和流言蜚语,致使把公众的注意力集中并吸引到一些没有政治后果的事件上去,排斥了公众为行使民主权利应该掌握的重要信息,致使大批普通人丧失了政治能力。

1996 年美国《电信法》的出笼,世界 500 强纷纷介入媒体行业,媒介市场逐渐形成了垄断的局面。麦克切斯尼在《富媒体 穷民主》一书中也提出了与布尔迪厄

① 〔法〕皮埃尔·布尔迪厄著,许钧译:《关于电视》,辽宁教育出版社 2000 年版,第 11 页。
② 同上,第 39 页。

类似的的观点:媒体正在变成了一种"反民主"的力量。他认为,美国媒体在保护公民权利、遏制政治腐败方面,曾经有过值得称道的历史,但时过境迁,当媒体世界逐渐集中到少数巨头手中时,媒体现在作为民主卫道士的角色已黯然失色。联合性媒体规模越大,公司就越富有、影响力就越大,媒体运用其巨大财力影响决策,从而使"多数统治的原则"蜕变成"少数统治原则"。他认为,造成自由民主向极权政治退化,所以,他断言,对民主而言,这是一剂毒药。

第二节　电视与消费社会建构

西方当代资本主义社会被称为"消费社会"、"富裕社会"。1970 年,法国著名社会学家让·波德里亚(Jean Baudrillard)出版了名为《消费社会》的专著,对当代包括美国在内的西方社会进行了深刻的剖析,"消费社会"这个概念由此产生。

所谓消费社会就是从原来以生产为中心的社会变成以商品消费为中心的社会。美国后现代理论家杰姆逊在《晚期资本主义文化逻辑》一书曾经描述消费社会在西方出现的历史状况。他认为,这种新型的社会开始出现于 20 世纪 40 年代末 50 年代初的战后繁荣时期(也有学者认为美国消费社会始于 1913 年福特汽车公司在密歇根生产流水线上驶下第一辆汽车之时,这种说法认为消费社会的形成与以福特主义为代表的资本主义大规模工业生产方式有着密切联系)。他指出:"新的消费类型;人为的商品废弃;时尚和风格的急速变化;广告、电视和媒体迄今为止无与伦比的方式对社会的全面渗透——城市与乡村、中央与地方的旧有的紧张关系被市郊和普遍的标准化所取代;超级公路庞大网络的发展和驾驶文化的来临……这些特征似乎都可以标志着一个与战前社会的根本断裂……"①

根据波德里亚的观点,消费社会给人印象最深的是物质的"堆积"和"丰盛"。"大商店里琳琅满目的罐头食品、服装和烹饪材料,可视为丰盛的基本风景和几何区"。而且,"几乎所有的服装、电器等都提供一系列能够相互称呼、相互对应和相互否定的不同商品"。物质前所未有的极大丰盛,使资产阶级面临的主要问题不再是资本积累的问题,而是如何扩大市场把商品销售出去的问题。刺激消费、鼓励消费,以维持、拉动、刺激生产,成为影响资本主义经济进一步发展的关键因素。正如丹尼尔·贝尔所指出的,"在资本主义发展的后期,资本主义不是设法以工作或财产而是以物质占有的地位标志和鼓励享乐来证明自身的正确"。②

应该说,在所有的大众传媒当中,电视对于消费社会形成的影响尤为重要。英国文化研究的主要参与者,后来转向大众传播政治经济学研究的格雷厄姆·默多

---

① 杰姆逊:《晚期资本主义文化逻辑》,三联书店 1997 年版。

② 丹尼尔·贝尔著,高铦等译:《后工业社会的来临》,商务印书馆,1984 年版,第 528 页。

克教授在回顾20世纪60年代的西方文化思想界的转变时说:"50年代后期,随着定量供给制的解体,一个新的消费时代到来了。值得注意的是,这个新的消费体系的形成与商业电视的诞生恰好是同时发生的。"而英国学者西尔弗斯通则指出,在消费社会的形成当中,电视"只是所有因素中的一部分,然而它无疑是决定性的。它为如此生气勃勃的活动提供了大部分的核心影像、与之相协调的诱惑以及音乐的伴奏"。[①] 作为当今社会的第一媒体,电视对于消费社会的形成和发展无疑具有举足轻重的作用和影响。

一、电视张扬商品符号价值,激发人们消费欲望

波德里亚认为,在现代消费社会,商品要想成为被"消费"的对象,必须成为"符号"。商品的"符号价值"(或者说是商品的"象征意义")已超越使用价值和交换价值成为商品的重要组成部分,并成为消费选择的关键。在波德里亚看来,符号价值使现代社会的消费呈现出一种"能动的关系结构"(an active mode of relations)。"一件商品,无论是一辆汽车、一款大衣、一瓶香水,都具有彰显社会等级和进行社会区分的功能。这就是商品的符号价值。一件商品越是能够彰显它的拥有者和使用者的社会地位和社会声望,它的符号价值也就越高"。[②] 因此,人们在消费商品时已不仅仅是进行单纯的物质消耗活动,而是在消费物品所代表的社会身份符号价值或象征意义。诸如成功、浪漫、时髦、前卫、格调、高贵等象征价值就像异灵附身于商品上,散发出身份符号的魅力,诱惑着消费者。

电视,尤其是电视广告对消费社会的一大贡献就是它对商品符号价值的极度张扬。在大众传播媒介当中,可以说没有比电视更容易把"符号"和"商品"粘接在一起的媒体了。当尘世间的日常消费品和华贵、成功、美丽、浪漫等象征意义联系在一起时,它就构成对人们的完美诱惑。比如动感、激情的可口可乐的电视广告宣传,使大家感觉在买可口可乐的同时,买的不只是碳酸饮料,而是青春的活力;当镶着碎钻的瑞士劳力士手表在电视画面中熠熠闪耀时,它已不再被看成是纯粹的计时工具。就像劳力士手表的经典广告语所说,"成功人士戴劳力士",劳力士手表强化的是对"成功人士"身份的确认以及对劳力士手表属于成功人士及富豪的普遍的社会认同。正如波德里亚所说的那样,广告的功能"是出自其自主化媒介的逻辑本身,这就是说它参照的并非是某些真实的物品、某个真实的世界或某个参照物,而是让一个符号参照另一个符号、一件物品参照另一件物品,一个消费者参照另一个消费者"[③],广告的窍门和价值就在于此通过符号来激起每个人对物化社会的神话产生欲望。因此,"我消费,故我在"。在电视广告的推波助澜下,越来越多的人习

---

① 〔英〕罗杰·西尔弗斯通著,陶庆梅译:《电视与日常生活》,江苏人民出版社2004年版,第56页。

② 转引自蔡骐、刘维红:《符号、欲望及神话:消费主义与电视》,传播学论坛。

③ 〔法〕让·波德里亚著,刘成富、全志刚译:《消费社会》,南京大学出版社2001年版,第135页。

惯于通过某种特定的商品的符号价值，甚至是对一系列具有象征意义的商品的消费来显示并维持自己的身份。

二、电视示范生活方式，催生整体性的消费需求

电视对消费社会的建构不仅体现在对具体的商品消费的引导上，电视更是通过生活方式的建构和示范，来催生整体性的消费需求。

"生活方式"是社会学的一个重要理论范畴①。按照《中国大百科全书·社会学卷》的定义，生活方式是"不同的个人、群体或社会全体成员在一定的社会条件制约和价值观指导下，所形成的全部活动形式与行为特征体系"。由于生活方式相对应于生产方式，如果说社会生产是创造产品与服务的过程，社会生活则是消费社会生产出的成果的过程。因此，在对生活方式的定义上，有的学者从狭义上将其理解为消费方式。

单从消费方式上来理解，电视示范生活方式，就是通过不断地提出新的消费概念和消费模式，将一定的消费行为与特定的生活方式联系起来，或建构一整套新的消费行为模式，以激发人们新的欲望，开发新的消费领域，鼓动大众参与其中。

电视广告可以说是现代消费社会最直接的新生活方式的吁求和推销。电视广告往往首先确立一个和自己所要推广的产品相挂钩的生活状态的具体概念，然后诉求新的生活方式将会给消费者带来怎样的心理情感体验，使消费者感觉到生活就应该是这样，只有这样才会有生活品位，从而在接受了这种方式的同时也接受了这种产品。比如化妆品诉求"美丽是一种生活状态"，服装诉求"简约是一种生活原则"。轿车市场商用的、越野的、高档的、低端的等多种类型的汽车广告，也已经明显地成了一种生活方式的表达。

电视节目中的"生活方式报道"，也是通过对生活方式的示范，对受众实施物质生活消费的诱导。这种"生活方式报道"的核心乃是社会的消费行为，包括休闲娱乐、购物旅游、居室装修、卫生保健、服饰化妆、烹饪美食等内容，同时还包括大量的生活消费的行情、趋势、热点、时尚与流行等。一些影视剧则通过展示理想中的生活方式，来开发人们对于物质享受的欲望。比如时下我们看到的国产青春偶像剧，诸如《白领公寓》、《男才女貌》、《青春不解风情》、《天空下的缘分》等，剧中的人物大都是归国留学生、歌星、时装模特、记者、画家等时髦身份或白领阶层。他们不仅清一色的青春靓丽可人，而且生活相当富有：穿的是时尚服饰；住的是宽敞的公寓或豪华的别墅；开的是高级轿车，不是凌志、宝马、奔驰，至少也是奥迪；用的是名牌笔

---

① 马克思和恩格斯在他们的多篇著作中多次使用过"生活方式"的概念，并提出生活方式是区别阶级的重要指标。沿着马克思提出的研究方向，西方社会学者马克斯·韦伯和凡勃伦对社会地位与生活方式的关系进行了理论探讨。同时，韦伯指出，特定的生活方式表现于消费商品的特定规律，可以根据商品消费来界定生活方式，并进而界定社会阶级地位。

记本电脑;他们经常出入于豪华写字楼、高档商务会所或环境幽雅的诸如于星巴克咖啡、五福茶艺馆等"第三地",而且动不动就休假,去国外旅游。这些影视剧对豪华住宅、典雅装饰、时髦衣着、高档消费的展现以及对一整套生活方式的示范,不仅诱导并开发青少年们对于物质享受的欲望,也极大地影响着他们的生活方式、思考方式与价值观念,以至于社会的新生代大都将影视剧中偶像的生活方式作为自己追求的目标。

三、电视宣扬消费快感,塑造消费主义意识形态

社会学意义上的消费主义指的是一种价值观念和文化态度,它把消费数量和种类日益增长的物品和服务看成是至高无上的,从而不断煽动人们的消费激情,刺激人们的购买欲望。因此,消费主义"不在于仅仅满足'需要'(need),而在于不断追求难于彻底满足的'欲望'(desire)"。①

消费主义作为一种有相当影响的消费观、价值观、社会观,在西方社会得到普遍的认同和广泛的传播。勤俭持家不再认为是美德,消费和享乐才是根本。正如美国著名的马克思主义学者弗·杰姆逊指出,当代资本主义社会"已经没有旧式意识形态,只有商品消费,而商品消费同时就是其自身的意识形态"。②

在大众媒体的诸种形态中,电视是对消费意识形态建构作用最大的媒介。我们在日常生活中已经看到,电视广告不停地教育着人们消费什么,怎么消费,而电视综艺节目以及偶像剧等也不断再现或制造着各种时尚生活和消费情境,宣扬着消费的快感。在电视的蛊惑下,人们纷纷抛弃了独立思考的原则而加入到听从广告消费的物质饕餮大军之中,超前消费和一掷千金成为时代精神的表征,甚至消费活动本身也成为人获得自由的精神假象。

首先,电视通过对人们日常生活中衣、食、住、行等方面的渗透完成消费价值观的引导和消费主义意识形态的传递。美国哈佛大学教授约瑟夫·奈就曾将电视媒介消费意识形态的传递功能称为"软权力":它包括了吃、喝、拉、撒、睡,如可口可乐、麦当劳、好莱坞的大片、体育比赛(尤其是奥林匹克运动会),这是一个日常生活的脉络,也是很重要的文化领域。③ 在其中,电视通过故事、题材、修辞把商品文化的逻辑与日常生活的价值和意义融成一个整体,从而成功地传达消费社会的主流意识形态。比如,圣诞节作为第一个被全球化的节日,已经演化成为人类历史上最大的消费主义的狂欢节。美国加州大学伯克利分校社会学教授罗伯特·拜拉(Robert N. Bellah)说,"现代美国的圣诞节不仅违背了圣经释义下的纪念耶稣诞生的原本真义,也远离 19 世纪的情感化的意义。绝大多数人在圣诞节期间都是在

---

① 王宁:《消费社会学》,社会科学文献出版社 2001 年,第 145 页。

② 转引自袁爱中:《默多克传媒消费主义研究》,文化研究网站。

③ 转引自欧阳宏生等著:《电视文化学》,四川大学出版社 2006 年版,第 295 页。

商场里流连忘返，而不是在教堂”。[①] 而推动这种节日消费潮流的，除了零售商外，还有包括电视在内的各种各样的媒体。每年圣诞来临，媒体都会竞相发布各种与节日购物相关的信息，详细地指导消费者如何充分消费，而和蔼可信的理财专家也会在媒体上指导消费者如何平衡自己的消费与负债。所有这些都像是一场推广消费主义信仰的全国总动员，从而使节日消费成为人们的生活方式和消费习惯。

其次，电视通过消费时尚和流行的制造来塑造消费意识形态。电视等大众媒体通常会借助于对某一部分社会现实的特殊描绘，精心设计新的消费概念和消费模式，并通过时尚和流行的诱导来打动消费者的心灵。包括电视在内的媒体如今已经生产出“休闲”、“soho”(在家办公)、“自助”等诸多新概念，并开发出“新新人类”、“小资”和“布波族”这样具有新型生活和消费观念的新型社会阶层来。按照媒体对小资生活观念的描述，“小资”们穿衣服讲究品牌；数码产品手机、iPod、笔记本电脑绝不能少，而且样式一定要最新款；同时手机彩铃、个人主页、个性签名、Blog 也不能逊色。小资们早餐要讲究营养，午餐要讲究环境，晚餐要讲究质量，有时间还要来个下午茶。小资们信用卡、借贷卡、健身卡、会员卡全部在手。小资每年还要自助出国游，给自己放放假。为成为“小资”一员，人们往往就要按照媒体对“小资”生活的描述去消费，否则就难以得到社会的认同。如今，“小资”还未完全过时，2006 年“LOHAS”(乐活族)之风又迅速在全球推广。伴随着媒体对 LOHAS 是一种贴近生活本源，自然健康精致的生活态度的宣布，我们很难否定在 LOHAS 概念的背后不会暗藏又一个新的消费潮流。已经有媒体在宣称，富有乐活概念的产品已应运而生了：比如带有蓝牙功能的手表，看得见温度的水龙头……

可以肯定的是，电视对消费主义的宣扬，并不是简单露骨的，而是隐含在其文本、影像及各种概念的生产和制造之中的。它以一种若隐若现的、非政治化的方式，用风尚、习俗和流行的方式把消费主义观念推销到千家万户，在人们自觉与不自觉当中进行着消费社会的建构。

第三节　电视与人的发展

一、电视促进了人的社会化

社会化是指一个个体在其生命进程中不断学习社会群体的行为模式和行为规范，并将这些模式和规范内化为个人的品格和行为，在社会生活中加以再创造的过程。从个人的基本活动来看，社会化的基本内容包括：学习掌握生产和生活的基本知识和技能，学习与遵从、内化社会规范，树立人的人生观和价值观以及培养符合社会要求的社会角色等。按照社会学理论，每个社会角色都有一套权利义务与行

① 冯亦斐：《圣诞经济：全球消费主义者的大狂欢》，《新闻周刊》(第 161 期)，2003 年 12 月 22 日。

为规范体系,社会化内容之一就是教育各种角色按其应尽的权利与义务,去规范自己的行为。因此,人的社会化过程既是人逐渐从“自然人”向“社会人”转化的过程,也是人作为一个“社会学习者”和“社会参与者”全面发展的过程。

社会化进程是终身进行的。在社会化过程中,家庭、学校、同辈群体以及职业团体在个体成长的不同阶段,发挥着社会教化的作用。随着大众传播媒介的兴起,媒体在个体的社会化过程中的影响越来越大。尤其是作为日常生活方式的电视媒体,可以说,基本贯穿了人的社会化的全过程,并在人的社会化过程中发挥着越来越重要的影响。

第一,电视促进未成年人的社会化。社会化中决定性的阶段是一个人的儿童和青少年时期。在传统社会里,帮助儿童和青少年实现社会化的主要因素的家庭、学校以及伙伴。电视高度普及后,电视成为未成年人社会化的一个主体。电视不仅是少年儿童获取知识和信息的一个主要渠道,电视还能提高他们的社会认知能力。在学习社会或群体习惯的过程中,电视为未成年人提供了一幅现实生活的图画,帮助他们构筑成一个“现实”和“完整”的世界。电视还为孩子提供社会规范或规则,孩子从中观察、感受和学习到共同信仰、传统生活方式和生活规则等,从而明确社会规范、角色和等级的利害关系,理解自己的地位和应遵循的行为准则,并以此形成基本的社会认同与社会态度。

第二,电视除了每天向人们提供大量信息外,还给成年受众带来的全新的观念和意识,促进了人们的知识更新和观念的转变。尤其是一些知识性和教育性的节目,人们不仅从中获得新的信息和新的知识,甚至可以获得完整而系统的教育。电视就像一个无所不包的社会大课堂,从衣食住行到生活、工作的方方面面,为人们提供了大量细致而全面的指导,很多人正是不断地从电视上汲取营养,才跟上了时代发展的步伐。比如 CCTV—2 的《绝对挑战》节目,就是以观众喜闻乐见的形式,向观众传达人才市场需求、新时代人才标准、人力资源管理及现代企业管理理念等多方面的信息,并对大多数人在职场和职业生涯可能面对的问题进行指导,从而成为人们职业规划和发展的专业课堂。

第三,电视通过各种形式的电视节目,向人们提供各种不同的角色模式、角色评价、价值标准和行为规范等,对人们进行潜移默化的教育。正如大众传播学中社会组织论所指出的:“大众媒介是现代社会中各个群体社会组织的模式化社会期待的一个重要来源。”[①]而所谓社会期待是指社会对特定群体及群体中个人遵循的规范、扮演的角色、所处的等级和所受的制约的期望和要求。比如,在社会已经建构并不断再生产着一系列的男强女弱、男主外女主内的角色模式以及女性应当从属

---

① 〔美〕梅尔文·德弗勒、桑德拉·鲍尔·洛基奇著,杜力平译:《大众传播学诸论》,新华出版社 1991 年版,第 251 页。

于男性的价值观念和意识形态时，大众传媒尤其是电视，在各种电视节目中，往往以或暴露或隐晦的方式复制着男女角色的陈规定型：电视中的男性通常是理性、权威的公共领域的活动者，表现为知识渊博、能力超群、理性进取；女性则多以家庭角色出现，感性柔弱、依顺、贤惠，以侍奉丈夫和照顾孩子为已任。除此之外，女性要不就以秘书、助理这样辅助性的工作身份出现，要不就是超前消费、热衷享受的“现代花瓶”。比如福临门天然谷物调和油的电视广告，该广告中的女性身系围裙，忙着倒油炒菜，而男性则心安理地与孩子嬉闹，拿着摄像机拍摄正在忙碌做饭的女性。当饭菜端上桌时，男性率先品尝妻子的劳动成果，并满意地对女性给予评价：金牌妈妈。在“幸福家庭”场景的掩盖下，广告不仅暗示了女性作为家务劳动者的角色身份，也隐含了照顾好丈夫、孩子是女性最重要的社会责任和幸福来源的意义，表现出男权文化对女性社会角色的期待。

二、电视对儿童的影响

根据儿童认知理论，幼儿从一岁以前就会对电视发生兴趣，特别是色彩绚丽、变幻多样的电视广告最能吸引他们的目光。到两岁半时，幼儿大致已经能看懂儿童节目。据调查统计，在电视业较发达的国家和地区，儿童从 3 岁起平均每天要看 2 至 3 小时电视。美国儿童每周看电视 28 小时，青少年则为 23 小时，等于说，到高中毕业，他看电视的时间是 24000 小时，比正式教育的时间 12000 小时多了整整一倍。在电视机旁成长已经成为目前儿童日常生活的真实写照。

电视也是我国少年儿童业余生活的主要伙伴。据 2002 年的一项社会调查显示，在北京市的家庭里，表示“天天看电视”的儿童有 64.2%，“经常看电视”(每周 3～6 天)的有 19.5%，“偶尔看电视”(每周 2 天以下)的有 14.5%，“不看电视”的只有 1%。而另一项在广州、上海、济南和哈尔滨等 4 城市近 2 万名学龄前儿童、中小学生以及他们家长中进行的调查发现，城市儿童少年平均每天看电视时间不到 1 小时、1～2 小时、2～3 小时和超过 3 小时的比例分别为 32.5%、46.0% 15.4%和 6.1%。男生每天看电视超过 2 小时的比例比女生高，男女生比例分别为 23.1%和 19.9%，也就是说我国城市 20%的少年儿童每天看电视超过 2 小时。

一方面是儿童收看电视的日常化，另一方面，从电视本身的特点来说，电视内容直观易懂，对观众的文化要求低，而儿童很少预存立场，“自我防御功能”弱，容易相信媒体信息，常常对电视里的事深信不移，电视比任何媒介更能影响儿童。

电视对儿童的影响是复杂的。从积极的方面来看，电视为渴望了解世界的儿童打开了窗口，有助于儿童开阔视野。尤其是科教类节目，从宇宙、地球、土地、河流到科技、军事，再到人伦、艺术，无所不包，可以极大地扩展儿童知识面。同时，电视的画面表现力夸张，尤其是动画片正好迎合了儿童想象力丰富的需要。节目中时光的倒转、神奇的武器、梦幻般的海底世界、会说话的动物、夸张的视觉造型等，能够激发儿童的想象力,培养儿童的创造性思维。优秀的儿童电视节目还能教育儿童遵守秩序、爱护动物、热心公益、孝敬父母、关心他人、抑制冲动、勇于改过,培养儿童的是非观和道德感,成为儿童成长中的良师益友。

但是,电视对儿童的消极影响也是多方面的:

第一,儿童长时间收看电视,会给身体发育和心理健康带来许多不良影响。医学界人士已经发出警告:"看电视过多,缺乏运动,尤其是一面进食一面看电视的人容易患电视消化不良症;长时间坐着看电视,两腿血脉受压过久,腿部肌肉缺少收缩与松弛,会出现电视脚痹症;每天看电视时间过长的小孩,没有多少活动玩耍时间,睡眠时间减少,生长减慢,易患电视矮细病;看电视过久,最易引起视力减退,近视加深,易患电视眼病……"①同时,儿童长时间收看电视,还会造成"电视自闭症"、"电视情感幼稚病"以及"电视忧虑、恐惧症"等心理问题。一般来说,电视剧一类的节目为吸引观众,在情节设计上强调戏剧性和矛盾冲突,在人物情感表现方面也比较夸张。即使是儿童节目,如卡通片,也都带有着明显的情感倾向性:高兴与悲伤、爱与憎、轻松与紧张、宁静与激动等情感特质在卡通片中都有突出的表现。而儿童由于理智发展不充分,情感体验往往比成人来得迅速、强烈。当电视中的悲悲喜喜冲击着儿童的视觉和心灵时,不仅使孩子不能正常地发展情绪、情感,也容易使之沉溺于电视制造的虚幻世界当中,引发心理问题。电视的这种消极影响,在从小伴着电视成长起来的孩子身上反映最为明显。

第二,电视也不利于儿童思维能力的培养与提高。日本的一项研究表明:对电视严重依赖的儿童,他们的语言能力、抽象思维能力不可避免地会遭到削弱。这项问卷调查是 2003 年在东京、冈山等地进行的,调查对象是 1900 位一岁半幼儿的父母,问卷回收率为 75%,调查方法是把幼儿分三组,第一组幼儿每天看电视不足 4 小时,家庭成员看电视不到 8 小时;第二组幼儿每天看电视 4 小时以上,家庭成员看电视 8 小时以上;第三组幼儿每天看电视 4 小时以上,家庭成员看电视不足 8 小时。结果发现,第二组幼儿语言能力最差,虽有 785 的幼儿能认识自己的父母,但却有 56%的幼儿不会叫爸妈。2002 年我国华东师范大学心理学系,基础教育改革与发展研究所进行的《关于电视对儿童思维的调查》也表明:伴随电视成长起来的一代儿童的阅读能力确实呈下降趋势。该研究从上海市静安区、闵行区的四所学校投抽取三、四、五、初一、初三年级学生作为被试对象,进行了寓言选择测题。研究对 209 份有效问卷进行了分析,并与 1962 年的一项研究进行了对照比较,从结果可以看出:12 岁～16 岁(初中组)被试的反应正确率现在优于过去,但较低年级(8 岁～12 岁)情况发生变化,随年级升高,有今弱于昔的倾向。电视视听结合的特点可能对人在读书时所必需的分析性思维过程起了消极的作用:"当孩子们收看电

① 严锋、韩玉芬:《TV 风景线》,中国人民大学出版社 1993 年版,第 208 页。

视时，只是十分被动地坐着，仅仅像海绵一样吞吐着图像，从这个意义说，就不能认为是很有效的开发。”①

第三，电视暴力对儿童行为有不良示范作用。电视充斥着各种斗殴、谋害、武力、血腥等暴力镜头。不仅娱乐节目、电视剧、电视新闻是暴力镜头的载体，电视卡通片上的暴力镜头，更远超过一般成人观看的电视片。美国《综艺》周刊1985年11月6日报道的调查结果表明，在电视黄金时间，平均每小时播出有关暴力的镜头达13.3次，每位观众每周看到的有关暴力的电视节目时间是10～15小时。按目前比例，每个美国儿童到他16岁时，在屏幕上看到有关暴力的场面将达200000次，其中包括50000次企图谋杀和10000次谋杀的场面。尽管有的学者以宣泄理论为基础，认为电视节目暴力有助于宣泄少儿暴力行为，减低暴力倾向。但最主要的、最普遍的结论，认为电视暴力确实有负面影响，社会学习理论学者艾伯特·班都拉通过实验研究发现，电视上的暴力镜头具有示范作用，儿童经常观看，遇到相似情境，极易会去模仿电视上的暴力行为。有些看过暴力电视节目的儿童行为上未受影响，是因为电视节目中暴力常会遭到报复或惩罚，因而在表现攻击行为时有较高的焦虑，会抑制其攻击性的冲动。涵化理论的提出者格伯纳也认为，电视暴力对儿童有潜移默化的影响，观看越多电视暴力的儿童，会有越高的暴力倾向。美国公共卫生署署长威廉·斯脱特所主持的电视与社会行为研究小组在1972年所提出的研究结论也证实，观看暴力镜头的电视节目，与实际生活情境中表现攻击性行为有很大的关联，只是电视暴力的影响也要视儿童本身的情况而定。

第四，电视促进了儿童的成人化。美国批评家尼尔·波兹曼(Neil Postman)在《童年的消逝》一书中指出，印刷媒介创造了“童年”这一概念，而电子媒介(特别是电视)却正在将它摧毁。在他看来，由于一个人需要经过长时间的学习才能获得读写能力，因此印刷媒介能够成为童年与成年之间的一道文化鸿沟。而与之相比，收看电视毋须特别的努力，也“不存在物质、经济、认知和想象力上的种种约束”，电视人人都能看，人人都可看，而且电视是一种“毫无保留的媒介”，它重新填平了这条鸿沟。开放的电视画面从不在乎守在电视屏幕面前的是百无聊赖的看客，还是童心未泯的孩子。通过看电视，儿童越来越多地了解到成人世界的“秘密”——性、毒品、暴力和死亡等，而以前这些内容是被藏在特定的印刷物之中的。当儿童“比以往任何时候都要消息灵通……当他们知道长辈知道的一切……这意味着他们已经变成成人，或者至少像成人一样”。

在电视媒体等因素的作用下，儿童过早地进入成人世界。2006年美国儿童专家通过研究也指出，如今美国现在10岁孩子的体征和行为方式已经相当于过去的15岁少年。也就是说，美国儿童整整早熟了5岁，而造成这种社会现象的社会原

---

① 转引自苗棣、范钟离:《电视文化学》，北京广播学院出版社1997年版，第206页。

因来自同辈人、互联网和电视的影响。在美国,8～12 岁年龄段的孩子,有的已开始谈恋爱,有的自己用手机跟朋友打电话,有的已经像青春期少年那样对父母反叛。他们平常所听的音乐中充满了性的暗示,打的游戏也是成人级的,而且常常在MySpace 等博客及交友网站上交流八卦消息。越来越多的小女孩开始化妆,穿超出自己年龄段的衣服。美国媒体将这些 10 岁左右的小孩称为"新一代青少年"。[①]

三、电视对人的思维、认知及人格发展的影响

正如我们前面所提到的,电视让人足不出户便可知天下,纵览今古;电视能够拉近人与外部世界的认识距离,扩大观众的见闻,增加人对各方面社会事物的参与感,从而促进了人的社会化。同时,电视作为娱乐的媒介,它能制造欢乐,帮助人们放松,为人们排遣寂寞和空虚。电视对许多人是一种安慰,对病人和老人有极大的帮助,使他们接触事物,并从中获得便宜、持久的娱乐……事无好坏,过则成灾。当人们长期沉溺于电视当中,电视的消极影响也就更多地浮出水面。

电视是一种被动的收视状态。轻松安逸的电视收视,比起颇为艰苦的阅读活动来,更容易被人们接受,也更受欢迎,并很容易成为人们逃避现实的方式。尤其是自控能力差的人很可能因过度沉迷而看电视成瘾。一位专家说:"自我认定的电视瘾君子经常感到他们必须要做一些其他的事情——但事实上他们既不读书,又不收拾花园或是缝纫、编织、玩游戏,也不进行谈话,这说明对他们来说,这些活动远不如看电视具有吸引力。某些方面,严重的电视瘾患者的生活像吸毒者或醉酒者一样完全失去平衡,他们生活在身不由己的状态中,无法再去做任何会带来成熟、发展或是成就感的事情。这正是人们在谈到自己收看电视习惯的时候那样懊悔沮丧的原因之一。他们明白,那是一种不产生任何结果的经验,用人类的任何标准来衡量都几乎是最没有价值的行为。"[②]

其实,在这个社会上,虽没有看电视成瘾,但在不同程度上对电视有依赖的人非常之多。不少电视观众都面临着对收看电视欲罢不能的矛盾。电视占据了人们的闲暇时光,剥夺了人们社会交往的机会,也减少了家庭交流的时间。虽然电视的娱乐作用是有目共睹的,但电视提供的娱乐也被批评为"被动的娱乐",原本应自主利用闲暇时间的人在电视面前只剩下不加思索的视觉依赖。因此,电视画面语言并没有真正强化人的视觉器官,它只是强化了人们对于画面和造型的直接感知能力,这种强化不仅助长了对感官刺激的盲目追求,也容易养成人们仅凭直觉来认识世界的习惯。日本学者林雄二郎在将印刷媒介环境和电视媒介环境中完成社会化过程的两代人加以比较后提出"电视人"概念。他说,作为伴随着电视的普及而诞

---

① 《社会影响 美儿童整整早熟 5 岁》,《广州日报》,2006 年 11 月 28 日。

② 〔美〕玛利耶·文:《带电源的毒品:电视、儿童和家庭》,企鹅书店 1985 年版,第 24～25 页。

生和成长的一代，他们在电视画面和音响的感官刺激环境中长大，在行为方式上"跟着感觉走"，是注重感觉的"感觉人"，与在印刷媒介环境中成长的他们的父辈重理性、重视逻辑思维的行为方式形成鲜明的对比。① 根据心理学与生理学研究，人脑左半球主管对言语、阅读、书写、言语记忆、逻辑推理、分类、计算等方面的思维；右半球主管直觉和空间性思维，即情感情绪、形状记忆、艺术理解等方面。电视的图像系统主要由右脑接受、吸收，文字系统主要由左脑接受、吸收，而声音信号中的语言与音乐、音响是分别被左脑和右脑接受、吸收的。在电视传播的诸符号系统中，图像系统是占绝对主导地位的，因而在看电视的时候主要是右脑兴奋，而左脑则相对抑制。大脑的这种状态与读书时左脑兴奋而右脑相对抑制的情况正好是相反的。② 为此，当人们长期处于右脑兴奋而左脑则相对抑制的状态，必然导致人的逻辑思维能力减退，甚至导致逻辑思维麻痹。

无节制的电视收视，还会助长人们的忧虑，并有引发恐惧心理和攻击性行为的危险。电视中的人物大都是按富裕标准和观众的欲望塑造的。当人们以此反观自身生活，容易因无力仿效他们在电视上看到的人物的生活方式而觉得自己是失败者，是一个生活枯燥、无聊的小人物。同时，由于收看电视是在背靠沙发、面向荧屏的狭小空间中进行的，这种封闭、缺乏现实社会互动的环境，使得他们当中的大多数人养成了孤独、内向、以自我为中心的性格，社会责任感弱。前苏联美学家鲍列夫在一段引证中曾谈道："电视机很有可能成为新的特洛伊木马，它能钻进一般人的大脑和心灵，从内部瓦解他，将他变为市侩和卑劣的小人，变成强盗和杀人犯。电视将成为麻醉剂，这一合乎逻辑的趋势将把人变成他自己的奴隶，就像布列特别里观察了美国生活方式后所得出的结论一样。"③美国前总统尼克松甚至完全不承认电视的认识作用，他说："电视也大大地缩小了公众注意力的范围。它还改变了人们观察事物和事件的方法。它像一种洗脑剂，实际上它也确实就是洗脑剂。它歪曲了人们对现实的认识。……事实和幻想的界线已经被混淆到不易被人们察觉的地步，……人们越是习惯通过电视屏幕去观察世界，他们的思想就越会被梦幻世界所左右。"④

第四节　电视与社会文化发展

广播电视的出现，开辟了人类电子传播的新时代。广播电视使人们不再受到阅读能力的限制，人类的文化成果由此得以被所有人所共享。尤其是电视，以其声

---

① 转引自郭庆光：《传播学概论》，中国人民大学出版社 2001 年版，第 152 页。

② 苗棣、范钟离：《电视文化学》，北京广播学院出版社 1997 年版，第 205 页。

③ 〔苏联〕鲍列夫：《美学》，中国文联出版公司 1986 年版，第 453 页。

④ 〔美〕尼克松：《领导者》，世界知识出版社 1983 年版，第 397～398 页。

画并茂的独特魅力，将信息知识、文化艺术欣赏和娱乐传播给亿万观众，促进了大众文化的发展，改变了人们传统的文化生活方式和文化心理，但也带来了文化趋同以及文化帝国主义的负面影响。

一、电视推动大众文化发展

大众文化的概念有一个发展过程。在工业时代初期，相对于高等文化，大众文化被看做是下层社会的语言，是对工人阶层粗俗文化状态的贬称。20 世纪 20～30 年代以后，电影、广播的出现，文化的大批量生产和消费，使大众文化成为借助于大众传播媒介而流行于大众之中的通俗文化。换而言之，大众文化作为一种生于城市工业社会、消费社会的文化形态 ，是以大众传媒为载体，并以城市大众为对象的复制化、模式化、批量化、类像化、平面化和普及化的流行文化。

从 20 世纪 60 年代开始，特别是 80 年代以来，当代社会的大众文化发展成为当代通俗文化、传播文化、消费文化和后现代文化的复合体，它既代表了以大众消费为中心的新的文化产业的生产，又是现代社会创造的新的生活方式，是以大众传播媒介（主要是电子媒介）为手段，按商品市场规律去运作的，旨在使普通大众获得感性愉悦，并融入生活方式的日常文化形态。当代大众文化的主要特征是消费性、复制性与集体狂欢性，不仅表现为丰富的文化商品享受和多样的休闲生活方式选择，还激活了整个社会对文化生活新风格的追求和体验。在这种文化氛围中，“消费与休闲就意味着种种狂欢与快感的体验。人们只是需要快乐，人们习惯并期待一种模糊的、无历史的、无深度的、无权威的、没有中心、不能提供，甚至也不需要提供真实世界基本意义的生活”。①

由于电视媒介所表现出的消费性、大众娱乐性、通俗性（甚至媚俗性）、可复制性、程式化、无深度感等特征，电视成为大众文化发展过程中极为重要的媒介。电视是承载和传播大众文化的最好的媒介形式，大多数人对大众文化的接纳，是通过电视提供的形象、话语及意义来实现的。在电视节目中，风靡一时的《戏说乾隆》、《还珠格格》、《武林外传》等古装电视剧，以戏说的方式、喜剧的姿态、解构的手法，甚至是反讽的手段，将乾隆皇帝变成了风流倜傥的多情小生，把“皇家女儿”塑造成天真活泼的“邻家女孩”，将受人敬仰的“完美大侠”变成了有着一箩筐缺点的凡人，展示出大众文化“对崇高感、悲剧感、使命感、责任感的放弃和疏离”。《快乐大本营》、《非常 6＋1》和《非常男女》等电视娱乐性节目则用对道德寓言和价值观念的嘲笑，将过去文化中那些引以自豪的东西，如深度、神圣的情感一点点淡化和瓦解，取而代之以一个世俗梦想、情感表演和文化游戏。这些娱乐消遣性节目“兴高采烈地抛弃了那些由意义、信念、价值强加给人们的重负，……通过无深度但却轻松流

① 扈海鹂：《解读大众文化——在社会学的视野?》，上海人民出版社 2003 年版，第 78～29 页。

畅的故事、情节和场景以及令人兴奋而又晕眩的视听时空，消除了时间感、历史意识和与现实生存的真实性联系，用一种游戏的方式，给人们提供了一个欢乐的平面，一个世俗化的万众同乐世界”。[①] 此外，在娱乐横扫一切的潮流中，娱乐化的电视新闻将严肃的政治与娱乐的无厘头相交混，政治和娱乐的界限被消除，真实与非真实区分也日益模糊。甚至《百家讲坛》这样的教育性节目，也采用娱乐化的言说方式，通过细节化、故事化、悬念化的电视技巧，将正统学术变成了一道道学术娱乐快餐，从这个意义上讲，可以说，电视创造了大众文化，而大众文化又成就了电视的发展。

二、电视与社会文化趋同

谈到电视对社会文化趋同的影响，不能不涉及“文化工业”这个概念。“文化工业”是霍克海默和阿多尔诺在《启蒙辩证法》一书中提出的否定性的概念，它是指现代资本主义社会凭借现代科技手段大规模地复制、传播文化产品的娱乐工业体系。以后，在阿多诺的《论流行音乐》《文化工业再思考》和《文化工业：作为欺骗群众的启蒙》，霍克海默的《艺术和大众文化》及《作为文化批判的哲学》，马尔库塞的《文化的肯定性质》，本雅明的《机械复制时代中的艺术作品》等经典论著中，法兰克福学派自始至终都把文化工业批判放在其社会批判理论的核心地位，而大众传媒，主要是电视在文化工业当中占据了重要位置。

电视等文化工业对文化趋同的影响，首先表现在文化产品的标准化。法兰克福学派批判性地指出，“文化工业”制造了一种“机械上可以进行再生产”的现实通行的文化风格，它依据大工业生产规律以及商品逻辑，把艺术变成了批量化、商业化、标准化和没有任何个性的商品。阿多诺和霍克海姆指出，“现在一切文化都是相似的”，文化工业中“逗乐的技术、效果、幽默讽刺方式，都是按照一定格式考虑设计出来的”，“它们的结构都是由工厂生产出来的框架结构”。[②] 从人物设计、剧本创作到摄影棚以及各种影视拍摄基地，文化工业“从宏观上和微观上所表现的统一性”，渗透了文化生产的各个方面，“总是在无数的地方为满足相同的需要提供标准产品”。[③] 比如，在美国的电视剧中，最好的剧中人总是真正的美国人，而来自亚裔、非洲等美国社会的非主流人士总是存在着各种各样的人格缺陷。我国的影视剧及电视广告的人物形象也呈现出模式化、类型化的倾向。为吸引观众，影视剧还要设计各种戏剧化的矛盾和冲突，故事的组织就如同一部复杂机器的装配，体现出工业化生产的“事先设定”。虽然，从表面上看，文化产品也是五花八门、丰富多样，不过阿多诺和霍克海姆认为这不过是一种“编制”出来的虚假个性。因为这种文化

---

① 尹鸿：《霸权与多元：新世纪电视文化随想？》，银海网。

② 霍克海姆、阿多诺著，洪佩郁、蔺日峰译：《启蒙辩证法》，重庆出版社 1990 年版，第 112 页。

③ 同上，第 113 页。

生产机制在根本上就决定了,“最终在机械上不同的产品总是证明是相同的”。①

电视等文化工业对文化趋同的影响还表现在电视节目的大规模模仿方面。工业文化是一种绝对模仿的文化,它习惯把未经检验的事物都当做危险排除在外,而通过对成功产品形式和内容、内部和外部同一的热烈追求,最终使模仿绝对化。在收视率和经济利益的杠杆下,电视节目大多都是通过跟进和模仿已经大获成功的节目,来规避节目投资风险。其中,电视娱乐性节目的模仿之风最盛。比如前有《快乐大本营》,后就有《欢乐总动员》;《超级女声》火了,《加油!好男儿》随即跟进。一时间各种各样但又千篇一律的大型电视活动纷纷推出,以至于海选、短信投票充斥着我们周围的世界。新闻节目也莫不如此,当短信互动被认为是目前体现节目与观众互动的最佳形式时,电视新闻节目纷纷将其纳入到节目体系当中。新闻主播们或通过电脑、或直接拿着打印纸,在播报新闻的间隙,时不时念念观众的短信内容,以表现节目与观众的“亲密”互动。电视剧的模仿也比比皆是,电视剧对青春偶像剧、历史剧、警匪剧等的类型划分就是模仿的结果,一些首播成功的古装剧不断推出续集,也是对自己的一种模仿。当媒体生产出的电视剧、广告和电视娱乐节目等,都成为千篇一律的文化产品,为人们提供者同一的认识,电视就不可避免地造成当代社会文化趋同现象。

对此,影视文化学者尹鸿指出,“当娱乐文化与文化工业相结合,文化生产与经济利润相一致的时候,娱乐节目很可能因为其经济利益的诱惑在市场机制的操纵下而成为一种新的霸权文化,它将平均化的文化趣味作为主流的甚至是唯一的文化趣味,……这是以大众名义所施行的一种一元化专制。这种专制的结果,不仅意味着大众中的许多成员的文化诉求被否决,而且也意味着文化的多元格局被破坏”。②

三、电视与“文化帝国主义”

“文化帝国主义”作为批评话语,产生于20世纪60年代。当时,美国学者赫伯特·席勒在研究了当代西方与第三世界之间的文化交流问题后,提出了文化帝国主义论。席勒认为文化帝国主义的实质是西方国家(特别是美国)运用其先发展的优势,强制性地向非西方国家输出自己的政治文化、商业规范、文化习俗、价值观念及生活方式。席勒指出:“电影、广播电视节目、手机、新闻报道等随处可见的文化产品和服务,它们提供的并不仅仅是消息和娱乐,同时,也是传播社会价值和政治观点的工具,最终,它们会对全社会的精神结构产生深刻的影响。”③

20世纪80年代,通过卫星向国外观众传播电视节目,逐渐成为国际传播领域

---

① 霍克海姆、阿多诺著,洪佩郁、蔺日峰译:《启蒙辩证法》,重庆出版社1990年版,第115页。

② 尹鸿:《霸权与多元:新世纪电视文化随想?》,银海网。

③ 转引自郭庆光:《传播学教程》,中国人民大学出版社2001年版,第253页。

的一种有效传播手段。卫星电视以其前所未有的“大覆盖率”、“大信息量”和“直接性”，打破了原电视业的时空观，不仅使文化得以实现跨国界同步传播，在一定程度上促进了世界文化的交流，同时也进一步加大了“文化帝国主义”的影响。

在国际卫星电视方面，国际卫星电视机构的地域分布，很明显地集中于欧美发达国家，这主要是由各国社会发展水平决定的。相形之下，发展中国家创办的卫星电视从数量、强度等各方面都无法与之匹敌。跨国界的卫星电视传播，在市场中立的后面包含很多西方的价值观，如个人主义、消费主义、享乐主义和商业主义。它既可以扩大文化选择，为人们打开眼界，也可能侵犯地方的、本土的、传统的和少数民族的文化空间。比如，在电视等大众传播媒介的影响之下，今天世界上的许多孩子，已不再熟悉自己民族的那些传统神话与传说，却谙熟唐老鸭、变形金刚和侏罗纪公园，孩子们在接受这些媒介形象时，同时接受了这些媒介文化所包含的个人主义、消费至上和享乐主义人生观。

由于美国的产品在世界影像市场占据主导地位，西方世界其他的发达国家对美国文化的扩张也保持警惕态度。它们不仅纷纷制定跨国界电视公约，并对美国电视节目的播出实行一定程度的限制。1998 年 6 月，在加拿大的渥太华召开了一次由 19 个国家联合参加的会议，参会者既包括英国这样的欧洲文化大国，又包括加拿大、墨西哥和巴西这些美国的近邻国家。会议议题就是讨论美国文化入侵的问题，并探讨采取何种策略来减少由降低贸易壁垒而带来的外国文化入侵。在此次会议不久之前，联合国也曾召开了一次主题相近的会议，该次会议迫切希望在“多边贸易协议”中增加关于文化产品的特殊条款，甚至将文化产品从这一全球贸易协议中删除掉。这些文化上的反美呼声，折射出美国文化产业在全球取得的文化霸权的强大。例如，美国对加拿大的文化渗透相当严重，占领其电影市场的 95％、电视剧的 93％、英语节目的 75％、书刊市场的 80％。

美国文化霸权地位的取得，在经济和政治因素促成的基础上，科技含量仍占据很大的比重，尤其是大众传播媒介，它直接构成了美国文化产业的输出机。如果缺少了电视、电影、收音机、印刷新闻媒介和广告这些传媒的支撑，那么，至少美国文化的传播不会如今日这般普泛与深入。

近几年，有学者从跨国传媒公司加强本土化运作、媒介产品的“反向流动”现象（如墨西哥的电视故事片向世界其他国家的出口）和“区域流动”（如韩国出口电视节目到中国）的例子来证明“文化帝国主义”理论已过时。但是，如果不把市场关系、资本逻辑以及消费主义的文化意识形态的全球扩展视为理所当然和历史的终点，那么从墨西哥选择了媒介的商业而非公共价值取向这点来看，墨西哥在制作有商业吸引力的电视节目方面的成功正是资本在全球范围内的胜利及资本主义意识形态话语在全球取得霸权地位的印证。更何况，本土化了的对资本主义价值的宣传比纯美国价值的宣传更有亲和力和接近性。①

广播电视的社会影响是非常深远的,限于篇幅,我们不可能在此进行全面的梳理和充分的论述,但是面对广播电视的社会影响,我们必须具备清醒的认识。一方面,我们必须清楚,广播电视媒介只是一个媒介,广播电视的社会影响的产生更多地来源于其身后的力量——政治的或经济力的。同时,我们也要认识到,面对电视,人永远不应是一个被动的看客,而应以自觉的自主性承担自己看电视或不看电视的自主选择责任,保持与电视进行有保留的清醒合作,而不是被动地受支配。一句话,你如何使用电视,将决定电视是惑乱人心的魔鬼,还是导师,抑或半是魔鬼半是导师。

思考题:

1. 你是否认同电视压制民主政治的观点?为什么?
2. 电视是如何进行消费社会建构的?
3. 电视对儿童有什么影响?
4. 如何理解电视造成社会文化趋同现象?

---

① 赵月枝:《帝国时代的世界传播:国家、资本和非政府组织力量的重新布局》,传媒学术网。

第十二章

广播电视产业的数字化变革

[学习要点]

广播电视的数字化是一场深刻的技术变革，它促进了传媒产业与其他产业之间的渗透融合。这种融合不仅打破了广播电视业原有的产业布局，颠覆了原来的媒介运作形态，还催生“电信媒体”的诞生，形成全新的竞争格局，为现代传媒业创造了新的发展空间。

20 世纪 90 年代开始的数字化技术使世界进入了一个多媒体时代。它不仅促进了原来泾渭分明的广播电视与电信、互联网的产业融合，也催生了播客、网络电视（IP 电视）、手机电视等数字新媒体。

第一节　广播电视技术的数字化

随着科学技术的日新月异，先进的计算技术、电子集成技术、通讯技术迅速向广播电视领域渗透，广播电视技术正迎来一场革命性的变化——数字化。广播电视技术由模拟式向全数字式的过渡已全面展开。这不仅体现在单一设备的数字改造上，而且大规模、整体性的数字制播系统也日趋完善，并向全广播电视系统——制作、传输、发射和接收方向纵深发展。

一、广播技术的数字化

继 20 世纪 20 年代和 40 年代分别兴起的调幅广播和调频广播之后，20 世纪 90 年代，在世界数字化浪潮中出现的数字音频广播，成为广播技术发展过程的第三个里程碑。

1. 广播电台设备及制播系统的数字化

随着数字技术的发展以及在广播领域的应用，广播电台的运作过程发生了前所未有的变革。广播数字设备如数字调音台、数字式话筒、数字音频信号处理器，MD 数字录音机、CD 放音机和 CD 刻录机，数字矩阵、数字同步系统、数字微波收发信机、光缆及数字光端机、数字调制解调器，全固态数字 AM、FM 发射机，数字压缩及卫星传送等数字制作、播出和传送系统正大量被广播电台所采用。数字音频工作站也普及到广播电台的节目录制、编辑和播出系统中。数字音频工作站是一种基于计算机的强大数据处理能力，并以计算机控制的硬磁盘为主要记录载体，从而完成音频节目的录制、编辑、播放、管理等功能的数字音频系统。数字音频工作站的主要特点：以图形菜单作为人机交互的界面，在节目录制时，能将数字音频信号像计算机中的普通文件一样进行处理，包括存储、编辑、复制、传送等，是一个集计算机、录音机、调音台、效果器为一体的数字音频系统。[①] 广播电台设备及制播系统的数字化，使数字音频广播的实现成为可能。

2. 数字音频广播：从听广播到“看”广播

所谓的数字音频广播（DAB，digital audio broadcasting）是一项有别于我们所熟知的传统 AM、FM 的广播技术，它通过地面发射站，以发射数字信号来达到广播以及数据资讯传输的目的。数字广播除了传统意义上能传输音频信号外，还可

---

① 闽大洪：《数字传媒概要》，复旦大学出版社 2003 年版，第 38 页。

以传送包括音频、视频、数据、文字、图形等在内的多媒体信号。听众通过手机、电脑、便携式接收终端、车载接收终端等多种接收装置，就可以收看、收听到丰富多彩的数字多媒体节目。因此，与传统的广播服务相比，数字音频广播具有明显的优势：

第一，数字音频广播能够减少声音失真，所播出的声音可与激光唱盘匹敌，没有杂音和干扰，甚至在地下停车场内也不错，快速移动时接收效果好。

第二，由于数字广播每个电台所占用的频带非常窄，因而在同样的可利用频段中，它所能容纳的电台数量就更多。另外，使用数字播音，同一个频率上面可容纳更多的信息。比如，广播电台将在播放普通调频或者调频广播的同时发送数字信息。

第三，数字音频广播能自主控制播放的进程。我们使用的传统的收音机，只能是被动地接受广播电台播放的内容，一旦错过某一节目，便无法再次欣赏，除非电台重播。但采用数字音频广播之后，情况就发生了很大改观。数字收音机可能会永远改变我们收听无线广播的方式，它可以及时地暂停和快进数字广播节目。如果在节目中间来了电话，可以按一个键使节目暂停，当通话结束时再继续。目前其他的娱乐平台都有暂停、录音和快进的功能，数字音频广播的出现也会使人们对传统的广播耳目一新。

第四，数字音频广播还有其他强大的功能，还可以对听众的情况进行监测，比如什么人在收听以及他们在什么时候收听，他们都在下载什么，他们认为播放的歌曲怎么样等。这一功能会使电台能够以最快速度改变他们的节目来适应听众的需要。一旦有了一台便携式的数字收音机，人们还将能够看电影，读新闻，下载游戏以及更多用处。

目前，数字音频广播在世界范围的应用也在日益广泛，有 36 个国家已经采用或正在试验和测试，欧洲 16 个国家已播出数字音频广播。数字音频广播起源于德国，技术的基础是 Eureka 147 标准，即数字音频广播(DAB)系统标准。1988 年 1 月 1 日，欧洲正式实施 Eureka 147 标准，1994 年它被确定为国际标准。现在世界上有近 30 个国家和地区开播或试验播出数字音频广播节目。在英国、德国、比利时、丹麦等国家，DAB 覆盖率已经达到相当高的水平，英国有 10 个国家级商业电台和英国广播公司电台在提供此项服务，伦敦 2.2 万辆出租汽车的大部分都装备了数字音频接收机，已经超过 70%的居民可以接收数字音频广播。而德国则计划在 2010 年关闭调频广播，彻底采用数字音频广播。在亚洲，新加坡是唯一能在全国提供数字音频广播的国家。而我国在 1996 年也开始分别在北京和广州进行数字音频广播试点工作。2005 年 4 月 18 日，北京电台数字广播节目开始试播，它突破了传统广播只传输声音节目的局限，可以提供包括音频、视频、数据等多媒体服务。换句话说，数字广播可以传输电视节目。而且接收设备也不仅局限于收音机，像笔记本电脑、掌上电脑、手机等移动设备都可以接收数字广播的多媒体节目。全球共有3.3亿人在收听超过600套数字音频广播节目。

二、电视技术的数字化

电视的数字化是指在节目制作、集成、传输和接收的整个业务链采用数字技术替代模拟技术的系统工程。由此，电视的数字化是整个产业链的数字化。从广播电视内容制作、到信号发射、地面有线传输，再到用户的数字接收机，这几大环节环环相扣，缺一不可。

1. 前期摄录设备的数字化

电视的数字化最早体现在摄录设备上的数字化上。数字摄像机和数字录像机在电视系统的运用已十分广泛。例如：HL系列数字信号处理摄像机，JVC的Digital-S格式摄像机，松下DVCPRO系列，SONY的DVCAM的DSR系列数字摄像机，BATACAM中BATACAM Sx的摄录一体机，DIGITAL BATACAM数字机等。数字式摄录设备改进了模拟式摄录设备的信号记录、处理、储存等方式，其所采用的数字信号比模拟信号便于加工处理，可以长期保存和多次复制，抗干扰和噪声能力强，尤其是在远距离传输时不会产生模拟电路中不可避免的信噪比劣化、失真度劣化等损害，大大提高了电视节目制作质量。

2. 新闻采集方式的数字化——DNG与DSNG

数字技术与ENG工作方式的结合产生了DNG(Digital News Gathering)，即数字化新闻采集方式。数字化新闻采集是是指在前期拍摄中以数字技术录制声音和图像，在后期采用数字化编辑方式进行新闻节目制作播出的工作方式。DNG与ENG系统的设备构成基本相同，二者的不同主要是其各自的技术基础不同——ENG以电子模拟技术为基础；DNG以先进的数字技术为基础，以数码方式传送电视讯号，使更多数据可以在光纤的宽频带上传播。数字技术基础使DNG的前期拍摄更具优势。DNG在后期编辑时也能充分发挥数字技术的便捷优势。1999年10月1日中华人民共和国50周年庆典，中央电视台采用DNG系统将国家主席江泽民从东长安街向西检阅部队这神圣的时刻现场转播给全世界。随后历年的北京国际马拉松比赛，都是采用这套DNG系统。在2005年10月的马拉松比赛中，该系统再次显示出了强大的功能，在马拉松比赛线路更改、桥梁增多、直播难度加大的情况下，依然以最佳的效果成功地直播了比赛。DNG系统被中央电视台广泛应用于重大历史活动和体育比赛中

同样，数字技术与SNG工作方式的结合就产生了数字卫星新闻采集系统(Digital Satellite News Gathering，简称DSNG)。DSNG是新一代的卫星电子新闻采集系统，将新闻现场所采集到的视频及音频信号进行数字化压缩、调制处理后，发送到同步通信卫星，再经同步通信卫星转发回电视台总部，电视台可以直接转播

或经过编辑后播出。以集成方式来分，DSNG 可分为便携式系统（Flyaway）和车载式（Vehicle）系统，便携式系统将系统模块放在几个特别设计和便于携带的箱子内，可根据所赴现场实际情况用不同交通工具运至现场，并可在很短时间内由 1 至 2 个工程技术人员安装调试完毕，具有灵活和活动范围较大的特点。所谓车载式系统，也就是卫星新闻转播车，所有的摄录设备、编辑机、监视器、声音系统、灯光照明以及卫星传送设备都可以安装放置在车上。一旦发生突发新闻事件，卫星新闻转播车就能在它到达 15 分钟之内进行现场的直播报道。在大型的新闻采集活动中，车载站可在现场形成一个小型采编指挥中心。

1996 年底，中央电视台首次引进了便携式数字卫星上行系统，从而结束了国际、国内电视转播只能依托于国际通讯卫星和全国邮电部门微波干线的局面。这样，不论在任何情况下，无论区域多么偏远，均可将直播信号可靠的传回台内。此后，为了提高转播的机动性和应急能力，又于 1997 年香港回归电视转播之前，自行设计并与国外厂商共同集成组装了一辆 DSNG 卫星转播车。它集卫星传输和现场制作为一体，车载天线为 Ku 波段、2.4 米，数字编码口为 MPEG－II/DVB 标准，最高传输数据率可达 15Mb/s。整个上行系统采用全部双备份，可同时将两个 400w 的高功放进行相位合成输出，也可以上行二路不同内容的信号。由于及时采用 DSNG 技术，中央电视台从 1997 年起相继完成了：香港、澳门回归电视报道中的北京、香港（澳门）两地多点实况转播；八运会；长江三峡和黄河小浪底截流；黑龙江漠河日全食；南昆铁路建成通车；1998 年抗洪救灾电视新闻传送；2000 年新世纪来临，中央电视台全球多点电视直播等一系列重要电视直播活动。[①]

3. 演播室系统的数字化：从传统演播室到虚拟演播室

演播室是电视节目录制、制作的重要场所。当前期摄录数字设备达到一定的比例时，演播室系统的数字化就成为当务之急，数字摄像机、数字切换台、数字录像机等产品将进入电视台的演播室。全数字电视演播室在系统构成形式方面与传统的模拟演播室基本没有变化，只是基本设备内部及系统内部信号采用串行数字分量电视信号格式。同时，随着计算机网络和三维图形软件等先进信息技术的发展，电视节目的演播室制作也发生了很大的变化，越来越多的电视节目开始采用虚拟演播室技术来代替传统的真实演播室的运用。

虚拟演播室则是计算机虚拟现实技术与人类思维相结合在电视节目制作中的具体体现。虚拟现实技术是一种三维的、由计算机生成的、人可以漫游其间与之相互作用的模拟环境的技术，它既可以是某一特定现实环境的表现，也可以是纯粹构想的世界。虚拟演播室系统就是运用虚拟现实技术而生成的虚拟布景系统。与传统的演播室相比，虚拟演播室在技术上最大的特点是应用了虚拟背景，这个虚拟背

① 白皓、刘天宾：《中央电视台传送业务的技术特点及发展趋势》，http://www.cctvpro.com.cn

景是通过计算机三维动画软件生成的三维结构图形，它能充分发挥电视编辑的想象力和创造力，使节目制作摆脱现实世界的局限，从而创造出一个千变万化、精彩纷呈的虚拟演播室空间。

虚拟演播室系统一般包括两套计算机系统，一套处理摄像机跟踪的数据，一般采用高配置的微机、小型计算机工作站；另一套是进行虚拟演播室的场景制作，用于此种任务的计算机应具备以下功能：具有足够的计算能力，包括处理多重任务的能力；可以支持实时操作系统；具有极强的绘画能力，甚至达到高标准三维动画制作水平；能够处理音频信号，并具有控制其他视频和音频设备的能力。虚拟演播室系统非但能把在蓝背景中的主持人与计算机生成的三维虚拟场景完善融合在一起，还可以用建模软件控制合适的贴图、灯光、模型等参数，给场景中的物体贴画，加光影和润色，使其更具真实感。在虚拟场景中，主持人可以来回走动，场景中的虚拟物体可以实时的移动和处理，电视窗口能显示外部视频源送来的视频信号。主持人不仅能在虚拟物体的前面或后面，并且能隐藏在物体的里面，主持人之间还可以进行异地对话。[①]

虚拟演播室的出现，是演播室视频技术乃至电视节目后期制作的一场革命。传统的电视节目制作，为打造一个美观多样、设备先进、与节目风格一致的演播室，电视机构及制作人员必须精心设计和搭建表演区和场景，并耗费大量的人力、财力购买道具、布置和维护场景，购买和调试各种设备，如价格昂贵又难以维护的大屏幕电视墙等。而且，置成的场景无法即时更新和变换，如要改换只能重建，资源利用率低且工作周期长，即使如此，许多场景、舞台效果仍无法实现。虚拟演播室不仅给人们带来了千变万化、引人入胜的视觉效果，而且虚拟演播室在很多方面是经济的，不仅没有一般演播室所需的运输、建筑和储藏开支，还具有及时更换场景的能力。此外，虚拟演播室还可以用来代替昂贵的背投影设备，使大屏幕电视能放在现实生活中不可能去的任何地方。例如，巨型屏幕可以出现在宇宙中，也能放在电视台自己的大厅里。

虚拟演播室经常用于制作新闻、体育、娱乐、访谈、天气预报和一些教育类节目，因为这些节目在制作上具有连续性和重复性，制作一个场景就可以重复利用多次。利用虚拟演播室制作儿童节目也是非常合适的。在《动画城》节目中，虚拟场景是一座巨大网络空间中的太空城堡，宏伟壮观，如果用实景搭设，即使是在当今世界上最大的演播室，也不可能被建立起来。[②]

虚拟演播室较真实演播室所具有的优势使它具备了广阔的发展空间。但是它也存在一定的局限性。除了价格昂贵外，摄像机在变焦时会出现活动不畅的情况，

---

① 徐成、袁静：《虚拟演播室技术及应用》，http://www.whtv.com.cn

② 中华人民共和国科学技术部网站，http://www.most.gov.cn

虚拟物体的形态、颜色会给人以生硬的感觉，而且虚拟演播室不可能应用于所有类型的电视节目制作。目前国内只有少数有实力的电视台购买，如中央电视台、广东有线台、上海有线台、北京电视台等。

随着计算机技术的发展和计算机三维图像软件的开发，虚拟电视节目制作会更加成熟完善，也将更为普及，虚拟演播室与真实演播室混合发展是未来的发展趋势。

4. 后期制作系统的数字化：从线性编辑到非线性编辑系统

线性编辑(linear editing)是一种基于磁带素材的编辑，对素材的搜索、编辑和录制必须按照磁带记录的顺序，一段一段进行。传统线性编辑系统经过多年发展，技术已比较成熟，硬件稳定性高，制作过程简单直观。但也存在不少问题：设备成本高，需要定期维护和更新；整套系统需要多台录像机、编辑机、字幕机、特技机、调音台等多台机器，整体占地面积大、耗电多、占用人员多；实现较复杂的编辑功能和多层特技时比较困难；编辑时找素材需要快进倒带，既费时又繁琐，浪费时间，也易造成磁头、磁带磨损，造成视频信号的衰减和失真。

20 世纪 90 年代，随着计算机技术的发展，非线性编辑系统(Nonlinear Eiting)被广泛运用于广播电视节目制作。

非线性编辑系统是一种以计算机为操作平台的电视节目后期制作系统，它主要是通过数字压缩技术将视频、音频素材数字化，存储在计算机硬盘中，然后利用视频编辑软件对数字化素材进行多种处理。非线性编辑具有多重优点：只用一台计算机就可以替代编辑机、特技机、字幕机、调音台、三维及二维动画创作系统等诸多设备，存储方式与其他计算机一样为非线性随机存储；非线性编辑可实现较复杂的编辑功能和多层特技效果，使电视工作者过去难以做到的许多美好创意得以实现，从而把人们引入了一个“只有想不到，没有做不到”的崭新创作空间。而且，非线性编辑系统中，编辑、特技、动画、字幕、声音等各种操作可一次完成，占用人员少，既节省时间，又简单方便，信号基本上无损失。非线性编辑不仅提高了内容检索与编辑速度，而且大大降低了因为磁带复制产生的信号损耗，提高了声音和画面的质量，非线性编辑给电视制作带来重大变革，其良好的开放性和便利的操作性能，使之已成为电视节目制作中非常重要的编辑方式。

5. 电视播出系统与存储的数字化

电视技术的数字化中，最重要的环节是播出系统的数字化，在整个电视技术中播出是一个承上启下的环节，对播出系统进行数字化改造是非常必要的，其中最关键的一步就是构建硬盘播出系统。目前，电视节目的存储主要采用磁带存储方式，这种方式有很多弊端：易损、占地大、成本高、难于重新使用，更重要的是难以长期保存，难以查找、难以共享。随着计算机技术和视频压缩技术的发展，电视多媒体非线性技术、高速宽带计算机网络以及大容量数据存储系统给电视台节目的网络化存储、查询、共享、交流提供了可能。

数字技术能使以单机工作方式、以计算机为操作平台的各类系统(如非线性编辑系统、虚拟演播室系统、动画工作站、音频工作站等)组成电视台内部的一个局域子系统,还可以在电视台内的各个制作、播出及管理等子系统,采用可传输多种信号的 ATM 网或宽带以太网拓朴成一个局域网,建立全台的宽带视频综合业务网络,实现计算机设备、多媒体设备的互联和信息交流共享,并支持各虚拟网络之间的信息交换,使台内与台外的网络之间互相连通,形成大的广域网。20 世纪 90 年代末期,英国广播公司率先在全球建立起了"哥伦布"系统。这个系统使得 BBC 的电视节目储存、编辑、播出全面实现数字化,即非磁带化,从而极大地提高了 BBC 的工作效率,节省了制作成本。我国的大洋、索贝、新奥特、奥维迅、北大方正等公司已推出非常成熟的基于视频服务器的硬盘播出系统和电视台媒体资产管理系统,其中一些公司已拥有自主知识产权的视频服务器。目前,我国省级以上广播电台、电视台 80%实现了数字化,中央电视台、上海文广集团、重庆电视台等单位已基本完成了数字化改造,并进入了网络化应用阶段。这不仅提高了工作效率和质量,还为今后的产业发展打下了良好基础。

6. 电视传送系统的数字化

节目的传送是电视台技术工作的重要一环,就目前使用的技术手段而言,电视信号的传送包括微波传送、卫星传送和光纤传送等,广播电视技术的数字化在传输方式上,主要表现在微波、线缆、卫星三大广播电视信号传输方式的数字化。

微波方面:由于承载业务上的积压和有线电视接入网对广播电视节目需求的膨胀,模拟微波传输从传输容量和传输质量上都不能满足要求。近年来,数字微波设备的研发已取得了实质性的进展,相关的传输标准也已成形,微波的数字化改造正在进行。中央电视台于 1999 年 9 月引进的两套 UCL—25T/R COFDM 便携式数字微波设备,采用新的 QPSK 及 QAM 以及 COFDM 调制技术,配合带宽的 FPU 微波机传送数字信号。该套设备利用 MPEG—II 编解码技术,以噪声低、抗干扰能力强等特点,大大提高了信号传输质量,尤其在移动传输方面优于传统模拟微波。该设备曾用于国庆 50 周年大典江泽民主席检阅三军的转播移动传输系统、澳门回归、驻澳部队进驻澳门全程转播移动传输系统和 1999 年北京秋季马拉松转播的移动传输系统。目前大连市已完成了微波的数字化改造,广东省和甘肃省也在酝酿或正在进行微波的数字化改造工作。

卫星方面:从 1993 年 12 月美国休斯公司发射第一颗数字压缩电视直播卫星以来,卫星传送的数字化已在全球形成了热潮,缩小蓝天,联通四海,多频道服务,成为覆盖全球的数字卫星电视网的最好写照。经过激列竞争,美国目前已经形成 DirecTV(包括 USSSB 公司)、Echostar 和 Primestar 公司三足鼎立的局面,可以向美国本土、加拿大直播 500 多路电视节目,用户至少可接收到 150 个电视频道。在亚洲地区，日本已经形成日本 Direct TV 公司、Perfect TV 公司和 JskyB 公司三家竞争数字通信广播市场的局面。1998 年 5 月 1 日，JskyB 公司与 Perfect TV 公司合并，成立 Skyperfect TV 公司。[①] 1995 年 11 月，我国中央电视台开始采用数字压缩技术，使用中星 5 号 C 频段转发器播出 4 套加密收费节目。到 2003 年底，中央电视台和其他省台上星节目均已实现数字传输，这不仅扩大了中央和省级节目的覆盖面，也提高了覆盖质量。

有线方面：90 年代以后，多年身处模拟环境的有线电视进入 21 世纪后首先面对的就是数字技术的压力。面对国际互联网和数字卫星电视的的巨大冲击，各有线电视公司采用数字压缩技术和高效数字调制技术对现有基础网络进行数字化改造。数字技术在 HFC 网上的应用，大大拓展了有线电视网络的频道容量和多功能服务的能力。由于在一个常规模拟电视频道中可以传输 8～10 套数字压缩的标准电视节目，所以有线电视网络具备了开展数百套数字电视节目和开展诸如视频点播(VOD)类高级视频业务的能力。另外，有线电视网络在 HFC 传输体制的基础上支持数字通信和计算机通信等多种先进的传输体制，使得有线电视网络可以在开展有线广播和有线电视节目传送的基础上，还能提供诸如远程教育、远程医疗、家庭办公、网上商场、网上证券交易、高速因特网接入、会议电视、物业管理等多种类型的宽带多媒体业务，实现多种信息、多种业务的传送，使本来已经有线电视网增加了更多的服务空间，并发展成为大型的宽带网络的典范。

7. 数字电视机：从“看的电视”到“用的工具”

与 40 年前电视技术从黑白到彩色的跨越相比，数字电视在质和量方面都被认为更为伟大的变革。

数字电视的技术优势首先是基于数字信号基础的高质量影像和伴音。根据电视的成像原理，电视节目制作、传递和接收的画面质量是由电视讯号的编码方式所决定的。我们前面所提到的日本和欧洲的高清晰度电视的研制，都是对传统的模拟连续法的电视讯号编码方式中的进一步发展。但是传统的模拟连续法是将画面编成上下摆动的、连续不断的曲线后再将讯号传递出去，当接收者收到这种讯号后再将这种曲线描摹出来。在这个过程中，当描摹出来的曲线总会轻微地改变原来的曲线，从而导致图像的失真。美国研发的数字式编码方式，则是以间断的数码方式传递电视讯号，接收者再将一组组数码复制出来，从而完成电视讯号的传递任务。由于数码的复制可以做到准确无误，因而在传递过程中图像不会受到损耗，保证了图像的质量。同时，由于数字电子技术的基本特征是以高度压缩信息量和离散的方式快速处理信息，数字式电视可数十倍地缩小图像信息的体积而保证信息量不变。用户一旦享受这种技术，一台电视机可同时接受 500 套节目。

---

① 熊澄宇、李建：《中国数字卫星直播电视发展战略研究》，新华网。

当然，数字电视的意义不仅仅在于这两方面。数字电视最根本的变革的还在于它打破了传统的收看电视的方式。随着电视系统的全面数字化，电视、通信和计算机这些迄今相互分离的技术将融为一体，形成0、1符号的比特流。电视不仅可单向传送节目，还可通过按次付费、轮播、按需实时点播等服务形式，提供多种新形式、程度不同的互动式服务，使人们由被动收看变为主动选择。从而使观众在观赏电视节目时拥有更多的控制权。目前，国外互动电视已经实现了一些设想中的功能，包括在节目播出中视观众需要随时显现节目指南；观众可点播想看的电影，并且在观看中可以暂停、倒退、快进及重放；在对体育比赛和文娱演出直播时，可随时调阅球星、明星的相关信息等。互动电视还将让观众参与节目的进程，比如观众可以通过交互功能提出自己对正在进行的晚会的意见，主持人根据多数人的反映对节目进行调整，观众还可以使用遥控器在电视画面上对智力游戏最快回应，参与智力问答等节目。观众可以选择不同的摄像机位拍摄的图像，从不同的角度收看正在直播的节目。尼葛洛庞帝曾指出："未来的数字化生活将会是'随选信息'(on-de-mand information)的天下。"[①]互动电视则最典型地体现了数字化生活的这一特点。

数字电视技术从根本上改变了模拟信号传播技术条件下形成的传播方式，重新定义了电视媒介的传播功能，使电视媒介在保留原有的大众性、娱乐性、新闻权威性等优势之外，融合了网络媒体的优势，从而由"看的电视"变成了"用的工具"，并将在一定程度上改变人们的生活质量和生活方式。

第二节　新技术条件下广电业的产业融合

从20世纪90年代开始，以数字技术为核心的新技术革命，使世界步入一个全新的信息时代。在新技术革命的推动下，世纪之交的传媒产业正发生着深刻变化。以往基于工业经济时代大规模生产分工的产业边界逐渐模糊，传媒产业与其他产业之间的渗透融合日益深入，并清晰地向人们展现出未来21世纪传媒产业的发展趋势。

从广义角度讲，产业融合就是不同产业或同一产业内的不同行业通过相互交叉、相互渗透，逐渐融为一体，形成新产业属性或新型产业形态的动态发展过程。从狭义角度讲，产业融合就是为了适应产业增长而发生的产业边界的收缩或消失，这个定义局限于以互联网为标志的计算机、电信和广播电视业的融合[②]。对于传媒产业来说，与电信业之间的合作融合，不仅是一种必然的趋势，更是实现双赢的

① 尼葛洛庞帝：《数字化生存》，海南出版社1997年版，第198页。

② 陈柳钦：《产业发展的集群化、融合化和生态化分析》，学说连线，http://www.xslx.com

一种策略。

一、传媒产业融合的条件

1. 技术融合前提

技术融合是传媒产业融合的前提条件。传统的电信、广播电视和互联网所使用的技术是各自独立的,不同的电子通信服务各自形成自身的通信链,并在特定的分配网络和终端机之间传送,因此形成了各自不同的信息产品。如电信业通过电信网络进行语音传输,而广播电视网主要通过专业的广播电视网络来传送广播电视信号。

90年代开始的数字技术使产业之间的技术分离状况得以改变。由于数字技术将数据、图像、声音、文字等信息形式都可以压缩成数字形式通过光纤、网络和卫星等进行传输,数字技术已成为当前一切信息资源形态和媒体形态的基础。以往使用唱片或磁带等不同电磁模拟性介质存储的内容,在数字化技术中,均可以被赋予一种高保真的数字化形态,从而使语音、广播、电视、电影、照片、报纸、图书、杂志以及电子货币等信息内容融合为一种传输与显示模式,这为与信息有关的一切产业提供一个统一的存储、加工和传播平台,并为以前基于技术、立法和利益分配等原因互相独立、泾渭分明的广播电视与电信、互联网的产业融合提供了技术基础,正如台湾学者陈清和在1999年指出的,数字广播技术不但是制造接收机、数字特殊机体电路的问题,数字广播技术的发展可以带动电信、网络、电视和广播四大产业融合为一个新兴的产业,是一个既为大众媒体同时又为个人服务的"四位一体"的数字广播产业。①

2. 个性化服务需求

随着社会文明的进步和效率的提升,个人的自主时间价值不断提高。同时,观众多样化的个体需求和消费能力,使观众更愿意以金钱换取时间,或选择支付收视费来收看自己喜欢的电视节目。模拟电视时代观众作为一个群体,通过间接付出共时观看节目的状况将逐渐减少,收视过程更直接地表现为购买行为。此外,随着新技术的发展,互联网正由窄带运营模式向宽带运营模式变革,用户的需求不再是在网上单纯地获取信息,而是变成信息、商务、交流、娱乐的综合需求。技术的进步还使随时随地收看电视节目成为可能,这也激发了一些观众收看手机电视的愿望。2005年3月,诺基亚在芬兰赫尔辛基推出了商用手机电视试行服务,大约有500名用户获邀参与了手机电视服务测试运作。测试结果反映约有41%的参与者愿意付费收看手机电视。参与者每天大约有20分钟的时间用于观看手机电视,其中

① 黄升民等著:《数字化时代的这个广电媒体》,中国轻工业出版社2003年版,第296页。

部分活跃用户每次观看时间更达到 30～40 分钟。① 受众需求的变化，使原来封闭的自成系统的产业模式难以适应时代的要求，产业间的融合发展成为必然之路。

3. 业务拓展需要

以往传统的电信、广播电视和出版等产业部门分别提供不同产品与服务，并通过其特定的流通渠道形成各自不同的价值链。但 90 年代开始的新技术革命给产业发展带来了深刻变化，三大产业的业务方式都越来越走向一个共同的数字基础，从而使语音广播、电话、电视、电影、照片、印刷出版以及电子货币等信息内容融合为一种应用或服务方式。新技术革命使网络等新型数字媒体成为人们获取新闻信息的重要渠道，对于媒体而言，如果还囿于自身的报纸、广播或电视传播渠道，势必会失去一部分受众群体，而与宽带互联网合作，则可以大大增加内容产品的价值和影响力。对于通信业来说，仅靠自身力量无法实现宽带互联网及移动媒体的突破性发展，只有与内容提供商、应用提供商共同努力，借助媒体在内容生产上的优势，才能提高整条产业价值链的盈利能力。

在新技术的推动下，出于对效益最大化的内在追求，电信、广播电视业等纷纷在原有传统业务的基础上开发新业务，扩展和延伸产业链。电信业在传统的低速数据和语音传输的基础上，逐渐向视频通信等宽带业务发展。广播电视部门在扩大有线电视业务的同时也开始把数字电视、高清晰度电视、数据传输、点播电视以及电话业务作为他们扩展的领域。另外，多媒体业务也成为互联网最重要的发展方向。这些业务的扩展使原来独立的产业出现了交叉，促进了电信、广播电视和互联网等产业的融合。

4. 政策管制的放松

如果说业务拓展需要是产业融合的内在原因，那么政策管制的放松则为产业融合提供了外部条件。为了让企业在国内和国际市场中更有竞争力，产品占有更多的市场份额，实现其种种经济目标和政治目标，一些发达国家放松管制，取消和部分取消对被规制产业的各种价格、进入、投资、服务等方面的限制，为产业融合创造了比较宽松的政策和制度环境。1996 年，美国通过了具有历史意义的《1996 年通讯法》。新的电信法打破了媒介种类的限制和隔绝，允许电信公司参与有线电视市场的节目竞争，对此，FCC 的现任主席里德·福特用“这一新法律拆除了通讯领域的柏林墙”来概述这一法律的里程碑意义。管制政策的放松，降低了广播电视与电信产业间的壁垒，使产业之间的渗透、交叉和融合成为可能，推动了产业融合的发展。

二、传媒产业融合的进程

传媒产业融合首先表现在传媒产业与以互联网为标志的计算机业在渠道上的

① 《手机电视：全球热播 未来新利润的增长点》，慧聪网。

融合。90年代中期,商业化运作的互联网开始进入了增长的黄金期,并逐步成为人们获取信息的重要渠道。为顺应技术的发展和时代的要求,传统报社、电台、电视台也纷纷在互联网上建立网站。以电台、电视台为例,1995年至1997年两年间,美国已有85%的广播电台在互联网上设立网站,1998年上网电台已超过2000家。美国互联网委员会提供的《2001年互联网发展状况报告》表明,至2001年4月,世界上进行网上播出的广播台已超过5000家。电视方面,世界知名电视公司均在互联网上建立了网站。以美国CNN为例,CNN主网站于1995年8月30日建立,之后,其网站规模不断扩大,旗下的广播电视业务内容也都通过网站互联网上传送。包括与主营电视、广播业务相对应的www.cnn.com(主网站)、www.headlinenews.com(简明新闻)、www.cnnmoney.com(财经新闻)、www.cnnsi.com(体育新闻)、www.cnnradionet.com(广播电台)、www.newssource.com(北美新闻总汇)等网站[①]。作为全球知名的电视传媒,CNN在网上提供的内容日益丰富,它不但提供广播和视像信息,还使用网络图文媒体的超文本技术,让读者通过多层次全球性的链接获得丰富的内容,包括新闻、娱乐、购物、旅游、体育等信息服务。

其次,传媒产业融合表现在广播电视业和电信业之间的合作融合。

传媒产业与电信业的融合在发达国家早已出现。2000年1月,美国最大的远距离通信公司电话电报公司AT&T与全美最大的复合型媒介企业时代华纳公司成立由电话电报公司占77.5%、时代华纳占22.5%的合资公司,电话电报公司在今后20年中利用时代华纳的有线电视网,以较低收费向用户提供包括区域电话、数字式有线电视、高速因特网通信在内的一揽子服务项目。时代华纳公司可利用电话电报公司雄厚的资本,进一步促进有线电视的数字化进程,进而向高速因特网接入服务、电话服务、双向购物领域拓展业务。两公司的合作进一步加速了美国电信与广播电视的融合进程。

在我国,2001年6月由新华社上海分社和上海电信共同成立的新华电信宽频网正式开通,开创了媒体和运营商合作的新模式。上海电信拥有代表国内最优的网络平台、强大的骨干网和较为完善的城域网,可提供高水平的、不断完善的宽频技术。新华社拥有权威的新闻信息资源,国内外的一百多家分社每日都能提供丰富快捷、内容广泛的文字、图片、电视节目以及信息。

2002年,中央电视台成立了央视公众资讯公司与电信部门合作,在节目播放过程中通过手机短信、声讯、彩信等形式与观众互动,对一些热播节目如奥运会转播、春节联欢晚会等,观众参与十分踊跃。2004年,央视公众资讯实现营业收入1.4亿元。

① 闵大洪:《数字传媒概要》,复旦大学出版社2003年版,第79页。

2005 年 5 月,中国移动和上海文广新闻传媒集团在京签署战略合作协议,共同推出“手机电视”流媒体业务。中国移动的手机用户则可以通过在线收看和下载两种方式,在手机上直接收看 SMG 旗下东方龙移动信息公司集成的电视节目。双方还根据手机电视业务特点和受众特性,继在全国首次联合推出手机短剧取得巨大成功之后将继续联合推出为手机度身定制的“手机短剧”,内容包括只在手机上播放的手机短剧以及电视播出与手机播出深度结合的系列手机情景剧,均由知名监制和导演联手加盟。

2006 年 6 月,中国移动和凤凰卫视签署战略联盟协议,共同开发与无线媒体内容相关的产品和服务。凤凰卫视将可以以较优惠的条件直接接入中国移动的网络,享受中国移动的用户资源,而中国移动也将优先获得凤凰卫视的新闻和部分节目资源。双方将共同致力于发展符合中国消费者需求的、有活力的和规范经营的移动媒体业务,集中优势资源把中国的移动媒体消费市场做大做强,构筑世界规模第一的移动媒体娱乐平台。

三、传媒产业融合的影响

传媒产业融合对传媒产业的发展带来了深远的影响。

第一,产业融合不仅打破了广播电视业原有的产业布局,颠覆了原来的媒介运作形态,促使原来的组织结构产生了分化,新的经营主体被分化出来,并成为媒介市场中的重要力量。媒介市场的分化主要表现在以下几方面:一是数字化带来了近乎无限的频道资源,而内容成为填充频道的迫切需要解决的问题。而只有内容的社会化大生产才能满足多频道的节目的大量需求,内容供应商应运而生。二是数字化也极大地扩展了网络经营和服务。原来只传输节目的网络也可以用来进行数据传输和互动服务等多种业务,巨大的市场机会和发展空间,使原来附属于传媒的网络公司得以分离出来,成为独立的网络运营商。三是在内容供应商与网络运营商之间也催生了的以节目组合和营销推广为主要职责的节目集成商这一新的产业主体。四是数字技术的发展对设备供应商也带来的新的市场空间和利润增长点,专业的设备供应和维护也成为新的数字产业发展中的重要的组成部分。五是传播对象的受众身份也开始向用户的角色转化,而个性化服务的要求也使原来大众化的接收群体逐步分化为小众化甚至是个人化的使用窄众或个体,形成了新的终端用户。以上五种分化形成了包括技术设备供应商、接收机制造商、内容提供商(包括节目制作商和数据内容提供商)、节目集成商、网络运营商以及终端用户在内新的数字广播产业链。如下图:

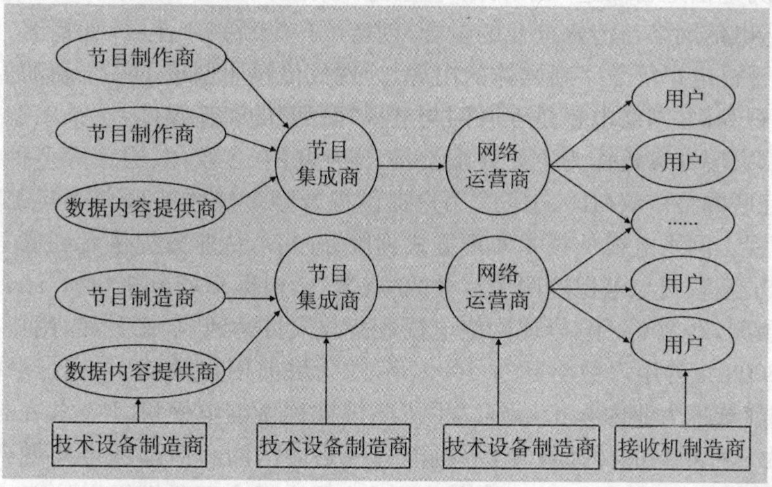

数字广播产业链

在新的数字广播产业链中，内容提供商、节目集成商、网络运营商以及终端用户构成了产业连的核心，而技术设备供应商、接收机制造商等为数字广播产业链的支持层，包括机顶盒制造商、机顶盒零售商、CA 系统商、电视厂商等。

第二，产业融合催生“电信媒体”的诞生，形成全新的竞争格局。

目前电信网络正从单一语音传输向多媒体信息传输方向演变，特别是宽带互联网的规模化发展，使电信运营商在面对巨大挑战的同时，也面对巨大的市场机遇。在向综合信息服务提供商转型的过程中，传统电信运营商的业务模式也在不断发生变化。电信运营商 3G 业务的先锋企业和记黄埔早就在淡化自身电信运营商的身份，而是言必称自己为视频公司。在英国，英国电信公司(British Telecom)利用电信业在互动媒介市场中的优势，插手大众传播，动用了 150 家内容制作商(包括新闻、电影、音像、教育、娱乐、就业、电力、商业等部门)，它向用户提供了一项综合性的信息传播服务，组成了综合性的巨型媒体。在我国，近两年来见诸于各大中小媒体的中国移动公司也开始将自己打造成新兴媒体。中国移动先后与滚石、BMG、百代、哥伦比亚唱片、迪斯尼、上海文广传媒集团、美国维亚康姆公司的 MTV、新闻集团及星空卫视传媒集团、凤凰卫视签署合作协议。以上举措使中国移动基本完成了构建内容模式的雏形：音乐娱乐、电视新闻、即时通讯，也为它在 3G 时代向信息提供和服务商延伸铺平了道路。凭借 2.6 亿的用户群，不甘心仅仅做一个渠道的中国移动，可谓步步为营，逐渐向上层的内容供应入手，从上层制作、下层传输再到终端客户，一个庞大的垄断性媒体渐渐成型。正如中国移动在参股凤凰卫视后的官方声明中指出的那样：“在与凤凰卫视和星空传媒的合作之后，中国移动作为电信运营商进入了媒体行业，这具有重大而深远的意义。”①

第三，电信网络与传媒产业的融合，创造了一个新兴产业群，如播客、网络电视(IPTV)、手机电视等数字新媒体的出现，为现代传媒业创造了一个新的发展空间。以网络电视为例，网络电视是互联网与电视“联姻”的崭新媒体，它是以宽带以太网为载体，以家用计算机作为主要终端设备，集互联网、多媒体、通信等多种技术于一体，通过互联网络协议(IP)向家庭用户提供视音频多媒体节目和交互式服务的新型付费电视。网络电视从技术实现方式到服务内容，从业务提供者到服务对象，无处不体现了互联网与电视这两个行业的“融合”。根据市场分析机构 StrategyAnalyties 的预测，到 2006 年，全球网络电视业务收入将达到 80 亿美元，用户数将超过 800 万。2008 年的用户数将超过 2000 万，约为目前用户数的 10 倍。手机电视产业的市场前景也为业内人士看好。手机电视被称做继电视机、PC 之后的“第三电视”。作为一种新兴的传播媒体，手机电视也是通信网和广播网走向融合的产物。根据美国 IMS 研究公司 2006 版《全球移动电视市场全面分析报告》，2009 年，移动电视服务将实现每年创利 54 亿美元。从现在到 2011 年，手机电视市场的增速将每年超过 50%。到 2011 年，手机电视用户将达到 5 亿人。

第三节　方兴未艾的数字新媒体

在新技术的推动下，广电、通讯、信息产业从不同的角度突进，启动了一个又一个新兴消费市场，引发了一浪高过一浪的新兴产业关联运动。广播电视技术的数字化，不仅为人们提供了一个集公共传播、信息服务、文化娱乐、交流互动于一体的多媒体信息终端，为社会各界搭建了一个新的信息平台，为现代服务业创造了一个新的发展空间，同时，也带来了播客、视客、网络电视(IP 电视)、手机电视、移动电视等数字新媒体的出现。

一、播客与视客

1. 播客

随着宽带互联网和便携播放器技术的发展，一种被称“播客”的个性化音频广播方式开始兴起。

“播客”，是数字广播技术的一种，最初借助一个叫“iPodder”的软件与一些便携播放器相结合而实现。因此，“播客”这一概念本身来源自苹果电脑的“iPod”与“广播”(broadcast)的合成词——Podcast 的中文直译。播客网站为用户免费提供 30M 至 100M 的使用空间，用户可以用麦克风、电脑录下自己的“广播节目”，然后

① 杨静宗：《电信业与传媒融合加速》，中国新通信网站，http://www.telenews.com.cn

利用播客将其上传到网上与广大网友分享。网友通过下载、订阅播客到电脑端和MP3播放器中随身收听。播客颠覆了被动收视的方式，使用户成为主动参与者，同时让用户对视听内容和收视时间拥有了更大的选择。

2004年8月13日，世界上第一个专门的播客网站——亚当·科利的"每日源代码"(Dailysourcecode.com)诞生。从2004年10月开始，播客在其诞生地美国火热发展起来。在美国的Odeo播客网站上，听众可以下载新闻、球赛、演出、评论，甚至是网友讲的笑话等各种不同的音频内容。已经错过博客的最佳增长时机的美国几大传媒如ABC、NBC、ESPN、迪斯尼和美国国家公开电台，都陆续在其网站上推出了免费的播客服务。随着播客的持续升温，一些先知先觉的广播电台不失时机地推出了新的广播服务。他们开始制作个性化的广播节目，纷纷推出"自助广播"(Radio DIY)。美国的XM和Sirius两家卫星广播公司率先推出了可点播的互联网广播节目，紧接着雅虎、微软MSN也成立了网络电台，为用户提供音频下载服务。

苹果的iPod软件让无数收听者得以从电脑旁解放出来。无论是在晨跑还是上班途中，听众都可以随时随地都可以收听播客，它大大加快了播客向普通大众传播的进程。据美国研究机构Diffusion Group的最新统计，未来几年内，美国的播客人数将呈现出井喷的增长态势，即由现在的84万上升到2010年的5600万人。届时，大约1/3的便携式数码音乐播放器的用户都将收听播客，而2005年这一比例仅上升了15%。① 在北京，一些广播业者也开始探寻播客的影响，北京电台推出"听吧"频道，为网友提供小说、评书、曲艺等19大类节目，成为目前全国最大的网络电台。网络电台是播客的雏形，在积累了一定的客户和节目内容后，2005年涌现出一大批播客网站，如中国播客网、播行天下、播客天下、土豆网等。很快，这种由受众掌握话语权的新型草根传播模式受到网民们的追捧，播客网站的注册用户呈爆发式增长。2005年底，播客天下的用户人数突破10万。2006年底，北京广播网将全面推出电台主持人、记者、明星等人的播客，还计划在2008年奥运会期间以播客的形式转播奥运赛事。②

不可否认的是"播客"正在形成之中，不过尚缺乏完整的商业模式，这其中蕴涵的潜在商机到底有多大，现在还是一个未知数。

2. 视客

与网络播客同时发展起来的还有"视客"，即利用网络技术制作发布视频形式的短片日记和真人秀，主题既可以是主播台前的社会问题探讨，也可以是镜头晃颤的日常生活快拍。它让任何人都可以创建自己的媒体，拥有自己的播出渠道，而不

① 《"播客"一夜成主流 传媒的又一次革命?》，《每日经济新闻》，2005年7月20日。

② 王娜：《北京广播网年底前开播客》，《北京晨报》，2006年8月17日。

必与其他主流媒体争夺资源。许多对媒体感兴趣的人，还能通过视客探索被传统媒体忽视的小课题，甚至填补传统媒体的空白。“9·11”事件、印度洋海啸、卡特里娜飓风侵袭美国，视客们纷纷把自己拍摄的视频片断上传到网络中，弥补了主流媒体所缺乏的第一手新闻资讯。

当《一个馒头引发的血案》在互联网上快速传播，我国的视客随之迅猛发展起来。2005年，湖南卫视联合PPlive“直播超女2005～2006跨年度演唱会”，在线收看节目的人数超过100万。同年，MySee网联合门户网站新浪，对连战访问大陆进行了在线直播，之后联合搜狐，对神舟6号发射进行了网络直播，在线收看的人数也创下门户网站流量的新记录。2006年初，UUSee联合央视直播2006年春节晚会，据AC尼尔森的数据显示，当天同步在线收看节目的人数达40万。2006年7月，艾瑞市场咨询将国内目前视频播客发展最好的网站进行了排名，位居前列的网站分别是我乐网、Mofile、播行天下、土豆网、六间房、又拍网和派派播客网。湖南卫视《播报多看点》还计划推出电视播客秀“全民视客”，使众视客的视频作品从网络平台回归至电视荧屏。

二、数字电视

随着数字技术的应用，数字电视在世界各地蓬勃发展，卫星电视、有线电视和地面电视领域都在加快实现数字化。数字电视已被视为潜力巨大的21世纪朝阳产业。

数字电视的优势，前面我们已进行了阐述。目前国外数字电视作为一项政府规划正在如火如荼地进行，各国相继宣布了数字电视发展战略。美国将于2006年底对全国范围内的电视节目采用数字化传输，彻底结束模拟信号发送的历史；西班牙的目标是到2010年12月31日结束模拟电视与无线电广播；日本则将在2011年实现电视节目的全数字化；俄罗斯所有的广播和电视都将在2015年前由目前的模拟模式转换成数字模式。

2003年是广电总局宣布的“网络数字发展年”。根据国家广电总局对中国数字电视的规划：2003年我国将全面推广有线数字电视，发展100万机顶盒用户；2005年，卫星传输、有线电视网和各省电视台将全部实现数字化，实现有线数字电视接收用户超过3000万户；2010年，广播影视节目制作、播出及传输实现数字化，数字电视接收机将得到普及，全国基本实现数字电视播放；2015年，全面实现数字化，停止模拟电视的播出。但是从2003年国家广电总局制定数字电视发展计划到现在，我国数字有线电视的发展并不顺利，一系列制约数字有线电视发展的问题相继显现：

内容瓶颈。我国拥有电视台约1700座，电视节目2330套，总量很大，但观众能看到的节目最多只有50多套。在可以选择的节目中，节目内容和形式还存在高度的相似性。此外，专业频道不专业，特色栏目无特色也是一大问题，电视节目内容的多样化和个性化发展相当不足。发展数字电视的目的是为了给用户提供内容丰富、画质优良、方便快捷、更加个性化的节目内容，如果没有形式多样的新节目推出，与免费频道播出的节目没有根本差异，就无法招徕用户，数字电视只能成为空中楼阁。

利益之争。在数字电视产业链中，广播电视制作、播出、传输、分配各个环节和用户联结成为一个整体，形成联系紧密的、端到端的服务系统。从管理学的角度来说，上游的产品通过产业链上各个环节的传递，到达用户后才产生价值，任何环节出现断裂，产品就无法到达最终用户，也就产生不了价值。数字化使运营商和节目提供商、设备(接入网、机顶盒等)提供商分居于产业链的上下游，彼此共存，又相互竞争。目前，由于各个行业之间的壁垒还比较森严，而数字电视产业链中的不同环节都过于关注自身利益，致使利益关系难以均衡。在北京，付费节目央视风云没能在北京落地，其中一个重要原因就是歌华有线和央视的协商未果。央视采用的是美国 NBS 公司提供的产品来对数字信号进行加密，歌华有线则采用了法国一家公司的产品，加密形式不同将导致不能收看到对方的节目。央视希望由自己来对数字信号加密，然后向用户推广自己协议厂家生产的数字机顶盒，并由自己直接向用户收费，歌华有线仅从中获得出租有线网络的租金。而歌华不满足于单纯的通道地位，有意由自己来对电视信号进行加密和向用户收取收视费，然后再与央视或其他内容提供商进行分账。利益之争的结果，就是目前歌华有线数字电视的用户不足 1 万，尚不足公司当初计划的 50%。①

推广之困。模拟电视时代，观众只是作为一个群体存在，通过间接付出观看广告的时间成本换取观看节目的娱乐价值，电视的交易模式并不以老百姓为自接对象，而是让观众看广告，然后以广告的收入去购买、制作内容。而数字电视时代，数字付费电视提供的是“窄众”的个性化市场服务，满足的是观众多样化的个体消费需求，数字付费电视的收视也直接表现为购买行为。因此，数字付费电视的推广，市场手段应该是主要动力，运营商应该通过一系列市场措施来推动产业发展。但是，由于广电业长期受到国家的保护和扶持，多年来当电信业、IT 业突飞猛进、日新月异的同时，广电业一直保持着旧体制，并形成了模拟时代高额广告费轻松入账的习惯，没有把一个家庭当做客户的经验和机制，对挨家挨户的小额收费似乎也难以适应。在推出机顶盒之后，“广电部门更多的是被动等待客户到门市部去购买，即便是有宣传推广活动，也缺乏整体策划和长期战略，无法与电信行业的中国电信、中国移动、中国联通铺天盖地的广告宣传、花样翻新的优惠打折、快捷便利的现

① 陈虹虹:《三大矛盾桎梏数字电视发展》,《新闻知识》,2005 年第 5 期。

场服务相比”。[1] 作为数字电视产业化的主要运作者，中国广电业不仅需要完善外部的商业模式，其自身经营模式也必须面临着由公共服务型向商业服务型的市场化转型。

截至 2005 年底，我国有线数字电视用户达到 439.3 万，比 2004 年度增长了 332.6 万户。[2] 政策推动力度的加大与市场环境的改变让数字付费频道看到了更多机遇。然而，如何解决以上问题，将成为数字电视能否如愿发展的关键。

三、网络电视

网络电视(Internet Protocol TV/Interactive Personal TV，IPTV 是互联网与电视“联姻”的崭新媒体，也叫交互式网络电视，它是以宽带以太网为载体，以家用计算机作为主要终端设备，集互联网、多媒体、通信等多种技术于一体，通过互联网络协议(IP)向家庭用户提供视音频多媒体节目和交互式服务的新型付费电视。

1. 网络电视的发展

网络电视从技术实现方式到服务内容，从业务提供者到服务对象，无处不体现了互联网与电视这两个行业的“融合”IPTV 系统主要由节目源、网络电视播出前端、互联网媒介和用户终端四大部分构成。播出前端包括网络电视台门户网页、流媒体平台和用户管理平台，其中流媒体平台包含视频服务器系统、MAM (Media Asset Management，媒体资产管理)系统，MPM (Media Produce Management，媒体生产管理)系统，DRM(Digital Rights Manager，数字版权管理)系统，CDN (Content DelieveryNetwork，内容分发网络)系统，NEM (NetworkEquipment Management，网络设备管理)等。

随着电信技术不断发展，网络带宽不断增加，传输视频内容所需的码流不断减少，加上成本逐渐下降，网络电视开始进入大规模普及的时期。在北美，美国《1996 年电信法》早已打破了电信业和有线电视业的行业禁入限制，美国传统的电信运营企业纷纷涉足网络电视业务。在各大电信运营商中，Qwest 率先推出网络电视业务，为用户提供语音、互联网和电视业务整合的一体化集成服务。此后，美国的多家电信运营商相继试水网络电视业务，其中西南贝尔表现尤为突出。目前，西南贝尔不仅投巨资发展高速光纤网，更是组建了实力强大的电视节目制作团队，希望依托高速的网络运营平台，最近通过为用户提供更好的电视节目，在网络电视领域有更大的作为。在加拿大，传统电信公司曼尼托巴电信(MTS)和萨斯喀萨温电信(SaskTel)已经在 VDSL 和 ADSL 网络中开通了 IPTV 业务，Telus 和加拿大贝尔也计划在 2005 年进入这一市场。

---

① 陈吉:《当前我国数字电视推广中存在的突出问题及对策分析》,《新闻界》,2004 年第 5 期。

② 《2005～2006 年中国数字电视产业报告》。

欧洲电信运营商对网络电视同样表现出很高的热情。早在20世纪末，英国电信便向用户提供了基于电信网络的网络电视业务。法国电信于2005年在里昂推出了基于ADSL的网络电视业务，在其他城市的业务目前也在积极进行。2005年2月，法国Neuf电信公司又推出一项速率高达4Mpbs的ADSL服务，通过机顶盒在全国开展网络电视业务。其他欧洲电信运营商，如瑞士电信公司、荷兰电信、比利时电信、奥地利电信和挪威电信等都在积极进行网络电视的商用试验。

在亚洲，新加坡是网络电视发展中的佼佼者，新加坡电信网已可提供包括新闻、财经、音乐等16类节目的20多个频道，用户只要用中、英、日、韩四种语言中的任一种搜寻，就可在网上看到自己感兴趣的世界各地的节目。韩国是宽带接入市场的领头羊，宽带家庭普及率超过60%，韩国电信公司以新的VDSL业务，以太网和FTTX接入对目前的宽带业务进行升级，并推出“MegaPass”为品牌的家庭媒体业务，该业务能以DVD效果的分辨率向PC用户或“电视＋机顶盒”用户传输视频点播业务。2003年初，日本软银和雅虎合作推出了名为“BBcableTv”的网络电视业务，提供语音、互联网和电视业务的捆绑服务，SL用户数量呈现出快速增长趋势。

截至2004年9月，全球已有超过50家电信运营商推出了网络电视业务，在网络电视市场上，电信运营商渐成全面开花之势。

2. 网络电视的优势

与传统电视相比，网络电视具有诸多优势：

主动性强。传统电视的观众没有选择节目的权利，也不可能跳过插播广告，只能按照电视台节目播出的顺序被动收看。网络电视彻底改变了传统电视被动收视的特点。在网络电视中，用户可以根据节目单自主选择节目和播放顺序，也可以事先进行预约。网络电视既可以支持直播电视、时移电视(即对直播电视的快进、暂停和快退的功能)，也可以支持基于IP网络的视频点播业务。用户可以随意点播、随时收看、主动性大大增强。

交互性强。网络电视的交互性既包括用户与网络电视台之间的请求与响应，也包括用户之间的互动。用户可以随时向网络电视运营商进行沟通，也可以在收视过程中与其他用户和观众交流观感，比如用户在收看节目时，可以通过网站获得相关补充信息，像收看体育比赛时可以获得运动员的相关信息，也可以看到有关的比赛统计资料；收看演唱节目时则可以看到歌手的简历，显示歌词，甚至也能进行互动竟猜，回答有关的提问等。随时沟通成为网络电视的一大优点。

信息量大。网络电视就像一个专属于用户自己的电视台库，只要付费，其中节目就可以随调随看。比如小品专辑，电视剧频道、话剧频道、卡通王国、经典电影、相声专辑、科幻传奇、动作武侠、侦探传记等样样齐全，据媒体报道，央视网络的节目涵盖了中央台40万个小时节目的经典之作，网络电视节目从开播时的16个频道已增至 40 多个频道，每天节目的更新达 60 个小时。

增值服务多。基于 IPTV 的业务平台，网络电视除了可以提供视音频内容外，还能够提供可视电话、网页浏览、在线游戏、在线教育、网络交易、视频会议、远程医疗、网上购物等各种增值业务，只要是互联网能提供的服务，网络电视都可以做到。

3. 网络电视发展中的主要问题

尽管国外网络电视发展迅速，但同时也应该看到，经营网络电视业务并非一路坦途，其间仍然存在诸多问题和障碍。

第一，因为视频信息的传输需要较大的带宽，而且对可靠性的要求比较高。进行网络电视服务的互联网媒介必须是宽带网络。

第二，网络电视发展的最大障碍是专业性内容的缺乏。网络电视是收费电视，这也就决定了它播出的不是大众节目，而是专业化的窄众节目。中国现有电视节目资源基本上是大众节目，不能提供足够的专业化的节目，这就造成了专业节目需求的巨大缺口。

第三，版权保护问题。网络电视目内容是以数字格式文件形式通过宽带网络传输到用户接收终端上的。用户在终端上可以获取这些节目的全部数据，理论上将可以把它们保存在用户终端设备，比如 PC 计算机的磁盘上。如何提供充分的满足用户个性化需求的节目资源，又防止节目被随意复制和私自传输，保护内容提供商的利益，是网络电视运营过程中必须面对和解决的问题。

第四，用户免费收视的习惯问题。网络电视是收费电视，长期习惯于免费看电视的观众是否情愿或有多大承受力来为网络电视节目支付费用，这也是个问题。2005 年央视网络电视开办时，北京网民当天就有 60 万人申请注册网络电视用户，最多时突破了百万用户。但自从 9 月份开始实行每月 30 元收费后，北京用户直线下降到一个相当低的数值。

从世界范围来看，媒体与厂商、运营商和接入商的合作，逐渐成为网络电视的一种新的经营模式。微软和新闻集团不久前在交互电视领域携手，达成了一项合作开发交互电视产品和服务的协议。合并后的美国在线—时代华纳更是开拓了媒体与网站合作的新局面。根据市场分析机构 Strategy Analyties 的预测，到 2006 年，全球网络电视业务收人将达到 80 亿美元，用户数将超过 800 万。2008 年的用户数将超过 2000 万，约为目前用户数的 10 倍。为满足如此规模用户的需求，IPTV 服务商目前正在大举投资于 IPTV 的基础设施、传输网络和内容产业。

四、手机电视

手机电视是指利用手机通过移动网络接收传统意义上的电视节目及资讯的新的电视媒介形态，被称做继电视机、PC 之后的“第三电视”。手机电视是技术融合、产业融合以及应用融合的产物。手机作为人们最常携带的个人电子产品，与人们最为习惯的娱乐形式——电视相结合，移动的便捷与电视的精彩被完美地统一到一款终端上，从而成就了一个数字新媒体的独特发展空间。

1. 手机电视的实现方式

手机电视业务可以被当做是移动通信的一种应用，同时也是传统电视媒体的一种延伸。手机电视的实现方式主要有以下两种方式：

一种是利用蜂窝移动网络，采用移动流媒体方式实现的手机电视节目传送。这种方式本质上属于移动数据通信的范畴，其相应的电视节目则由移动通信公司或者通过相应的SP来组织和提供。如美国的Sprint、我国的中国移动和中国联通公司已经利用这种方式推出了手机电视业务。移动流媒体方式的优点在于可利用移动网络双向通信的功能，为用户提供个性化业务，如点播、互动、定位等。但这种方式最大的问题在于网络带宽有限，同一时间难以支撑较大的用户数量。

另一种是基于数字广播网的实现方式，通过在手机中安装数字电视的接收模块，直接接收地面或卫星数字电视信号。这种方式实质上是对原有的数字广播电视技术进行改进，以适应移动终端接收的特点。这种数字广播方式的优点是图像质量较高，不受带宽和用户数量的限制。缺点是由于数字广播电视网络通常都没有上行链路，实现对用户的个性化服务有较大难度。目前，数字广播网的实现方式，全球范围内有欧洲的DVB标准、韩国的DMB标准、美国高通公司的MediaFlo标准、日本的ISDB—T标准等多种实现方式。我国于2006年10月也推出了Sti-Mi手机电视标准。

目前，手机电视的发展在全球已掀起热潮。日本早在2004年10月就已经推出了名为“MABOHO”的手机电视服务。2005年5月，韩国SKT也推出了“TU Media”手机电视服务，都是采用卫星传送信号的S—DMB标准，均为收费服务。截至2005年12月31日，韩国SKT的S—DMB用户达到37万。但是由于S—DMB服务终端种类较少、使用价格较高，韩国和日本又开始采用地面广播传输的技术，提供免费的手机电视服务。韩国采用的是T—DMB技术，共发放了6张T—DMB牌照，从2005年7月开始在首尔地区的T—DMB服务区试播。日本则采用了ISDB—T技术，2006年4月，日本自行开发的名为“ISEG”的手机电视服务正式推出，服务区域涵盖东京、名古屋、大阪、冲绳等地区，并计划年底推广到全国。由于是免费服务，受到用户普遍欢迎，用户数量和业务使用量增长迅速。①

欧洲延续了其在数字广播标准领域的优势，制定了手机电视标准DVB－H(掌上型数字视频广播)。诺基亚和索尼爱立信共同宣布，双方将从2006年开始共同推出支持DVB－H功能的手机及手机电视服务。英国电信Movio公司已经推出了基于DVB—H的手机电视服务，而天空电视则开始着手MediaFLO技术的

① 《手机电视市场发展状况与预测》，http://www.microvoip.com/

试验。

美国电讯营运商早于2004年已推出基于流媒体技术的手机电视业务，至今已有数十万用户通过手机观看直播新闻、体育节目和其他短片。2005年初，美国电讯营运商推出付费手机电视计划，每月收费10～15美元不等。2006年，美国无线运营商Modeo对外宣布计划今年在美国选出的重点市场推出基于DVB－H标准的移动电视服务，Modeo同时还确定了高达5亿美元的专项资金用于DVB－H网络投资。为此，美国主要广播网，如ABC、NBC及FOX等，都已成立相关部门将旗下新闻、影视等节目制作成移动电视格式，供3G运营商或者MobiTV移动电视营运商使用。其他有线电视频道，包括HBO、CNN及Cartoon Network等，也都与特定移动通信运营商合作，推出手机电视业务专用内容。[①]

我国作为全球最大的移动通信市场，也开始步入了手机电视时代。2005年9月28日，大型综合传媒集团上海文广新闻传媒集团（SMG）与中国移动共同宣布，正式开通手机电视"梦视界"业务，向手机用户提供下载点播和直播等基于流媒体的手机电视业务。从内容来看，这次提供直播的电视节目有6套，点播节目每天的更新数量可达百余条。

2004年10月，国家广电总局批准上海东方明珠进行L波段DMB的技术实验。采用DMB技术实现的手机电视，具有技术成熟、成本低廉和性价比高等特点。DMB技术的传播视频速度达到每秒25帧，实现了电视画面同步流畅，并且能同时提供2至3套实时传播新闻、2套体育赛事、2套财经及2套娱乐等视频，还可以提供多套专业化高品质音频并具备及时传送气象、股票等数据咨询业务的优势。2006年3月，在"第三届中国数字电视产业高峰论坛"上，广电总局明确给出了我国基于广播网基础上的手机电视的推进时间表：2006年底完成地面补点试验网建设，进行系统实验；2007年中完成地面补点示范网建设，开始商用试验；2008年上半年，启用卫星系统，形成全国网络，开始正式运营，为2008年奥运会服务。按照北京市的规划，奥运会开幕时，北京将有100万用户使用手机等终端设备收听、收看移动多媒体广播、电视，这将是奥运会历史上第一次大规模应用手机电视。

2. 手机电视的特点

手机电视在全球的兴起，缘于其自身的独特个性。作为一种新兴的传播媒体，手机电视由于其终端的特殊性，与传统电视、广播、报纸和互联网等媒体形式相比，手机电视有着明显的特点。

个人化。手机是一种个人电子产品，相比于电影收看的公众性与电视收视的家庭性，手机电视的收看则完全是私人性的收视行为。收看手机电视，人们不用遵从公众性媒介的收视规定，也没有了家庭成员间的收视冲突和妥协，作为手机电视

① 姚春鸽：《手机电视：风光无限 合纵制胜》，《人民邮电报》，2006年3月10日。

的唯一使用者，用户拥有收视的绝对控制权，完全可以依据自己的意愿选择自己喜欢的电视节目。从这个意义上说，手机电视是一种极端个人化的媒体。

便携性。手机是人们最常携带的电子产品，手机电视自然也秉承了手机这一特点。与家用电视机相比，手机电视是一种“放在口袋里的电视机”[①]，无论手机电视用户身在何处，手机电视都可以相伴左右，这极大满足了用户在外收看电视节目的要求，“随时随地看电视”成为手机电视最突出的特点和最大的存在意义。

移动性。与传统电视的固定地点收看相比，手机电视可以移动接收电视节目。这一点与手机电视的便携性是一脉相承的，并特别适合于现代都市人生活的需要。现代人生活节奏快、流动性大，手机电视的意义，往往就是在用户没有条件收看普通电视的时候，比如在车上、在路上，可以用手机来收看、播放视音频节目。譬如说美国 NBA 播放时间多为本地时间早上上班时间，在巴士和地铁的时间里，我国用户可以透过手机电视收看现场直播。

互动性。手机电视具有一定的存储功能，除了可以实时或非实时播放音视频，显示文本信息，并能够实现信息的双向交互。现在打开电视机，手机短信参与的节目已经是无处不在。而手机电视与手机短信本身就是一家，边用手机看电视边发短信十分方便。可以说，手机电视天然地具备了互动性的技术条件。内容供应商可以透过手机电视加强与观众的互动交流，2005 年诺基亚在新加坡举办的“超级新星大赛”中，比赛组委会将未裁剪的完整版本供手机用户下载观看，然后让他们进行即时投票，选出自己喜欢的新星。[②]

3. 手机电视独特的价值和意义

手机电视的以上特点决定了其独特的价值和意义，并对今后传统电视业的发展带来了较大的影响。

第一，手机电视的出现，将使传统电视的收视时间得以扩展，并能开发新的电视黄金时段。传统电视的黄金时段为19：00～22：00。早上和傍晚上下班时间一般是广播的黄金时间，手机电视的便携性和移动性，使得电视业也具有在这一时段争夺受众的条件和吸引力，这必然在一定程度上改变以往基于传统黄金时间观念的节目编排方式，以吸引手机电视用户。

第二，手机电视的出现，使现场直播的辐射面和影响都大大增强。随时随地收看电视的特点，使得各种重要活动或体育赛事的直播也是手机电视节目主推内容，以满足因在外无法及时收看直播节目的用户的需要。

第三，手机电视能催生新形式的适应于手机播放的电视节目，从而延伸了电视业尤其是电视节目制作商的业务层面，作为放在口袋里的电视机，便携式的手机电

① 陈强：《手机电视：媒介特性与内容产品设计》，人民网。

② 《手机电视：全球热播 未来新利润的增长点》，慧聪网。

视屏幕不可能很大，这也决定了手机电视的观赏性要低于家用电视机或计算机。手机电视的移动性，既是其优势，也是其问题所在。手机电视的收视时段只能是在人们在外的活动时间，而且只能是一些零碎的收视时间（如果在家，人们往往会选择大屏幕的电视机或家用电脑来收看电视节目和网络视听节目）。这就决定了手机电视节目不可能是长时段的节目类型。因此，短小精悍的资讯、动漫、情景短剧和娱乐节目将成为手机电视节目的主要内容。

第四，手机电视还将在一定程度上改变传统电视的盈利模式。手机电视作为个人化媒介和互动的特性，不能局限在只是把电视节目内容转移到手机平台上，简单的单向播放模式在今天看来已远远不够，用户个人化服务及互动参与的要求是不容忽视的。互动服务平台的建设与管理，在内容基础上开拓增值业务，推进互动业务以形成完整的价值链，也是手机电视盈利模式区别于传统电视之处。

4. 手机电视发展中的障碍

尽管手机电视在全球掀起了一股汹涌的热潮，但从目前来看，手机电视业务还处于初级的尝试阶段，在发展当中还存在不少的障碍。从国外的经验来看，阻碍手机电视业务推广的问题，主要集中在传输速率、网络覆盖、费用以及电池寿命等硬件配套环节上。

无论是目前的蜂窝移动网络还是通过广播网络提供手机电视的服务，手机电视技术与网络能力现在还无法满足规模商用的需要。而与广播网络对应的电视手机技术仍未成熟，厂商提供的电视手机的型号和数量，都不能满足用户需要。

高昂的费用也是手机电视业务发展的一道门槛。其中，终端是手机电视业务关键的成本问题之一。目前支持了移动通信网络手机电视应用的高端智能手机，如 三星 M309、M509 以及 LG 的 C910、C930 和 C950 以及 2004 年中国联通推出的三款“世界风”双模手机等，对于普通的手机用户群来说，价格都不低（通常超过 5000 元人民币，甚至有的手机电视价格高达万元），而过高的价格必然制约手机电视终端快速普及。从全球移动通信运营商的经验来看，只有在手机电视接收功能成为终端的标配之后，这些功能支持的业务才会有广泛的应用前景，而目前手机电视接收功能成为终端的标配，还需要一些时间。

此外，按照现有的资费方式，手机电视的收视费用也高得惊人。手机电视的服务是按照流量和内容收费的，如果用移动的 GPRS 接收流媒体电视，按照 0.03 元/KB 的标准，1 分钟 5.40 元，1 小时要花掉 324 元。其促销价格 0.005 元/KB，看上 1 小时也要 135 元。与中国移动差不多，中国联通的手机电视业务每分钟流量费达 2.5 元，看一个小时的话也要 150 元。同时，手机电视的内容也是要收费的，目前支付给节目内容提供商，具体收费标准难以一概而论，仅从流量费用来看，用手机看电视的价格已经不菲。

无论对于移动通讯商还是广电内容提供商，有效整合电视内容也都是一个全新的课题。手机电视与传统电视都是视听媒介，有着很强的相似性和共通性，一部分节目也确实可以通用，但这绝不意味着后者的节目内容就可以完全适用于前者。就目前状况而言，为手机电视量身定做、适合其播出的内容产品并不多。

手机使用时间短（例如手机使用1500毫安电池连续观看电视的时间不足2小时）也是手机电视发展中面临的难题。

当然，手机电视的流速慢、收费高、节目溃乏、电源支持时间短等问题，有些是要等待技术的发展而得到逐步缓解，如电源问题，有一些会随着手机电视业务的扩大而逐步改善，如节目源和收费高的问题。但是，手机电视业务的进展，无论是对用户还是经营者，必须有一个正确的认识，对手机电视的发展空间，既不能一味夸大，也不能过于看低，即对手机电视技术、功能和业务的定位，不能够期望它承担过多的任务，因为，前所未有的"随身"资讯接收和多媒体娱乐才是手机电视的魅力所在。

思考题：

1. 为什么说虚拟演播室的出现是演播室视频技术乃至电视节目后期制作的一场革命？
2. 简要回答广播电视产业融合的条件及影响。
3. 当前数字电视发展面临哪些问题？
4. 与传统电视相比，网络电视有何优势？
5. 手机电视的意义何在？手机电视的方面面临那些障碍？

参考文献

1. 李新民著:《中国电视大趋势》,华夏出版社 2006 年版。
2. 李良荣著:《新闻学概论》,复旦大学出版社 2001 年版。
3. 朱金玉、巢立明著:《中国广播电视业发展战略》,上海人民出版社 2005 年版。
4. 李晓枫主编:《中国电视传媒体制改革》,中国广播电视出版社 2004 年版。
5. 薛中军著:《中美新闻传媒比较》,复旦大学出版社，2005 年版。
6. 丁俊杰、黄升民主编:《中国广播产业报告——产业发展与经营管理创新 》,中国传媒大学出版社 2005 年版。
7. 汪文斌、胡正荣著:《世界电视前沿》,华艺出版社 2001 年版。
8. 明安香著:《美国:超级传媒帝国》,社会科学文献出版社 2005 年版。
9. 石长顺著:《当代电视务实教程》,复旦大学出版社 2005 年版。
10. 郭庆光著:《传播学教程》,人民大学出版社 1999 年版。
11. 黄匡宇主编:《广播电视学概论》,暨南大学出版社 1999 年 5 月版。
12. 刘爱清、王峰主编:《广播电视概论》,中国广播电视出版社 1997 年版。
13.《当代广播电视概论》,陆晔 赵民主编,复旦大学出版社 2005 年版。
14. 饶立华、杨钢元、钟新著:《电子媒介新闻教程——广播与电视》,中国人民大学出版社 2000 年版。
15. 周勇著:《广播电视概论》,中南大学出版社 2005 年版
16. 徐光春主编:《中华人民共和国广播电视简史(1949～2000)》,中国广播电视出版社 2003 年版。
17. 陈犀禾著:《当代美国电视》,复旦大学出版社 2001 年版。
18. 郭镇之:《中外广播电视史》,复旦大学出版社 2005 年版。
19. 赵玉明主编:《中国广播电视通史》,中国传媒大学出版社 2006 年版
20. 李献文 何苏六:《港澳台电视概观》,北京广播学院出版社 2004 年版。
21. 陆地主编:《解析中国民营电视》,复旦大学出版社 2005 年版。
22. 施天权主编:《广播电视概论》,复旦大学出版社 1987 年版。
23. 周星主编:《电影概论》,高等教育出版社 2004 年版。
24. 埃德温·埃默里、迈克尔·埃默里著:《美国新闻史》,新华出版社 1982 年版
25.〔美〕罗杰·菲德勒著,明安香译:《媒介形态变化:认识新媒介》,华夏出版社 2000 年版。
26. 郭镇之著:《电视传播史》,北京师范大学出版社 2000 年版。
27. 黄升民等著:《数字化时代的这个广电媒体》,中国轻工业出版社 2003 年版。
28. 闵大洪著:《数字传媒概要》,复旦大学出版社 2003 年版。
29. 黄升民等著:《广电媒介产业经营新论》,复旦大学出版社 2005 年版。
30. 周鸿铎主编:《世界五大媒介集团经营之道》,经济管理出版社 2004 年版。

31. 刘燕南著:《电视传播研究方法》北京师范大学出版社 2003 年版。
32. 孙江华著:《媒介调查分析》,经济管理出版社 2005 年版。
33. 沈毅 罗子明主编:《经济新闻与广告传播研究》,中国青年出版社 2004 年版。
34. 顾耀铭主编:《我看美国媒体》,新华出版社 2000 版。
35. 赵淑萍著:《电视节目主持》,北京师范大学出版社 1999 年版。
36. 何苏六著:《电视画面编辑》,中国广播电视出版社 1997 年版。
37. 吴郁著:《主持人的语言艺术》,北京广播学院出版社,1999 年版。
38. 高廷智著:《电视声音构成》,北京师范大学出版社,1998 年版。
39. 李兴国著:《摄影构图艺术》,北京师范大学出版社,1998 年版。
40. 朱羽君、雷蔚真著:《电视采访学》,中国人民大学出版社 1999 年版。
41. 霍克海姆、阿多诺著,洪佩郁、蔺日峰译:《启蒙辩证法》,重庆出版社 1990 年版。
42.〔法〕让·波德里亚著,刘成富、全志刚译:《消费社会》,南京大学出版社 2001 年版。
43. 南帆著:《双重视域——当代电子文化分析》,江苏人民出版社 2001 年版。
44. 苗棣、范钟离著:《电视文化学》,北京广播学院出版社 1997 年版。
45.〔英〕汤林森著:涡英剑译:《文化帝国主义》,上海人民出版社 1999 年版。
46.〔法〕阿芒．马特拉著:《世界传播与文化霸权》,中央编译出版社 2001 年中文版。
47. 扈海鹂著:《解读大众文化——在社会学的视野?》,上海人民出版社。
48. 欧阳宏生等著:《电视文化学》,四川大学出版社 2006 年版。
49. 邢虹文著:《电视与社会——电视社会学引论》,学林出版社 2005 年版。
50. 布尔迪厄著:《关于电视》:辽宁教育出版社 2000 年版。
51. 李宏、李民著:《传媒政治》,中国传媒大学出版社 2006 年版。
52. 李宏、李民著:《童年的消失》:台湾远流出版事业公司 1994 年版。
53.〔英〕尼古拉斯·阿伯克龙比著,张永喜等译:《电视与社会》,南京大学出版社 2002 年版。
54. 吴克宇:《电视媒介经济学》,华夏出版社 2004 年版。
55. 夏洪波、洪艳著:《电视媒体广告经营》,北京大学出版社 2004 年版。
56. 张丽、孟群:《电视新闻编辑与数字制作》,中国广播电视出版社 2002 年版。
57. 任远著:《电视编辑学》,北京师范大学出版社 2002 年版。
58. 黄著诚著:《实用电视编辑》,中国广播电视出版社 2000 年版。
59. 高震:《电视节目叙事格局初探》,《今传媒》,2005 年。
60. 蔡骐、欧阳菁:《叙事学与电视研究》,《湖南大众传媒职业技术学院学报》,2005 年。
61. 李岩著:《媒介批评:立场 范畴 命题方式》,浙江大学出版社 2005 年版。
62. 石长顺著:《电视栏目解析》,华中科技大学出版社 2003 年版。
63. 张静民著:《电视节目策划与编导》,暨南大学出版社 2001 年版。
64. 壮春雨著:《电视节目学概要》,浙江大学出版社 2001 年版。
65. 李斯颐:《美国传媒眼中的伊拉克战争:批评报道角度的考察》。原载《美国研究》,2005 年。
66. 赵月枝:《公众利益、民主与欧美广播电视的市场化》,《新闻与传播研究》,1998 年。
67. 张志:《日本广电媒介体制的经济学审视》,《国际新闻界》,2003 年。
68. 梁山:《中美广播电视宏观管理体制比较》,htto://www.tvip.com。
69. 尹鸿:《霸权与多元:新世纪电视文化随想?》,银海网。
70. 刘燕南、夏征宇、李颖、杨振荣:《电视节目的“多维组合”分类法》,《现代传播》,2003 年。

后 记

近年来广播电视业的发展变化令人眼花缭乱。市场化浪潮刚刚卷过,全球化趋势又迎面而来。而广播电视技术的数字化,更使广播电视产业观念和发展格局面临着根本性变革。今天,各种数字新媒体已开始引领时代潮流,产业融合态势逐步变得清晰明朗。在这样一个时代背景下,全面梳理广播电视业从诞生到今天的发展历程,把握广播电视传播特性演变、属性的扬抑和功能的拓展,了解当今技术和行业变革的深刻意义,总结广播电视节目最新发展动向,并从产业角度分析广播电视产业经营和媒介组织管理,弥补过去广播电视概论教材在这方面的缺憾,加强概论性教材广播电视社会影响分析的理论色彩等,成为我们编写此书的愿望。

本书是由吴玉玲进行框架设计和最后统稿,参与本书编写的人员及具体分工如下:

前言、第一、二、五、七、十一、十二章由吴玉玲撰写;

第三章由李如彦、吴玉玲合写;

第四章第一、二、三节,第十章由许莉撰写;

第四章第四节由李奇撰写;

第六、九章由连少英撰写;

第八章第一节由陈艳霞、吴玉玲合写;

第八章第二、三、四节由陈艳霞撰写。

作为概论性教材,本书力求全面、系统、丰富和通俗,也尽力展示最新动态。但在写作过程中,限于作者的学识、能力和视野,以上愿望未必都得以实现,书中的问题和缺陷在所难免,敬请读者批评指正。

本书在编写过程中,借鉴和吸收了国内外一些专家和学者相关研究成果,在此特致以诚挚的谢意。本书的出版得到中国传媒大学出版社的大力支持,并特别感谢责任编辑董媛婷为本书的出版所做的认真而细致的工作。本书的编写也得到了北京工商大学传播与艺术学院和新闻系领导的关心和支持,在此一并致谢。

作者

2007 年 5 月 31 日